Für **Jülich** einen
schwarzen Löwen in Gol
Für **Kleve** in Rot ein
silbernes Schildchen, aus dem
acht goldene Lilienstäbe
haspelartig hervorgehen
Für **Berg** in Silber ein
roter, goldbewehrter Löwe mit
Doppelschwanz,
blau gekrönt
Für **Mörs** in
Gold ein
schwarzer Balken
Für **Bergen op Zoom**
in Rot drei (2:1)
silberne Andreaskreuze
über einem grünen
Dreiberg
Für **Mark** in Gold
ein in vier Reihen silber-rot-
geschachter Querbalken
Für **Ravensberg**
in Silber drei rote Sparren
übereinander
Für **Veldenz** in Silber
ein blauer, goldbewehrter und
goldgekrönter Löwe
Für **Sponheim** ein
silber und rot geschachtes
Feld
Im die verschiedenen Wappen
zusammenhaltende Herzschild: der Pfälzer Löwe
und die bayerischen Rauten

Hans Rall

Kurfürst Karl Theodor

1724–1799

Forschungen zur Geschichte Mannheims und der Pfalz

Neue Folge

Herausgegeben von
der Gesellschaft der Freunde Mannheims
und der ehemaligen Kurpfalz
Mannheimer Altertumsverein von 1859

Band 8

Kurfürst Karl Theodor

Regierender Herr in sieben Ländern

von Hans Rall

B·I·
Wissenschaftsverlag
Mannheim · Leipzig · Wien · Zürich

Für
unsere Töchter Elisabeth und Amelie

Gedruckt mit Mitteln
der
Franz- und Maria-Schnabel-Stiftung

Die Deutsche Bibliothek – CIP-Einheitsaufnahme
Rall, Hans:
Kurfürst Karl Theodor:
regierender Herr in sieben Ländern;
[1724–1799] / Hans Rall. –
Mannheim; Leipzig; Wien; Zürich:
BI-Wiss.-Verl., 1993
(Forschungen zur Geschichte Mannheims und der Pfalz)
ISBN 3-411-15792-5

Satz: Krebs-Gehlen-Druck
Druck: Progressdruck GmbH, Speyer
Bindearbeit: Ludwig Fleischmann, Fulda
Printed in Germany
ISBN 3-411-15792-5

Inhalt

Geleitwort

Wie wenige Fürsten des 18. Jahrhunderts wurde Kurfürst Karl Theodor von Pfalz-Bayern von der Nachwelt überwiegend negativ beurteilt. Sein Nachfolger Max Joseph vergaß ihm nicht, daß er lieber einen eigenen Sohn auf dem Thron gesehen hätte als die Zweibrücker, ja sogar die verwegene Hoffnung hatte, durch seine zweite Eheschließung im hohen Alter dies noch zu erreichen. Die Bayern verübelten ihm nicht nur seine Vorliebe für die Pfälzer und deren Bevorzugung und seine Tauschpläne, sondern gerade auch seine Reformen, die alle möglichen Privilegierten, nicht zuletzt die Münchener Bürger, ärgerten. In der rechtsrheinischen Pfalz, die ja 1803 an Baden gefallen war, taten die neuen badischen Landesherrn alles, um das Andenken an die Kurpfalz zu unterdrücken und zu verdunkeln. Sie fanden hierbei in den Historikern Schlosser und Häusser willige Helfer, vor allem in Ludwig Häusser, der in seiner großen Geschichte der Rheinischen Pfalz, ganz befangen in zeitgebundenen, nationalliberalen und kulturprotestantischen Vorstellungen, an der Regierung Karl Theodors kein gutes Haar ließ und sogar die Kurpfalz als einen Staat schilderte, den die Geschichte selbst mit Recht zum Untergang verurteilt habe. Damit prägte der sprachgewaltige Häusser das Bild Karl Theodors für mehr als hundert Jahre, zumal im kriegsbegeisterten 19. Jahrhundert die konsequente Friedenspolitik eines Karl Theodor sich sehr ruhmlos darstellte gegenüber den glänzenden Siegen seines Zeitgenossen Friedrichs II. von Preußen.

Nur die Mannheimer hatten sich ihren Karl Theodor nicht nehmen lassen und sie vergaßen nicht seine weitsichtige und europaweit wirkende Kulturpolitik, die ihrer Stadt einen so großen Glanz gegeben hatte. So war es ein Hauptanliegen für den Mannheimer Altertumsverein, gerade auch die Geschichte des 18. Jahrhunderts zu pflegen, und es war der Vortrag, den Franz

Schnabel 1924 in unserem Verein hielt, der zuerst historische Gerechtigkeit für Karl Theodor forderte und seine Leistungen für die Kunst, die Musik, die Wissenschaften, aber auch seine Landwirtschafts- und Gewerbeförderung ins rechte Licht rückte.

Deshalb zögerte die Gesellschaft der Freunde Mannheims und der ehemaligen Kurpfalz – Mannheimer Altertumsverein von 1859 nicht, diese profunde und längst fällige Darstellung Karl Theodors als Band 8 in ihre Reihe „Forschungen zur Geschichte Mannheims und der Pfalz“ aufzunehmen. Das taten wir um so lieber, als Professor Dr. Hans Rall, München, einer der besten Kenner der pfalz-bayerischen Geschichte und der des wittelsbachischen Gesamthauses ist und er ein Werk vorlegt, das nicht nur auf der Höhe der Forschung steht, sondern auch deutlich aufzeigt, welch große Lücken wir noch in der Aufarbeitung der Quellen zu der langen Regierungszeit Karl Theodors haben. Ein besonderer Wert der Darstellung Hans Ralls liegt einmal darin, daß er Karl Theodors Regierung in die Bedingungen und Voraussetzungen seiner eigenen Zeit bettet und ihre Kompliziertheit in den sieben völlig verschiedenen, von den Niederlanden bis Oberbayern reichenden Ländern aufzeigt; des weiteren findet der Leser eine erschöpfende Darstellung der Verwaltung, ihres Personals und ihrer unterschiedlichen Traditionen und Strukturen, und schließlich weht ihn immer wieder ein Hauch von der Tragik eines einsamen, oft belogenen und zynisch betrogenen Herrschers an und von der Macht der Intrigen und Gerüchte.

Möge dieses Werk viele aufmerksame Leser finden und Interesse und Verständnis wecken für eine der farbigsten und bedeutendsten Persönlichkeiten des 18. Jahrhunderts.

Mannheim, im August 1993

Hansjörg Probst
Vorsitzender

Vorwort

Die hier vorgelegte Biographie des Kurfürsten Karl Theodor als des regierenden Herrn in sieben Ländern entstand in Zusammenhang mit einer von mir seit Jahren angelegten Arbeit über die Wittelsbacher als Dynastie bis zu den Pfälzer Anfängen des Königreichs Bayern. Diese Arbeit ist in Manuskripten niedergelegt, die im ganzen etwa vier Buchbände ergeben.

Ich verdanke es dem Verständnis und dem Einsatz des Vorstandes der Gesellschaft der Freunde Mannheims und der ehemaligen Kurpfalz, Herrn Oberstudiendirektor Hansjörg Probst in Mannheim, daß in der von dieser Gesellschaft veröffentlichten Schriftenreihe diese Arbeit über Karl Theodor erscheint. Herr Probst betreute von Anfang an die Drucklegung und traf die Auswahl der Bilder. Für seine Mitwirkung danke ich ihm sehr herzlich.

Karl Theodor steht an der Wende zur Entwicklung eines neuen Wittelsbacher Gesamtstaates seit 1799. Da Napoleon die Übernahme des linken Rheinufers zu verewigen unternahm und das neue Bayern erst 1816 eine links des Rheins gelegene Pfalz aus meist Wittelsbacher Gebieten erhielt, wurde das große Werk Karl Theodors in der Kurpfalz verstümmelt. Da der mit einer Prinzessin von Baden aus dem Hause Zähringen vermählte russische Kaiser Alexander I. die Vergrößerungen Badens durch die Kurpfalz rechts des Rheins mit den Mittelpunkten Mannheim und Heidelberg erzwang, blieb nur die schmerzliche Erinnerung an die alte Kurpfalz. Sie führte 1859 zur Gründung des heute in die Breite der Gesellschaft wirkenden Vereins der Freunde Mannheims und der ehemaligen Kurpfalz.

Von den sieben Ländern Karl Theodors gerieten die Herzogtümer Jülich und Berg, die die Wittelsbacher seit 1614 unbestritten regierten, in die Hände anderer Herren, 1815 in die Hände der Landesherren von Preußen und von Hessen. Ihre Entwicklung unter den Wittelsbachern 1614 und 1803 bringe ich in Zusammenhang mit der Regierung des auch hier föderalistisch denkenden Kurfürsten Karl Theodor, der die verschiedenen Verfassungen seiner sieben Länder sehr genau beachtete. Die Nachfahren seiner Landeskinder in den recht unterschiedlich großen Ländern leben heute in Holland, Nordrhein-Westfalen, Rheinland-Pfalz, Baden-Württemberg und in Bayern.

Dieses Buch versucht der Wahrheit über Karl Theodor zu dienen.

München, im August 1993 Hans Rall

I

Kindheit und Jugend,
1728/9 Markgraf von Bergen op Zoom,
1733 Herzog von Pfalz-Neuburg-Sulzbach

Einleitung

Karl Theodor war seit 1742 Kurfürst von der Pfalz, seit 1777 auch Kurfürst von Bayern; er hatte aufgrund der Hausverträge seine Residenz unter bestimmten konfessionellen Bedingungen in München aufzuschlagen, als 1777 die altbayerische Linie der Wittelsbacher ausgestorben war. Er gewann durch diese Stellung am Rhein und an der Donau, die Art, wie er sie ausfüllte und den langen Zeitraum seiner Regierungsarbeit vor allem in der Pfalz und in Bayern nachhaltige Bedeutung. Ihr Gewicht wirkte sich auch in der deutschen, ja gelegentlich der europäischen Geschichte aus. Das Urteil über ihn beruht bis heute nicht auf einer systematischen Erforschung der Geschichte seiner Regierung in den verschiedenen Bereichen anhand der Konzepte und Originale der Protokolle über seine Entscheidungen, sondern auf Deutung sehr verschieden eingestellter Zeitgenossen. Nur der „Versuch einer vollständigen geographisch historischen Beschreibung der kurfürstlichen Pfalz am Rhein", den Johann Goswin Widder in vier 1786 bis 1788 in Frankfurt und Leipzig erschienenen Bänden veröffentlichte, gibt für die Kurpfalz, Pfalz-Neuburg und Pfalz-Sulzbach Aufschlüsse über Regierung und Verwaltung. Die Historiker der späteren Zeit erforschten in den Archiven nur das, was Gesandte anderer Staaten aus Gesprächen mit ihm an ihre Regierungen weiterberichteten. Auf klar nachkontrollierbarer Quellenforschung beruhen nur einige Arbeiten, etwa über seine Tätigkeit für Gesellschaft, Wirtschaft und Kultur in Mannheim oder Frankenthal. Eine systematische Erforschung seiner Tätigkeit nach innen und außen in seinen sieben Ländern und ihre Koordinierung auf seine Persönlichkeit ist die Voraussetzung für seine Biographie. Sie blieb zwiespältig bis in die Urteile hinein, da die Voraussetzungen einer systematischen Archivforschung fehlen. (In dieser Arbeit wird im Zweifelsfall die Quelle buchstabengetreu zitiert.)

Das Herzogtum Pfalz-Sulzbach

Karl Theodor wurde in eine sehr verzweigte Aufgabe hineingeboren. Er entstammte der Pfalz-Neuburger Nebenlinie *Sulzbach*, die 1656 durch Christian August eine eigene politische Existenz gewann[1]. Der durch eigene Auseinandersetzungen mit den geistigen und politischen Kräften seiner Zeit zu einer außerordentlichen Persönlichkeit gewordene *Herzog Christian August* von Pfalz-Sulzbach ist von väterlicher Seite her der *Urgroßvater* Karl Theodors. Die politische Verselbständigung des kleinen Bereichs war ebenso originell wie seine kirchenrechtliche Einrichtung. Denn Christian August konvertierte schließlich und wurde ein innerlich überzeugter Katholik, richtete aber seinen bisherigen lutherischen Glaubensgenossen eine genau abgewogene kirchen- und staatsrechtliche Verfassung ein und räumte auch den Juden durch einen Buchverlag einen Bereich ein.

Die söhnelosen Pfalz-Neuburger Kurfürsten sahen in den Pfalz-Sulzbachern ihre Erben. Das ihnen zugedachte Erbe reichte bis in die Niederländischen Generalstaaten, die österreichischen Niederlande und nach Frankreich und umfaßte auf dynastischer Ebene Probleme der Verfassung und Gesellschaft, Religion und Kultur. Da hatte Kurfürst Karl Ludwig (1648–1680) aus der in Europa gewichtig gewordenen Linie Simmern in der Kurpfalz eine praktische Toleranz durchgesetzt, ja in Mannheim eine Kirche für die drei christlichen Konfessionen gebaut[2]. Die katholische Pfalz-Neuburger Hauptlinie hatte 1685, also in der Epoche Ludwigs XIV., die Regierung dieser Kurpfalz übernommen.

Dazu kam, daß sich Kurfürst Johann Wilhelm (1690–1716)[3] sehr auf seine Herzogtümer *Jülich* und *Berg* am Niederrhein konzentrierte, ja konzentrieren mußte, da die Franzosen 1689 die Residenz und Hauptstadt Heidelberg zerstört hatten. Die 1609 und 1666 den Pfalz-Neuburgern zugefallenen Aufgaben in Düsseldorf erforderten, daß sie noch mehr als Karl Ludwig die Nachbarschaft Frankreichs für ihre Landesfürstentümer einzukalkulieren hatten, aber auch mit der Tatsache rechnen mußten, daß die spanischen Niederlande nun an die Wiener Habsburger übergegangen waren, die niederländischen Generalstaaten sich aber an England mit orientierten, das gerne die Habsburger in Wien stützte. Der heute noch in Düsseldorf unvergessene Kurfürst Johann Wilhelm, der durch seine während der Französischen Revolution nach München geretteten Gemälde auch in der Münchner Pinakothek würdig repräsentiert wird, überlegte 1715 Heiratspläne[4] für den späteren Vater Karl Theodors, den *Pfalz-Sulzbacher Johann Christian Joseph*.

Die Eltern Karl Theodors

Kurfürst Johann Wilhelm selbst war kinderlos, sein Bruder Karl Philipp hatte Töchter, die zu einer Regierungsnachfolge rechtlich nicht heranstanden. So dachte Johann Wilhelm daran, den im Jahr 1700 in Sulzbach geborenen, also noch sehr jungen Pfalzgrafen Johann Christian Joseph besitzgünstig der um sieben Jahre älteren Maria Anna Karoline zu vermählen, die eine Tochter seines Neuburgers Vetters Philipp Wilhelm August war. Sie war durch dessen Ehe mit der Tochter des letzten Herzogs Julius Franz von Sachsen-Lauenburg die Erbin eines außerordentlichen Güterbesitzes in sieben Herrschaften in Böhmen[5].

Aber die Wittelsbacher Erbin in Böhmen wurde dem späteren Vater Karl Theodors 1719 durch Herzog Ferdinand Maria Innozenz von Bayern, einen jüngeren Bruder des späteren Kaisers Karl VII. Albrecht weggeschnappt. Ihr später weitervererbter Besitz spielte bis in das 20. Jahrhundert als Clementinum eine erhebliche wirtschaftliche Rolle für die Wittelsbacher. Er wurde nach Herzog Clemens (Klemens) von Bayern benannt, dem Sohn des Herzogs Ferdinand Maria Innozenz. Klemens heiratete später die Schwester der Gattin Karl Theodors.

Der neue Kurfürst Karl Philipp (1716–1742) dachte dem Sulzbacher Johann Christian Joseph[6)] aufgrund seiner eigenen Ehe mit einer polnischen Prinzessin, der Tochter des Fürsten Lubomirsky von Ostrog, zwischen 1718 und 1720 eine polnische Prinzessin aus der Familie Lyniarsky zu, 1720 eine Prinzessin Schwarzenberg in Wien. Auch eine Prinzessin von Thurn und Taxis in Brüssel zog er in Erwägung. Aus diesen nachweisbaren kurfürstlichen Eheplänen für Karl Theodors Vater geht eindeutig hervor, daß wirtschaftliche und grenzpolitische Überlegungen den menschlichen vorgeordnet waren.

Die Braut, die aus solchen Erwägungen Johann Christian Joseph tatsächlich heiratete, wurde im Wiener Interesse vermittelt und dazu bezeichnenderweise der kaiserliche Geheimrat und Feldmarschall, zugleich der kommandierende General in den österreichischen Niederlanden, Freiherr Christoph Otto von Vehlen eingeschaltet. Die 1710 verwitwete Markgräfin Maria Anna von Bergen op Zoom, Gräfin de la Tour d'Auvergne, eine geborene Herzogin von Arenberg und Aerschott war durch ihre Ehe mit den österreichischen Niederlanden verknüpft worden. Denn Bergen op Zoom[7)] hatte bis zum Barrierevertrag von 1709 ebenso wie andere Grenzfestungen (Herzogenbusch, Breda, Grave und Maastricht) zu diesen österreichischen Niederlanden gehört, war also erst vor kurzer Zeit an die holländischen Generalstaaten abgetreten worden. Als Maria Anna 1707 den Markgrafen (Marquis) Franz Egon von Bergen op Zoom[8)], Graf de la Tour d'Auvergne heiratete, gehörte das Markgrafentum noch zu den österreichischen Niederlanden. Franz Egon war damit am 11. November 1698 belehnt worden. Der Rechtsakt der Huldigung erfolgte erst am 23. März 1707, als nach den Siegen des Kaisers die Vermählung feststand. Sie fand am 20. November 1707 statt. Maria Anna war durch ihre Mutter Marie Henriette de Caretto, Savona und Grana mit dem italienischen, ihr Mann mit dem französischen Sprachbereich verbunden. Sie beherrschten beide die französische Sprache, die Weltsprache ihrer Zeit. Aus ihrer

Ehe ging am 24. Oktober 1708 eine einzige Tochter hervor, die auf den Namen ihrer Großmutter Marie Henriette getauft wurde. Da in der Markgrafschaft Bergen op Zoom auch Frauen nachfolgen konnten, lag die Erbfolge bei ihr. Die Witwe Maria Anna gab ihre Tochter in die Ehe mit dem Pfalz-Sulzbacher Prinzen Johann Christian Joseph. Beide heirateten am 15. Februar 1722 und zwar in Bergen op Zoom[9].

Sie brachte ihm die Funktionen des Markgrafentums Bergen op Zoom mit in die Ehe, vor allem damit Rechte und Aufgaben für ihre Nachkommen. Das Markgrafentum stand unter der Oberhoheit der niederländischen Generalstaaten, der Markgraf hatte die Beamten im Markgrafentum zu ernennen, dessen Hauptort an der Osterschelde liegt. Der Inhaber der Markgrafschaft war durch diese nachweisbare Funktion verantwortlich für Gericht, Verwaltung und Finanzen dieses Bereichs. Er besaß dort auch Domänen, die er verwalten ließ und aus denen er Einkünfte gewann. Das Markgrafentum (Marquisat) läßt sich durchaus mit dem Gebiet des Fürstentums Pfalz-Sulzbach vergleichen. Es war so wichtig, daß die Generalstaaten damit 1688–1698 Wilhelm III. von Oranien belehnt hatten, der 1689 König von England wurde. Schon Kaiser Karl V. hatte den verdienten Antonius van Glymes am 8. Dezember 1531 mit dem Goldenen Vlies ausgezeichnet, ihn 1532 mit Bergen op Zoom belehnt, und dieser hatte dort am 24. Juni 1532 seinen feierlichen Einzug gehalten. Der Kaiser vereinigte 1533 die südbrabanter Gerichtsbereiche zusammen mit der Grafschaft Walhain bis hin zu Stadt und Land von Bergen op Zoom zu einer *Markgrafschaft*[10]. Die Herren von Bergen waren einst dem Herzog von Brabant untergeordnet gewesen. Die Einwohner des vom Kaiser zusammengefaßten Bereichs hatten dem Markgrafen Huldigung zu leisten, der Markgraf hatte im Rahmen seiner Regierung durch seine Beamten Gericht und Verwaltung zu handhaben. Nach dem Tode des Antonius van Glymes führte die Regierung seine Witwe Jacoba van Croy, bis ihr Sohn 1550 volljährig wurde und sich huldigen ließ. Als Jan IV. 1567 starb, übernahm die Herrschaft in dem für Männer *und* Frauen ererbbaren Markgrafentum die älteste Enkelin der Schwester des Antonius van Glymes, Maria Mencia von Wittem als Markgräfin von Bergen op Zoom. Aus ihrer ersten Ehe mit dem Grafen Hermann von Bergh stammte Graf Wilhelm IV. von Bergh, dessen Sohn Friedrich Maurice durch einen Rechtsakt der französischen Krone Graf de la Tour d'Auvergne wurde. Dieser wurde der Vater des Grafen Franz Egon, der 1707 Herzogin Maria Anna von Arenberg und Aerschott heiratete.

Die Auvergne lag zwischen den alten französischen Provinzen Bourbonnais, Guienne, Languedoc und Lyonnais. Die Bevölkerung bewohnte das Land der alten Arverner, des einst mächtigsten Volkes in Gallien. Die Auvergne war eine seigneurie, in der es einen Herrn mit Gerichtsgewalt gab. Einen Teil des Bereichs besaß er als Lehen, einen anderen als Domänen. Das Geschlecht nannte sich de la Tour d'Auvergne[11]. Margarete de la Tour hatte 1518 Lorenzo de' Medici, Herzog von Urbino, zum Gatten genommen. Ihre Tochter Katharina schenkte die Grafschaft dem Herzog Caesar (?) von Angoulême, dem natürlichen Sohn des Königs Karls IX. von Frankreich. Die Grafschaft wurde 1610 an Ludwig XIII. abgetreten. 1651/52 kam sie an Friedrich Moriz de la Tour, der dem König Ludwig XIV. sein Fürstentum Sedan überlassen mußte. Sein prince-Titel bezog sich auf Sedan, nicht die Auvergne. Diese kam auf solche Weise wieder an das Geschlecht, das sich nach der Auvergne benannte. Fürst Eitel Friedrich von Hohenzollern-Hechingen, der von 1623–1661 regierte, heiratete 1630 Maria, die Erbtochter des Markgrafen Heinrich van Bergen op Zoom. Die Tochter der beiden, Henriette Franziska, wurde 1662 mit Graf Friedrich Moritz II. de la Tour d'Auvergne vermählt. Deren Sohn war Franz Egon de la Tour d'Auvergne, Marquis van Bergen op Zoom. Er heiratete 1707 Herzogin Maria Anna von Arenberg und Aerschott. Er war von Mutterseite der Großvater Karl Theodors. Denn die Tochter beider, Marie Henriette wurde 1722 mit Johann Christian Joseph von Pfalz-Sulzbach in Bergen op Zoom vermählt.

Die sechzehnjährige Prinzessin von Pfalz-Sulzbach gebar in der Nacht vom 10. auf den 11. Dezember[12] 1724 auf dem *Wohnsitz ihrer Großmutter Marie Henriette*, der Tochter des Herzogs Philipp Karl Franz von Arenberg, *in Drogenbusch*, auf einem einsamen Sommerschloß, einen Sohn. Er wurde auf den Namen Karl Theodor getauft. Da die Mutter das Kind nicht stillen konnte, tat das eine Amme. Sie hatte alle Mühe, den schwachen Körper zu erwärmen, zu stärken und zu erhalten[13]. Als kleiner Bub durfte er aus Verehrung der Eltern gegen den heiligen Franz von Paula bald in einem kleinen Paulaner-Habit herumlaufen. Sie hatten diesem Heiligen ein Gelübde gemacht.

Karl Theodor wird 1724 in Drogenbusch bei Brüssel geboren; Tod seiner Mutter 1728.

Der in Sulzbach bis 1732 regierende Herzog Theodor Eustach hatte seinem Erbprinzen Joseph Karl Emanuel, dem älteren Bruder Johann Christian Josephs erlauben müssen, sich in der Nähe des alten Kurfürsten Karl Philipp aufzuhalten, da Joseph Karl Emanuel auch für die Regierung des Kurfürstentums der Pfalz heranstand. Theodor

Eustach wünschte seinen zweiten Sohn Johann Christian Joseph, Karl Theodors Vater, um sich; dieser Sohn litt trotz seiner Jugend schwer an Wassersucht. Karl Theodors Mutter hatte sich bereits viele Sorgen um ihren Mann gemacht, ihm aber nicht helfen können. Für die Markgrafschaft Bergen op Zoom errichtete sie (auch Gräfin d'Auvergne), am 4. Juni 1728 eine Generalkasse zur Bezahlung ihrer Beamten und Gestaltung ihres Finanzwesens dort[14]. Am 29. Mai 1728 hatte sie einer Tochter in Hilpoltstein das Leben geschenkt, die die Namen Maria Anna Luise Henriette erhielt, damit auch Namen der Urgroßmutter. Doch starb die junge Mutter der beiden Kinder bereits am 28. Juli 1728 in Hilpoltstein, das Töchterlein noch einige Tage zuvor[15]. Karl Theodor war erst vier Jahre alt. Auch Großmütter waren nicht mehr für ihn da.

Der Verlust der frommen Mutter, die den Armen 500 Gulden hinterließ, trat ihm noch mehr als der der kleinen Schwester stark ins Bewußtsein. Er wurde nach Brüssel unter die Obhut seiner Urgroßmutter, der Herzogin von Arenberg und Aerschott gebracht; denn am 28. Januar 1728 war die als Ersatzmutter in Betracht kommende Gattin seines in Mannheim zur Regierung heranstehenden Onkels Joseph Karl Emanuel von Sulzbach gestorben.

Karl Theodor Markgraf von Bergen op Zoom 1728/29

Der fünfjährige Karl Theodor wurde aber bereits durch den Tod seiner Mutter in eine Funktion hineingestellt. Denn diese war am 6. März 1713 mit dem Marquisat Bergen op Zoom belehnt worden. Am 16. Februar 1722 hatte sie dort persönlich die Huldigung entgegengenommen. Nun wurde Karl Theodor Markgraf. Am 7. September 1729 wurde er mit Bergen op Zoom belehnt[16]. Die Verbundenheit mit den Bereichen am Niederrhein wurde Karl Theodor nun auch durch eine ihm als Erben übertragene dynastische Aufgabe mit auf den Lebensweg gegeben. Die Beamten der Mutter waren nun seine Beamten.

Aus dieser Welt zwischen Brüssel und Bergen op Zoom wurde der Wittelsbacher Knabe herausgeholt, als der Vater am 25. Januar 1731 ein zweites Mal heiratete. *Der nach Sulzbach verbrachte Siebenjährige erhielt eine Stiefmutter:* Eleonore Philippine Christine, die Tochter des Landgrafen Ernst Leopold von Hessen-Rheinfels-Rotenburg, dessen ältere Schwester Eleonore 1692 den Sulzbacher Erbfolger Theodor Eustach geheiratet hatte.

Kindheit in Sulzbach unter einer guten Stiefmutter seit 1731

Da die Mutter mit dem Kind wahrscheinlich auch französisch gesprochen hatte, erteilte die Stiefmutter dem siebenjährigen Knaben Unterricht in dieser Sprache, zugleich aber auch in Religion, und lehrte ihn das Vaterunser. Der Vater wie die Stiefmutter bewahrten das Kind vor Verzärtelung, härteten seinen Körper ab und gaben ihm nahrhafte und selbst harte Speisen. Der Jesuitenpater Staudacher, der Beichtvater Johann Christian Josephs und seiner zweiten Gattin, wurde als Lehrer des Knaben bestellt[17]. Er sollte ihn zu Sittlichkeit und überhaupt Tugend hinführen, ihm die Begriffe von wahrer Ehre und Fürstengröße beibringen und schon das Kind vor Hochmut und Eigendünkel bewahren. Der Vater und die Stiefmutter ließen den Knaben auch in der Tonkunst unterrichten.

Karl Theodor hatte nach dem Tod der Mutter teils in seinem Geburtsort in der Gegend von Brüssel, teils dortselbst, also bei der Urgroßmutter, gelebt. Sein Großvater väterlicherseits, Herzog Theodor Eustach, war bereits seit 1720 Witwer und mußte 1729 seinem ältesten Sohn Joseph Karl Emanuel ins Grab sehen, dessen Töchter für ihren Vetter Karl Theodor noch von Bedeutung werden sollten. Großvater Theodor Eustach starb am 11. Juli 1732 in Dinkelsbühl. Sein Vater hatte nun die Regierung in Sulzbach zu übernehmen, auch die 30 000 Gulden Schulden, die Theodor Eustach beim Markgrafen von Bayreuth gemacht hatte. Er erbat deshalb von Kurfürst Karl Philipp von der Pfalz die 24 000 Gulden zurück, die sein Vorfahre August seinem Bruder Wolfgang Wilhelm 1621 vorgestreckt hatte. Karl Philipp ging gerne auf diese Bitte ein, zumal er in Johann Christian Joseph und dessen Sohn seine Nachfolger zu sehen hatte. Karl Theodor war noch nicht zehn Jahre alt, als der Kurfürst mit seinem Vater 1733 am 25. April in Mannheim und am 30. in Sulzbach die Verheiratung des Knaben urkundlich[18] festlegte. Karl Philipp hatte Prinzessin Elisabeth Auguste, die Tochter des schon 1729 verstorbenen Sulzbacher Erbprinzen Joseph Karl Emanuel, seine eigene Enkelin, als Braut ausgesucht, der in Oggersheim das von den Franzosen zerstörte Schloß wieder aufgebaut und eine Kapelle zu Ehren des Hauses der Hl. Maria in Bethlehem errichtet hatte, so wie es in Loreto (Provinz Ancona) verehrt wurde. Kurfürst Karl Philipp kümmerte sich auch um Karl Theodors Lehrer und beteiligte sich mit 5000 Gulden im Jahr an den Erziehungskosten Im Oktober 1731 übernahm der Jesuitenpater Jakob Esser den ersten Unterricht und erhielt dafür im Jahr 1300 Gulden. Da er erkrankte, bestellte der Kurfürst den Theologieprofessor Jesuitenpater Franz *Seedorf aus Ingolstadt* an dessen Stelle. Dieser begab sich von Bayern nach Mannheim und von dort nach Brüssel, um im November seine Aufgabe als Lehrer und Beichtvater des Prinzen zu übernehmen[19].

Karl Theodor 1733 Herzog von Pfalz-Sulzbach

Schon am *20. Juli 1733 starb* aber in der Residenzstadt Sulzbach *der Vater*, ein beleibter Herr, der an Wassersucht litt, aber gleichwohl ein starker Esser gewesen sein soll. Er wurde in der Fürstengruft der Maria-Himmelfahrts-Kirche dort beigesetzt. Kurfürst Karl Philipp von der Pfalz wurde Karl Theodors Vormund und regierte für ihn. Zum Ärger der Urgroßmutter mußte der bald zehnjährige Karl Theodor 1734 nach Mannheim verbracht werden.

Schon aus den Reisen zwischen Sulzbach, Brüssel und Mannheim wußte der junge Sulzbacher Prinz über das schwierige Problem der Entfernung der Regierungssitze Sulzbach und Mannheim Bescheid und konnte sich auch über die Schwierigkeit Gedanken machen, die für seinen Vormund darin bestand, die Herzogtümer Jülich und Berg zu regieren. Dieser selbst hatte mit Karl Theodors Vater in dem Vertrag vom 30. April 1733 festgesetzt[20], daß die Gemäldegalerie in Düsseldorf und die beiden Kabinette für Malerei und Altertümer in Mannheim als Kurpfälzer Fideikommiß zu behandeln seien. Noch vor seinem Tode hatte Johann Christian Joseph am 25. Juni 1733 in einem bei der Reichsstadt Nürnberg hinterlegten Testament bestimmt, daß Karl Philipp Vormund und Kurator für seinen minderjährigen Sohn sein solle und das *Fürstentum Sulzbach und das Markgraftum Berg op Zoom* regiere. Würde der Kurfürst noch vor der Großjährigkeit Karl Theodors sterben, sollte aufgrund dieses Testaments Herzog Ferdinand Maria Innozenz von Bayern, der mit Maria Anna Karolina, der Tochter des Pfalzgrafen Philipp Wilhelm August von Pfalz-Neuburg, verheiratet war, die Vormundschaft und Kuratie übernehmen. Beide hatten in Herzog Klemens einen Sohn, der zwei Jahre vor Karl Theodor geboren worden war. Der Kurfürst eröffnete Johann Christian Josephs Testament am 2. September 1733 in Schwetzingen und sandte es in Abschrift an Ferdinand Maria Innozenz, der damals kaiserlicher Generalfeldzeugmeister war.

Karl Theodors Stiefmutter lebte in strenger Selbstdisziplin. Da ihr Stiefsohn nach dem Tod des Vaters nach Mannheim geholt worden war, reiste sie in ihre Heimat Rotenburg an der Fulda in Niederhessen. Doch veranlaßte Karl Philipp ihre Rückkehr nach Sulzbach und hielt damit den Charakter dieser Stadt als Residenz aufrecht. Die Herzogin-Witwe Eleonore Philippine Christine gab der Bevölkerung ein religiöses Vorbild, wenn sie jeden Dienstag die nächst der Stadt Sulzbach am Berg gelegene Kirche der heiligen Mutter Anna besuchte, dort auf ihre Kosten einen schönen Hochaltar errichtete und einfach und sparsam lebte. Am Fest der Heimsuchung Mariä, also am 2. Juli, wallfahrtete sie jedes Jahr unter Überschreitung der Landesgrenze nach Amberg, bestieg dort zu Fuß den Maria-Hilf-Berg und betete dort vor dem Gnadenbild. Für die Erziehung junger Mädchen katholischer lutherischer und calvinischer Konfession bereitete sie die Gründung einer Schule in einem vor ihr geplanten Kloster der Salesianerinnen vor, mußte aber dabei gegen den Widerstand der lutherischen Landsassen und der Stadt- und Landbevölkerung dieser Konfession und den des Bürgermeisters und des Rates der Stadt Sulzbach ankämpfen. Diese wehrten sich gegen die Gründung eines zweiten Klosters in Sulzbach, wo bereits Kapuziner wirkten. Sie erlebte noch, daß ihr Stiefsohn 1741 die Regierung als Herzog von Sulzbach *und* Markgraf von Bergen op Zoom übernahm und das Jahr darauf Kurfürst von der Pfalz wurde. Mit seiner Einwilligung trat sie 1748 in das Kloster der Karmeliterinnen in Neuburg an der Donau ein. In Sulzbach errichtete sie an der Stelle des herzoglichen Ballhauses und einiger anderer Häuser 1753 das von ihr geplante Kloster der Salesianerinnen, wobei Karl Theodor aus Mannheim am 3. Februar *1753* der Sulzbacher Regierung unter *Anerkennung auch der konfessionellen Rechte der Nichtkatholiken* ein Einverständnis der Bekenner der Augsburger Konfession mit den Katholiken empfahl. 1755 hielten fünf Jungfrauen aus dem Kloster Mariä Heimsuchung in Amberg ihren Einzug in das nun fertige Kloster in Sulzbach, die sich durch christliche Duldsamkeit auszeichneten und Mädchenunterricht gaben. Karl Theodors Stiefmutter vermachte am 22. Mai 1759 ihr ganzes Vermögen dem Kloster dieser Salesianerinnen und verordnete, daß ihre irdische Hülle im Kloster zu Neuburg, ihr Herz aber in dem von ihr gegründeten Kloster zu Sulzbach beigesetzt werde[21]

Erzieher und Jugendgenossen

Der weibliche Einfluß auf die Erziehung des heranwachsenden Pfalzgrafen Karl Theodor von Sulzbach wird häufig übertrieben. Als der hübsche, zarte, noch nicht zehnjährige Knabe nach dem Tod seines Vaters der Erziehung seiner Stiefmutter entzogen und bei Kurfürst Karl Philipp weitergebildet wurde, der zum dritten Male Witwer war, stand Karl Theodor im Kreis derjenigen Persönlichkeiten, die ihn auf viele Jahre, ja Jahrzehnte begleiten sollten. Das waren seine spätere Lebensgefährtin *Elisabeth Auguste von Pfalz-Neuburg-Sulzbach,* deren Vater ein Bruder seines Vaters gewesen war, der Jesuitenpater und vormalige Ingolstädter Theologieprofessor *Franz Seedorf,* der seit November 1732 sein Lehrer und Beichtvater war und später auf Jahre sein Berater wurde, da war sein Altersgenosse *Freiherr Matthäus von Vieregg,* der mit einigen anderen „gut gesitteten adeligen Jünglingen" an dem Unterricht in Sprachen und literarischen Gegenständen teilnahm, der Karl Theodor erteilt wurde. Der später zum Grafen erhobene, um vier bis fünf Jahre ältere Jugendgenosse wurde sein Oberstallmeister und 1776 sein Minister, der im übrigen stets gegen eine Vertauschung Bayerns eingestellt war und blieb. Er war noch Karl Theodors Außenminister, als dieser 1799 starb. Es lag nahe, daß sich Karl Theodor auf die drei Jahre ältere Lebensgefährtin und Kusine und den etwas älteren Jugendfreund einstellte. Schon der Achtjährige schrieb im Oktober 1732 französische Briefe aus Brüssel als „sehr demütiger und sehr gehorsamer Diener" an Karl Philipp als „Altesse Serenissime Electorale" und bezeichnete sich in der Unterschrift am 19. Oktober als „Le prince Charles de Sultzbach". Im darauf folgenden Brief versichert er dem Kurfürsten, wie sehr er den Anordnungen seines Lehrers, des Paters Seedorf, folge, den ihm der Kurfürst gegeben habe. Mit einer echt französischen Redewendung schmeichelt sich der kleine Briefschreiber, daß er mit Gottes Gnade seine Pflichten in der Art erfülle, daß Seedorf dem Kurfürsten versichern könne, daß sich der Knabe alle Mühe gebe, um die weitere Gnade des Kurfürsten zu verdienen[22]. Pater Seedorf unterrichtete mit Hilfe verschiedener Fachlehrer nach einem bestimmten Lehrplan. Die Lehre über Religion sollte in das theologische Studium übergehen. Das Innere des Knaben wurde religiös-kirchlich entwickelt. Er gewann ein starkes, anerzogenes und im letzten religiös begründetes Pflichtgefühl[23]. In der deutschen, französischen, italienischen und lateinischen Sprache wurde er fortschrittlich ausgebildet und lernte auch englisch. In humanistischer Weise wurde er auch mit der Dicht- und Redekunst, der Mythologie, der Altertumskunde vertraut gemacht, und man lehrte ihn die Theorie der bildenden, schönen und zeichnenden Künste. Von großer praktischer Bedeutung für seine Zukunft wurde das ihm vermittelte Studium der allgemeinen, der deutschen und der kurpfälzischen Geschichte, wobei auch die sogenannten Nebenländer berücksichtigt wurden. Das wurde praktisch ergänzt durch Einführung in die Erdbeschreibung, allgemeine und besondere Beschreibung der Kurpfälzer Staaten wie des deutschen Reiches. Nicht zufällig interessierte sich später der alte Kurfürst für Goswin Widders Beschreibung der Kurpfälzer Ämter und Oberämter und förderte sie. In dem umfassenden Unterrichtsplan war auch Logik, Metaphysik, Philosophie und Mathematik vorgesehen. Die allgemeine und spezielle Naturlehre ging sogar auf das Gebiet der Arzneikunde über. Es sollte vorzüglich eine vernünftige

Gesundheitskunde vorgetragen und gelehrt werden. „Weisheit und Klugheitslehre" rundeten das Programm auf. Der junge Prinz sollte durch den Fleiß, die Wißbegierde und die Fortschritte seiner Mitschüler angespornt werden, in keinem Fach zurückzubleiben, sondern sich vor ihnen auszuzeichnen, ja sie übertreffen.

Kurfürst Karl Philipp machte den Freiherrn von Sickingen zum Oberhofmeister des Prinzen und gab ihm als Hofkavalier seit Juli 1738 den Oberstleutnant von Cavalchin bei, als Leibarzt Dr. Schönmetz.

Student in Leiden und Löwen

Auf der Universitäten *Leiden* und *Löwen* studierte Karl Theodor zwei Jahre die *Rechte*, aber auch die *Finanz- und Staatswirtschaft*. In die Arbeit dort wurde auch die Diplomatie (!), Genealogie, Heraldik und die *Geschichte* einbezogen.[21] Der Geist an der Universität in Leiden wurde von aufgeklärten Nichtkatholiken mitbestimmt; an ihr lehrten damals Hermann Boerhaave, Albrecht von Haller, Gerard van Swieten und Ribiero Sanches. In Löwen (Louvain) beeinflußte ein Vertreter der damals modernen Bildung in Holland, Zeger Bernard van Espen, die Studenten. All das erlebte Karl Theodor.

In Leiden nördlich von Den Haag mit seinen vielen alten Kirchen, seinem schönen Rathaus und seinen Tuchfabriken lernte er ebenso wie in der alten Handelsstadt Löwen (Louvain), das zu den österreichischen Niederlanden gehörte und auch Tuchmanufakturen besaß, die Möglichkeiten des *Frühindustrialismus* kennen – er ließ ihn später selbst in der Kurpfalz einziehen. Für seine Aufgabe als Landesherr über Untertanen auch *reformierter Konfession* wurde von Bedeutung, daß er in Leiden an einer 1575 von Wilhelm von Oranien „zur Fortpflanzung der reformierten Religion" gegründeten Universität seine Studien betrieb; in Löwen aber, wo 1426 Herzog Johann IV. von Brabant die Universität nach den Vorbildern von Paris, Köln und Wien geschaffen hatte, erlebte der junge Wittelsbacher etwas von der Welt des *Katholizismus*, wie ihn der spätere Papst Hadrian VI. in dem von ihm gestifteten Kolleg für arme Studenten vertrat, und des *Humanismus*, den einst Erasmus von Rotterdam dort begründet hatte. Der Volksmund führte die Gründung Löwens auf den „imperator" Julius Caesar zurück. Das mochte dem späteren Förderer der Altertumswissenschaft in der Kurpfalz auch Anregungen gegeben haben.

Marquis d'Ittre Oberhofmeister Karl Theodors

1741 gab ihm Karl Philipp den aus Brabant stammenden *Marquis Albert Joseph d'Ittre* als Oberhofmeister (Obersthofmeister laut Peter Fuchs). Bei einem kurzen Aufenthalt in Mannheim führte ihn der alte Kurfürst selbst in die Staatsgeschäfte ein und machte ihn mit den ihm keineswegs sympathischen militärischen Übungen vertraut. Dann schickte er ihn auf Reisen. Sie waren von kurzer Dauer. Im Rahmen der von Karl Philipp und von Karl Albrecht von Bayern geführten größeren Politik hatte Karl Theodor *am 17. Januar 1742* in Mannheim[25] seine dort 1721 geborene *Kusine zu heiraten*. Kurfürst Klemens August von Köln traute sie. Der *Hochzeitstag* war der 21. Geburtstag der Gattin des noch nicht achtzehnjährigen Hochzeiters. Am selben Tage heiratete in Mannheim ihre Schwester Maria Anna den Bruder des bayerischen Kurfürsten Max III., den Herzog (Prinzen) Klemens; Elisabeth Auguste korrespondierte mit ihm. Ihre Briefe von 1743 bis 1748 an ihn enthalten einmal auch saftige bayerische Ausdrücke. Im neuerbauten Opernhaus wurde eine Festvorstellung gegeben. Es folgte eine prächtige Illumination der ganzen Residenzstadt Mannheim. Die alte Hauptstadt Heidelberg feierte die Hochzeit nach. Karl Theodor aber erlebte, daß der Onkel aus München, bereits König von Böhmen, eine Woche nach seiner Hochzeit als Karl VII. Albrecht zum Kaiser gewählt und von seinem Bruder, Kurfürst Klemens August von Köln, gekrönt wurde. Freilich mußte er bald erkennen, was ein Rechtsakt bedeutete, dessen Realisierung von der militärischen Stärke und dem Geld anderer Staaten getragen werden mußte.

17. Januar 1742 Heirat mit seiner Kusine Elisabeth Auguste

Zu den an den jungen Landesherrn herantretenden Aufgaben gehörte, daß er nicht nur in Regierung und Verwaltung, sondern auch im Rahmen des Haus- und Staatsrechts seine Funktionen wahrnahm. Karl Theodor unterschrieb seinen Vornamen Karl als Carl. Kurfürst Karl Philipp hatte am 2. März 1742 noch einmal in Mannheim ein Testament gemacht und dieses samt seinen Eheverträgen dem Nachfolger Karl Theodor hinterlassen.

Neben der Einführung in die Regierungsarbeit *in Mannheim* stellte sich Karl Theodor seiner Aufgabe, die Regierungsgeschäfte *in der Markgrafschaft Bergen op Zoom* zu übernehmen. Am 19. Februar bestätigte er die bisherige Regierung und Verwaltung und richtete nun diese dem Zeitbedürfnis nach ein.[26] Er nahm dort die rechtlich notwendige Huldigung entgegen[27].

Regierungsgeschäfte in Bergen op Zoom

In dem Marquisat (Markgrafentum) *Bergen op Zoom* stand Karl Theodors „Generalkommissarius in den Niederlanden", also in den Generalitätslanden der Niederlande, an der Spitze, ihm zur Seite ein von ihm zu bestellender Rat der „Domänen in den Niederlanden". Für das Land des Markgrafentums – nicht die Hauptstadt – wirkten vier Rechnungskammerräte, von denen auch einer Advokat des Marquisats in der niederländischen Residenzstadt im Haag war. Der erste der Rechnungskammerräte führte den Titel Intendant, der zweite war der Generaleinnehmer. Im östlichen Teil und in Standerbuyten wirkte ein eigener Steuerempfänger, ebenso einer im westlichen Teil, der auch für die Stadt Bergen op Zoom zuständig war, einer im nördlichen Teil, der damit für den Bereich Fynaart zuständig war, und schließlich einer im südlichen Teil, der auch für die Herrschaften Hoogerheyden und Offendregt dieses Amt versah. Ein eigener Lehenhof mit einem Statthalter, Statthaltervertreter und einem Lehensschreiber war für die lehnsrechtlichen Verhältnisse im Markgrafentum zuständig.

Für die Rechtspflege im Markgrafentum waren in Städten und Dörfern besondere Landbeamte zuständig. Der von Karl Theodor als Markgraf (Marquis) zu ernennende *Drossard* war der Drost oder Amtshauptmann, dessen Amt in der Hauptstadt Bergen op Zoom so wichtig war, daß außer dem Drossard ein Stellvertretender Drossard ernannt werden mußte. In der Herrschaft St. Michael Gestel war der Drossard auch Statthalter der Lehen von St. Michel Gestel Gemonde und dann von Alt- und Neu-Herlaet. Dem Drossard in der Stadt Bergen op Zoom unterstanden der Bürgermeister in Justizsachen und der in Polizeisachen. Dem „Justiz-Bürgermeister" standen zur Findung des Urteils neun Schöffen zur Verfügung, die auch in den Hof- und Staatskalendern Karl Theodors mit Namen genannt werden. Außerdem waren für die Stadt drei Vögte für die Waisen zu bestellen.

Ein und derselbe Drossard wirkte aufgrund seiner Jurisdiktion in den Dörfern und Gerichten von Wouw, Herel, Moerstraeten, Wernsdregt (1759 Voensdregt), Offendregt, Pütte (1759 Putte), Huybergen, Borgvliet, Zuytgeest und Eyude (1759 Voorens-Eyude). Der zweite Sekretär dieses Drossards war auch Indendant der „Krippen" zu Woenßdregt, Offendregt und Pütte (Putte). Ein eigener Amtmann und Krippenmeister wurde für Halderen, Bymoer, Glimes, Auvergne, Polders und Noordgeest bestellt. Es ist bei dieser noch im Hof- und Staatskalender von 1780 aufgeführten Reihe von Bereichen auffällig, daß hier, wie bei der Erwähnung des Rentmeisters dieser Orte, der Name Auvergne vorkommt. Anlaß dafür war: Karl Theodors Großvater Franz Egon de la Tour d'Auvergne, Marquis von Bergen op Zoom, stammte aus einem Geschlecht, das die Gerichtsgewalt, Lehen und Domänen in der Seigneurie Auvergne besaß.

Einen eigenen Drossard gab es für die Städte und Dörfer Altenbusch (Vieux Bois), Neugastel, Hoeve, Rutpfen (1759 Rutphen) und Zegge.

In Neugastel gab es auch einen eigenen Rentmeister. Der Amtmann zu Standaerbuyten (1759 Stand Daerbuyten) war dort auch Krippenintendant und Rentmeister. Im Jahre 1780 war der Inhaber dieser Funktion auch Amtmann und Krippenintendant für Fynaert (1759 Finaart) und Heyninge.

Für das ganze Marquisat Bergen op Zoom gab es einen eigenen Postmeister.

Karl Theodors Generalkommissar in den Niederlanden war auch zuständig für die Herrschaften Winnendal Breskens und Breskens- Sand in Flandern, ebenso sein Rat für die Domänen in den Niederlanden und sein Steuerempfänger. Dieser selbst war nachweisbar wenigstens 1780 auch Amtmann zu Winnendal. Für den Magistrat der Stadt Roullers und den des Stadtgebiets war je ein Amtmann zuständig, außerdem je ein Stadtschreiber und je ein Bürgermeister mit je sechs Schöffen und je ein eigener Steuereinnehmer. Im Magistrat Winnendal selbst stand an der Spitze ein Amtmann, der einen Gerichtsschreiber zur Verfügung hatte. Gericht wurde mit Hilfe von zwölf Landschöffen gehalten. Für die Steuer standen vier Einnehmer zur Verfügung. Dem Amtmann nachgeordnet war der Bürgermeister. Ähnlich organisiert waren die Magistrate der Stadt Kleves in Langenmarque, der Stadt Thouruot und der des Ortes Cortemarque. Für Pausche und Viversche war ein Magistrat bestellt. Die Gerichte dieser Magistrate waren nur mit sechs Schöffen besetzt.

In der Herrschaft Bresken und Bresken-Sand stand an der Spitze ein Amtmann, unterstützt von einem Amtschreiber, der wie sonst Amts- oder Stadtschreiber auch jurisdiktionelle Funktionen hatte. Im Gericht wirkten sechs Schöffen. In der Herrschaft gab es einen Bürgermeister, einen Rentmeister, einen Statthalter und einen Krippenintendanten.

Zweifellos war Karl Theodor öfters in Bergen op Zoom, wo seine Eltern getraut worden waren und womit er 1729 belehnt wurde. Auch der Student in Leiden und Löwen dürfte dort gewesen sein. 1747 läßt sich sein Aufenthalt dort nachweisen.

In seiner Funktion als Markgraf ernannte er alle Beamten dieses ziemlich großen Gebietes und damit die Vollzugsorgane für Gericht, Verwaltung und Finanzen. Ein im Wittelsbacher Hausarchiv noch vorhandenes Verzeichnis der Akten über die Markgrafschaft beweist, daß er diese Aufgabe und ihre Rechtsgrundlagen mit persönlichem Interesse wahrnahm. Aus den dortigen Domänen erhielt er durch seine Domänenverwaltung auch Einkünfte. Erst 1795 machten die französischen Revolutionstruppen seiner Rechtsstellung dort ein Ende.

Seine Schatull-Kasse als Pfälzer Kurfürst[28] war auch zuständig für die Familie seiner Mutter, die ihm nicht nur das Markgrafentum Bergen op Zoom vererbte, sondern auch Rechte und Beziehungen zu der Familie der Prinzen von de la Tour d'Auvergne. Er lieh deshalb einer Gräfin aus dieser Familie, einer geborenen Marque Scepeaux 10 000 Gulden, die sie ihm freilich, solange er lebte, nicht zurückzahlte.

16. Juni 1742 Volljährigkeitserklärung

Am 16. Juni 1742 erklärte der Wittelsbacher Kaiser Karl VII. auf Verwendung Karl Philipps den noch nicht achtzehnjährigen Karl Theodor für volljährig[29].

Huldigung der Sulzbacher Untertanen im Juli 1742 vor ihrem Herzog Karl Theodor; Staatsorganisation im Herzogtum Pfalz-Sulzbach

Im Juli 1742 reisten Karl Theodor und seine Gattin nach Sulzbach, um das Land ihrer Väter zu sehen. Sie verlebten dort vierzehn frohe und glückliche Tage. Karl Theodor nahm zugleich die Huldigung seiner Sulzbacher Untertanen in eigener Person entgegen. Dieser Rechtsakt wurde ihm von den Landständen und allen anderen Einwohnern geleistet und gehörte zur Funktion der Staatlichkeit des Fürstentums Pfalz-Sulzbach, als dessen Inhaber er den Titel eines Herzogs führte. *Hof* und *Staat* erhielt er dort prinzipiell aufrecht, wenn er auch sein Fürstentum nicht oft besuchen konnte. Der Hof bestand aus einem Burgvogt, einem Schloßwachtmeister, einem Hofbaumeister und einem Holzverwalter. Die Staatlichkeit, die 1656 sein Urgroßvater Herzog Christian August (1656–1708) in Sulzbach begründet hatte, kam für alle durch den Hofrat und den ihm untergeordneten Landrichter und den ihm unterstellten Amtsarzt, den Stadt- und Landphysikus, zum Ausdruck. Der Lehenpropst des Landesherrn war für alle Inhaber von ritterlichen und bäuerlichen Lehen zuständig. Das zum Fürstentum gehörende, aber abgetrennt gelegene Amt und Landgericht Parkstein und Weiden hatte einen eigenen Landrichter, dem mehrere Richter unterstanden. In dem noch entfernter gelegenen Weiden war ein eigenes sog. Pflegamt mit Jurisdiktion, also ein Richter und Verwalter, wie es ihn in einem Pfleggericht in Kurbayern gab. In Weiden gab es für das öffentliche Gesundheitswesen einen eigenen Stadtphysikus.

Bevor wir einen Blick auf die Finanzbehörden und die für das waldreiche Land sehr wichtigen Forstbehörden werfen, stellen wir fest, daß später, als Karl Theodor Pfälzer Kurfürst geworden war, um 1750 sechs Regierungsräte[30] den Hofrat in Sulzbach ausmachten. Der Erste Rat (Premier Conseil) war damals Baron Johann (Jean) von „Betschart", der zugleich Landrichter und Lehenpropst war. Ob er diese so viele Funktionen umfassende Stellung schon 1742 innehatte, ist noch nicht erforscht. Die Familie stammte aus dem Schweizer Adel. Da Graf Karl von Bettschart Jahrzehnte später durch offenbar sehr verwerfliche Maßnahmen und Schritte seinen Landesherrn zum Eingreifen zwang[31)], ist die Frage zu stellen, ob er der Sohn des Barons war. In die Erforschung der unvollständig bekannten Tatbestände ist auch die Tätigkeit des Gerichtschreibers Joseph Wirth einzubeziehen.

Der Zweite im Hofrat war um 1750 der Dekan und Pfarrer von Sulzbach Geheimrat Dr. theol. Matthias Bachmayer. Seine Stelle war in dem von Lutheranern und Katholiken bewohnten Fürstentum sehr wichtig. Der katholische Pfarrer hatte aufgrund der kirchenrechtlichen und landesherrlichen Festlegungen des zur Katholischen Kirche übergetretenen Landesherrn Christian August, der sehr auf seine bisherigen Glaubensgenossen Rücksicht nahm, das lutherische Kirchenwesen rechtlich zu respektieren. Besonders in Rechnung zu stellen sind die schon unter Christian August in Sulzbach ansässigen katholischen Pfalz-Neuburger Beamtenfamilien, denen der Regierungs- und Hofkammerrat Johann Silberschmit und die Regierungsräte Pantzer und Molitor angehörten. Wie auch in größeren Fürstentümern gab es im Hof- und Staatskalender bekanntgemachte Nachfolger für noch tätige ältere Beamte. So einflußreich bestimmte Personen und Familien sein mochten, die im Dienst des Landesherrn tätig waren, es gab in *Pfalz-Sulzbach* eine mit dem Herzog zusammenwirkende Institution, die *Landstände*, wenn sie auch wie Landstände überhaupt dem Landesherrn als bevorzugte Untertanen untergeordnet waren. Sie wirkten auf Landtagen mit ihm zusammen, wie sie Karl Theodor auch später noch für das 1742 vereinigte Fürstentum Pfalz-Neuburg-Sulzbach zusammenrief. Die Landstände konnten auch die Stelle eines Land- und Marschkommissarius in der Sulzbacher Hofkammer und in der Bergkommission als landesherrliche Beamte einnehmen.

Erste Regierungsarbeit in Pfalz-Sulzbach

Der Hofkammer Sulzbachs stand ein Generalkassier aus ihren Reihen zur Verfügung, der dem Hofkastner und dem Obersteuereinnehmer und dem Oberungelder (Einnehmer des Ungelds) übergeordnet war. Der Hofkammer unterstand auch das Sulzbacher Hauptmautamt. Seine Bedeutung geht aus den zwölf Beimautnern hervor. Da das Fürstentum Pfalz-Sulzbach kein geschlossener Bereich war, hatte es viele Grenzen, an denen auch ein Weggeld bezahlt werden mußte. Das Hauptmautamt in Weiden hatte elf Beimautner in seinem Dienst.

In Weiden gab es das erwähnte Pflegamt mit Jurisdiktion, zu der auch die Behandlung der Steuern gehörte. Im Pflegamt Pleystein, im Pflegamt Floß und im Amt Vohenstrauß gab es auch eigene Mautbeamte. In den einzelnen Städten gab es Bürgermeister, Stadtkämmerer und jeweils einen inneren und äußeren Rat. Es war natürlich sehr schwierig, die Amtsführung der landesherrlichen Beamten zu kontrollieren und das Rechts- und Verwaltungsleben der Städte zu beaufsichtigen, zumal wenn der Landesherr nicht oft in seiner Residenz Sulzbach anwesend sein konnte.

In echter Verantwortung begann Karl Theodor einige *Verbesserungen der Landesregierung* dort und besuchte die öffentlichen Anstalten seines Fürstentums. Elisabeth Auguste errichtete auf dem Annaberg in der Nähe der Wallfahrtskirche eine Kapelle zu Ehren der heiligen Maria von Loreto. Sie wurde der Kapelle nachgebildet, die ihr Vater in Oggersheim nach dem Muster der Loreto-Kapelle in Italien erbaut hatte[32]. Ihr Hochzeitskleid aber verehrte sie ein Jahr später dem uralten Gnadenbild im Dom zu Speyer, das freilich die Franzosen 1793 bei dem vor dem Dom aufgepflanzten Freiheitsbaum verbrannten. Als Karl Theodor Ende November 1743 außerordentlich schwer erkrankte, ließ Elisabeth Auguste eine neuntägige Andacht in der Loreto-Kapelle in Oggersheim[33] abhalten.

Im Fürstentum *Pfalz-Neuburg* hatte Karl Theodor in Folge des Todes des söhnelosen letzten Pfälzer Kurfürsten aus dieser Linie, also Karl Philipps, die *Regierung beim Jahreswechsel 1742/43 gleichzeitig mit der in Mannheim und Düsseldorf übernommen.*

Pfalz-Neuburg und Pfalz-Sulzbach, Regierungsstellen und Landtage

Damals stellte er an die Spitze der Regierung in Neuburg einen Statthalter. In der Behörde „Regierung" besetzte er 1750 bis 1770 jeweils die Stellen eines Präsidenten und eines Vizepräsidenten, eines Kanzlers und eines Vizekanzlers. Diese hatten mit Räten auf einer Adelsbank und einer Gelehrtenbank zusammenzuwirken. Ihre Arbeit wurde durch mehrere Sekretäre und einen Registrator schriftlich durchgeführt. An ihr wirkten ein Dutzend Regierungsadvokaten mit, die alle Lizentiaten der Rechte waren. Einer davon war zugleich Syndikus der Stadt Neuburg, einer Steuereinnehmer und einer „Propst des kurfürstlichen Kollegiums" in Neuburg. Die Zahl der gelehrten Räte überwog die der aus dem Adel zu bestellenden. Doch kam das unter Karl Theodor auch dadurch zustande, daß ein Adeliger, der Jura studiert hatte, auf der Gelehrtenbank saß, und wie Adam Franz von Auer, wie der Hof- und Staatskalender von 1780 zeigt, sogar als pfalz-neuburgischer Geheimer Rat fungierte. Dieselbe Stellung eines Rates auf der Gelehrtenbank nahm 1780 Johan Martin Bruckmayr ein, der nicht nur pfalzneuburgischer Geheimer Rat, sondern Direktor der Hofkammer und Marschkommissarius für Pfalz-Neuburg war. Drei der Gelehrten Räte waren zugleich Referendare in Strafrechtsangelegenheiten, einer Lehenpropst und Archivar: 1780 Josef Anton Eyb, der als Pfalz-Neuburger und Pfalz-Sulzbacher Referendarius wirkte. Der Rat auf der Gelehrtenbank 1780, Jakob von Gropper, war zugleich Propst des pfalz-neuburgischen Seminariums. Das Ausmaß der Regierungsarbeit geht 1780 aus den acht Regierungskanzlisten hervor, zu denen noch drei Kanzleiakzessisten kamen. Damals waren auch außer einem Kanzleidiener zwei Regierungsboten notwendig.

An der Spitze der Pfalz-Neuburger Hofkammer standen ein Präsident und ein Vizepräsident. Der Vizepräsident von 1780 Freiherr Jakob Wilhelm von Rummel, war auch Pfalz-Neuburger Geheimer Rat und Wegkommissarius, also Beauftragter für Straßen und Wege im Fürstentum. Unter den wenigen Räten von Adel fungierte 1780 auch der Pfalz-Neuburger Oberstjägermeister, unter den zahlreichen Hofkammerräten einer als Kassier des Jagdamts, einer als Landschaftsrat und Pfennigmeister, einer war zugleich Hofkastner, einer zugleich Fiskal. Einer amtierte zugleich als Landgerichtsschreiber, einer als Landschreiber, d. h. zugleich wohl im Dienst der Landschaft tätig. In dieser Hofkammer wirkten nicht weniger als vier Rechnungsverhörer und sechs Kanzlisten, von denen einer der Einnehmer der Wegegelder von Gnadenegg war. Das Ausmaß der Tätigkeit der Hofkammer geht 1780 auch aus den sechs Boten und drei Hofwächtern der Hofkammer hervor.

Da Karl Theodor die *Landtage von Pfalz-Neuburg und -Sulzbach* regelmäßig einberief, arbeitete die Pfalz-Neuburger Landschaft eng vor allem mit der Hofkammer zusammen. An der Spitze der Landschaft standen der Landmarschall, die beiden Landschaftskommissarien, der Landoberste. In ihrer Behörde beschäftigte die Landschaft einen Kanzler, der zugleich Pfalz-Neuburger Geheimer Rat war, und vier Räte, von denen zwei auch Räte in der Hofkammer waren. Einer der beiden war 1780 Franz Mathias Seel, der auch als Stadtungelder (Verwalter des Ungelds der Stadt) Landsteuereinnehmer, Hauptmautner und Salzverwalter war. Die Landschaft beschäftigte zwei Registratoren, zwei Rechnungsverhörer und fünf Kanzlisten. Einer davon war Gegenschreiber (kontrollierender Schreiber) für das Ungeld der Stadt Neuburg, ein anderer Schreiber der Pfennigmeisterei.

Das enge Zusammenwirken zwischen Karl Theodor und den von ihm bestellten landesherrlichen Beamten im Pfalz-Neuburger Herzogtum und der Landschaft geht aus vielen Tatsachen hervor, darunter auch der, daß der Landvogt der Stände zugleich einer der Räte der Hofkammer Karl Theodors in Neuburg war. Der Verwalter und der Gegenschreiber seines Hofbräuhauses in Neuburg waren diesem Landvogt untergeordnet, ebenso der Stadtvogt und der Hofbräuinspektor, der Spitalverwalter und der Kasernenverwalter, der Hofkastner und der Hofapotheker, die Schreiber am oberen Tor der Stadt und am Donautor. An drei Orten unterstanden die Beizöllner (wohl zweite Zollbeamte) dem Landvogt. Auch die Armen-Vögte unterstanden seiner Aufsicht.

Der Rat der Stadt Neuburg wurde von einem Bürgermeister geleitet, dem drei weitere beigeordnet waren, von denen freilich der eine Stadtquartiermeister, der andere Spitalinspektor und der dritte zugleich Deputierter an den Schrannen (Gerichts- und Lebensmittelschrannen) war. Die Bürgermeister hatten mit sieben Herren des inneren Rates und 24 Herren des äußeren Rates zusammenzuarbeiten.

Da Karl Theodor in Sulzbach und in Neuburg selten persönlich Hof hielt, gab es in Neuburg nur einen Oberststallmeister mit einem Stutenmeister, der zugleich Roßarzt war. Das Schloß in Neuburg und das Schloß und das Gut in Rohrenfeld wurden durch je einen Verwalter betreut; soweit Jagden zur Repräsentation und nicht nur zur Pflege des Waldes und zur Hegung des Wildes dienten, war der Oberstjägermeister in Neuburg auch eine Persönlichkeit des Hofes. Karl Theodor hielt die an solchen Höfen beschäftigten Personen nur in sehr geringer Anzahl, trug damit aber doch der Tatsache Rechnung, daß es sich auch bei Pfalz-Neuburg um ein von ihm regiertes Land handelte. Außer einem Jagdamtskommissarius standen dem Oberstjägermeister zahlreiche Ober- und Unterförster an verschiedenen Orten, zum Teil Gerichtsorten, oder in der vormaligen Residenz Hilpoltstein zur Verfügung. Im Oberstforstmeisteramt in Burglengenfeld stand ein Oberstforstmeister an der Spitze, der zugleich Oberförster in „Ramspach" war. Ihm unterstanden sieben Oberförster, darunter einer in Kallmünz, fünf Amtsförster und einer in Luppurg, außerdem zehn Unterförster, darunter einer in Vilshofen. Das Forstmeisteramt Höchstädt wurde von einem Oberforstmeister geleitet, dem sechs Förster unterstanden, das Forstmeisteramt Painten war nicht in weitere Bereiche aufgeteilt.

Pfleger als Inhaber von Gericht und Verwaltung hatte Karl Theodor als Landesherr in den Pflegämtern Allersberg, Beratshausen, Burkheim, Konstein, dann in den Pflegämtern Kallmünz und Schmidmühlen, im Landrichteramt Burglengenfeld, im Pflegamt Monheim, das der Landrichter von Graisbach inne hatte, in den Pflegämtern Gundelfingen, Hemau, Heideck und Hilpoltstein, in Laber und Luppurg, in Lauingen, Regenstauf, Reichertshofen, Rennertshofen, Schwandorf und Velburg zu ernennen. In Höchstädt hatte er einen Landvogt zu bestellen. In einem Fall war der bestellte Pfleger zugleich Kastner, d. h. Verwalter des Amtes, wo die Naturalabgaben einliefen. Das wiederholte sich in bestimmten Jahren da und dort. Für das Ungeld und die Steuern gab es in den Pflegämtern Kallmünz und Schmidmühlen und im Landrichteramt Burglengenfeld einen eigenen Obereinnehmer des Ungelds und der Steuern und einen Gegenschreiber für das Ungeld.

Die Qualität der Rechtspflege und der Finanzverwaltung, der Pflege des Waldes und der Hegung des Wildes hing von der Orientierung Karl Theodors durch seine obersten Dienststellen in Neuburg und Sulzbach, erst recht in Bergen op Zoom ab. Da er überall die Verfassung beachtete, mußte er sich über sie und gegebenenfalls über die Funktionen der Landstände und über deren Persönlichkeiten immer wieder unterrichten.

Bild 1
Christian August, erster Herzog von Pfalz-Sulzbach, Urgroßvater Karl Theodors

Bild 2
Johann Christian Joseph, Herzog von Pfalz-Sulzbach 1732—1733 (1700—1733), der Vater Karl Theodors

Bild 3
Karl Philipp, Kurfürst von der Pfalz, Herzog von Pfalz-Neuburg und von Jülich und Berg 1716–1743 (1661–1743), Vormund Karl Theodors 1733–1742

Bild 4
Elisabeth Auguste 1721–1794, Tochter des 1729 verstorbenen Erbprinzen Joseph Karl Emanuel von Pfalz-Sulzbach, die Gemahlin Karl Theodors (1742)

Bild 5
Ansichten von Sulzbach

II

Karl Theodors Regierungsantritt im Herzogtum Pfalz-Neuburg, in der Kurpfalz, in den Herzogtümern Jülich und Berg 1742/3; seine Regierung 1742/3 – 1763

Karl Theodor in der Silvesternacht 1742/43 Nachfolger Karl Philipps

Am 31. Dezember 1742 starb Karl Philipp vor oder nach Mitternacht[33a]. Karl Theodor, rechtlich seit 1728 Graf von Auvergne und Inhaber der Markgrafschaft Bergen op Zoom, die unter der Oberhoheit der niederländischen Generalstaaten stand, war 1733 Herzog von Pfalz-Sulzbach geworden. Der seit dem 11. Dezember achtzehnjährige Wittelsbacher hatte nun die Regierung in Mannheim und in Düsseldorf, der Hauptstadt der Herzogtümer Jülich und Berg[34], zu übernehmen. Karl Philipp hatte ihm die Regierungsaufgabe dort, aber auch für die Kurpfalz und das Fürstentum Pfalz-Neuburg vererbt. Karl Theodor hatte sich bisher davon zu überzeugen, was von seinen Anordnungen durchgeführt worden war, die er in Pfalz-Sulzbach getroffen hatte, als er durch den Kaiser bereits im Sommer für volljährig erklärt worden war. Er war nun regierender Herr in nicht weniger als sechs Ländern.

Ihre Verfassung und ihre Verwaltung ins Auge zu fassen, war seine nächste Aufgabe. Dazu gehörte aber auch, daß er sich vom Kaiser mit den Reichslehen Kurpfalz, Pfalz-Neuburg, Pfalz-Neuburg-Sulzbach und den Herzogtümern Jülich und Berg belehnen ließ und für sich in diesen Ländern die rechtlichen Akte der Regierungsübernahme durchführte, also sich huldigen ließ und die sehr verschiedenen Rechte bestätigte. Die Belehnung mit Reichslehen durch den Wittelsbacher Kaiser war kein Problem, eher schon die lehenrechtlichen Dienste, die Karl Theodor durch die Belehnung übernahm, nämlich Hilfeleistung für den Kaiser in Reichskriegen und Entrichtung von Reichssteuern, gegebenenfalls auch ein Erscheinen in Person auf den Reichstagen, wenn der Kaiser einen solchen einberief.

Die Rechtsakte der Huldigung in Mannheim und Düsseldorf

Es kennzeichnet die Karl Theodor unberechenbar erscheinende Lage des Kaisers im Reich, daß er den Rechtsakt der Huldigung in Mannheim erst am 29. April 1744 durchführte, in Düsseldorf für die Herzogtümer Jülich und Berg erst am 15. Oktober 1746. Der unglückliche Wittelsbacher Kaiser starb am 20. Januar 1745 in München. Karl Theodor überließ dem jugendlichen Kurfürsten Max III. von Bayern das Amt der Reichsverwesung, da dieser es wünschte, obwohl aufgrund der Vereinbarung zwischen Max Emanuel und Karl Philipp über eine abwechselnde Führung des Reichsvikariats Karl Theodor an der Reihe gewesen wäre.

Karl Theodor ließ sich 1744 auf dem Marktplatz in Mannheim huldigen, doch nicht in feierlicher Weise in der Rechtsform. Tatsächlich war es eine von der Allgemeinheit und vor allen den Spitzen der Behörden mitgetragene große Feier. Karl Theodor begab sich zunächst an der Spitze des glänzenden Zuges in Begleitung seiner Minister, Beamten, Hofbedienten und Leibgarden zu Pferd durch die Straßen in die Pfarrkirche und nahm an einer heiligen Messe teil. Die Kurfürstin war vorausgefahren und erwartete ihn in der Kirche. Nach Beendigung der Messe schritt er über einen mit Brettern belegten Weg bis zu der inmitten des Marktes errichteten Tribüne und ließ sich auf einem mit einem Baldachin bekrönten Thronsessel nieder, sein Gefolge stellte sich auf beiden Seiten auf. Der Stadtrat erschien aufgrund der überlieferten Vorschrift schwarz gekleidet und auch in schwarzen Mänteln. Auf den Straßen stand die Garnison, auf dem Marktplatz selbst die Leibgarde, die den Kreis um den Thron frei hielt. Außerhalb dieses Kreises stand die Bürgerschaft, nach Stadtvierteln geordnet, außerdem die neu uniformierte Bürgerwehr in Kompanien. Stolz trug sie die reich gestickte Seidenfahne, die ihr der Kurfürst verliehen hatte. Hinter den Bürgern Mannheims standen die Juden und die Wiedertäufer, die gegenüber den Bürgern eine geringere Rechtstellung hatten. Der Präsident der landesherrlichen Regierung hielt eine Ansprache und auf sie erwiderte der Stadtdirektor, die Bürgerschaft sei freudigen Herzens zur Huldigung und Eidesleistung bereit. Darauf nahm der Kurfürst, auf dem Thron sitzend und mit bedecktem Haupt, wie es ein altes Vorrecht wollte, das Handgelübde des Stadtrates, der Pfarrer, der Stadtoffiziere, der (Stadt)-Viertelmeister und der Zunftmeister entgegen. Sie traten beim Aufrufen ihres Namens in den Kreis und gelobten namens der Bürgerschaft dem Kurfürsten Treue. Nach einer weiteren Anrede des Regierungspräsidenten verlas der kurfürstliche Protonotar die Eidesformel. Die gesamte Bürgerschaft sprach diese „Stabung" nach. Darauf begab sich der Kurfürst unter Kanonendonner, Trompetenschall und den Vivat-Rufen des Volkes in die Pfarrkirche zurück. Dort beschloß ein Tedeum unter Mitwirkung der Hofmusik die Feier. Silberne Denkmünzen, die der Stadtrat prägen und verteilen ließ, hielten die Erinnerung an den Huldigungstag fest.

Karl Theodor Herzog von Jülich und von Berg

Am 15. Oktober 1746 traf Karl Theodor als Herzog von Jülich und Berg in der für die beiden Herzogtümer gemeinsamen Hauptstadt Düsseldorf ein, um auch dort die Huldigung entgegenzunehmen[35]. Der Einzug und der Aufenthalt Karl Theodors wurden zu einem Fest, das die Landeshauptstadt 20 000 Reichstaler kostete. Die Illumination der Residenzstadt fand wegen des schlechten Wetters erst am 20. Oktober statt. In Verbindung mit seinem Aufenthalt in Aachen reiste Karl Theodor 1747 auch nach Bergen op Zoom.

Die Geheime Staatskonferenz in Mannheim in Zusammenarbeit mit den landesherrlichen Regierungen in Düsseldorf, Neuburg und Sulzbach

Die praktische Regierungsarbeit vollzog Karl Theodor in seiner Residenz Mannheim, ließ aber auch in Düsseldorf, Neuburg und Sulzbach eigene landesherrliche Regierungen arbeiten. Sein Zentralorgan in Mannheim war die 1704 von Kurfürst Johann Wilhelm (1690–1716) entwickelte Geheime Staatskonferenz. Sie war bereits von dessen Vater Kurfürst Philipp Wilhelm (1685–1690) als ein Geheimes Konferenzministerium mit Kanzlei in Neuburg an der Donau organisiert worden, als er in Heidelberg eine besondere Regierung zurückgelassen hatte, da er sich wegen des Einmarsches französischer Truppen dort nicht halten konnte. An der Spitze der besonderen Regierung in Heidelberg war ein Präsident aus dem Ritterstande gestanden. In Philipp Wilhelms Geheimem Konferenzministerium in Neuburg wirkten eine Bank mit ritterbürtigen Räten mit einer Bank gelehrter Räte zusammen, über denen ein Vizekanzler waltete, dem ein Protonotar zur Verfügung stand[36]. Die 1704 von Johann Wilhelm auch nach Wiener Vorbild weiter gestaltete Geheime Staatskonferenz hatte die konfessionspolitische Problematik zu bewältigen, die die Franzosen durch zwangsweise Katholisierung der von ihnen besetzten Gebiete der Kurpfalz verursacht hatten. Sie wurde durch den Friedensschluß von 1697 aufgrund der Rijswijker Klausel nicht rückgängig gemacht, da Johann Wilhelm das Versprechen hatte ablegen müssen, nicht diesen erzwungenen Konfessionsstand zu verändern. Seine Auseinandersetzungen mit Calvinisten und Lutheranern führten dann zur Religionsdeklaration von 1705. All das war für Karl Theodor in der Kurpfalz ein peinliches Erbe. Er mußte sich unmittelbar damit auseinandersetzen, da Johann Wilhelm 1705 an die Spitze der Geheimen Staatskonferenz den Freiherrn Franz Kaspar von Hillesheim als Präsidenten gesetzt hatte. Karl Theodor übernahm ihn, ersetzte ihn aber 1748 durch den bisherigen Hofrichter Graf Ferdinand Andreas (?) von Wiser. Der neue Landesherr beließ es bei dem Kreis der vier bis sechs Konferenzminister, die schon unter Karl Philipp in der Geheimen Staatskonferenz zusammengewirkt hatten. Ein Konferenzminister hatte schon unter Karl Philipp ein Staats- und ein Hofamt in einer Person inne. Karl Theodor beließ diese Verbindung von Hof und Staat, bezahlte den Inhaber aber nur für die gesamte Funktion mit *einem* Gehalt. Für seine eigene Regierungsarbeit war vor allem der Kanzler und der Kabinettsekretär zuständig. Alles, was er persönlich tat, geschah in Zusammenarbeit mit ihnen. Der Kabinettsekretär, der von einem Geheimen Konferenzsekretär unterstützt wurde, war wie dieser Jurist. Der Geheime Konferenzsekretär konnte von Hause aus ein juristischer Regierungsrat sein. Der Kabinettsekretär hatte außer seiner Tätigkeit unmittelbar für den Landesherrn auch die reponierte Registratur und das sich daraus bildende Archiv mitzubetreuen. Die Kabinettsekretäre wie die Geheimen Konferenzsekretäre waren also für die Erhaltung und die Ordnung auch der Niederschriften verantwortlich, die sich aus den Entscheidungen in der Geheimen Konferenz ergaben. Die in der Geheimen Konferenz vorgetragenen Vorgänge wurden von Referenten darin erörtert (Belege s. unten Anm. 43).

Für Karl Theodor war auch von Bedeutung, wie die von Philipp Wilhelm in Heidelberg 1689 zurückgelassene Regierung funktioniert hatte. Sie hatte aus einem Vorstand und einigen Räten bestanden, die das Oberappellationsgericht vertraten. Die Institution bestand auch weiter, als Karl Philipp, der 1716 nur durch Beauftragte in Düsseldorf die Regierung seines Bruders fortgesetzt hatte, selbst aber nach Heidelberg zur Regierungsarbeit zurückgekehrt war, diese Arbeit 1720 nach Mannheim verlegte und dort auch förmlich seine Residenz aufschlug. Karl Theodor wußte wohl, daß das durch den konfessionellen Zwist um die Heiliggeistkirche in Heidelberg und um die achtzigste Frage im Heidelberger Katechismus von 1563 verursacht worden war. Denn diese Frage und die Antwort darauf verurteilten die katholische Messe als „vermaledeite Abgötterei“. Mit der Verlegung der Residenz von Heidelberg nach Mannheim wanderten auch die weltlichen Regierungsstellen in das von Karl Philipp großartig angelegte Mannheimer Schloß. Karl Theodor übernahm den Vizekanzler dieser Regierung, den Freiherrn Johann Friedrich von Hertling, von seinem Vorgänger, ersetzte ihn aber 1750 durch Johann Georg von Sußmann, den er dann 25 Jahre in diesem Amt beließ.

Das Hofgericht

Für das Hofgericht selbst, das 1462 von Kurfürst Friedrich I. dem Siegreichen aus adeligen und gelehrten Räten fortschrittlich zusammengesetzt worden war, bestätigte Karl Theodor 1743 den Grafen Ferdinand Andreas von Wiser als Hofrichter und erhob ihn 1748 zum Regierungspräsidenten. Für die Regierungsgeschichte Karl Theodors ist von Bedeutung, daß er, selbst ein gelernter Jurist, bereits 1743 den Grafen Ferdinand von Efferen zum Vizehofrichter machte, später aber zum Regierungs- und Oberappellationsgerichts-Präsidenten, und neben ihm einen Vizehofrichter wirken ließ. Zum Ersten Vorsitzenden des Hofgerichts machte er 1751 den zweifellos tüchtigen Freiherrn Peter Emanuel von Zedtwitz, beförderte diesen dann 1756 zum

Staats- und Konferenzminister und setzte an seine Stelle als Vorsitzenden des Hofgerichts den Hofrichter Friedrich Franz Albert von Oberndorff, der diese Stelle mindestens bis 1786 beibehielt; Karl Theodor erhob diesen lebhaften und energischen Herrn in dieser Stellung zum Staats- und Konferenzminister.

Karl Theodor entscheidet in der Geheimen Konferenz selbst

In der der „Landesregierung" übergeordneten Geheimen Staatskonferenz nennt der Kurpfälzische Hof- und Staatskalender von 1763 unmittelbar vor den Ministern den Kurfürsten selbst. Denn er entschied darin. Nach der Entscheidung, die Karl Theodor im Zusammenwirken mit den Hof- und Staatsministern und den vortragenden Referendaren traf, erfolgte jeweils durch einen mit Namen unterzeichnenden Schreiber der Eintrag in das Protokoll. Ein zuständiger Minister zeichnete es mit einem Vermerk, daß er es durchgelesen habe, ab, darauf überprüfte es Karl Theodor selbst. Als er seit 1778 in München regierte, unterschrieb er in Fortsetzung des in der kurbayerischen Geheimen Konferenz üblichen Verfahrens auch das Protokoll selbst. Geheime Räte, eine Geheime Kanzlei mit geheimen Registratoren hatten die Arbeit vorzubereiten (Archivbelege dafür s. unten Anm. 43).

Die Bank der adeligen und der gelehrten Räte

In der Kurpfalz ließ Karl Theodor nur formell eine Bank adeliger Räte zu, die er mit einigen seiner Minister und Gerichtsbeamten besetzte, die zwar dem Adel angehörten, aber die Rechte studiert hatten. Auf der Bank der Gelehrten Räte, die sehr viele Mitglieder aufwies, saßen Adelige und Bürgerliche, die meist zugleich als Richter tätig waren oder gewesen waren, außerdem Inhaber oder Verweser eines Kurpfälzer Oberamts oder Landschreiber eines Oberamts, gegebenenfalls auch ein Hofkammerrat und Fiskal. Ein Protonotar war für die schriftlichen Arbeiten der Räte im besonderen zuständig. Auch hier wirkten Archivare für die Ordnung und Auffindbarkeit der abgelegten Schriftstücke.

Karl Theodor war wie jeder Landesherr oberster Wahrer des Friedens nach außen wie nach innen, das heißt Oberster Kriegsherr und oberster Richter. Seine Abhängigkeit vom Reichslehenrecht verpflichtete ihn zur Teilnahme an Reichskriegen, zur Erfüllung der Pflichten, die ihm die Zugehörigkeit zu den Reichskreisen auferlegte, in denen seine Länder lagen, und zur Mitwirkung am Reichskammergericht sowie zur Beachtung der Entscheidungen des als Gericht des Kaisers wirkenden Reichshofrates. In diesem Rahmen oberster Richter in seinen vom Reich zu Lehen genommenen Ländern, war er als oberste Instanz für die Rechtspflege dort verantwortlich und zuständig, in den Kurlanden aufgrund des Privilegs „de non appellando et non evocando", ohne Berufungsmöglichkeit gegen ihn an die obersten Reichsgerichte.

Sein Oberappellationsgericht in Mannheim, das er mit einem Präsidenten, einem Direktor, vier adeligen und acht gelehrten Räten besetzte, entschied in letzter Instanz, soweit er nicht selbst den Gerichtsfall an sich ziehen oder ein Urteil durch sein Begnadigungsrecht aufheben wollte. Sein Hofgerichts-Dikasterium, also sein Hofgericht, besetzte er mit dem Hofrichter an der Spitze und mit acht adeligen und achtzehn gelehrten Räten. Damit betonte er die Notwendigkeit der juristischen Ausbildung für die Gerichtsarbeit. Der Direktor der Kanzlei des Hofgerichts war auch Oberappellationsgerichtsrat, soweit sich das heute ersehen läßt. Leider wurden bisher die Akten dieser Gerichte nicht systematisch erforscht. Der Vorteil, einen gelernten Juristen auf die Stelle eines Vorstandes der Kanzlei zu setzen, besteht darin, daß ein Richter, der Erfahrung auch mit der Kanzleiarbeit hat, das ganze Gerichtsverfahren besser im Griff hat. Noch im ausgehenden 19. Jahrhundert wurde im Königreich Bayern ein späterer Amtsrichter zunächst in der Amtsgerichtskanzlei als Sekretär beschäftigt. Beim Oberappellationsgericht und beim Hofgericht Karl Theodors wurde auch ein Verfahren vermieden, das zu seiner Zeit noch bei anderen Dienststellen nachweisbar ist. Im Hof- und Staatskalender wurde nämlich bei untergeordneten Stellen häufig bereits bekanntgemacht, wer der Nachfolger des derzeitigen Inhabers sein werde. Der auf diese Weise öffentlich bekanntgemachte Nachfolger eines amtierenden Beamten konnte sogar ein Angehöriger derselben Familie sein. Peinlich wirkte diese Vererbung des Amtes, wenn im Hofkalender vermerkt ist, daß die Nachfolger „seine Kinder" sein würden. Die Bekanntgabe im Hofkalender konnte natürlich auch hervorrufen, daß Einwände gegen die bekanntgegebene Besetzung erhoben und unter Umständen an den Landesherrn gelangen oder ihm selbst vorgebracht werden konnten.

Die Hofkammer unter Karl Theodor

Die früheren Kurfürsten hatten den Vorsitz in der Finanz- und Wirtschaftsbehörde, der Hofkammer, selbst geführt, Kurfürst Karl Ludwig hatte schließlich einen Hofkammerpräsidenten bestellt. Da dieser Kurfürst die Kurpfalz nach 1648 wieder aufbaute und dabei mit sehr persönlichen Entscheidungen verfuhr, ist die Bestellung eines Hofkammerpräsidenten durch ihn auch ein Zeugnis für die Schwierigkeit dieses Geschäftsbereichs. Der (Hof)kammermeister wurde durch den Landesherrn zu allen Beratungen herangezogen, war aber vor allem der Hauptkassierer der landesherrlichen Geldeinkünfte[37]. Karl Theodor ersetzte 1743 den Direktor der Hofkammer Anton Frisch durch den bisherigen Vizepräsidenten Freiherrn Franz Benedikt von Baden – wohl als Präsidenten – und machte noch im selben Jahr Johann Niklas von Scherer zu ihrem ersten Direktor. Mit dem außerordentlich umsichtigen, auch außenpolitisch interessierten späteren Freiherrn Heinrich Anton von Beckers arbeitete Karl Theodor seit 1746 als zweitem Hofkammerdirektor. Das war in einer außenpolitisch und wirtschaftlich sehr schwierigen Zeit. Er machte diesen 1756 zu ihrem Präsidenten. Als in diesem Jahr der Siebenjährige Krieg ausbrach, setzte er Beckers aber vor allem für die äußeren Geschäfte ein, so daß dieser die Stelle als zweiter Hofkammerdirektor nicht antrat. Der umsichtige Kurfürst holte damals aus seinem Regierungspersonal in Düsseldorf Franz von Nesselrode nach Mannheim und machte ihn zunächst zum Vizepräsidenten, dann zum wirklichen Hofkammerpräsidenten und Philipp Eberhard Koch zum Direktor dort. Bis 1770 ernannte er nacheinander drei bürgerliche Juristen zu Hofkammerdirektoren. Im Unterschied zu Bayern, wo Wilhelm V. der Fromme (1579–1598) ein Hofzahlamt für alle Staatsausgaben und eine Kabinettskasse geschaffen hatte, wurde in der Kurpfalz die Generalkasse des Landesherrn die Zahlstelle auch für den Hof. Natürlich war unter diesen Verhältnissen in der Kurpfalz besonders wesentlich, daß Karl Theodor stets ein Hofamt und ein Staatsamt in einer Person vereinigte.

Verkehr der Regierungszentrale mit den Oberämtern und Ämtern der Kurpfalz

In der nicht ein geschlossenes Gebiet bildenden Kurpfalz war der *Verkehr* der Landesregierung nun in Mannheim mit den Oberämtern und den Ämtern besonders wichtig. Vier bis sechs Oberland- bzw. Unterland- und Marschkommissare sorgten deshalb für den Verkehr der Regierung in Mannheim mit den Oberämtern. Diese Kommissare waren zugleich entweder Inhaber eines Oberamtes selbst wie etwa in Boxberg und Offiziere der kurpfälzischen Armee oder Inhaber eines Amtes in Mannheim. Karl Theodor ernannte als solche Kommissare etwa den Verwalter der Abgaben des Zehnten, den Heidelberger „Zehnthauptmann" oder ein Mitglied der kurpfälzischen Geistlichen Administration in Heidelberg.

Auch Personen, die zugleich Förster waren, wurden als solche Land- und Marschkommissare verwendet. Ein Fiskal, der zugleich Hofkammerrat sein konnte, wahrte juristisch das Interesse des landesherrlichen Finanzwesens.

Die kurpfälzischen Gebiete „des Ober- und des Unterrheins" mit ihren Oberämtern und Ämtern entwickelten verschiedene lokalbedingte

Bedürfnisse. Für das Gebiet des Oberrheins bestellte Karl Theodor einen eigenen Baudirektor. Für die Straßen bestellte er einen Inspektor und einen Materialverwalter. In Zusammenhang damit steht, daß die Baukommission auch einen Wagenmeister anstellte, der zugleich Kammerkutscher war. Die Praxis einer Dienststelle hing wesentlich daran, daß die ausführenden Organe bis in die einfachsten Tätigkeiten hinein eindeutig bestimmt wurden. Karl Theodor hatte in seinem persönlichen Umgang mit anderen Menschen keine Vorurteile. Es lag ihm deshalb sehr daran, daß die ausführenden Organe, auch die einfachen, in seinem Blickfeld lagen.

Strafrecht, Lehenrecht

Im Rahmen der *Rechtspflege* bestellte Karl Theodor Kriminalreferendare. Ein solcher konnte auch Assessor am Stadtgericht von Mannheim und Mitglied des dortigen Stadtrates sein. Als Sekretäre standen für die strafrechtliche Arbeit, aber überhaupt auch für die landesherrliche Spitzenbehörde, Männer mit juristischer Vorbildung zur Verfügung, 1780 z. B. zwei Hofgerichtsräte, von denen einer zugleich Sekretär für das landesherrliche Lehenpropstamt war. Ein anderer Sekretär war damals zugleich Aktuar, Registrator und und Kassierer der Hospitalkommission in Mannheim. Auch unter den etwa zehn Kanzlisten der landesherrlichen Spitzenbehörde gab es solche, die in derselben Funktion beim Kurpfälzer Appellationsgericht tätig waren.

Hospitalkommission, Consilium Medicum

Auf Karl Theodor ging das kurpfälzische *Consilium Medicum* zurück. Sein Direktor war später Hubert von Harer, „der Weltweisheit und Medizin Doktor“, Ordinarius der allgemeinen Medizin an der Universität Heidelberg und Geheimer Rat. Als sacri imperialis palatii comes, also als kaiserlicher Hofpfalzgraf, konnte er auch Schriftstücke beglaubigen. Im Concilium Medicum wirkten Ärzte und ein Pharmazeut mit, die zugleich meist auch „der Weltweisheit Doktor“ waren, also im Rahmen auch der philosophischen Fakultät promoviert hatten.

Universität Heidelberg

Die *Universität* behielt Karl Theodor in einer gewissen Kontrolle durch Oberprokuratoren. Es gab an ihr eine theologische, eine juristische, eine medizinische und eine philosophische Fakultät. An jeder der Fakultäten gab es Professoren, die von Assessoren unterstützt wurden. Nur an der juristischen Fakultät war das zeitweise nicht der Fall. Unter den Juristen wirkten 1780 der Kurpfälzer Regierungsrat Georg Friedrich Zentner mit, der öffentlicher Lehrer des pfälzischen Landrechts und des allgemeinen deutschen Landrechts, dann aber auch Lehrer für die Praxis der beiden höchsten Reichsgerichte (Reichskammergericht, Reichshofrat), Professor der deutschen Reichsgeschichte und des Staats-

und Fürstenrechts war. Er saß zugleich als Regierungsrat in der landesherrlichen Spitzenbehörde. Seine Ernennung beweist, wie sehr Karl Theodor diesen pfälzischen Bauernsohn schätzte, der später als Freiherr von Zentner ein entscheidender Gestalter der Verfassung des Königreichs Bayern werden sollte.

An dieser Persönlichkeit, die natürlich zu Beginn der Regierung Karl Theodors noch nicht vorhanden war, läßt sich erkennen, wie der Kurfürst auch für praktisch wichtige Fächer tüchtige Männer gewann. In der juristischen Fakultät waren das bürgerliche Recht und die Geschichte des Öffentlichen Rechts, das römische Recht und das Natur- und Völkerrecht Lehrgegenstand. Die Verteilung der Lehraufträge richtete Karl Theodor nach den ihm zur Verfügung stehenden Persönlichkeiten ein. In der Philosophischen Fakultät waren auch Astronomie und Naturwissenschaften, Ästhetik und Kirchengeschichte vertreten.

Soziale und wirtschaftliche Initiativen Karl Theodors

Dem sozialen Interesse Karl Theodors diente die an der Universität eingesetzte kurfürstliche Hospitalkommission, die gegebenenfalls auch unabhängig von der Universität handeln konnte. Denn ihr Rechnungsverhörer war auch Wirklicher Hofkammerrat und Rechnungskommissar. Die kurfürstliche Lands-Fundi, Waisen- und Zuchthaus-Kommission offenbart das vielseitige verantwortungsbewußte Arbeiten des Landesherrn, aber auch, wie sehr er bei seinen Maßnahmen gelegentlich von den Notwendigkeiten abhängig wurde. Er berief in sie Männer, die er für die Industrialisierung der Kurpfalz einsetzte, Ärzte, die sowohl für Waisen wie für ein Zuchthaus zuständig waren. Natürlich setzte er in sie auch einen Hofgerichtsrat und einen Rechnungsrevisor; die Kommission hatte große Bedeutung, denn die Rezeptoren des „Landsfundus" kamen aus verschiedenen Oberämtern, aus der Haupt- und Residenzstadt Mannheim und aus dem von Karl Theodor später zur dritten Hauptstadt erhobenen Frankenthal.

Da Karl Theodor bis zum Ende des Jahres 1777 vor allem in Mannheim residierte, entwickelte sich hier auch ein Hof und Hofstaat. Er war jedoch weitgehend mit den Inhabern der höchsten Staatsämter verknüpft.

Karl Theodor als Herzog von Berg

Die kurpfälzische *Hofkammer* unter einem Präsidenten und einem Vizepräsidenten wies 1780 sechs Räte auf einer Adelsbank auf, von denen damals als Akzessist Graf Karl von Nesselrode als Amtmann von Blankenberg das Herzogtum Berg vertrat, zumal er bergischer Landkommissiarius war, also auch mit den Landständen des Herzogtums Berg die Verbindung herstellte. Unter der großen Anzahl der bürgerlichen Räte befand sich der Generalkassier, der Münzkommissar, der Rentenkommissar, der Zollkommissar, der zugleich Kommerzienrat sein konnte, der Salinenrechnungsrevisor, ein Baukommissar. Den Kulturfürsten Karl Theodor kennzeichnete es, daß er unter die bürgerlichen Räte auch seinen Oberbau- und Gartendirektor Nikola von Pigage steckte, der im Hof- und Staatkalender von 1780 auch als Mitglied der Akademie zu St. Lukas in Rom und als Mitglid der königlichen Akademie der Baukunst in Paris erwähnt wird.

Hofkammer und Generalkasse

Einer der Hofkammerräte gehörte zu den zehn „Zivil- und Schatzungsregistratoren" der Hofkammer.

Die kurpfälzische *Hofkammer* unterhielt unter zwei Kommissaren einen Baumeister und vier Bauinspektoren, einen Werkmeister, einen Bauschreiber, einen Werkschreiber und einen eigenen Bauknecht. Für das Gebiet des Oberrheins bestellte Karl Theodor einen eigenen Baudirektor. Für die Straßen stellte er einen Inspektor und einen Materialverwalter ein. In Zusammenhang damit steht, daß die Baukommission auch einen Wagenmeister anstellte, der zugleich Kammerkutscher war. Auch in der Hofkammer ließ Karl Theodor einen Registrator für das Rechnungswesen und acht Rechnungsverhörer tätig werden. Als fürsorglicher Bauherr unterstellte er der Hofkammer als Oberrenovator seinen Generallandmesser. Zu den Renovatoren berief er auch den Renovator bei der kurpfälzischen Geistlichen Administration. Das Bauwesen überhaupt und das kirchliche Bauwesen im besonderen bezog Karl Theodor dadurch nicht nur als Objekt in seine Finanzverwaltung ein. Verantwortliche für das Bauwesen wirkten viel mehr in der landesherrlichen Finanzbehörde mit, der auch zahlreiche Kanzlisten und Kanzleiboten zur Verfügung standen.

In der *Generalkasse* ließ er den Generalkassierer durch einen Hofkammerrat kontrollieren. In der Münzkommission wirkten zwei Kommissare mit einem Bergrat, einem Münzmeister, einem „Münzwardein", einem Münzgraveur und einem Münzschlosser zusammen. Die Salinenkommission unter einem Oberdirektor, der 1780 zugleich Staats- und Konferenzminister war, beschäftigte einen Salzbereiter und fünf Salzvisitatoren. Für die Holz- und die Salzwirtschaft rief er die Theodorshalle ins Leben, die es nun neben einer Karlshalle und einer Philippshalle gab. Nach seiner Gattin benannte er die Elisabetha-Augusta-Halle. Sie hatte sogar einen Salinenbauschreiber, der Salzwieger und Stadtwachtmeister in Mosbach war, wo 42 Kilometer von Heidelberg entfernt 1410–1499 eine Wittelsbacher Linie regiert hatte.

Pfalz-Sulzbacher Beamte in der kurpfälzer Bergamtskommission

In seiner *Bergamtskommission* wirkten Pfalz-Sulzbacher Beamte mit kurpfälzischen zusammen. Unter den Bergräten war 1780 auch ein pfalz-neuburgischer Geheimer Regierungsrat und Statthalteramtsreferendar, also ein Vortragender Rat für die Regierungsarbeiten in Pfalz-Neuburg.

Die Mannheimer Rent

Eine besondere Finanzbehörde war die *„Mannheimer Rent"*, die die Ungelder und Akzisen sowie die Zölle für Mehl und Getreide erhob und verwaltete. Für Mannheim selbst gab es eine eigene *Zollschreiberei* mit Zöllnern und Torschreibern am Rheintor, am Heidelberger Tor und am Neckartor. Der Zollschreiber hatte auch die Judenschutzgelder in Empfang zu nehmen. In der Mannheimer Holzverwaltung war der Hofkammerrat und Kranenmeister in Heidelberg 1779/1780 als „Holzverwalter" tätig.

In der Mannheimer *Hofkellerei* arbeiteten unter einem Kellermeister vier Küfer und zwei Fuhrknechte.

Mannheimer Obereinnahm und die Kellereiämter

Finanziell nicht ohne Bedeutung war die *„Mannheimer Obereinnahm"* mit einem Obereinnehmer und einem Empfänger für die Schatzungen. In jedem der Kurpfälzer Oberämter gab es eigene Beamte für die Staatsfinanzen. In ihnen spielt eine Rolle, daß die Abgaben an Wein durch Keller (Kellerer) in Keller (Kellereiämter) abgeliefert wurden. Im Oberamt Kreuznach stand ein Obereinnehmer zugleich als „Truchsessereykeller" an der Spitze, im Oberamt Neustadt der Burgvogt von Wachenheim und Amtskeller zu Neustadt. In Alzey gab es außerdem fünf Herren, die die Maßstäbe mit Hilfe eines Werkmeisters gestalteten und für die Arbeit der Zöllner beim Ausmessen der zu verzollenden Objekte tätig waren. Zwischen den beiden Obereinnehmern, von denen einer in Frankenthal wirkte, und den fünf Zollbereitern führt der Hof- und Staatskalender von 1780 (S. 175) den „Heerfaut" Nikola Stubenrauch auf, der auch ein Finanzbeamter war und zwar mit Jurisdiktion (Faut entspricht Vogt).

Hofbau- und Gartenkommission

Die *Hofbau- und Gartenkommission* wie die nach Oberämtern eingeteilte kurpfälzische *Landjägerei* waren nur bedingt Hofbehörden. In der Hofbau- und Gartenkommission stand der Oberbau- und Gartendirektor Nikola von Pigage an der Spitze, dem zwei Baumeister und zwei Bauinspektoren unterstellt waren. Die Kommission hatte auch die Dienstverrichtungen der Burgvögte, Schloßportiers und Schloßwächter in Mannheim und Schwetzingen anzuordnen und zu kontrollieren. Unter ihrem „Befehl" stand auch in bezug auf die Arbeit ein weiterer Personenkreis: die titulierten Hofkünstler und Arbeiter im Bauwesen, die Hofgärtner in Mannheim und Schwetzingen und auf der Mühlau, die dort tätigen Gärtnergesellen und Gartenwächter, der Mechaniker, der zugleich für die Wasserpumpen zuständig war, ein Bauknecht und sieben Stallknechte. Die kurpfälzische Jägerei unterhielt in den einzelnen Oberämtern Forstmeister, Forstknechte und Männer, die für den Hühnerfaut und die „Hasenfaute" tätig waren.

Die *Kurpfälzische Jagdschiffe Intendanz* war für die Fahrten Karl Theodors, aber auch überhaupt auf größeren Flüssen zuständig. Der Intendant war gelegentlich ein Hof- und Staatsminister, dem ein Kapitänleutnant und ein Meister für die Rheinbrücken zur Seite stand. Neben einem Schiffer arbeiteten 1780 sieben Matrosen.

Da Karl Theodor in der Kurpfalz über Katholiken, Reformierte, Lutheraner und Juden zu regieren hatte, die Katholiken seit Karl Ludwig (1648–1680) öffentlich nicht durch ein Toleranzpatent zugelassen waren, durch den exklusiven Standpunkt der Lutheraner die Reformierten seit Aussterben der Linie Simmern 1685 und die teilweise Rekatholisierung durch Ludwig XIV. in den besetzten Gebieten bedroht waren, hatte es Karl Theodor schwer, die gegensätzlichen Interessen und Standpunkte zu berücksichtigen. Er unterhielt in Heidelberg den von Johann Wilhelm eingesetzten *Reformierten Kirchenrat* unter einem Direktor und etwa 18 Räten, die Theologen oder Regierungsräte, Oberappellationsgerichtsräte usw. waren. 1779 ließ er den Kurpfälzer reformierten Kirchenstatus in Druck veröffentlichen, um nach seinem Umzug nach München keine Konfessionsstreitigkeiten in der Pfalz aufkommen zu lassen. Außerdem beschäftigte er weiter das *kurpfälzisch-lutherische Konsistorium* in Heidelberg. Seine beiden Direktoren waren bezeichnenderweise Räte des kurpfälzischen Ehegerichts in Heidelberg. Ihnen unterstanden 10 Räte, darunter verschiedene lutherische Pfarrer.

Karl Theodors Toleranzedikt vom 15. Februar 1766 für die Kurpfalz

Da Calvinismus und Luthertum (bis zu der unter König Max I. von Bayern 1818 zugelassenen Pfälzer Union) zwei verschiedene Konfessionen waren und Karl Theodor auch deshalb am 15. Februar 1766 ein Toleranzedikt (s. S. 79) erließ, war das *kurpfälzische Ehegericht* in Heidelberg die Behörde, die bei konfessionellen Mischehen, namentlich solchen zwischen Reformierten und Lutheranern immer wieder Entscheidungen zu treffen hatte. Sein Direktor, unterstützt von einem Vizedirektor, arbeitete mit 15–20 Räten zusammen. Dabei mußten sechs Advokaten gegebenenfalls mitwirken.

Die Geistliche Administration in Heidelberg

Besitzrechtliche Schwierigkeiten hatte die *Kurpfälzische Geistliche Administration* in Heidelberg zu entscheiden. 1780 stand an ihrer Spitze

Reichsgraf Ferdinand von Schall, Landhofmeister und Landkommissär im Herzogtum Berg, der Kanzler des Hubertusordens und Ritter des Pfälzischen Löwenordens war. Er hatte mit 25–30 Räten zusammenzuarbeiten, unter denen Hofgerichtsräte, Regierungsräte, ein Rechnungs- und Renovationskommissar und ein Fachmann in Forstsachen war. Bei den Kassierern der Administration wurden ein Katholik und ein Reformierter bestellt. Nicht weniger als sechs Registratoren ordneten und verwalteten die anfallenden Aktenvorgänge. In Bausachen waren acht Renovatoren tätig. Die Geistliche Administration hatte in den Kurpfälzer Oberämtern je nach Verfassung Kirchenschaffner, Stiftschaffner und Kollektoren für die Einnahmen aus kirchlichen Finanzquellen, Pfleger und Keller für Einnahmen aus weltlichen Geldquellen zur Verfügung. Im Oberamt Kreuznach verwaltete der Keller des in der Reformationszeit untergegangenen Klosters Dissibodenberg als kurpfälzischer Geistlicher Administrationsrat die Einnahmen aus dem aufgehobenen Kloster.

Die Kurpfälzische Akademie der Wissenschaften

Das von Karl Theodor mitentwickelte geistige Leben unterstützte er auch als der Stifter und Protektor der *Kurpfälzischen Akademie der Wissenschaften* (s. S. 77f.), die einen Präsidenten und einen Ehrenpräsidenten, einen Direktor und einen beständigen Sekretär unterhielt und aus nicht sehr vielen, aber bedeutenden Mitgliedern, seit 1776 Gotthold Ephraim Lessing, und aus Ehrenmitgliedern bestand. Zu diesen zählte auch Kurfürst Max III. von Bayern. Unter den vielen außerordentlichen Mitgliedern befanden sich auch Gelehrte und Schriftsteller aus Paris, ein Professor der Universität Oxford, ein Dechant aus Lausanne und ein k.u.k. Rat und „Aufseher" der Hofbibliothek in Wien, Professoren aus Leiden und Gröningen, ein Mitglied der königlich preußischen Akademie der Wissenschaften in Berlin. Von besonderer Bedeutung für die Kurpfalz war der Historiograph und Professor Johann Christian Crollius, Assessor auch am Konsistorium im Herzogtum Zweibrücken.

Die Physikalisch-Ökonomische Gesellschaft und die Kameralschule in Kaiserslautern

War Karl Theodor Protektor der Akademie der Wissenschaften, so trat Kurfürstin Elisabeth Auguste als Protektorin der *Physikalisch-Ökonomischen Gesellschaft* hervor, deren Präsident Herzog Karl II. August von Zweibrücken, deren Vizepräsident Freiherr Christoph Anton von Haunzenberg, kommandierender Oberst des General Leiningischen Dragoner-Regiments war. Als Sekretäre der Gesellschaft fungierten Georg Anton Suckow, Professor der reinen und angewandten Mathematik, Naturlehre, Naturgeschichte und Chemie, und Röbel, der Syndikus der Kameralschule in Kaiserslautern, die für Staatsfinanzen zuständig war.

Unter den Mitgliedern der Gesellschaft waren Vertreter der Finanz- und Staatswirtschaft, der Landwirtschaft, Technologie und Tiermedizin, ein Ökonomierat des Markgrafen von Baden, ein Ökonomieprofessor aus Göttingen, ein Hofprediger aus Hessen-Darmstadt und andere Theologen. Zu den Ehrenmitgliedern zählten Agathon Chevalier von Keralio, ein Vertreter der Ansichten Rousseaus und französischer Offizier, der viel zur Jugendentwicklung des späteren Königs Max I. von Bayern beitrug. Außerordentliche Mitglieder waren unter anderem Johann Adam Pollich, Doktor der Medizin und Mitglied der kaiserlichen Gesellschaft für Naturforschung in Halle, die Kaiser Leopold I. gestiftet hatte, der Professor der Naturgeschichte Dr. Georg Heinrich Borowsky aus Preußen und Karl Christian Langsdorf, Mitglied der Königlich Schwedischen Patriotischen Gesellschaft.

Johann Heinrich Jung-Stilling, der später auch an der kurfürstlich gewordenen Kameralschule (im Hofkalender „Kammeralschule") in Kaiserslautern für Landwirtschaft, Technologie, Staatswirtschaft und Tiermedizin wirkte, kann in unserem Zusammenhang für die von Karl Theodor übernommene Kameralschule angeführt werden. Karl Theodor verlegte sie 1784 als „Staatswirthschafts Hohe Schule" nach Heidelberg.

Ober- und Unterämter in der Kurpfalz

Die Kurpfälzischen Oberämter waren zum Teil Unterämtern vorgeordnet und wurden von einem Oberamtmann, unterstützt von einem Landschreiber, geleitet. Daneben war jeweils ein Ausfaut tätig. Karl Theodor sorgte wie überall dafür, daß in jedem Oberamt auch ein Arzt als Oberamtsphysikus tätig wurde. Für die Rechtsgeschäfte gab es „advocati legales". In der Stadt des Oberamts wirkte ein Stadtschultheiß.

Im Oberamt Alzey stand an der Spitze ein Burggraf, in einigen Oberämtern einfach ein Beamter, der gegebenenfalls in dem Amt oder Unteramt Amtskeller war. Im Oberamt Bacherach, das gelegentlich einfach von einem Landschreiber, der zugleich Regierungsrat war, geleitet wurde, gab es den Rat der vier Täler. Diese waren eine Vereinigung der Gemeinden zu Bacherach, Steeg, Diebach und Mannebach, die aber jeweils mehrere eigene Bürgermeister hatten. Nicht selten war in einem Oberamt der Inhaber ein hoher kurfürstlicher Beamter, im Oberamt Boxberg 1779/80 der kurfürstliche Oberwachtmeister der Kavallerie Johann Freiherr von Reibeld. Im Oberamt Alzey war damals der Burggraf Karl Theodors Geheimrat Generalfeldzeugmeister und Oberst eines Infanterieregiments, *Freiherr Karl Ludwig von Rodenhausen.* Der Oberamtmann von Bretten war auch zuständig für den Stadtrat dort und in Weingarten, Eppingen und Heidelsheim. In Germersheim wirkte als Oberamtmann Regierungsrat *Freiherr Friedrich Joseph von Reibeld*. Der Stadtrat dort wurde von einem Stadtschultheiß, einem Bürgermeister und sechs Ratsverwandten gebildet. Zum Oberamt gehörte auch das Unteramt Landecken mit Billigheim unter einem Oberschultheiß, der einen Stadt- und Gerichtsschreiber unterhielt. Zu diesem Unteramt gehörten auch das von einem Oberschultheiß und einem Gerichtsschreiber betreute Siebeldinger Tal, Birkenhördt, die Probstei Hördt am Rhein mit einem Oberschultheiß, Eussertal und Mörlheim unter einem Oberschultheiß, Pleisweiler, Stift Klingenmünster und Mechtersheim.

Da Karl Theodors Gattin eine Enkelin Karl Philipps war, war das künftige junge Kurfürstenpaar menschlich und rechtlich diesem letzten Pfalz-Neuburger Kurfürsten besonders verbunden. Dessen konsequente Regierungsarbeit als absoluter Fürst, seine Leistung in der Kurpfalz, in Jülich und in Berg war nicht gering. Auch kulturell übernahmen beide von Karl Philipp ein ansprechendes Erbe. Sein Hoforchester gehörte zu den besten der Zeit[38].

Grundlagen des *Haus- und Staatsrechts* für Zweibrücken, für Pfalz-Neuburg und Pfalz-Sulzbach waren die Testamente des Herzogs Wolfgang von Zweibrücken vom 1. August 1568 und vom 18. August 1568 aus Meisenheim. Karl Theodor verwahrte Abschriften der beiden Urkunden und neu anfallende Haus- und Staatsurkunden stets griffbereit. Das sollte sich bei den an ihn herantretenden Fragen über seine Aufgaben in seinen verschiedenen Fürstentümern als sehr notwendig erweisen.[39]

Karl Theodor suchte die ihm überantworteten Regierungsbereiche immer wieder auch persönlich auf. Da die Geschichte seiner Regierungsarbeit in diesen Fürstentümern nie systematisch erforscht wurde, lassen sich hier nur einzelne Angaben machen. Er besuchte auch seine Residenz am Niederrhein in Düsseldorf öfters, nachweisbar z. B. 1746 und 1756. Er kümmerte sich immer wieder auch um ihre wirtschaftliche, rechtliche und kirchenrechtliche Entwicklung. Sie ist in Elberfeld, in Barmen und in Solingen, in Mülheim an der Ruhr und in Düsseldorf zu verfolgen[40]. Er regierte in den Herzogtümern *Jülich und Berg* durch Bestellung eines Präsidenten und eines Vizepräsidenten an der Spitze einer Kammer von Räten. Als Präsident wirkte, wie dem Chur-Pfältzischen Hoff- und Staats-Calender von 1763 (S. 158) zu entnehmen ist, der kurpfälzische Geheime Rat Freiherr Johann Wilhelm von Zwieffel,

Behörden und Landstände in den Herzogtümern Jülich und Berg

der zugleich Amtmann zu Burg (Burg an der Wupper) und Obervogt zu Solingen im Herzogtum Berg war. Sein Vizepräsident, der kurpfälzische Geheimrat Freiherr Ludwig Anton von Blanckart war als Amtmann zu Millen, Sittard und Born dem Herzogtum Jülich sehr verbunden. Auf Blanckart folgte zunächst Freiherr Adrian Constans von Bentink und Lembrich, der sowohl kurpfälzischer wie jülich-bergischer Geheimrat war. Blanckart wurde später der Nachfolger des Präsidenten Freiherrn von Zwieffel. Durch diese Ernennung der beiden Herzogtümern verbundenen Männer trug Karl Theodor deren Interessen Rechnung. Die Ämter im Herzogtum Jülich besetzte er so, daß er einige davon von demselben Amtmann betreuen ließ. Sie werden in der folgenden Aufzählung der Ämter besonders gekennzeichnet. Im Amt Aldenhoven stand der jülich-bergische Hofrat und Schöffe zu Jülich Freiherr von Eyß, genannt von Beusdall, an der Spitze. Ihm unterstanden ein Schultheiß, ein Steuerempfänger, ein Gerichtsschreiber und fünf Advokaten sowie ein Prokurator. Das Amt Bergheim war ähnlich organisiert. Die Ämter Boßlar (Boslar) und Linnich unterstanden einem gemeinsamen Amtmann. Im Amt Breisigh (Bad Breisig) stand als „Vogts- und Schultheiß-Verwalter" der jülich-bergische Hofrat Joseph Gülich an der Spitze, der zugleich Vogt in Sinzig und Remagen war. Mit einem eigenen Amtmann besetzte Karl Theodor ähnlich wie in Aldenhoven die Ämter Brüggen, Caster (Kaster) und Dahlen. Dagegen hatte der jülich-bergische Geheimrat, Oberstjägermeister und „General-Busch-Inspector" Freiherr Franz Karl von Hompesch die „drei" d. h. zwei Ämter = „Dünckstühl", Pyr (Pir, heute Inden) und Mercken (heute Merken)[40a)], wie der Kurpfälzische Hof- und Staatskalender von 1767 ausweist. Eigene Amtmänner setzte der Kurfürst in seiner Eigenschaft als Herzog von Jülich und Berg ein in den Ämtern Düren, Eschweiler, Euskirchen, Geilenkirchen, Gladbach, Grevenbroch (Grevenbroich) und Jülich, wo auch das Schultheiß- und Schöffengericht des Herzogtums arbeitete. Im Amt Hambach stand der Keller- und Burg-Vogt Georg Wilhelm Schott an der Spitze, dem ein Forstschreiber, ein Forstverwalter, zugleich Oberjäger, und vier Forstknechte unterstanden. Dem Reichtum an Wald in diesem Amt war dadurch besonders Rechnung getragen. In Hinblick vor allem auf die Gefahr eines Waldbrandes waren zwei Nachtwächter bestellt. Amtmänner standen an der Spitze der Ämter Heimbach, Heinsberg, Jüchen und Millen, ebenso in dem Amt Monjoye (Monschau), Münster-Eifel (Bad Münstereifel), Neuenahr (Bad Neuenahr-Ahrweiler), Niedecken (Nideggen), Norwenich (Nörvenich), Randerath und Schönforst (heute Stadtteil von Aachen), Tomberg (heute Teil von Rheinbach), Wassenberg und Wilhelmstein (Wirselen). Einem gemeinsamen Amtmann unterstanden die Ämter Sittard und Born; Graf Franz Karl von der Leyen, der in seinem Amt Neuenahr durch einen Amtsverwalter vertreten wurde, die es auch in anderen Ämtern gab, verwaltete zugleich die Ämter Sinzig und Remagen durch einen in beiden Ämtern wirkenden Amtsverwalter.

Zu Karl Theodors Herzogtum Jülich gehörte auch Aachen, das er durch den Vogt-Mayor Freiherrn Rudolph von Geyr, einen jülich-bergischen adeligen Geheimen Rat verwalten ließ, dem ein Majorie-Secretarius und Procurator Fisci sowie ein Advocatus fisci zugeteilt waren. Die Kurpfälzer Hof- und Staatskalender von 1763 und 1767 zählen erst nach Aufführung der Ämter die zum Herzogtum Jülich gehörende „Wehr-Meisterey" unter einem Wehr-Meister und einem Gerichtsschreiber und die „Gülichsche (Jülichsche) Jägerey" auf. Sie war die zentrale Dienststelle unter dem jülichschem Oberstjägermeister und „General-Busch-Inspector" Freiherrn von Hompesch, der verschiedene Jäger in einzelnen Ämtern unterstanden, soweit diese mit solchen ausgestattet waren. Der Kurpfälzer Hof- und Staatskalender von 1776 erweist, daß Karl Theodor die Vereinigung von zwei oder mehreren Ämtern unter einem Amtmann nicht stets in den selben Ämtern durchführte. Zusammenfassend kann man sagen:

Im Herzogtum Jülich stand an der Spitze eines Amtes ein Amtmann, gegebenenfalls ein Verwalter des Amtmann-Amtes, wenn der Inhaber selbst zugleich in der Zentralverwaltung in der nun für beide Herzogtümer gemeinsamen Hauptstadt in Düsseldorf tätig war. Außerdem gab es in einem Amt des Herzogtums Jülich einen Vogt, der zugleich Rentmeister war, einen Schultheiß in der Stadt des Amtes, einen Steuerempfänger, einen Gerichtsschreiber mit auch jurisdiktionellen Aufgaben, mehrere Advocati Legales, mehrere Prokuratoren und einen Amtsboten, im Amt Münster-Eifel (Bad Münstereifel) auch einen Kellereiboten. Denn in Ämtern, wo Naturalabgaben an Wein in eine Kellerei erfolgten, hatte die Verwaltung der Abgaben überhaupt – wie in der Kurpfalz – die Bezeichnung Kellerei.

Im Herzogtum Jülich gab es siebenunddreißig Ämter, im Herzogtum Berg zwanzig Ämter, in die das Land für Gericht und Verwaltung eingeteilt war. Das steht in Parallele zu den achtzehn Ämtern, die seit 1462 die Grundlage für Gericht und Verwaltung in der Kurpfalz wurden, aber hier eine besondere Entwicklung auch zu Oberämtern aufwiesen.

Die Landstände der Herzogtümer Jülich und Berg

In den Herzogtümern *Jülich und Berg* gab es *Landstände*, ebenso in Pfalz-Neuburg und Pfalz-Sulzbach. Karl Theodor berücksichtigte während seiner langen Regierungszeit ihre Rechte, beanspruchte aber auch, daß sie nach der Verfassung ihres Landes ihm Mittel bewilligten. Die Landtage in Pfalz-Neuburg, die während seiner Regierung immer wieder abgehalten wurden, stehen in einem auffallenden Gegensatz zu der Tatsache, daß es in der Kurpfalz keine Landstände gab, die sich auf Landtagen versammelten.

Karl Theodor ließ im Herzogtum *Berg* eine eigene Organisation für die Bereiche der Jurisdiktion in Zivil- und Strafrecht weiterwirken und stellte auch für die Kameralverwaltung „Steuer-Landbediente" auf. Da die Regierung in der für Jülich und Berg gemeinsamen Hauptstadt Düsseldorf tätig war, ließ Karl Theodor im Herzogtum Berg ebenso wie in Jülich in einem Amt einen Amtmann und gegebenenfalls einen Amtsverwalter tätig werden und durch die Regierung in Düsseldorf Richter und Steuerempfänger bestellen.

Die Ämter Angermund und Landsperg hatten je einen eigenen Amtsverwalter, der 1767 aus derselben Familie stammte, so daß dem Amtsverwalter in Landsperg[40b)] eines Tages sein Sohn, der Amtsverwalter zu Angermund nachfolgen konnte. Die Gerichtstätigkeit der Amtsverwalter wurde durch Gerichtsschreiber, mehrere Advocati Legales und einige Procuratores unterstützt. Für die Naturalabgaben, vor allem an Wein, gab es in Angermund und in Landsperg je einen Keller. Keller in Landsperg war 1767 der jüliche und bergische Hofrat Johann Wilhelm Steinwartz. Die Ämter Barmen und Beyenburg wurden durch einen gemeinsamen Amtmann und dessen Amtsverwalter betreut. Für beide Ämter wirkte auch dieselbe Gruppe der Advocati Legales und die der Procuratores. Der Hof- und Staatskalender von 1767 nennt einen eigenen Richter und Steuerempfänger zu Beyenburg für beide Ämter, dem der Gerichtsschreiber wie der in Beyenburg unterstanden. Sie wirkten als Richter, nicht etwa als bloße Schreiber. Rentmeister war Peter Heinrich Greuther, auch Richter im „Märckischen" (das ist die Grafschaft Mark). Durch einen gemeinsamen Amtmann wurden die Ämter Bornefeld und Hückeswagen (– Bornefeld), dann die Ämter Solingen und Burg (an der Wupper) verwaltet. Je ein eigener Amtmann saß aber in den Ämtern Düsseldorf, Elverfeld (Elberfeld), Löwenberg (Löwenburg), Lülsdorff (Lülsdorf), Mettmann, Miselohe, Monnheim

(Monheim), Mühlheim (Mülheim) (wo 1767 nur ein Amtsverwalter saß), Portz, Schöller (76359 Schöller, Post Dornap, 42327 Wuppertal), wo ein „Richter und Steuerempfänger" an der Spitze stand, Steinbach (Post Rüppertshausen) und Windeck.

Auch im Herzogtum Berg ließ der Hof- und Staatskalender von 1767 die „Bergische Jägerey" mit einem bergischen Oberstjägermeister an der Spitze folgen. Neben Jagdkommissarien, Oberjägern und Amtsjägern in verschiedenen Ämtern führt der Hof- und Staatskalender von 1767 eigene Forstmeister und Forstverwalter auf, die den Jägern vorgeordnet waren.

Die Herrschaften Erkelenz und Ravenstein

In der Herrschaft *Erkelenz* im Gebiet des Herzogtums Jülich nahm Kurfürst Karl Theodor darauf Rücksicht, daß sie 1719 von Kurfürst Karl Philipp erworben, aber als selbständiger Bereich behandelt wurde. Wie der Kurpfälzische Hof- und Staatskalender von 1767 zeigt, unterhielt dort Karl Theodor einen eigenen Appellationskommissar und einen Kommissar, einen eigenen Administrator der juristischen Angelegenheiten, der auch für Polizei- und Kameralsachen zuständig war, für die Stadt einen eigenen Drossart, vier Appellationskommissare und einen Sekretär.

In der Herrschaft *Ravenstein* setzte der Kurfürst als deren Inhaber jeweils einen Erb-Landdrost ein, der gegebenenfalls ein herzoglich jülich-bergischer Geheimrat war, einen Vertreter in diesem Amt, einen Landrentmeister, einen „Landgerichtsschreiber", der aber zugleich herzoglich jülich-bergischer Hofrat war und eigene jurisdiktionelle Befugnisse in der Herrschaft Ravenstein wahrnahm, ferner einen Schultheißen, dazu einen Adjunkten und einen Advocatus Legalis, einen Advocatus Fisci, der zugleich Rat und Referendar in Düsseldorf war. Da der Erb-Landdrost 1767 zugleich herzoglich jülich-bergischer Geheimrat war, gab es 1767 auch einen Vize-Drost. Die Arbeit in den rechtlichen und gesellschaftlichen Bereichen, die sehr verschieden waren, aber auch die Verantwortung dafür, war zu verzweigt, als daß Karl Theodor, unabhängig von seinen Beratern, einfach neue Wege einschlug.

Bergen op Zoom

Als Inhaber der Markgrafschaft *Bergen op Zoom*[41] war Karl Theodor in einer besonders exponierten Situation. Dadurch, daß Friedrich Moritz de la Tour, Graf von Auvergne, 1662 (Henriette) Franziska von Hohenzollern, die Erbin von Bergen op Zoom geheiratet hatte, kamen auch deren Nachfahren, schließlich Karl Theodors Mutter, in den Besitz der Markgrafschaft und des der Krone Frankreich untergeordneten Rechtes an der Auvergne.

In dem Markgraftum bestellte Karl Theodor, wie der Kurpfälzische Hof- und Staatskalender von 1767 ausweist, auch später einen General-Kommissarius „in den Niederlanden“, der zugleich Kurpfälzischer Geheimer Rat war, und unterschied den großen Landbereich und die Verwaltung seiner Domänen dort von der Stadt Bergen op Zoom. Für den Landbereich bestellte er einen Rat und Intendanten, sowie einen Rat, der zugleich Obereinnehmer der Einkünfte war, für den Rat auch einen Sekretär, für das Land drei unmittelbare Steuerempfänger. 1767 war das Friedrich Christian van Mattenburgh, der dieses Amt auch für die Herrschaft St. Michael Gestel besorgte. Für die Regierung „der Stadt Bergen op Zoom“ hatte Karl Theodor einen Drossart und einen eigenen Stellvertreter für diesen, einen Bürgermeister für Polizeisachen und einen für Justizangelegenheiten, dem auch neun Schöffen zur Verfügung standen, vorgesehen. Einer von ihnen war der Sekretär für das Lehenwesen. Von den beiden Steuerempfängern war einer zugleich deren Obereinnehmer für das ganze Land (1767 Johannes Drabbe). Von besonderer Bedeutung war die Lehenkammer, an deren Spitze ein Herr stand, der zugleich stellvertretender Statthalter der Stadt war (1767 der Drossart der Stadt Herr Isac von Meinertshagen). Im Markgrafentum gab es weiterhin einen eigenen Postmeister, der für den aus der Ferne wirkenden Inhaber von erheblicher Bedeutung war.

Karl Theodor *setzte die Politik Karl Philipps nach außen fort* und ließ sich dazu durch seinen bisherigen Erzieher, Ober(st)hofmeister und nunmehrigen Staatsminister Marquis d'Ittre anleiten[42], auch durch seinen Beichtvater sowie den französischen Gesandten Tilly. Denn er mußte der Tatsache Rechnung tragen, daß sich Karl Philipp seine Politik im Reich durch Frankreich hatte finanzieren lassen müssen. Jede

Karl Theodors früher Regierungsstil

Woche einmal trug ihm in der *Geheimen Konferenz*[43] oder vorher in seinem durch viele Bücher wie eine Studierstube anmutenden *Kabinett* der älteste Minister Freiherr Heinrich Anton von Beckers die außenpolitischen Fragen vor. Sie waren durch das Kriegsschicksal des von ihm unterstützten Wittelsbacher Kaisers Existenzprobleme. Darauf achtete schon der sprachlich vielseitige junge Landesherr auch beim Empfang von Gesandten.

Der Kurfürst blieb liebenswürdig im Befehl und pünktlich bei der Arbeit. Wenn er einen Beamten in sein Kabinett befahl, empfing er ihn fast immer zu der angesagten Zeit. Zu Beginn seiner Regierung in

Mannheim frühstückten in Karl Theodors Gemach die Kurfürstin und der Erzieher und Beichtvater mit ihm, wie das der freilich erst 1750 geborene Freiherr Stephan von Stengel erzählt. Pater Seedorf holte demnach aus einem Schrank die Akten, über das Ergebnis des Gesprächs wurden danach die Minister unterwiesen[44]. Doch selbst in dieser Zeit vergab Karl Theodor seiner Würde nicht viel. Denn als eines Morgens der Pater vor einem verschlossenen Schrank stand und zurückprallte, brachten weder er noch die Kurfürstin die Frage nach dem Schlüssel über die Lippen.

Graf Piosasque de Non, Generaldirektor der Bauten und Direktor der französischen Komödie

In sehr vielfältiger Weise beschäftigte Karl Theodor den Generalleutnant Graf Piosasque de Non, der von 1764 bis 1782 Hofmarken im Kurfürstentum Bayern besaß. Er machte ihn zum Generaldirektor der Bauten und außerdem zum Direktor der französischen Komödie[45]. *Auf Drängen der Kurfürstin* entließ er ihn 1748, trug aber den Verdiensten, die er sich in seinen Augen erworben hatte, Rechnung. Er gab ihm als sogenanntes Reisegeld 6000 Gulden mit[46], nach Kreuter kehrte er damals in seine Heimat Piemont zurück. Vorfälle dieser Art sind schwieriger nachzuprüfen als das methodische Verfahren in der Geheimen Staatskonferenz, das ich selbst an Akten zu erforschen begonnen habe. Nachträgliche Erzählungen selbst von Mitarbeitern des Kurfürsten bedürfen stets einer kritischen Überprüfung. Wenn der erst 1750 geborene Freiherr Stephan (Steffan) von Stengel[47], der bis 1797 als Kabinettssekretär dem Kurfürsten Dienste leistete, erzählt: „Gegenstände von größerem Umfange wurden außer den Konferenzen dem Kurfürsten in das Kabinett geschickt", dann kann er das für die Zeit der ersten Jahre Karl Theodors seit 1742 nicht aus eigener Erfahrung behaupten, sondern nur aus dem Verfahren heraus darstellen, das er selbst später kennengelernt hatte und von dem ihm Johann Georg von Stengel berichtet haben konnte. Er täuschte sich aber sicher, wenn er diesem oder einer anderen Persönlichkeit nachher erzählte, der Kurfürst habe „in den ersten Jahren", nachdem sich Marquis d'Ittre zurückgezogen habe, „ganz unter der Leitung der Kurfürstin und des Paters Seedorf" gestanden, kein Minister habe etwas von nur einiger Wichtigkeit zum Vortrag gebracht, ohne die Meinung und den Willen dieser beiden Persönlichkeiten zuvor eingeholt zu haben. Schon der Historiker Ludwig Maenner ließ Stephan von Stengels Erzählung von Pater Seedorf, der die Akten aus einem Schrank geholt habe und vor dem Frühstück beim Kurfürsten mit der Kurfürstin studiert hätte, nur für den Beginn der Regierung gelten.

Rolle der Kurfürstin und des Paters Seedorf

Sicher hörte der Kurfürst auf seine Gattin in Fragen der Politik und Kultur. Dafür kann u. a. angeführt werden[48], daß die Kurfürstin zwei Ballettmeister, die im Dienst des Kurkölner Wittelsbachers Klemens August standen, ohne Rücksicht auf diesen für Mannheim mit einem höheren Gehalt engagierte. Der selbst für Kultur interessierte Kölner Kurfürst bestand auf der Entlassung der beiden in Mannheim. Vergebens war von dort selbst der König von Frankreich als Vermittler gebeten worden.

Karl Theodor trifft in München den Kurfürsten Max III. Joseph von Bayern und den Kurfürsten Klemens August von Köln

Als im Januar 1755 Karl Theodor den bayerischen Kurfürsten Max III. in München besuchte und auch Klemens August dort traf, gelang es ihm, die früheren guten Beziehungen wiederherzustellen. Freilich mußte er sich von dem Kurkölner sagen lassen, dieser hätte erwartet, daß Karl Theodor mehr Herr im Hause und weniger voreingenommen zugunsten seiner Gattin sei. Der Wittelsbacher aus Köln meinte zunächst, Karl Theodor könne mit den Tänzern machen, was er wolle. Elisabeth Auguste gab sie erst frei, als sie mit ihrem Gatten 1756 Klemens August in seiner Residenz in Bonn besuchte. Das Pfälzer Kurfürstenpaar war aufs freundlichste und großartigste aufgenommen worden. Klemens August machte 1756 in Düsseldorf bei Karl Theodor und Elisabeth Auguste seinen Gegenbesuch, machte ihm zwar noch einmal Vorhaltungen wegen seiner Nachgiebigkeit gegen seine Frau und seiner geringen Festigkeit in seinen Entschlüssen. Als die Kurfürstin ihren Oberstallmeister Baron von Rodenhausen zu Klemens August zu schicken versuchte, um die beiden Ballettmeister zu behalten, verstand es der Kurkölner, Rodenhausen von sich abzuhalten. Außerdem traten militärisch-politische Notwendigkeiten in den Vordergrund, da König Friedrich von Preußen damals seinen großen Krieg begann, der sieben Jahre dauern sollte. Ballettmeister Bouqueton war freilich für die Kurfürstin nicht nur als Künstler wichtig, denn er unterstützte auch die sittliche Zucht, die Elisabeth Auguste bei der Ausbildung der Ballettänzerinnen in Mannheim forderte[49]. Klemens August setzte den Wünschen der Kurfürstin nach *diesem* Ballettmeister offenbar nichts mehr in den Weg. Denn wir treffen ihn 1760 als Solotänzer in Mannheim an.

Der Kurfürst bewies bei seinen *Reformen* mehr Umsicht und auch Tatkraft, als aus seinem Verhalten gegenüber seiner Frau hervorgeht. Keinesfalls kann man mit Ebersold behaupten, daß alle seine Reformen auf dem Papier blieben. Freilich ist bis heute nicht durch eine systematische Aktenforschung festgestellt, welche Reformen volle Wirklichkeit wurden. Am ehesten läßt sich das an den Manufakturen in Frankenthal oder später an der Kultivierung der Moose im Norden von München erweisen. In der Geheimen Konferenz[50] wurden (wie später in der in München) alle an den Landesherrn selbst (ad manus) gehenden Gesuche aus dem ganzen Land, Bitten, Berichte, Fragen und Vorschläge der Behörden, Personalfragen und Kirchenbeziehungen entschieden. Karl Theodor unterzeichnete das Protokoll in Mannheim nicht, wohl aber ab 1778 in München.

Unfreundliche Gruppen unter den Beamten

Doch konnte der Kurfürst nicht verhindern, daß sich unter den *Beamten Gruppen* bildeten und mit versteckten Pfeilen auf seine Schwächen geschossen wurde. Der Fürst, der die wichtigen Aktenstücke verlangte und las, aber auch mit Argwohn auf seine höchsten Diener blickte, war vielen von diesen unerwünscht. Max III. von Bayern hatte, seit er im Januar 1745 die Regierung übernahm, mit denselben Schwierigkeiten zu kämpfen. Er erwies sich im Laufe der Jahre härter als Karl Theodor, wenn auch nicht als gescheiter. Bei der Durchführung der Reformen ebenso in der äußeren Politik und auch der Wittelsbacher Familienpolitik behielten beide die Fäden stets in der eigenen Hand.

Karl Theodor hatte wie sein Vorgänger den Wittelsbacher Kaiser unterstützt, beide hatten aber darauf bestanden, daß *die zwangsläufigen französischen Bundesgenossen* ihre Verpflegung und ihre Quartiere auch bezahlten. Denn die Bauern klagten, sie müßten für ihre Bundesgenossen ebensoviel hergeben wie für ihre größten Feinde[51]. Bitter sagte Karl Theodor zum französischen Gesandten, man möge seine Untertanen zumindest so auszahlen wie die Juden, die die Armee belieferten. Er setzte durch, daß am 11. Juni 1743 ein Abkommen über die französische Zahlungshilfe unterzeichnet wurde. Doch brachte das nichts mehr ein, da fast zum selben Zeitpunkt die durch dieses Geld besoldeten Pfälzer Truppen vor der englisch-österreichischen Streitmacht kapitulieren mußten[52]; am 10. Juni hatte Karl Theodor dem Wittelsbacher Kaiser mitgeteilt, er habe sich "*aus Not und Sorge für seine schwer bedrückten Untertanen*" entschlossen, die *Königin Maria Theresia* als rechtmäßige Nachfolgerin ihres Vaters anzuerkennen. Der Preußenkönig handelte ähnlich.

Die Katastrophe des Kaisers Karl VII. Albrecht. Karl Theodor zwischen Bayern und Österreich, Preußen und Frankreich

Die Vorgänge um die Entlassung der Pfälzer Truppen wurden auch durch Hermann Weber nicht ganz geklärt[53]. Die Residenzstadt Neuburg öffnete weder den Österreichern noch den Franzosen ihre Tore[54]. Karl Theodor erreichte, daß die französische Regierung in der Hoffnung darauf, daß der junge Kurfürst in Mannheim auf der von Karl Philipp eingeschlagenen bayerisch- französischen Linie bleibe, die bereits ausgezahlten 100 000 Livres als Abzahlung der französischen Schulden an die Pfalz umbuchte, obwohl Pfälzer Truppen nicht mehr im Kampf standen[55].

Karl Theodor trat dem Frankfurter Unionsvertrag vom 22. Mai 1744 im Interesse Karl Albrechts bei, der ein Jahr zuvor, am 27. Juni 1743, durch den im Kloster Niederschönfeld[56] geschlossenen Vertrag seine kaiserliche Armee neutralisiert hatte. Er schloß am 29. September mit dem Wittelsbacher Kaiser und Frankreich eine Truppenkonvention ab. Am 13. November folgte eine französisch-pfälzische Truppenkonvention. Der frankreichfreundliche Pfälzer Minister Frh. Herm. Arnold Wachtendonck hatte es bereits schwer, sich gegen den Minister d'Ittre zu halten[57]. Karl Theodor benötigte beide. Die Politik der Selbsterhaltung der Kurpfalz gebot, sich von Frankreich unabhängig zu halten und Vergeltungsmaßnahmen von Seiten der Gegner Frankreichs zu vermeiden. Sie gebot aber auch ein auskömmliches Verhältnis mit dem großen bourbonischen Nachbarn. Karl Theodor sah auf das *Zusammenwirken* der verschieden starken und verschiedenartigen *Komponenten.*

Karl Theodor nimmt den Rechtsakt der Huldigung 1744 in Mannheim auf dem Marktplatz entgegen

Wie bereits erwähnt, nahm am 29. April 1744 Karl Theodor in Mannheim auf einer Tribüne auf dem Marktplatz die Huldigung der katholischen und der protestantischen Bürger sowie der in den Reihen hinter ihnen stehenden Wiedertäufer und der Juden entgegen, die alle den ihnen vorgesprochenen Eid nachsprachen.[58] Wir wissen nicht, warum dieser Akt nicht bereits 1742/43 erfolgte, wohl aber, daß Maria Theresia, deren Rachsucht gefährlich war, Karl Theodor als nicht vorhanden behandelte[59], als dessen Gesandter ihr sein Beglaubigungsschreiben überreichte. Sie forderte im September 1743 schließlich von ihm, daß er keinen ihrer Feinde unterstütze, also nicht den Wittelsbacher Kaiser, der ihn schon beim Regierungsantritt zu belehnen hatte, und nicht dessen Bundesgenossen, zu denen er selbst gehörte. Vielleicht ging Karl Theodor deshalb im April 1744 betont auf die Bindung seiner Untertanen an ihn ein, indem er den Rechtsakt der Huldigung vollzog. Warum er das nicht schon 1742/43 tat, ist damit aber auch nicht geklärt, auch nicht durch seine Erkrankung an den Röteln am 20. Dezember 1742.

Außenpolitik zwischen Paris und Wien

Nach dem Tod des Wittelsbacher Kaisers verfolgte Karl Theodor eine *unabhängige Politik*, so daß sich Frankreich und Österreich besonders um seine Stimme bei der notwendig werdenden neuen Kaiserwahl bemühten. Die Uneinheitlichkeit der französischen Politik erlaubte dem Kurfürsten der Pfalz eine vorteilhafte Doppelgleisigkeit. Die französische

Regierung versuchte dem jungen Wittelsbacher sogar lockende Hoffnungen auf die Kaiserkrone zu machen[60]. Im Unterschied zu dem Kurfürsten in München sabotierte Karl Theodor zusammen mit Friedrich von Preußen geradezu eine Kaiserwahl Franz Stephans von Lothringen, wenn er sie auch nicht ernsthaft verhindern wollte oder gar konnte. Friedrichs Frieden in Dresden mit Maria Theresia mußte Karl Theodor beitreten, wenn er nicht geradezu eine Art Vorposten Frankreichs im Reich werden wollte.

Er machte sogar Opposition gegenüber dem neugewählten Kaiser Franz, dem Gatten Maria Theresias, und verfolgte dabei dieselbe Linie wie der junge Preußenkönig. Das sind die Umstände, unter denen Karl Theodor am 19. Februar 1746 den französisch-pfälzischen Neutralitätsvertrag unterzeichnete. Trotz der vorübergehenden österreichischen Erfolge in München erneuerte 1746/47 Karl Theodor die Hausunion mit Max III. und dessen Bruder Klemens August, dem Kurfürsten von Köln.[61] Der junge Kurpfälzer erreichte sogar französische Subsidien für Klemens August. 1747 vereinbarten Max III. und Karl Theodor, an keine der damals im Krieg stehenden Mächte Truppen abzugeben. Diese Politik war seit 1744 durch den Tod des Freiherrn Jakob Tillmann von Hallberg erleichtert worden, der seit 1731 kurpfälzischer Minister und Kanzler gewesen war und einst als Jülich-Bergischer Rat und Referendar noch unter Johann Wilhelm begonnen hatte. Karl Theodor hatte diesen Österreichfreund seines Vorgängers im Amt belassen[62]. Wenn auch Karl Theodor bei seiner Regierungsübernahme der schwierigen Stellung des neuen Wittelsbacher Kaisers Rechnung trug, vergaß er weder damals noch später die schwierige äußere Lage der Kurpfalz und der Herzogtümer Jülich und Berg. Frankreich war für sie der große und mächtige Nachbar. Der Herzog von Zweibrücken konnte zwar eine eigene Politik treiben, wie das auch Christian IV. (1735–1775) tat, als am 22. November 1740 die Vormundschaft seiner Mutter über ihn beendet war. Aber er war doch auf den unmittelbaren Nachbarn Frankreich so angewiesen, daß sich darauf auch jede Politik in Mannheim einstellen mußte.

Minister ohne abgegrenzte Geschäftsbereiche

Der moderne Leser sollte sich auch mit der Tatsache vertraut machen, daß es damals *keine Minister* gab, die *nur für einen bestimmten Bereich* des Auswärtigen oder der Finanzen etwa zuständig waren. Geschäftsbereiche aller Minister kamen in der Geheimen Staatskonferenz zur Entscheidung durch den Landesherrn, der auch Räte, die keine Minister waren, als Referenten beizog. Außerdem hatte Karl Theodor die persönlichen Gegensätze unter den Ministern einzukalkulieren. Er tat das schon ein Jahr vor dem Tod des Kanzlers seines Vorgängers, als er in dieser schwierigen Zeit auch Aufgaben in den Finanzen zu bewältigen hatte. Der persönliche Gegner des Hofkanzlers, Obersthofmeister und Minister Freiherr Heinrich Wilhelm von Sickingen konnte 1743 zu einem Abschiedsgesuch bewogen werden. Denn er war der erste Mann des Kurfürsten Karl Philipp gewesen. Karl Theodor schaltete die Konkurrenz zu dem offiziellen Hofkanzler aus. Freilich starb dieser Kanzler noch vor dem Tod des Wittelsbacher Kaisers Karl Albrecht.

Eine Grundtatsache für Karl Theodor war ferner die Zusammengehörigkeit von *Hof und Staat*. Sickingen war Obersthofmeister und Minister gewesen, und es war selten, daß eine Persönlichkeit nicht in ihrer Person sowohl ein Hof- und ein Staatsamt zu betreuen hatte. Der neue Landesherr mußte wie sein Vorgänger sowohl in der Residenz Mannheim wie in der Residenz für Jülich den gesellschaftlich-politischen Charakter eines Landesmittelpunkts wahren, also einen Hof in Mannheim wie in Düsseldorf – wie auch in Neuburg und in Sulzbach – unterhalten, zugleich aber die Regierungs- und Verwaltungsgeschäfte nach der Verfassung und den Interessen dieser Länder durchführen. Das konnte er nur, indem er in seiner Hauptresidenz Personen aus diesen Ländern zur Mitarbeit heranzog und seine Regierung selbst in Sulzbach wie in Düsseldorf durch vertrauenswürdige Persönlichkeiten repräsentieren und durchführen ließ. Überall wurden Hof- und Staatsämter erst im 19. Jahrhundert voneinander getrennt.

Beschränkung der Hofhaltung

Die Regierung im Innern begann Karl Theodor damit, daß er die Hälfte der Leibgarde entließ, die Marschalltafel aufhob und die *Hofhaltung überhaupt beschränkte*. Er schaffte auch die „Falkeniere“ ab. Unter Karl Philipp umfaßte die Obersthof-Falknerei 21 Falkenmeister, dann Knechte und Träger der Käfige, die nach Vogelarten getrennt waren.

Er reduzierte nicht nur die gesellschaftliche Funktion des Hofmarschalls, sondern verknüpfte noch mehr als sein Vorgänger die Tätigkeit des Obersthofmeisters, des Oberstkämmerers und des Oberstmarschalls mit politischer Arbeit. Er ernannte zu seinen *Staats- und Konferenzministern* Männer[63], die ebenfalls zugleich *Hof- und Stabsminister* waren. So machte er den haushälterischen Marquis Albert Josef *d'Ittre* zu einem Minister, den er vor allem für auswärtige Angelegenheiten und für die Finanzen heranzog, beließ ihn aber als Verweser des Stabsamts, das er bisher als sein persönlicher Obersthofmeister betreut hatte. Zu der Mitarbeit in der Außenpolitik zog er aber auch als Minister

Minister in seinen Ländern

den im Urteil treffsicheren und weitsichtigen[64], auf Paris setzenden Oberstkämmerer Freiherrn Hermann Arnold von Wachtendonck heran. Er beließ ihn bis zu dessen Tod 1768 in diesem Arbeitsbereich. Aus den niederrheinischen Herzogtümern holte sich Karl Theodor als Staats- und Konferenzminister zugleich als Obersthofmarschall den Grafen Ferdinand von Leerodt zu Born und als Oberststallmeister den Grafen Franz Karl von Nesselrode-Ehreshoven.

In der Kurpfalz selbst stand an der Spitze des Hofsstaates 1767 ein „Großhofmeister", dem viele Truchsessen untergeordnet waren. Die meisten von ihnen scheinen nur ehrenamtliche Truchsessen gewesen zu sein. Im Rang folgte ihm der Marschall. Dem Hofmeister unterstanden der Hofprediger, der Hofkaplan, der Bibliothekar (1767 der bedeutende Geschichtsforscher Lamey), die pfälzischen Historiographen, die Historiographen für Jülich und Berg. Karl Theodor stellte diesen Personen Aufgaben, die auch seiner Kenntnis des Ämterwesens in diesen drei Ländern und darüber hinaus dienen sollten. Auch der Kabinettsantiquar erfüllte entsprechende Aufgaben und gewann durch die Förderung seines Gebietes an Bedeutung für seine Funktion. Für die Angelegenheiten der Malerei bestellte Karl Theodor einen Kabinettsdirektor und einen Kabinettsinspektor, außerdem einen „Galerieverwahrer". Das Theaterwesen verwaltete ein Theatraldirektor. Sehr gegliedert war das Medizinalwesen. Da Karl Theodor diesen Bereich in allen seinen Ländern besonders pflegte, dürfen die von ihm bestellten fünf Hofärzte und sechs Hofchirurgen auch als Berater des Landesherrn für medizinische Angelegenheiten, nicht nur als behandelnde Leibärzte angesehen werden. Gesellschaftlichen Zwecken diente das Jagdwesen. Er unterhielt ein eigenes Jagdschiff und in verschiedenen Ämtern eine Dienststelle „Jägerei", in einem Fall eine „französische Jägerei".

Seinen Jugendgefährten Matthäus von Vieregg, der aus einem ritterbürtigen Geschlecht im Herzogtum Mecklenburg stammte, dessen Familie aber seit 1597 Hofmarken auch in Kurbayern besaß, stattete er in seiner Pfälzer Zeit zunächst mit einem Hof- und Staatsamt aus. Als im Oktober 1777 der besonders die außenpolitischen Verhältnisse betreuende Minister Freiherr Friedrich Anton von Beckers starb, machte Karl Theodor Vieregg zu seinem Nachfolger, wiewohl dieser keineswegs die österreichische Richtung wie Beckers, sondern die französische vertrat. Er war im übrigen stets ein Gegner der Vertauschung Bayerns. Das Vertrauen Karl Theodors in ihn war so stark, daß er ihn in München die legit-Vermerke auf den Geheimen Konferenzprotokollen unterzeichnen ließ, bevor er selbst unterschrieb[65]. Er übertrug freilich diese verantwortungsvolle Aufgabe mindestens auch Kreittmayr. Allem nach veranschlagte er die Qualitäten des um fünf Jahre älteren Jugendbekannten nicht so hoch, daß er ihn früher herangezogen hätte Auch das ist charakteristisch für die frühen Regierungsentscheidungen des Kurfürsten. Die Inhaber des Oberst-Schenkenamtes und des Oberstforstmeister-Amtes stattete er offenbar mindestens in den früheren Jahren nicht mit der Stellung eines Staats- und Konferenzministers aus, wohl aus einer ähnlichen Einschätzung wie der Vieregggs. Umsicht und besondere Kenntnis eines der von Karl Theodor regierten Länder waren für ihn der Grund, Männer wie von Weiler und von Bingen an den Geheimen Staatskonferenzen teilnehmen zu lassen. Er schätzte sie gelegentlich höher als seine Minister.

Wege seiner Information

Früh wurde sich Karl Theodor der Grenzen seiner Informationsmöglichkeiten bewußt und war darum oft mißtrauisch. Was ihm seine Gesandten vortrugen oder schriftlich berichteten, konnte er nur kontrollieren, wenn er selbst eine Reise, etwa zu Kurfürst Max III. nach München machte. Da Reisen des Kurfürsten in Person sehr teuer kamen, mußte er hier sparen. Viel erfuhr er dadurch, daß ihm jeder seiner Bibliothekare immer wieder neu erschienene Schriften und Bücher aus allen Gebieten vorzulegen hatte, wie noch sein späterer Bibliothekar Karl Theodor von Traitteur[66] erzählte, der, freilich erst 1756 geboren, sich ein spätes Bild des Kurfürsten selbst zurechtlegte.

Die Qualitäten seiner Kabinettssekretäre

Zu seinem *Kabinettssekretär* machte er den Freiherrn Johann Georg von Stengel (1721 – 1798), den Sohn des Staatsrates Franz Xaver Joseph von Stengel; er bewährte sich früh durch außerordentliche Diskretion. Auch nahm er für niemanden Partei. 1775 gesellte er ihm Stephan von Stengel bei, der später sein Nachfolger wurde. Stephan von Stengel war ein klassisch und vielseitig gebildeter, kenntnisreicher, freisinniger und kunstsinniger Staatsmann, ein ausgezeichneter Gelehrter. „Sein Haus galt als Mittel- und Sammelpunkt von allen hervorragenden Persönlichkeiten, Staatsdienern, Gelehrten und Künstlern“[67]. Er hinterließ „Denkwürdigkeiten“ bis 1782, Aufzeichnungen und sein Tagebuch über Karl Theodors Italienreise 1783. Natürlich konnte aber auch er sich die frühere Zeit Karl Theodors nur aus Erzählungen anderer zurechtlegen.

Ohne vorherige Verständigung mit Karl Theodor wollte Max III. nach Ablauf seiner Verträge mit Wien und den Seemächten keine neuen Bündnisse abschließen. Karl Theodors Neutralitätspolitik richtete sich gegen Österreichs Bestreben, das Reich in den Krieg gegen Frankreich hineinzuziehen. Er stützte sich auf die 1746/47 erfolgte Erneuerung der Witteslbacher *Hausunion*, vermittelte zwischen den Wittelsbacher Kurfürsten in München und Köln einerseits und Frankreich andererseits und gewann so eine feste Grundlage, das Wittelsbacher Aktionsfeld in das Reich hinein auszudehnen. Als durch den Frieden von Aachen 1748 zwischen Wien und Paris eine Entspannung eintrat, entfiel ein Grund für eine Wittelsbacher Neutralitätsliga. Der Plan wurde zugleich aber auch seines antihabsburgischen Charakters entkleidet.

Karl Theodors Hausunion mit Max III. von Bayern

Überall zeigt sich, daß Karl Theodor an der am 15. Mai 1724 zwischen Max Emanuel und Karl Philipp zustande gekommenen Hausunion über die Wittelsbacher Erbrechte an Bayern und der Pfalz sehr und dauernd interessiert war. Es ging dabei immer wieder auch darum, daß es in Pfalz-Zweibrücken lutherische Wittelsbacher gab. Wegen der Erneuerung und des Ausbaus des Vertragswerkes, wegen des Beitritts der geistlichen Wittelsbacher, auch anderer Fragen sandte er 1748 seinen Gesandten Freiherrn von Schroff nach München, der sich für eine abermalige Erneuerung der Hausverträge einzusetzen hatte[68]. Karl Theodor trat so sehr für die Pfälzer Erbfolge in Bayern ein, daß er seinen leitenden Minister Wrede deswegen nach Paris sandte und eine Schmälerung dieser seiner Rechte fürchtete, als in München die Erbverzichte bayerischer Prinzessinnen eingeschränkt wurden. Es kennzeichnet den Kurfürsten, daß er diesen lutherischen *Minister*, worauf mich Stefan Mörz hinweist, geheime Verhandlungen mit England führen ließ, als sich die Lage zum Krieg der sieben Jahre zuspitzte.

Der Lutheraner Wrede als leitender Minister

Seine Entlassung 1756 hängt wohl damit zusammen, daß sich Karl Theodor entschließen mußte, sich damals – ebenso wie Max III. von Bayern – Österreich und Frankreich anzuschließen.

Vergebens versuchte das Wrede durch Übertritt in die katholische Kirche zu verhindern und den Anschein einer Identität der Pfalz mit Preußen zu vermeiden.

Karl Theodor im Urteil eines englischen Diplomaten

Karl Theodor hatte nicht nur die Rechte studiert, sondern war vielseitig gebildet. Ein englischer Diplomat[69] schrieb über ihn: „Wenige jetzt lebende Fürsten, ausgenommen der König von Preußen, haben ihren Geist fleißiger und mit größerem Erfolge ausgebildet. Seine Belesenheit ist außerordentlich, und zu den aus Büchern geschöpften Kenntnissen kommen bei ihm noch die Vorteile aus Reisen und eine vollkommene *Menschenkenntnis*".

Mag er diese auch nicht in so vollkommenem Maße besessen haben, wie der Engländer behauptet, so durchschaute er doch schon durch sein kritisches Mißtrauen sehr viele Personen und war ein guter Menschenkenner. Der Ruhm der Belesenheit trifft zu.

Die vielseitige Bibliothek, 1763 öffentlich zugänglich

Die große *Bibliothek*[70] ließ Karl Theodor 1755 von Nicolas de Pigage im Westflügel des Mannheimer Schlosses als Gegenstück zur Hofkapelle erbauen. Was der Kurfürst durch sie erstrebte, zeigte das Deckengemälde „Die Entschleierung der Wahrheit durch die Zeit", das Giuseppe Antonio Albuzzi im wesentlichen malte und Lambert Grohe fertigstellte. Die Bücher, für die der Kurfürst als ersten Bibliothekar durch Vermittlung Voltaires schon 1756 den französischen Priester Nicolas Maillot de la Treille anstellte, enthielt in einem Saal mit zwei umlaufenden Galerien nach dem Thema aufgestellte Büchergruppen: Geschichte in den unteren Schränken, schöne Literatur (Belletristik) und Philosophie in den mittleren Schränken, Rechtswissenschaft und Theologie in den oberen Schränken. Schon diese Einteilung läßt erkennen, wie Karl Theodor etwa juristische und theologische Begriffe sich zurechtlegte. Einen besonderen Platz nahmen die Naturwissenschaften ein. Dadurch daß er die 2000 Bände des 1755 verstorbenen Theologen Johann Weislinger erwarb, besaß er sehr viele Werke aus der Zeit, in der die verschiedenen christlichen Konfessionen entstanden. Er ergänzte durch solche Bücher immer wieder sein Wissen in den Fragen, die er beantworten mußte, wenn seine Untertanen, die den drei christlichen Konfessionen angehörten, in Streitigkeiten gerieten. Im Jahr seines Toleranzediktes 1766 besaß er 31 000 und 1782 50 000 Bücher aus den verschiedenen Wissensgebieten überhaupt. Voltaire selbst verkaufte ihm einen Teil seiner Privatbibliothek. Der Kurfürst gab jedes Jahr etwa 4000 Gulden für Bücher aus. Aus Liebhaberei, aber auch aus Interesse an der Geschichte und an Kunst sammelte er auch Handschriften, die er in einem besonderen Raum verwahrte. Seine lateinischen Handschriften aus dem späteren Mittelalter sind bei ihrer Überführung in die Münchner Hofbibliothek beisammen geblieben (clm 10 001–10 980).

Fast alle diese lateinischen Handschriften weisen künstlerisch interessante oder wertvolle Illuminationen auf und stammen meist aus Frankreich. Er erwarb natürlich auch Handschriften in deutscher und französischer Sprache. Die französischen machen in der heutigen Bayerischen Staatsbibliothek den wertvollsten Bestand an solchen aus. Sehr viele entstanden erst im 17./18. Jahrhundert. Natürlich machten viele Personen dem Kurfürsten auch Geschenke mit Handschriften, so dedizierte ihm der Florentiner Bibliothekar Bandini, der dabei auch Karl

Theodors religiöses Interesse würdigte, ein besonders schönes französisches Stundenbuch aus dem 15. Jahrhundert.

Karl Theodor beanspruchte seine Bibliothek nicht nur für sich. In der Verantwortung für die ihm anvertraute Bevölkerung und für den Geist der Gesellschaft wurde *seit 1763 der Lesesaal dreimal in der Woche unentgeltlich der Öffentlichkeit zur Verfügung* gestellt. Freilich konnten die Leser das gewünschte Buch nicht selbst aus dem Schrank holen, sondern bekamen es durch einen Diener gebracht. Die Mitglieder der 1763 gegründeten Akademie der Wissenschaften und Gäste durften aber Bücher sogar nach Hause entleihen. Auch Schiller sagte später dankbar, daß ihm jedes Buch, das er benötigte, zur Verfügung gestellt wurde.

Die Kontrolle des Vollzugs seiner Anordnungen

Die von Karl Philipp vielen Geistlichen bezahlten Gnadengelder strich der neue Landesherr. Die Betroffenen begründeten ihre Forderungen, die Gnadengelder weiter zu zahlen, mit der christlichen Barmherzigkeit. Karl Theodor darauf: „Die Gerechtigkeit fordert, daß sie aufhören und besser verwendet werden"[71]. Da die Oberamtmänner oft nicht in ihren Oberämtern wirkten, sondern durch Agenten ihre Funktionen im Gericht und Verwaltung versehen ließen, um selbst in der Hauptstadt ein schönes Leben zu führen, setzte der Kurfürst schon im Oktober 1743 alljährliche Prüfungskommissionen ein, die untersuchen und strafen sollten. Er mußte die Verordnung im Januar 1753 wiederholen, da sie nicht durchgeführt wurde. Das hatte seine Ursache in den seit dem Tod Karl Ludwigs 1680 eingerissenen Mißständen. Dieser selbst hatte keine Bitte um Befreiung von der von ihm eingeführten Steuer der Accise gewährt. Als Karl Theodor seine Regierung antrat, war ein großer Kreis von meist gutgestellten Personen von dieser Steuer befreit worden: sämtliche Räte bei den Dikasterien in Mannheim und Heidelberg, die Landschreiber, Amtmänner, jeder Faut samt seinen Unterbeamten, der Oberamtsschultheiß, alle Zoll- und Rechnungsbeamten. Doch waren auch die Pfarrer und Schulmeister, die Bergwerkschaften und ihre Arbeiter, die Fabriken und ihre Arbeiter von der Accise befreit[72]. Schlimm war, daß die Ämter und die Anwartschaften darauf käuflich geworden waren. Wir wissen das freilich nur aus summarischen Behauptungen, die aus Beschwerden hervorgehen, die seit der Übernahme der Regierung des Zweibrückers Max Joseph 1799 auch in der Pfalz vorgebracht worden waren. Da beschwerten sich Beamte, die behaupteten oder mehr oder minder nachwiesen, wie sie der Familie ihrer Amtsvorgänger noch eine Kaufrente zu bezahlen hätten. Sie könnten diese unmöglich bestreiten, wenn man ihnen ihr

Amt, das sie innehätten, entzöge. Erst wenn die Geschichte wenigstens der landesherrlichen Zentralbehörden der Pfalz anhand nicht nur der Verordnungen, sondern auch der Akten, die bei der Führung des Amtes entstanden, erforscht sein wird, lassen sich diese Behauptungen nachprüfen. Max Joseph und sein Minister Montgelas konnten zwar nicht sofort solche Beauftragte der Exekutive ausschalten, erklärten aber nach Beendigung des Krieges mit Frankreich 1801, alle derartigen Privatverträge würden von ihnen in keiner Weise als bindend betrachtet. Sie beließen nur Beamte, die für ihren Dienst wirklich einsetzbar waren. Vor allem ist nachzuprüfen, wie das Kurpfälzer Hofgericht tatsächlich besetzt wurde und funktionierte. Eine Anekdote[73] behauptet, es zählte lange Zeit so viele Minderjährige auf den bezahlten Richterstellen, die von anderen wahrgenommen wurden, daß man das Hofgericht spottend das „jüngste Gericht" genannt habe. Sogar die reformierte Kirche war von ähnlichem Übel erfaßt worden: Ihr Begründer in der Pfalz, Kurfürst Friedrich III., setzte die Kirchengüterverwaltung aus acht Personen zusammen. Ihre Zahl war unter Karl Theodor auf 103 Beamte angestiegen. Ludwig Häusser[74] spricht davon, daß die Pfarrstellen ganz öffentlich an den Meistbietenden verkauft worden, vielen Pfarrern und Schullehrern ihre kleinen Gehälter nicht ausbezahlt worden seien, während die Kirchenräte und die geistlichen Schaffner „innerhalb fünfzehn Jahren über 150 000 Gulden dem Kirchenvermögen abstahlen". Häusser bringt diese Mißstände mit der Auswanderung vieler Pfälzer nach Amerika in einen ursächlichen Zusammenhang. Zeitpunkt und Ausmaß der Mißstände lassen sich auch hier nur durch eine systematische Aktenforschung wissenschaftlich fixieren.

Schnellere und humanere Justiz

Karl Theodor verbesserte durch Verordnungen das Gerichtswesen[75], ordnete eine *schnellere und humanere*, aber auch weniger Kosten verursachende *Justizverwaltung* an.

Abschaffung der Folter 1776

Er schaffte 1776 in der Kurpfalz die Folter ab. Früh beschränkte er die Wahl der Prokuratoren. Die Entscheidung Karl Theodors gegen die Folter ist um so höher zu werten, als selbst ein Kreittmayr diese in Kurbayern nicht auszuschalten vermochte. Karl Theodor hat in München die peinliche Frage der Tortur durch ein Kreuzverhör bei der mündlichen Vernehmung zu ersetzen versucht und wollte auch hier die körperliche Tortur aufheben. Der Zeitgenosse Risbeck[76] wünschte, daß der Kurfürst seine „Bedienten" streng auf den Vollzug der ihnen gegebenen Anordnungen prüfe. Karl Theodor war sich früh dieser Notwendigkeit bewußt und hat das noch in seinen späteren Jahren durch Thompson-Rumford erneut versucht.

Über einen Mann wie Kreittmayr verfügte er in der Kurpfalz nicht. Die Kommission, die er im Januar 1753 erneut zur jedes Jahr zu vollziehenden *Prüfung der Arbeit der Beamten* einsetzte, ist von der modernen Forschung so wenig wie die Tätigkeit der Spitzenbehörden der Kurpfalz selbst je systematisch untersucht worden. Die Geschichte der Regierung Karl Theodors selbst kann natürlich nur unter Einbezug der Behördengeschichte geschrieben werden. Er kümmerte sich zweifellos um *Rechtssicherheit,* auch Sicherheit überhaupt auf den Straßen und *im Verkehr* darauf. Er richtete dafür eine eigene Polizeimannschaft ein Trotzdem kam es auch weiter zu Straßenraub, zu Diebstählen und zu einem Bettelunwesen, wie Häusser[77] erzählt. Schon 1749 schloß er einen Vertrag mit Mainz und mit Straßburg wegen der Schiffahrt. Ein anderer Schiffahrtsvertrag mit Württemberg verfolgte dieselben Ziele auf dem Neckar.

Sicherheit des Rechtslebens und im Verkehr

Für das Wohl der Bauern erließ er 1754 eine Verordnung gegen „Judenprellerei", war aber keineswegs deshalb ein Judenfeind

Erste Versuche einer Agrarreform

Der Anbau von Krapp und Hopfen erhielt erst jetzt seine erste Pflege. Karl Theodor ermunterte zum Anbau südlicher Fruchtgewächse wie der Mandel- und Nußbäume, auch von Kastanien. Sogar Nektarinenbäume wurden in der Gegend von Frankenthal, das nur 97 m über dem Meeresspiegel liegt, angepflanzt. Entscheidend war, daß er dafür sorgte, daß die Viehzucht veredelt wurde.

Um den Winzern zu eindeutigen Erfolgen beim Absatz ihres Weines zu helfen, verbot er das übermäßige Anpflanzen von Weinbergen und erließ Qualitätsverordnungen. Den Durchschnittswert des Weins kannte er ja aus dem als Naturalsteuer abzugebenden Wein, dem Deputatwein, für den er das berühmte große Heidelberger Faß herstellen ließ. Er förderte den Anbau guten Weins vor allem zwischen Gimmeldingen und Mußbach, also im Gebiet von Neustadt an der Weinstraße. Er ließ sich dort ein kleines Schloß mit Garten errichten, an das noch heute der „Carl-Theodor-Hof" in Neustadt-Gimmeldingen erinnert. Dort wirkte 1762 als Oberamtmann und „Vicedom" der kurfürstliche Staats- und Konferenzminister Freiherr Peter Emanuel von Zedtwitz. Da er als Minister in der Geheimen Konferenz in Mannheim tätig zu sein hatte, mußte bei dessen Abwesenheit seine Arbeit in Neustadt von den ihm untergeordneten Beamten, also dem Landschreiber und „Aus-

Fauth" und fünf anderen Landschreibern getan werden, von denen einer gelehrter Rat im Regierungsdicasterium in Mannheim war.

Industrialisierung und Gründung einer Porzellanmanufaktur in Frankenthal

Ähnlich wie Max III. gründete er *Industrien.* Tatsächlich wurden Gewerbefleiß und Handel dadurch wach. Bergwerke und Salinen wurden in Betrieb genommen[78]. In Frankenthal, das die „dritte Pfälzer Hauptstadt" wurde, gründete er 1755 eine Porzellanmanufaktur und zwar zunächst durch einen Vertrag mit Paul Anton Hannong, dem es 1751 in Straßburg gelungen war, mit Hilfe Friedrichs von Löwenfinck, der vormals in Meißen tätig war, das sogenannte Hartporzellan herzustellen.

Da Ludwig XV. die Herstellung von Weichporzellan in Sèvres monopolisierte und nur noch Herstellung solchen Porzellans wünschte, gab Hannong seine Porzellanfabrikation in Straßburg auf und trat mit Karl Theodor durch Vermittlung von dessen Leibarzt Dr. Walk in Verbindung. Der Kurfürst wollte die *Porzellanmanufaktur* aber nicht in Mannheim, wie erörtert worden war, sondern in Frankenthal, wo er die sogenannte Dragonerkaserne freigab und zur Produktionsstätte machte. Karl Theodor schloß mit Hannong einen Vertrag und übertrug ihm und seinen Nachkommen das Alleinrecht auf Herstellung von Porzellan in der Kurpfalz. Er befreite sie von verschiedenen Abgaben und gewährte ihnen Zollfreiheit. Doch verkaufte die Familie Hannong ihre Rechte und ihr Geheimrezept 1762 an den Kurfürsten um etwa 50 000 Gulden. Dieser führte sie nun in eigener Regie weiter[79].

Durch besondere Privilegien ermöglichte Karl Theodor in Frankenthal und anderswo seit 1760 eine große Anzahl von Fabriken und befreite auch ihre Arbeiter von Steuern.

Bevor auf seine Regierungsarbeit weiter eingegangen wird, soll zu deren Verständnis auch die *persönliche Entwicklung* des jungen Kurfürsten näher gekennzeichnet werden. Die Ehe mit seiner fast vier Jahre älteren Kusine, einer geistig und seelisch durchaus eigenwilligen Persönlichkeit, wurde nicht glücklich. Sie zog sich aus Sorge um ihre Gesundheit in ihrer Ehe immer mehr zurück, kam aber ihren Pflichten als Gattin eines regierenden Fürsten durchaus nach und liebte wie er die Pfälzer außerordentlich. So kam Karl Theodor auf sittliche Abwege, die er nicht verbarg. Die Düsseldorferin, die 1750 von ihm ein Kind erwartete, erhielt eine Persönlichkeit aus seinem Mitarbeiterkreis, den Kabinettssekretär Freiherrn Johann Georg von Stengel zum Gatten. Das Kind war Freiherr Stephan (Stefan) von Stengel.

Karl Theodors Sohn Stephan (Stefan) von Stengel

Während die Kurfürstin damals geistig und gesellschaftlich stark hervortrat und offenbar auch Einfluß auf die Besetzung von Ämtern ausübte, hatte Karl Theodor sich zu der Gestalt eines Proteus zu entwickeln begonnen, wie ihn Franz Schnabel charakterisiert[80]. Zu Beginn seiner Regierung scheint sein *politischer Ehrgeiz* so weit gegangen zu sein, seine eigene *Wahl zu einem* neuen Wittelsbacher *Kaiser* mit Hilfe Frankreichs in seine Kombinationen zu ziehen, 1743 begann er aber auch, Schloß und Park in *Schwetzingen*[81] zu seiner Sommerresidenz auszubauen und dort den Reizen einer spielerischen Kunst in der Gestaltung des Parks und seiner Brunnen Wirklichkeit zu geben. Er kaufte viele Bücher, die er in seinem zunächst intim gestalteten Bibliotheksraum[82] im Schloß Mannheim gerne zur Hand nahm. Mit Freude las er auch Autoren der klassischen Antike, gab sich – im Kreis von Künstlern oder für sich – seiner Begabung für Musik hin und hielt Ausschau nach Werken der Kunst, um sie in einer durch seinen Geschmack bestimmten Auswahl zu sammeln. Seine innere Entwicklung bewegte sich zwischen seinem religiös innerlich echten, kirchlich erzogenen Gewissen und der Aufklärung oder dem Vergnügen, das ihm sein Hoftheater und die Schauspieler, Sänger und Musikanten bereiteten. Er hatte nicht wie König Friedrich II. von Preußen seine geistigen und körperlichen Neigungen der Jugendjahre unterdrücken müssen, wurde von diesem Monarchen aber auch wenig geschätzt. Der Gegensatz wuchs auf einem sehr persönlichen Feld. Der Vorkämpfer der Aufklärung, der alte (1694 geborene) François Marie Arouet *Voltaire* hatte von seinem königlichen Gesprächspartner in Berlin, wo er seit 1750 im Schloß eine Wohnung hatte, nach Streitigkeiten mit dem Berliner Akademiepräsidenten seine Entlassung begehrt; in der Reichsstadt Frankfurt wurde am 1. Juni 1753 auf Veranlassung des preußischen Geschäftsträgers dort ziemlich gewalttätig sein Gepäck nach Gedichten Friedrichs durchsucht. Da lud ihn, der nach Genf gereist war, Karl Theodor[83] zu sich. Voltaire, der durch seine Henriade den französischen König Heinrich IV. als Vorbild eines Herrschers vorgestellt hatte, hatte noch 1752 sein berühmtes Werk über das Zeitalter Ludwigs XIV. in Berlin erscheinen lassen und hoffte darauf, daß eine Persönlichkeit unter den europäischen Fürsten das aufgeklärte Herrschertum in Gesprächen oder im Briefwechsel mit ihm entwickeln werde. Als er in Schwetzingen eintraf, hatte gerade der aus Zweibrücken gekommene Hofgärtner Johann Ludwig Petri seinen Plan für die Gestaltung des Parkes zu verwirklichen begonnen, der dem Pfälzer Kurfürsten ein besonderes Anliegen war[84]. Auf der ersten Ter-

Politischer Ehrgeiz

Seit 1743 Ausbau von Schloß und Park in Schwetzingen

Voltaire bei Karl Theodor

rasse, unmittelbar am Eingang des Parkes, sahen der Wittelsbacher Schloßherr, aber auch seine Besucher, vier dekorative Urnen mit symbolischen Darstellungen der Jagd, der Landwirtschaft, des Gartenbaues und der Kriegskunst, Frühwerke des flämischen Bildhauers Verschaffelt, der 1752 in Karl Theodors Dienste getreten war und später der Direktor der von ihm gegründeten Zeichnungs- und Malerakademie in Mannheim wurde. 1750 hatte Jean Jaques Rousseau seine Discours sur les arts et sciences veröffentlicht und sein Ruf „Zurück zur Natur" bewegte auch den Wittelsbacher Gastgeber und seinen berühmten französischen Gast. Die zwei bis drei Wochen, die dieser in Schwetzingen verbrachte, hielt sein Sekretär Alexandre Collini fest: „Die Feste folgten einander und der gute Geschmack gab ihnen immer neuen Reiz. Jagd, komische Oper, französische Komödie, Konzerte, von den ersten Virtuosen Europas aufgeführt, machten aus dem kurfürstlichen Schloß einen genußreichen Aufenthalt für Fremde, die sich durch Adel oder Verdienst auszeichneten und die hier außerdem die freundlichste und schmeichelhafteste Aufnahme fanden. Täglich, nach dem Diner, hatte Karl Theodor in seinem Arbeitszimmer eine Unterhaltung mit Voltaire." Dieser selbst rühmt die Gespräche, die Höflichkeit, die Größe und die Einfachheit des Mannheimer Hofes. In Schwetzingen fühlte er sich besonders wohl. Der Kurfürst veranlaßte ihn, ein Verzeichnis seiner Schätze zu erstellen und seine Bilder, seine Antikensammlung und seine Medaillen zu begutachten. Diesen ehrenvollen und stark persönlichen Auftrag erwiderte Voltaire offenbar dadurch, daß er dem Wittelsbacher das Buch schenkte, das ihm der Preußenkönig verehrt und selbst geschrieben hatte: Mémoires pour servir à l'histoire de Brandebourg. Voltaire arbeitete gerade an seinen Annales de l'Empire. Als der Kurfürst davon erfuhr und etwas davon lesen wollte, gab ihm der Franzose jene Abschnitte seines Manuskripts, die die Regierungsjahre des Kaisers Karl V. behandelten. Er selbst machte in Schwetzingen den Plan für eine neue Tragödie. Nach seiner Abreise nach Straßburg lernte er dort den auch von Karl Theodor geförderten Geschichtsforscher Schöpflin kennen, der dem Franzosen nun bei der Abfassung seines Werkes Annales de l'Empire half. Voltaire hatte es der Herzogin Luise Dorothea von Sachsen-Gotha versprochen[85]. Mit Karl Theodor blieb er in Briefwechsel und verkaufte ihm aus seiner Bibliothek Bücher. Wenn Karl Theodor hoffte, daß Voltaire seinen Aufenthalt dauernd in Mannheim nehme, verrät dieser Gedanke, wie stark der Wittelsbacher auch in den Vorstellungen Voltaires zu denken begonnen hatte. Jedenfalls sah der

Karl Theodor und Voltaire

bedeutende Franzose in Karl Theodor einen jener Fürsten seiner eigenen Zeit, mit dem es sich lohnte, in einem geistigen, aber auch politischen Gedankenaustausch zu stehen. Karl Theodors Regierungsarbeit erschien Voltaire offenbar anerkennenswert und nicht der Kritik bedürftig, die er etwa einem Ludwig XV. entgegenbrachte.

Die Persönlichkeit Karl Theodors zu erfassen, ist vor allem deshalb schwierig, weil er viel stärker als Max III. von Bayern in den einander entgegenwirkenden Zeitströmungen stand und seine Beziehung zu Voltaire auch daran gemessen werden muß, daß *in der Zeit*, in der sie Karl Theodor begann, *Voltaire noch keineswegs als der Kirchenfeind abgestempelt* war, der er durch seinen abgrundtiefen Haß gegen die katholische Kirche wurde. Papst Benedikt XIV. (1740–1758) erhielt von Voltaire dessen Tragödie Mahomet über den Kardinal Passionei vorgelegt, der damals mit Voltaire in sehr freundschaftlichen Beziehungen stand[86]. Im Jahr 1745 wechselte der Papst mit Voltaire mehrere Briefe und zeichnete ihn mit zwei Goldmedaillen aus.

Voltaire baute in Ferney in dem französischen Grenzländchen Gex, wo er als reicher Herr seine Rente genoß, auch eine Kirche und erwarb sich menschlich, gesellschaftlich und wirtschaftlich um die Gegend Verdienste, wo er die letzten zwanzig Jahre seines Lebens verbrachte. Als er im Februar 1778 mit vierundachtzig Jahren noch einmal Paris besuchte, starb er dort. Bei seiner Beisetzung spiegelt sich erneut der Zwiespalt seiner Persönlichkeit, aber auch seiner Zeit: Abbé Mignot bestattete ihn kirchlich in der Abtei von Scellières, 1791 wurden seine Gebeine auf Volksbeschluß im Pantheon beigesetzt, 1878 wurde er bei der hundertjährigen Wiederkehr seines Todestages in Paris mit Pomp und in vielen Festschriften gefeiert. Friedrich der Große trennte bei Voltaire Talent und Charakter, und ließ bei seiner Beurteilung alles Licht auf das Erstere, die Schatten auf seinen menschlichen Charakter fallen. Er übertrieb hier ebenso wie bei seinem Urteil über Karl Theodor[87]. Karl Theodor wollte seiner Aufgabe als Landesvater und als Herrscher gerecht werden, meisterte aber die Aufgabe seiner menschlichen Beziehung, die ihm durch seine Ehe auferlegt war, nicht. Er begriff wie Voltaire Geist und Gesellschaft seiner Zeit, stand aber in Gegensatz zu Voltaire stets auf dem Boden der Kirche und hielt deshalb seine Ehebrüche für schwere Sünden, die er beichtete. Er beging sie freilich immer wieder und machte sich dadurch von seinen Beichtvätern abhängig.

Karl Theodors außereheliche Kinder

Den ersten beging er, als er 1750 mit der Freiin Christine von Hauer aus Düsseldorf in eine geschlechtliche Beziehung trat, von der sich in Sorge vor nicht lebensfähigen Kindern seine Ehefrau wohl meist zurückhielt. Sein Kabinettssekretär, Freiherr Johann Georg von Stengel, fand sich bereit, die sehr junge, schwanger gewordene Frau zu heiraten. Als er später mit der Tochter eines Bäckers, noch später mit der eines Kanzlisten, die beide Künstlerinnen geworden waren, Kinder erzeugte, lernte er natürlich auch die Lebensverhältnisse ganz anderer Kreise kennen. Er wollte sich aber nicht in unbegrenzte menschliche Beziehungen verlieren und sah sich bei aller Liebe zu seinen unehelichen Kindern doch selbst hineingeboren in die Pflichten menschlicher Fürsorge als Regent. Diese Pflichten, aber auch seine eigenen Interessen, vermehrten sich. Infolge auch seiner Reformen wuchsen die Regierungsarbeit und seine geistig-künstlerischen Ziele. Erst zwei Jahre nach Ausbruch des großen Krieges zwischen Preußen und Österreich sowie seinem neuen Bundesgenossen Frankreich, in dem sich Karl Theodor ähnlich wie Max III. zurückhielt, wird die erste Tänzerin seines Theaters, Eleonore Huber, eine Bäckerstochter aus Mannheim als seine Maitresse genannt[88]. Sie gab ihre Tätigkeit auf der Bühne auf, als sie eine Tochter bekam. Bezeichnenderweise gehen über deren Namen und Schicksal die Meinungen auseinander[89]. Lipowsky und Häusser bezeichnen Eleonore Huber als spätere Gräfin Bergstein, die einen Fürsten von Isenburg geheiratet habe; Nebinger weist nach, daß die Gräfin Bergstein die Tochter aus einer anderen Verbindung Karl Theodors war und den Prinzen Wilhelm von Isenburg heiratete. Das Schicksal der Eleonore Huber und ihrer Tochter ist nicht bekannt. Jedenfalls wandte sich der Kurfürst bald der Schauspielerin und Tänzerin Françoise Desprès-Verneuil zu, die ihm 1762 eine Tochter gebar, die auf die Namen Karolina Franziska Dorothea Josepha getauft wurde. Das Legitimiationspatent vom 27. August 1762 wurde auf den Namen „von Parkstein" ausgefertigt; bevor die Vierzehnjährige im Oktober 1776 den Grafen und nachmaligen Prinzen Friedrich Wilhelm von Isenburg-Birstein heiratete, erhielt sie von Kaiser Joseph II. am 16. Januar 1776 den Grafenstand als Gräfin von Bergstein zugesprochen. Nebinger setzt dazu: „Jedoch wurde in der Regel die Schreibweise nach dem Pfalz-Neuburgischen Markt Parkstein beibehalten". Außer diesen beiden erotischen Begegnungen war es die verhältnismäßig jung verstorbene Schauspielerin (Figurantin) und Ballett-Komparsin Maria Josepha Seyffert (Seiffert), eine Kanzlistentochter, die dem Kurfürsten zwischen dem Januar 1768 und dem November 1770 vier Kinder gebar. Er erhob sie am 19. März 1767 in den Kurpfälzer Adel als „von Haydeck", was sich auf die Pfalz-Neuburgische Stadt Heideck im heutigen Landkreis Hiltpoltstein bezog.

Wenn auch ihre vier Kinder diese Bezeichnung erhielten, darunter der 1769 geborene Sohn Karl August als Graf von Heydeck, so erhob Kaiser Joseph II. doch die vier Kinder in den Reichsgrafenstand und gestattete, daß sie nach ihrer Herrschaft Bretzenheim (an der Nahe bei Bad Kreuznach) genannt wurden. Karl Theodor schrieb diese Standeserhöhung am 25. August 1776 aus. Der Sohn wurde von Kaiser Joseph am 19. Dezember 1789 in den Fürstenstand erhoben, das Jahr darauf wurde er in das westfälische Grafenkollegium aufgenommen. Es waren also im ganzen nach Nebinger fünf Kinder, die Karl Theodor legitimierte. Wie sich aus verschiedenen Tatsachen ergibt, schenkte er ihnen viel Vaterliebe, hielt aber an ihrer jeweiligen äußeren Rechtsstellung in der Öffentlichkeit genau fest. Nebinger zählt den Freiherrn Stephan (Stefan) von Stengel nicht mit, dessen Mutter auch dem Freiherrn Johann Georg von Stengel mehrere Kinder gebar. Stephan spricht von Johann Georg von Stengel stets als seinem Vater. Bei der Verleihung des Wappens mit den bayerischen Wecken 1788 an ihn, nicht Johann Georg, erfuhr er aber seinen wahren Vater (s. Anm. 451).

Tod des Kurprinzen 1761 einen Tag nach der Geburt

Ein Jahr vor der Geburt der Gräfin Parkstein hatte die Kurfürstin selbst ihrem Gatten in Mannheim einen Sohn geboren. Der auf den Namen *Franz Ludwig Joseph* getaufte *Kurprinz* starb am 29. Juni *1761*, einen Tag nach seiner Geburt.

Sicher ahnte *die Kurfürstin* aus dem Schicksal ihrer Münchner Schwester, daß es einem Kind von ihr nicht anders gehen würde als denen Maria Annas, die alle bald nach der Geburt starben. Freilich: ihre jüngste Schwester, Maria Franziska Dorothea, hatte seit 1746 fünf Kinder geboren, von denen nur das zweite früh verstarb. Elisabeth Auguste blieb auch nach dem Schicksalsschlag von 1761 eine anziehende Frau. 1763 verliebte („vernarrte") sich der frühere Hofmeister des Zweibrücker Wittelsbachers Karl August und nunmehrige Intendant der Hofmusik Karl Theodors Freiherr Karl Christian von Eberstein so sehr in die Kurfürstin, daß er, da sie darauf nicht einging, eines nachts in ihr Schlafgemach eindrang. Er wollte sie mit der Pistole zwingen, auf seine Wünsche einzugehen[90]. Karl Theodor war sehr erregt und verurteilte ihn zu lebenslänglicher Haft auf der Festung Otzberg. Er machte dabei von seinem Recht als oberster Richter im Land Gebrauch. Das

Elisabeth Augustes abgewiesener Liebhaber

war keineswegs ein Akt der Willkür. Eberstein wurde schon 1764 zum Aufenthalt in dem Karmeliterkloster Weinheim begnadigt und durfte im Beisein seiner Frau und eines Paters von der Kurfürstin genehmigte Besuche empfangen. Er starb 1795.

Elisabeth Auguste 1765 Erbfolgerin in Düsseldorf

Kurfürstin Elisabeth Auguste hatte mehr als einmal auch die große Politik im Auge, wenn sie sich auch darin keine bis jetzt nachweisbaren dauernden Ziele setzte. Als Enkelin des Kurfürsten Karl Philipp besaß sie unmittelbare Anrechte auf Jülich und Berg. Während einer Krankheit ihres Mannes versuchte sie offenbar, diese Rechte zu retten. Karl Theodor sicherte ihr 1765 in einem Testament diese Erbfolge in Düsseldorf[91].

Elisabeth Auguste stützt Karl Theodors Wittelsbacher Familienpolitik

Kurfürstin *Elisabeth Auguste* unterstützte die Tendenzen ihres Gatten *in der Wittelsbacher Familienpolitik*. Beide wollten den 1756 geborenen jüngeren Sohn des Pfalzgrafen Friedrich Michael, den kleinen Max Joseph von Zweibrücken, bei sich aufziehen. Das ließ aber dessen Onkel Christian IV. nicht zu. Am 18. Oktober 1766 stiftete sie den Elisabethenorden und wurde dessen erste Großmeisterin[92]. Seit 1768 zog sie sich häufig nach Oggersheim zurück, wo ihr Vater das von den Franzosen zerstörte Schloß wieder aufgebaut hatte. Karl Theodor hatte es zwar 1755 dem Zweibrücker Pfalzgrafen Friedrich Michael geschenkt, doch starb dieser 1767. Elisabeth Auguste ließ in Oggersheim durch Pieter Anton van Verschaffelt eine bereits klassizistisch angehauchte Wallfahrtskirche bauen und durch Paul Egell mit Statuen ausschmükken. Sie starb erst 1794 in Weinheim, einige Monate vor ihrer Schwester Maria Franziska Dorothea, der Mutter der Zweibrücker Karl August und Max Joseph und überlebte so ihre stets politisch einsatzbereite und tätige Schwester Maria Anna, die 1790 in München starb. Wenn man das Schicksal der drei Pfalz-Sulzbacher Schwestern vergleicht, kann man sagen, daß jede ihrem Leben außerordentlich persönliche Akzente setzte.

Noch einmal Voltaire

Karl Theodors Persönlichkeit und Tätigkeit seit den fünfziger Jahren des achtzehnten Jahrhunderts wurde durch den Ausbruch des Siebenjährigen Krieges, an dem er nach dessen Proklamation als Reichskrieg gegen König Friedrich II. teilzunehmen hatte, mit dessen Persönlichkeit politisch konfrontiert. Er kannte dessen Auffassungen von seinem eigenen Staat, als er sie in dem ihm von *Voltaire* geschenktem Buch Friedrichs selbst las. Er hatte erlebt, daß sich Voltaire wieder mit diesem aussöhnte, als das diesem König gewidmete, noch 1752 erschienene Poëme sur la loi naturelle abermals herauskam. Das Pariser Parlament, der französische Gerichtshof, hatte es abermals zur Verbrennung verurteilt, so daß Voltaire der Aufenthalt dort erneut verboten blieb und er sich in Kolmar aufhielt. Denn das Elsaß stand auch in seiner damaligen französischen Zeit unter besonderem Recht. 1758 folgte er einer erneuten Einladung des Kurfürsten nach Schwetzingen. Er hatte noch lange den warmen Empfang und die Güte des kurfürstlichen Ehepaares in Erinnerung. Auch Elisabeth Auguste hatte ihm eine Medaille geschenkt. Voltaire kam aus Genf und hatte Karl Theodor versichert, daß er sich auf die Gesellschaft und das Gespräch mit einem Mann wie ihm freue. Nach einem Besuch beim Markgrafen von Baden in Karlsruhe kam er Mitte Juli in Schwetzingen an.

Karl Theodor war gerade in der Hofkapelle und ließ dorthin Voltaire rufen[93]. Dieser kam darin an eine Bank, wo er die Bußpsalmen des Königs David fand und nun so aufmerksam las, daß er immer wieder sagte, „David war ein großer Mann".

Der Kurfürst war mit Voltaire in Verbindung geblieben und dieser hatte ihm seine Tragödien, sogar schon vor deren Uraufführung gesandt. Karl Theodor war über die einst in Schwetzingen entworfene Tragödie Orphelin de la Chine so entzückt, daß er am 17. September 1754 Voltaire geschrieben hatte, drei oder vier andere Personen hätten sie auch gelesen und seien darüber zu Tränen gerührt worden. Nun freue er sich, mit ihm vernünftig über die großen Umwälzungen der eigenen Zeit sprechen zu können[94]. Sie seien ja deren Zeugen. Voltaire war in diesen Jahren geradezu das „Adreßbureau aller kriegführenden Parteien" und von Neutralen, wie Stavan schreibt, und so bat ihn Karl Theodor um seine Meinung über die Lage in Europa. Noch nach der Abreise des Franzosen schrieb diesem der Kurfürst, er solle ganz offen an ihn schreiben. „Sie leben in einem freien Land und ich bin so diskret und anständig wie irgendeiner Ihrer Republikaner." Voltaire verbrannte diesen etwas ironischen Brief entgegen der Bitte des Absenders nicht, so daß er auf uns gekommen ist. Karl Theodor war ein geistreicher und kultivierter Mensch und verabscheute den Krieg so sehr wie Voltaire. Er war sich der Zweideutigkeit eines Jahrhunderts bewußt, das als dasjenige der Vernunft und der Höflichkeit angesehen wurde, aber „ziemlich den Sirenen gleicht, deren eine Hälfte eine schöne Nymphe, die andere ein scheußlicher Fischschwanz ist".

Karl Theodor im Gedankenaustausch mit Voltaire auch während des Reichskrieges gegen Friedrich den Großen

Im Oktober 1758 schrieb dieser Wittelsbacher an Voltaire: „Sie haben vollständig recht, wenn Sie sagen, daß es in diesem Jahrhundert Dinge gäbe, denen nichts Wirkliches auf der Welt entspricht, daß es aber auch wiederum viel Nichtiges gäbe, dem man den Anschein der Wirklichkeit geben wollte; die zweite Russenschlacht (in der Friedrich am 25. August 1758 die Russen besiegte) gehört dazu und vieles andere. Man hat schließlich diesen großen Mann in seinem Lager überrascht (am 14. Oktober 1758 bei Hochkirch), aber sein geschicktes Manövrieren hat alles gerettet: Hoffen wir, daß soviel Blut zu einem sehr erstrebenswerten Frieden führen wird.“ Ein solches Blutvergießen habe es bisher nicht gegeben. Karl Theodor hatte schon nach der ersten großen Niederlage Friedrichs bei Kolin gehofft, der Preußenkönig würde die ihm gemachten Friedensbedingungen annehmen, um die Ruhe in Europa wieder herzustellen.

Voltaire nannte diesen Pfälzer Kurfürsten einen Philosophen. In Schwetzingen hatte er ihm vielleicht aus seinem entstehenden Werk Candide vorgelesen, wahrscheinlich während dieses Aufenthaltes bei Karl Theodor auch daran gearbeitet. Er vollendete diesen Roman, der sein ganzes Leben widerspiegelt, besonders die Krisen seit 1753 nach seiner Rückkehr aus der Pfalz nach Genf. Während seines ersten Aufenthaltes in der Pfalz sah sich Voltaire in der Rolle Don Quijotes auf der Insel Baratari[95], nun aber freute er sich mit Karl Theodor an Diskussionen und an dem schönen von Pigage gestalteten Schwetzinger Theater und schrieb auch an seiner Geschichte Rußlands unter Peter I., einer Art Roman, den er 1759 beendete: Histoire de la Russie sous Pierre I.

Karl Theodors Jesuitenkirche in Mannheim

Der Wittelsbacher Philosoph errichtete 1760 in Mannheim den Jesuiten eine großartige Kirche, auf die er auch eine Medaille schlagen ließ. Darauf sieht man nicht nur Teile des schon 1733 von Karl Philipp gestifteten Jesuitenkollegs, sondern auch Personen und eine Kutsche, die das kirchliche Bauwerk mit der menschlichen Umwelt verknüpfen[96]. Das Münzkabinett war schon 1721 von Heidelberg nach Mannheim verlegt worden. Darin wurde in Münzen und Medaillen, die die Landesherren prägen ließen oder sammelten, eine hohe Kultur entwickelt. Karl Theodor ließ unter Mitwirkung des Historikers J. D. Schöpflin auf 26 Medaillen die Wittelsbacher Pfalzgrafen bei Rhein darstellen, von Ludwig I., dem Kelheimer (ermordet 1231), angefangen bis zu sich selbst, die die Kurpfalz regiert hatten. Dem Kurfürsten Karl Ludwig, der 1648 begann, die Pfalz wiederaufzubauen, und eine praktische Toleranz einführte, wurde eine Reitermedaille gewidmet, der von ihm 1679 gestifteten Konkordienkirche in Mannheim auch eine eigene Medaille.

Erinnerungs- und Verdienstmedaillen

Bezeichnenderweise ließ Karl Theodor nicht nur Medaillen zur *Erinnerung* an Personen und Taten, sondern auch solche für *Verdienste* herstellen, etwa für Verdienste um die Pferdezucht (1786), überhaupt Belohnungsmedaillen, Medaillen auf Verdienste um die Wissenschaft mit dem Bild des Hofastronomen Christian Mayer oder eine Preismedaille der physikalisch-ökonomischen Gesellschaft zu Kaiserslautern. Praktischen Zwecken diente die Prägung der auf Grund von Münzkonventionen geprägten Konventionstaler (1775).

Zurück zur politischen Geschichte!

Die Außenpolitik Karl Theodors 1748 bis 1756

Die Politik des Kurfürsten Karl Theodor von der Pfalz *zwischen den Kriegen (1748–1756)*[97] wurde ein entscheidendes Kapitel auch der Entwicklung seiner Persönlichkeit. Der finanziell unabhängige Brabanter Adelige Albert Joseph de Rifflart Marquis d'Ittre hatte schon in den Diensten Johann Wilhelms gestanden, war ein nüchterner, uneigennütziger und persönlich anspruchsloser Herr, wurde von der Urgroßmutter Karl Theodors in Brüssel dem Kurfürsten Karl Philipp empfohlen und zum Oberhofmeister Karl Theodors gemacht. Er war Karl Theodor aufrichtig, ja freundschaftlich zugetan und wirkte als sein haushälterischer und sparsamer Finanzminister bis zu seinem wohl nicht ganz freiwilligen Abschied 1751.

Karl Theodor ging neben seinen Verträgen über das Reichsvikariat und über die Hausunion mit Max III. von Bayern am 21. Oktober 1756 ein Schutz- und Trutzbündnis ein. Das Vorbild dazu war in dem Vertrag von 1724 gegeben, den Max Emanuel mit Karl Philipp von der Pfalz geschlossen hatte.

Zu einer eindeutig pro-französischen Politik lud immer wieder bis zu seiner Abberufung 1753 der französische Gesandte Tilly ein, der zugleich sehr stark die Pfälzer Interessen in Paris vertrat, wo man ihm vorwarf, er sei pfälzischer als die Pfälzer. Er wurde dabei von dem niederrheinischen Baron Hermann Arnold von Wachtendonck unterstützt, der im Gegensatz zu d'Ittre außenpolitische Erfahrung besaß, aber selbstsüchtig, ehrgeizig, glatt und reichlich verlogen war[98]. Als d'Ittre 1751 seinen Abschied nahm, ging Karl Theodor mit Ludwig XV. einen Vertrag ein, der ihm laufend Subsidiengelder bringen sollte. Karl Theodor war, ähnlich wie Max III., über den Friedensschluß von 1748 enttäuscht gewesen und bewegte sich sowohl auf der Linie der haus- und staatsrechtlichen Abmachungen wie in der Beziehung zu Paris auf einer ähnlichen Linie. Als er in die geistige Welt der französischen Denker eindrang, vor der sich Max III. sehr zurückhielt, betrat er auch eine geistig-kulturelle Brücke. Gegen die frankreichfreundliche Linie vermochte der aus Zweibrücker Diensten kommende nunmehrige kurpfälzische Diplomat, der lutherische Freiherr Heinrich Ernst Wilhelm von Wrede (1706–1769)[98a] in Mannheim wenig, der zu den Seemächten neigte, mit denen Max III. die ihm wirtschaftlich notwendigen Verträge geschlossen hatte. Wrede schmälerte den politischen Einfluß der Kurfürstin und des Paters Seedorf auf Karl Theodor, wie Stengel sagt. Seit 1756 begann statt Wrede der Freiherr Peter Emanuel von Zedtwitz-Liebenstein bei Karl Theodor zu wirken. Zedtwitz-Liebenstein wird von Peter Fuchs als vielleicht *bedeutendster Minister* Karl Theodors bezeichnet[98b]. Er hielt sich gleich seinem Landesherrn mehr an Paris als an Wien. Als 1777 Minister von Beckers starb, dem Karl Theodors Jugendfreund von Vieregg folgte, und die Frage Krieg oder Frieden ausgetragen werden mußte, spielte Zedtwitz-Liebenstein keine Rolle. Sein ältester Bruder Franz Borgias Julius war Erbherr auf Liebenstein im Habsburger Königreich Böhmen. Er wurde 1798 von großer Bedeutung. Philipp, einer der vier Brüder, ist 1779/80 kaiserlich königlicher Hauptmann.

Freiherr Peter Emanuel von Zedtwitz-Liebenstein

Karl Theodors Sorgen beim Beginn des Krieges von 1756

Doch machte die kaiserliche Politik aus Wien auch im Südwesten des Reiches so starke Fortschritte, daß Karl Theodor unter dem Druck der bevorstehenden Auseinandersetzung zwischen Wien und Berlin 1755 die Regimenter Weilburg und Preysing aufstellte und die oberrheinische Kreis-Eskadron wieder errichtete. Als 1756 der große Krieg zwischen Friedrich und Maria Theresia ausbrach, fürchtete Karl Theodor vor allem um Jülich und Berg. Er brachte – ein Jahr nach Kriegsausbruch – seine Truppen endlich auf den Soll-Stand und schloß am 6. April 1757 einen Vertrag mit Ludwig XV. Dieser erkannte die Regierungsnachfolge auch weiblicher Glieder des Hauses Pfalz-Neuburg-Sulzbach in Düsseldorf an. Das entsprach offenbar den Wünschen der Kurfürstin Elisabeth Auguste. Der aktuelle politische Sinn dieser Vereinbarung ist darin zu suchen, daß die Brandenburger Erben dadurch auf ihr Gebiet von 1666 beschränkt blieben.

Das war Pariser Interesse. Ein Münchener Wittelsbacher war damals dort nicht einsetzbar, weil die Herzogtümer am Niederrhein damals haus- und staatsrechtlich noch nicht zu einer Masse des Wittelsbacher „Gesamtbesitzes“ gehörten, außerdem von Max III. damals Kinder nicht mehr als Erben zu erwarten waren. Andererseits hatte jeder Reichsfürst für das Reich ein Reichskontingent zu stellen, unterhielt aber davon unabhängig auch eigene Truppen.

Karl Theodor, zum Reichskrieg gegen Friedrich verpflichtet, setzte durch den Vertrag mit Ludwig XV. Friedrichs Garantie von 1742 aufs

Karl Theodor schützt die Kurpfalz, die Herzogtümer Jülich und Berg und Bergen op Zoom

Spiel, keine Ansprüche in Jülich und Berg zu erheben. Da Frankreich, mit dem Kaiser verbündet, gegen Friedrich kämpfte, war es die Frage, ob Karl Theodor seine Rechtsstellung in Düsseldorf mit Hilfe der eigenen Truppen, der Frankreichs und des Reichs gegen den zwangsläufigen Gegner aus Berlin halten könne. Vertragsgemäß hatte er bei der Stellung des Kurpfälzer Reichskontingentes auch das für das Herzogtum Zweibrücken in Vertretung für den Herzog aufzubringen. Außerdem hatte er für die Fürstentümer Pfalz-Neuburg und Pfalz-Sulzbach im bayerischen Reichskreis, für die Herzogtümer Jülich und Berg im westfälischen Reichskreis Truppen zu stellen. Die *Landstände der beiden niederrheinischen Herzogtümer*, die in vier „Kollegien" gegliedert waren, konnten zur Erfüllung dieser Verpflichtungen herangezogen werden. Karl Theodors Zeughaus in Mannheim konnte freilich 1756 nicht einmal die gesamte Ausrüstung für das Kurpfälzer Reichskontingent stellen, so daß Karl Theodor bei dem Schutzjuden Samson Hirsch Artilleriepferde einkaufen mußte. Außer dem Reichskontingent stellte er ein eigenes Korps Kurpfälzer Truppen. Ihre militärische Organisation war derart, daß er sie dem französischen Marschall d'Estrées unterstellen mußte. Sein eigener General Zastrow wirkte aber erfolgreich mit ihm zusammen. Max III. stellte damals ebenfalls zwei rechtlich ebenso konstruierte Kontingente auf. Bei den Spannungen zwischen Frankreich und England war für Karl Theodor[99] geboten, auch in seiner Markgrafschaft Bergen op Zoom vorzusorgen. Er bestellte als Generalkommissar Herrn de Lombaerto, den er in einer Sitzung des Geheimen Rates beauftragt hatte, und autorisierte ihn am 23. Juli 1755 für seine Aufgabe, die er nach Ausbruch des Krieges im Jahre 1757 weiterführte. De Lombaerto bewährte sich offenbar so, daß er in der Markgrafschaft als Generalkommissar bis zu seinem Tode 1781 verwendet wurde. In den Jahren 1755 und 1778 hatte er auch die Sache des Fräulein von Neef in die Hand zu nehmen[100]. Bei den politisch- militärischen Entscheidungen überhaupt arbeitete bis zu seinem Tod 1758 der kluge Pater Seedorf mit. Er hatte, seit 1751 d'Ittre ausschied, das meiste Gewicht bei Karl Theodor, überließ aber dem Außenpolitiker Wachtendonck naturgemäß viele der Vorschläge an Karl Theodor, besonders seit 1756. Der pfälzische General Zastrow trug wesentlich dazu bei, daß der französische Oberkommandierende die mit Friedrich verbündeten Engländer zurückdrängte. In diesem entscheidungsvollen Jahr 1757 hatte Karl Theodor nur das Ziel, *die eigenen Lande zu schützen* und seine Soldaten zu schonen, während Maria Theresia sogar daran dachte, Ostpreußen

Die Landstände der Herzogtümer Jülich und Berg

Die Außenpolitik Karl Theodors im Siebenjährigen Krieg (1756 bis 1763)

für ihren zweiten Sohn zu verlangen. Doch wurde ihr bald Angst vor ihrer eigenen „Ländergier"[101]. Elisabeth von Rußland wünschte Kurland, das dem Wettiner König von Polen und Großfürsten von Litauen gehörte. Dieser aber sollte ebenfalls durch Ostpreußen entschädigt werden. Als Kurfürst von Sachsen und Gatte einer Tochter Kaiser Josephs I. kämpfte er gegen Friedrich von Preußen, doch war sein Heer schon 1756 gefangengenommen worden, so daß er sich selbst nach Polen begab. Karl Theodor mußte hinnehmen, daß die Franzosen dem Preußenkönig gehörende Gebiete links des Rheins besetzten, als der für diesen kämpfende Herzog von Cumberland, der zweite Sohn des englischen Königs, zurückwich. Der Pfälzer General Zastrow[102] besetzte Paderborn, da der Herzog von Cumberland im Kloster Zeven Waffenstillstand schloß, als er über die Weser zurückgegangen war. Die Konvention war von dem französischen Oberbefehlshaber am 8. September 1757 abgeschlossen worden. Doch der König von England und Kurfürst von Hannover hatte die Macht, das Blatt zu wenden. So beließ Karl Theodor auf jeden Fall seine Pfälzer Soldaten in Düsseldorf. Der französische Oberbefehlshaber, der seinen Sieg nicht ausnützte, wurde durch den tatkräftigen Herzog von Richelieu ersetzt, der Herzog von Cumberland aber durch den Herzog Ferdinand von Braunschweig. König Friedrich bestätigte die Abmachungen über den Waffenstillstand nicht und siegte am 5. November bei Roßbach in der Gegend von Querfurt über den französischen Marschall Prinz Soubise und die Reichsarmee. Die militärische Stellung der Franzosen am Rhein wurde nicht nur durch die Niederlage des Führers der französischen Südarmee, des Prinzen Soubise, sondern auch durch wirtschaftliche und disziplinäre Schwierigkeiten geradezu unmöglich. Karl Theodor war über die Plünderungen des Bundesgenossen erbittert. Der neue französische Oberbefehlshaber, Graf Ludwig von Clermont, Prinz von Bourbon-Condé (1709 – 1771)[102a], geriet mit dem Pfälzer General Isselbasch in Konflikt, als beide 1758 Düsseldorf gegen den Prinzen von Braunschweig verteidigen sollten. Die Minister Karl Theodors in der Regierung von Jülich und Berg in Düsseldorf wollten lieber dessen Bürger und die Wittelsbacher Galerie dort gerettet als einen Kampf in der Stadt. So wurde diese dem Prinzen Ferdinand von Braunschweig übergeben. Karl Theodor brachte es fertig, trotz des Mißtrauens aus Paris zu seinen Ministern, selbst dort weiterhin als zuverlässiger Partner zu gelten. Als der Braunschweiger Düsseldorf wieder räumte, mußte der Kurfürst aber doch im Sommer 1758 hinnehmen, daß es nicht wieder von pfälzischen Truppen, sondern von französischen besetzt wurde und blieb. Die Besetzung seiner Hauptstadt für die beiden Herzogtümer durch Truppen des Bundesgenossen erzwang die Pariser Regierung als Gewähr für die Bundestreue Karl Theodors. Trotz seines Protestes wurden nur hundert pfälzische Soldaten als seine Residenzwache in Düsseldorf belassen. Karl Theodor hatte es schwerer als Max III., sein Land und seine Truppen in dem von beiden nicht gewollten, aber ihnen auferlegten Reichskrieg zu schonen. Prinz Soubise errang bei Lutterberg, 6 km südlich vom Zusammenfluß der Weser und Fulda, auch unter dem Einsatz von Pfälzern unter Zastrow, einen Sieg und operierte in Westfalen so geschickt, daß sich Prinz Ferdinand von Soest nach Hovestadt zurückziehen mußte. Karl Theodor erhielt zwar in dem Jahr dieses Feldzugs *113 Millionen* Livres als Subsidien, vereinbarte aber mit Ludwig XV., seine Soldaten aus dem Krieg zurückzuziehen, als sich die Truppen in die Winterquartiere begaben. Karl Theodor erreichte sein praktisches Ziel, Ludwig XV. aber sparte sich das zusätzliche Geld, das er vertragsgemäß für die Unterhaltung der pfälzischen Truppen zu zahlen hatte. Beide schlossen am 30. April 1759 einen Vertrag. Aufgrund der Abmachungen kamen Truppen des von Frankreich abhängigen Herzogs Christian IV. von Zweibrücken in Karl Theodors Herzogtum Jülich als eine Art befreundete Besatzung. Er selbst versprach, ohne Zustimmung aus Paris keine Truppen einer anderen Macht zu überlassen. Ludwig XV. aber garantierte weiterhin die Erbfolge auch des Frauenstammes der Linie Pfalz-Sulzbach in den Herzogtümern Jülich und Berg und zahlte alljährlich 600 000 Livres dafür, daß Karl Theodor 10 000 Pfälzer unter Waffen hielt.

Ausbau der Wittelsbacher Hausverträge seit 1761

Das Erbrecht des Frauenstammes und die Einbeziehung der sogenannten Neuerwerbungen in eine weiterzugebende Erbmasse spielte bei dem seit 1761 erfolgenden *Ausbau der Wittelsbacher Hausverträge* eine große Rolle. Schon 1755 legte die Habsburger Mutter des bayerischen Kurfürsten ihrer nach Baden-Baden heiratenden Tochter nahe, doch nicht die – seit 300 Jahren übliche – Erklärung abzugeben und auf die Rechte an Land und Leuten zu verzichten, wenn sie den Markgrafen von Baden-Baden heirate. Karl Theodor setzte am 10. April 1760 seine eigene Frau durch Testament zum Erben in den Herzogtümern Jülich und Berg ein. Am 2. Januar 1761 schränkte Max III. den Erbverzicht seiner nach Sachsen verheirateten Schwester ein[103]. Erst als Karl Theodors kleiner Thronerbe 1761, kaum daß er geboren, gestorben war, beschränkte der Kurfürst durch sein Testament vom 28. August 1761 das, was er seiner Gemahlin zuweisen wollte, auf das, was er ihr schon durch Testament vom 2. November 1743, also sehr früh, vermacht hatte: Auf die Verlassenschaft an Mobilien, Allodialverlassenschaft im engeren Sinn sowie das Marquisat Berg(en) op Zoom[104], das unter der Oberhoheit der Niederlande stand. Das Hervorziehen der Erbrechte an Land und Leuten für den Frauenstamm hatte seine sehr aktuelle Ursache in der konfessionellen Sorge des Kurfürsten Max III. für sein ausschließlich katholisches Bayern. Denn in Zweibrücken standen auch *lutherische* Wittelsbacher als Erben heran. Würde und konnte Karl Theodor ausschließlich katholische Beamte in allen seinen Erblanden einsetzen, wenn er doch in der Kurpfalz lutherische und calvinische Untertanen tolerierte? Ohne Rücksicht darauf, daß es in der Linie Zweibrücken lutherische Wittelsbacher gab und Herzog Wilhelm erst 1769 zur katholischen Kirche übertrat, forderte schon 1757 Christian IV. von Zweibrücken, aber auch sein Berater Bachmann, ein pfalz-bayerisches Gesamtfideikommiß. Christian arbeitete mit Karl Theodors Geheimem Sekretär Saint George in einer ungewöhnlichen Weise zusammen. Da schlossen Karl Theodor und Max III. am 5. Oktober 1761 einen Vertrag, der der Wendepunkt wurde: Dieser Freundschafts- und Verteidigungsvertrag von 1761 sollte nur bis zum Abschluß einer künftigen Hausunion gelten.

Die Erfolge des Zweibrücker Pfalzgrafen Friedrich Michael gegen Friedrich den Großen

Die persönliche Freundschaft des Herzogs von Zweibrücken, der oft in seinem Palais Deux-Ponts in Paris lebte, mit Ludwig XV. selbst war diesem eine Garantie, aber auch ein Problem. Denn Christians Bruder, Pfalzgraf Friedrich Michael von Zweibrücken, wurde am 18. Januar 1758 als kaiserlicher Feldmarschall an die Spitze der Reichstruppen gestellt. Das Pfälzer Kontingent, das Karl Theodor aufgrund der Verfassung der Reichskreise für die Kurpfalz und auch Zweibrücken zu stellen hatte, war durch den sich zur außerordentlichen Persönlichkeit entwickelnden Preußenkönig bei Roßbach 1757 zusammen mit den anderen Truppen besiegt worden. Zum Schutz Böhmens hatte die Regierung in Wien militärisch abwegige Befehle gegeben, der kaiserliche Generalfeldmarschall Prinz Joseph Friedrich von Sachsen-Hildburghausen (1702–1787) hatte sie nicht ausgeführt. Kaiser Franz hatte schließlich nach zweimaligem Kommandowechsel Friedrich Michael von Zweibrücken beauftragt. Dieser führte die Truppen des Reichs zu verschiedenen Siegen und begann, Sachsen mit Hilfe auch von Kreistruppen Max' III. und Karl Theodors zu befreien. Die Pfälzer führte General Effern. Die pfälzische Infanterie und die Pfalz-Kürassiere spielten eine besondere Rolle. Als der häufig erfolgreiche Zweibrücker Friedrich Michael mit dem kaiserlichen General von Daun in Konflikt geriet, der politische Rücksichten in die militärischen Operationen einmengte, trat Friedrich Michael[105] 1761 von seinem Oberkommando zurück. Karl Theodor suchte nun durch einen Neutralitätsvertrag einen kommenden Sieg Friedrichs für die von ihm regierten Wittelsbacher Länder unschädlich zu machen. Durch seinen Gesandten in München Bettschart vereinbarte er am 23. Januar 1761 im Rahmen der mit München vereinbarten Gegenseitigkeiten mit König Friedrich, die pfälzischen Truppen von nun an im Lande zu behalten und keine Gelder mehr zum Krieg gegen Preußen zu bezahlen. Zugleich erneuerte er in Hinblick auf Düsseldorf die frühere Freundschaft mit König Friedrich. Bettschart schloß den Vertrag überstürzt und berief die pfälzischen Truppen sofort ab, anstatt einen formalen Schritt in Wien vorausgehen zu lassen. Dadurch geriet der pfälzische Beauftragte in Konflikt mit dem bayerischen General de la Rosée: Bettschart wollte die pfälzischen Kontingente nach Neuburg an der Donau marschieren lassen, la Rosée aber wollte ohne höheren Befehl die Pfälzer nicht aus seinem Kommando entlassen. Da beriefen sich die pfälzischen Soldaten darauf, daß sie ihrem Kurfürsten zu gehorchen hätten und führten Bettscharts Anweisungen durch. Durch dieses Verhalten bestätigten die Pfälzer ihre unmittelbare Verbundenheit mit Karl Theodor.

Karl Theodor und Max III. wirken auf den Frieden von 1763 hin

Dieser und Max III. wirkten wesentlich auf den Abschluß des Friedens Friedrichs des Großen mit Wien in Schloß Hubertusburg 1763 ein. Beide hatten auch während des ihnen so unerwünscht gewesenen Krieges ihre innere Regierung weiter umsichtig und fortschrittlich geführt. Karl Theodor hatte verschiedenen Unternehmern durch Privilegien ermöglicht, daß in Frankenthal 1760 von Bechtel die Woll- und Tuchmanufaktur, im selben Jahr von einem anderen eine Dosen- und Étui-Fabrik gegründet wurde. 1763 folgte eine Seiden-gaze-Fabrik, 1765 die Seidenfabrik von Bihl[106]. Auch eine Tabakmanufaktur entstand. Zur Versorgung der Seidenindustrie verordnete Karl Theodor den widerstrebenden pfälzischen Bauern den Anbau von Maulbeerbäumen. Während des Krieges hatte Karl Theodor stets darauf geachtet, daß die Lebensmittelpreise in seinem Land erschwinglich blieben Sie erwiesen sich selbst in schlimmen Zeiten leidlicher als in den Nachbarstaaten[107].

Das deutet darauf hin, daß die Initiativen Karl Theodors in wesentlichen Punkten sehr viel stärker in die gesellschaftlich-wirtschaftliche Wirklichkeit hineinwirkten, als es sein Kritiker Ludwig Häusser wahrhaben will.

Bild 6
Karl Theodor, Markgraf von Bergen op Zoom 1728, Herzog von Pfalz-Sulzbach 1733, Herzog von Pfalz-Neuburg und Kurfürst von der Pfalz 1742, Herzog von Jülich und Berg 1742

Bild 7
Karl Theodor Markgraf von Bergen op Zoom 1728, Herzog von Pfalz-Sulzbach 1733, Herzog von Pfalz-Neuburg und Kurfürst von der Pfalz 1742, Herzog von Jülich und Berg 1742

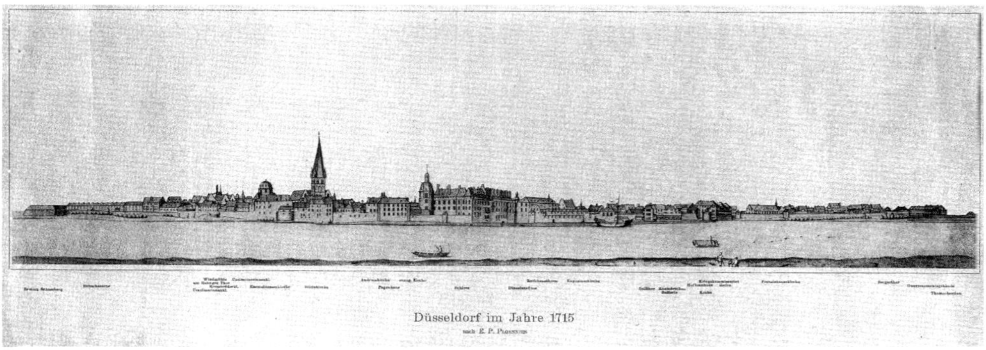

Bild 8
Ansicht der Stadt Neuburg an der Donau mit ihren Befestigungen

Bild 9
Ansicht der Stadt Düsseldorf vom linken Rheinufer aus 1715

Bild 10
Max III. Joseph, Kurfürst von Bayern 1745–1777 (1727–1777)

Bild 11
Max III. Joseph, Kurfürst von Bayern, seine Gemahlin Maria Anna Sophie (Tochter des Kurfürsten Friedrich August II. von Sachsen und Königs von Polen), Karl Theodor und seine Gemahlin Elisabeth Auguste

Bild 12
Kurfürst Karl Theodor

Bild 13
Freiherr Hermann Arnold von Wachtendonck 1694–1768

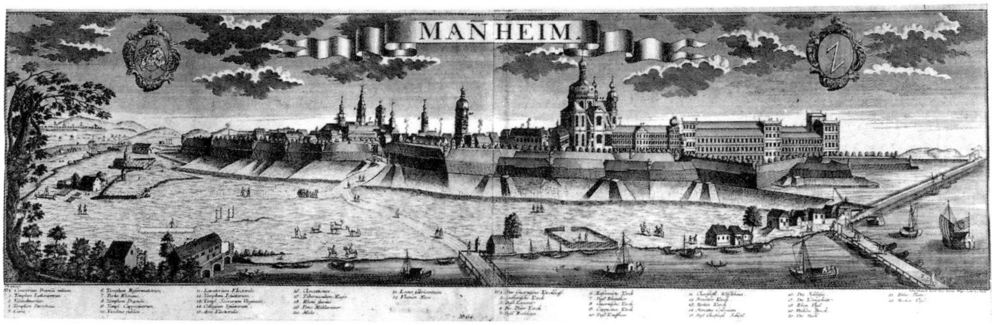

Bild 14
Mannheim um 1755

Bild 15
Der große Bibliothekssaal im Ostflügel des Mannheimer Schlosses

Bild 16
Ferdinando Galli Bibiena 1687–1748, italienischer Architekt, der für Karl Theodor das Theater in Schwetzingen beginnt, das Nicolas de Pigage 1752 vollendet

Bild 17
Freiherr Stephan von Stengel 1750—1822, Kabinettssekretär 1778—1797

Bild 18
Kurfürst Karl Theodor

Bild 19
Kurfürstin Elisabeth Auguste

Bild 20
Francois Marie Arouet = Voltaire 1694—1778, Philosoph

Bild 21
Prozession vor der Gnadenkapelle und dem Minoritenkloster in Oggersheim

Bild 22
Kirche, Kolleg und Schule der Jesuiten in Mannheim

Bild 23
Peter Anton von Verschaffelt 1710—1793, Architekt und Hofbildhauer

Bild 24
Paul Egell 1691—1752, Hofbildhauer 1735

III

Karl Theodors Wege bis zum Regierungsjubiläum 1768

An den katholischen Kurfürsten der Kurpfalz knüpfte der Benediktiner Oliver Legipont (1698–1758) seine Wünsche, als er an eine deutsche Benediktinerakademie mit dem Sitz in Heidelberg unter dem Protektorat Karl Theodors dachte. Er hoffte, das durch den Herzog Klemens von Bayern, einen Vetter des Kurfürsten Max III. Joseph von Bayern, zu erreichen, der mit Prinzessin Maria Anna verheiratet war, also einer Schwägerin Karl Theodors. Als Max III. 1759 in München die Akademie der Wissenschaften gründete, hatte Johann Georg Lori, juristischer Beamter und Historiker in München, bereits Kontakte mit Karl Theodor, der ihn 1758 wegen der in Rom liegenden Heidelberger Bibliothek, der Palatina, um Rat ersuchte. Darauf lud Lori dessen Kabinettssekretär Johann Georg von Stengel auch zum Beitritt in die Akademie in München ein. Schon 1759 traten die bedeutendsten pfälzischen Historiker in die kurbayerische Akademie der Wissenschaften ein. Karl Theodor verfolgte ihre Entwicklung wohlwollend und versprach, ihre Forschungen zur „Geschichte unseres gemeinsamen" Kurhauses nach Kräften zu fördern, damit die Akademie „den Gipfel der Vollkommenheit baldigst erreichen möge". Er schrieb am 30. November 1760, er wolle der Akademie „seinen geneigten Willen . . . bei jeder Gelegenheit in der That erweisen". Stengel leitete sogleich einen Austausch von Archivalien in die Wege und versprach Lori eine Abhandlung über ein Thema aus der pfalzbayerischen Geschichte. Georg Christian Kremer, Rat am kurpfälzischen Ehegericht in Heidelberg, versprach bei seinen Forschungen in den pfälzischen Archiven die Geschichte des Hauses Bayern nicht zu vergessen, und sandte der Akademie sein Werk zur Geschichte des sponheimischen Hauses. Der Heidelberger Prediger und Historiker Philipp Wilhelm Fladt schrieb drei Abhandlungen für die Historische und eine Abhandlung für die Philosophische Klasse der Münchner Akademie. Der Zweibrückener Historiker Georg Christian Crollius sandte der Akademie seine „Origines Bipontinae", die nun fortlaufend in Druck erschienen.

Doch erfüllten sich die Erwartungen auf die Zusammenarbeit mit den pfälzischen Mitgliedern der Akademie nur sehr bedingt, denn Karl Theodor gründete im Oktober 1763 in Mannheim die *kurpfälzische Akademie der Wissenschaften*. Ihr Präsident wurde der wohl durch die Beendigung des Siebenjährigen Krieges wichtig gewordene Geheime Kriegsrat Freiherr Leopold Maximilian von Hohenhausen. Die Historiker spielten in ihr eine entscheidende Rolle. Daniel Friedrich Schöpflin aus Straßburg wurde ihr Ehrenpräsident, ihr Direktor wurde der Kabinettssekretär Freiherr Johann Georg von Stengel. Das ständige Sekretariat übernahm Schöpflins Schüler Andreas Lamey; Gründungsmitglieder waren u. a. der Professor der Medizin und Leibarzt der Kurfürstin, Franz Joseph von Oberkamp (1710 – 1767), der jülich-bergische Historiograph Cornelius Valerius van Vonck (1734 – 1769), der Heidelberger Professor für Natur- und Völkerrecht Georg Joseph Wedekind (1739 – 1789), der Hofbibliothekar Nikolaus Maillot de la Treille, der Kirchenrat Philipp Wilhelm Flad(t) (1718 – 1779) und sein Bruder Johann Daniel, der der Archivar der Akademie wurde.

Die die Geschichte der Pfälzer Territorien der Wittelsbacher erforschenden Historiker Christoph Jakob Kremer (1722 – 1777) und der auch am Zweibrücker Gymnasium tätige Johann Philipp Crollius usw. (s. S. 97) traten nach ihrer Wahl und auf Einladung sofort der Akademie in Mannheim bei. Karl Theodor bewies den wissenschaftlichen Bestrebungen in München weiter sein Interesse. Dem dortigen neuerrichteten Münzkabinett ließ er durch seinen Gesandten über die Münchner Akademie 30 Münzen überreichen, als er 1764 in Mannheim ein Münzkabinett gründete. Auch mit Voltaire setzte er sich nicht nur geistig und künstlerisch auseinander, sondern zahlte ihm und seiner Nichte seit 1757 gegen Einzahlung von 130 000 Livres Leibrenten und übernahm im Dezember 1759 dessen ihm zur Versorgung empfohlenen Privatsekretär, den französisierten Florentiner Cosimo Alessandro Collini,[108] der eine wissenschaftlich bedeutende Persönlichkeit wurde[109]. Karl Theodor hatte die Anregungen Voltaires nicht vergessen und stand, wie in München Lori, auch in Kontakt zur italienischen *Akademie*bewegung, als er am 20. Oktober 1763 die *Academia Electoralis Scientiarum et Elegantiarum Literarum Theodoro-Palatina* ins Leben rief und ebenso wie Max III. 1759 in München nicht nur für Geschichte und Philologie, sondern auch für Mathematik und Naturwissenschaften sorgte. Wenn der in seinem Gewissen so katholische Kurfürst die Mitgliedschaft von Ordensgeistlichen durch die Statuten untersagte, wurde damit vor allem der etwas intrigante Astronom Christian Mayer, ein Jesuit, ausgeschlossen, der nach Aufhebung seines Ordens freilich doch Mitglied der Mannheimer Akademie wurde. Collini, der sich bereits 1763 durch seinen Abriß der Geschichte der Pfalzgrafschaft bei Rhein ausgezeichnet hatte, ging freilich mehr und mehr als Geologe und Mineraloge zu Themen der physikalischen Klasse der Akademie über. Ihr eigentlicher *Initiator*[110] und erster *Ehren*präsident war der Straßburger Professor Johann Daniel Schöpflin (1694–1771). Da er seinem ange-

Gründung der Akademie der Wissenschaften und der Literatur in Mannheim 1763

stammten badischen Landesherrn Markgraf Karl Friedrich eine Historia Zaringo-Badensis erstellte, wünschte Karl Theodor von ihm ein entsprechendes Werk über die Pfalz. Schöpflin ging zwar selbst nicht auf diesen Wunsch ein, wollte aber der zu gründenden Akademie mit Rat und Tat beistehen, die das Werk in Gemeinschaftsarbeit erstellen sollte. Denn die verzweigten und nicht zusammenhängenden Territorien der Wittelsbacher Pfalzgrafschaft bei Rhein konnten wissenschaftlich weder aus bisherigen Publikationen und noch weniger aus den Archiven durch eine einzige Persönlichkeit erfaßt werden. Schöpflins Schüler und *Gehilfe* Andreas Lamey wurde der Sekretär der neuen Akademie. Als der gangbare Weg erwies sich der gedruckte historische Fragebogen, den die Akademie seit 1771 über die Oberämter an die Gemeinden der Kurpfalz sandte. Er führte zu einer Landesaufnahme, zu einer Feststellung der geschichtlichen Denkmäler, aber auch zu deren Pflege. Die Auswertung dauerte wiederum Jahre.

Karl Theodors Toleranzedikt vom 15. Februar 1766 für die Kurpfalz

Wie wenig die noch nicht systematisch durch Arbeit an den Akten erforschte Geschichte der Regierung Karl Theodors durch Urteile und zufällige Einzelbeobachtungen selbst von Zeitgenossen ersetzt werden kann, zeigt sein schon von Häusser genanntes *Toleranzedikt* „vom Februar 1766“. Da die Verwirklichung der 1705 von Kurfürst Johann Wilhelm offenbar nicht eindeutig festgelegten Toleranz[111] bis in die Tage Karl Theodors in der Praxis zu wünschen übrig ließ und Preußen wie England-Hannover immer wieder Forderungen zugunsten der pfälzischen Protestanten erhoben hatten, muß hier auf das eingegangen werden, was heute schon durch Geschäftsakten oder offizielle Drucke über die kurfürstlichen Entscheidungen gesagt werden kann. Die beiden aufsteigenden protestantischen Mächte, die zugleich Reichsstände waren, hatten schon auf Karl Philipp Druck ausgeübt. Der preußische Gesandte von Brandt erhob 1765 bei der Regierung in Mannheim Vorwürfe aufgrund der Klagen der Reformierten in der Kurpfalz, was sich Karl Theodor so wenig wie Karl Philipp gefallen ließ. Es ging um Personen, die seine eigenen Untertanen waren. Aber er griff zugunsten des konfessionellen Friedens konsequenter als sein Vorgänger durch. Er nahm in einer Sitzung seiner Geheimen Konferenz Stellung und verfügte aus einem bis jetzt sonst nicht näher bekannten Anlaß am 19. Januar 1766 Toleranz zugunsten von Reformierten und Lutheranern in Maudach in der Umgegend des heutigen Ludwigshafen, das damals nur als Rheinschanze gegenüber Mannheim auf dem linken Rheinufer vorhanden war. Dann aber tat er am 15. Februar einen doppelten

Schritt:[112] er verfügte allgemeine Toleranz für die christlichen Konfessionen, aber ließ auch allen Oberämtern, Gerichten und „Staatsbehaltern" (in öffentlichen Dienst stehenden Personen?) eine an den einzelnen Dienstbereich gerichtete Entscheidung vom 15. Februar zugehen. Durch diese seine Bestimmung sollte zunächst allen Geistlichen der drei im „Römischen Reich" zugelassenen Konfessionen auf das nachdrücklichste *„eingebunden"* (eingeschärft) werden, dann aber auch den weltlichen Dienststellen eines jeden einzelnen Oberamts, sich in Religionssachen friedfertig zu betragen. Sie sollten diese *„Pflichten in Ansehung der ihnen anvertrauten Gemeinden in Rücksicht des allgemeinen Ruhestandes für (vor) Augen"* haben, und sich dadurch des Schutzes des Kurfürsten *„auf die gesetzmäßige Art und Weise würdig"* machen. Karl Theodor führt die bisherige Erfahrung an; sie lehre, *„daß durch unzulässigen Eifer und blinden Religionsantrieb die innerlichen Gehäßigkeiten, Verwortheilungen (Übervorteilungen) und andurch entstehenden Animositäten und Beschwernissen, in solcher Maas gehäufet, und unterhalten werden, daß darab (dadurch) beständige Behelligungen, Klagen, und Religions-Gravamina erwachsen"*. Kurfürst Karl Theodor weist auf seine eigene Erfahrung in den von ihm abgehaltenen Geheimen Konferenzen hin und sagt, daß solche Religionsbeschwerden ihm selbst und der seiner Geheimen Konferenz untergeordneten Regierung *„alle Augenblick"* vorgebracht werden. *„Laut und deutlich"* erklärt er dazu, sein Gerechtigkeitsdenken, sein Wille und seine Meinung sei immer gewesen und bleibe auch in Zukunft: in Durchführung seiner Friedens- und Religionsdeklaration und der darauf fußenden Generalverordnungen soll *„eine jede Religion in ihrem wesentlichen Stand, und mit dieser in dem Besitz deren ihnen (= der Religionsgemeinschaft) gesätzmäßig zugetheilter Güter, und Rhenten und Gefälle, Kirchen, Pfarr, und Schulhäuser, Gottesdienst, und dergleichen handhaben, auch keiner Religion die mindeste Unbild, Beschwerde, oder Eingriffe zuwachsen..."*.

Jedes seiner Oberämter wird an diesem 15. Februar 1756 darauf hingewiesen, es habe in Hinblick auf die vom Kurfürsten angeführte Landes-Religionsverfassung bei zu *„verspürenden Mißhelligkeiten oder gemeiniglichen von den Pfarrern herrührenden Aufhetzungen, alsbalden ihre Pflicht- und Dienstschuldigkeiten vorzukehren, die in Zank, Hader, und in sonstig unangenehme Weiterungen verwickelt werden wollenden Gemeindsmitglieder nach der besonderen Anleitung und Vorschrift des § 3tii churpfälzischen erneuerten Landes- und mehr anderer Inhaesiv-Verordnungen alsbalden zu beruhigen, durch gütliche Ermahnungen und Vergleich den erweckten ohnziemlichen Weiterungen Ziel und End zu setzen, allenfalls, wann die Vereinbarung nicht Platz finden sollte, nach* *kurzlich und summarischer Vernehmung der in Streit verwickelten Theilen, die Sache in Instanti zu untersuchen, sofort das hierüber gepflogene Protocollum mit Anlagen zu der Churfürstlichen Regierung einzuschicken, anbei zu bemerken, wer eigentlich zu den Beschwerden Anlaß und Beförderung gegeben, damit mit ernstgemessenen Bestrafungen dergleichen, als allgemeine Ruhestörer zum besseren Begriff und Befolgung der Churfürstlichen gnädigsten Befehlen gebracht werden können, Welches erdachtes Oberamt allen Gemeinden zu verkünden, und den samtlichen Pfarrern bekannt zu machen hat.*"

Die regierungstechnische Problematik, die diese Verordnung beweist, war in der punktweisen Entwicklung der Kurpfalz zu einem Landesfürstentum begründet und läßt die Frage zu, inwieweit Oberämter und Ämter nebeneinander bestanden, die Oberämter aber für bestimmte Bereiche den Ämtern übergeordnet oder wenigstens vorgeordnet waren. Die achtzehn Ämter, die Kurfürst Friedrich I. 1462 organisiert hatte, waren in einer bis heute nicht erforschten Weise weiterentwickelt worden.

Widder, Lamey, Kremer und Crollius arbeiten an der Geschichte der Kurpfalz

Karl Theodor war längst Kurfürst auch in München, als 1786/88 endlich Johann Goswin Widder seine vier Bände erscheinen lassen konnte, „*Versuch einer vollständigen Geographisch-Historischen Beschreibung der kurfürstlichen Pfalz am Rheine*". Lamey war mit der Zuverlässigkeit der Ergebnisse nicht zufrieden. Wie sehr das alles aber ein Anliegen Karl Theodors war, geht schon daraus hervor, daß er bereits 1749 den Oberämtern befohlen hatte, Antiquitäten und andere monumenta nach Mannheim zu schicken. Der Finder dieser Bodendenkmäler sollte zur Belohnung einen Sitz im Mannheimer Stadtrat erhalten.

Lamey arbeitete mit den Historikern Christoph Jakob Kremer und Georg Christian Crollius zusammen, zwei Lutheranern. In München, der Hauptstadt eines geschlossen katholischen Staates, gab es in der Akademie gleichwohl nicht nur katholische Mitglieder. Karl Theodor, der Nachkomme Christian Augusts von Sulzbach, der als Konvertit seine früheren Religionsgenossen durch viele Maßnahmen unterstützte, hatte als Landesherr eines Staates, in dem drei Konfessionen lebten, eine Aufgabe ins Auge gefaßt, deren Lösung einbegriff, daß sich protestantische Geschichtsforscher mit dem katholischen Mittelalter beschäftigten. Geschichtliche Monumente aufzusuchen, wurde 1819 das Ziel des Mitgestalters der preußischen Reformen, des Reichsfreiherrn vom Stein. Schöpflin, Lamey und Kremer waren 1768 bei den Eltern des damals Elfjährigen zu Besuch. Vielleicht ist in dem Knaben Stein damals der Wunsch entstanden, einmal selbst so etwas zu unternehmen.

Karl Theodor ließ seinen Hofbibliothekar Nicolas Maillot de la Treille 1767/68 in Rom die Handschriften der „Palatina" verzeichnen, der Bibliothek der Pfälzer Kurfürsten, die 1622 nach der Eroberung Heidelbergs durch Tilly vom Sieger, dem Bayernherzog Maximilian I., als Entgelt für vorgestreckte Kriegskosten dem Papst geschenkt worden war.

Die Landesfürstentümer der Kurpfälzer und der Kurbayerischen Linie werden 1766 durch den Hausvertrag mit Max III. Joseph eine Einheit

Karl Theodors Verhältnis als regierender Herr zu seinen Untertanen, aber auch überhaupt zu Vertretern anderer Weltanschauungen verhinderte damals, daß der Wittelsbacher *Hausvertrag* vom September 1766 sofort als ganzes Werk abgeschlossen werden konnte. Dieser Hausvertrag verschmolz aufgrund vieler Vereinbarungen und Besprechungen die pfalzgräflichen und herzoglich-bayerischen Bestandteile der Wittelsbacher Landesfürstentümer zu einer Einheit. Karl Theodor rang mit dem Kurfürsten Max III. und seinen verantwortlichen Mitarbeitern um eine für das geschlossen katholische Bayern erträgliche Vereinigung dieser Landesfürstentümer, versuchte aber auch seine Toleranzpolitik in der Kurpfalz festzuhalten. Max III. war durch seine staatskirchenrechtlichen Reformen im eigenen Land in harte Schwierigkeiten mit seiner eigenen katholischen Kirche geraten. Er mußte die Reformen mit einem Kompromiß beenden, den 1770 der Salzburger Kirchenkongreß der für Bayern zuständigen Bischöfe geradezu erzwang[113]. Karl Theodor schloß im Hinblick auf die Zwangslage, in der sich Max III. kirchlich befand, schließlich 1771 den zweiten Teil des Hausvertrags. Bevor darauf eingegangen werden kann, muß aber von der Entwicklung bis zu diesem Zeitpunkt gesprochen werden.

Die *Herzogtümer Jülich und Berg* waren keine vormaligen Bestandteile der Pfalzgrafschaft bei Rhein oder des Herzogtums Bayern und wurden deshalb auch *nicht in den Gesamtverband aufgenommen*, wie er im September 1766 für alle pfalzgräflichen und bayerischen Lande vereinbart wurde. Schon am 6. Juni 1766 schloß deshalb Karl Theodor mit Ludwig XV. einen Vertrag, der die Erbfolge der Kurfürstin Elisabeth Auguste in Jülich und Berg als Weiberlehen garantierte. Diese Erbfolge hatte 1764 auch die österreichische Regierung anerkannt[114]. Die aus der Pfalzgrafschaft und dem Herzogtum Bayern entstandenen Territorien wurden im September 1766 zu einem Gesamtverband vereinigt. Das Wittelsbacher Haus hatte daran Gesamtbesitz (Compossessorium). Der Gesamtstaatsgedanke Pfalz-Bayern ging daraus hervor. Karl Theodor machte dabei eigene Gesichtspunkte geltend. Deshalb hatte er schon längere Zeit vor dem September 1766 durch seinen Minister Peter

Emanuel von Zedtwitz in München darüber verhandeln lassen. Max III. unterzeichnete den Vertrag am 5. September in München, Karl Theodor am 22. September in Schwetzingen. In München unterzeichnete ihn auch Kreittmayr, unterhalb der Unterschrift des Kurfürsten, in Mannheim an dieser Stelle Zedtwitz.

Als Rechtsgrundlage wird in der Einleitung die Abkunft von einem gemeinsamen Stammvater angeführt. Der Hausvertrag[114a)] von Pavia 1329, heißt es in Artikel 1, sei die Grundlage aller Haus- und Erbverbrüderungen und das eigentliche pragmatische Hausgesetz „Unserer Voreltern". Bereits der Hausvertrag von Pavia beziehe sich auch auf die künftigen Neuerwerbungen. Artikel 7 aber bezeichnet den vorliegenden Vertrag nur als den ersten Teil eines Hauptvertrages. Beide Kurfürsten wollten zur Vermeidung schwerer Unruhen und von Unheil für die beiderseitigen Untertanen bald zur Vollendung des Hauptwerkes schreiten.

Wie schwer dabei die kirchliche Frage wog, geht daraus hervor, daß am 14. August 1769, also am Vortag des Festes der Aufnahme Mariens in den Himmel, Max III., noch ohne Vorwissen Karl Theodors, sein Testament machte und den Herzog Klemens Franz von Paula von Bayern als Universalerben einsetzte, aber am 15. August, dem Festtag selbst, *Wilhelm,* der jüngere Sohn des lutherischen Pfalzgrafen Johann von Pfalz-Zweibrücken-Birkenfeld in die katholische Kirche eintrat. Die Aufeinanderfolge der beiden Akte muß durch die damals sehr hohe Einstufung dieses Feiertages erklärt werden, aber auch durch den Umstand, daß die Zweibrücker Wittelsbacher an ihren Erbrechten in Bayern sehr interessiert waren.

Für Max III. waren es schwerwiegende Tatsachen, daß der von ihm als Universalerbe eingesetzte Herzog Klemens am 6. August 1770 starb und Karl Theodor und Herzog Christian IV. von Zweibrücken keine Söhne als nachfolgeberechtigte Erben hatten. Als solche standen Karl Theodor selbst und nach ihm nur *die Zweibrücker* heran. Wie verschieden die *religiös-weltanschauliche Spannweite in Bayern und in der Kurpfalz* war, geht aus der Tatsache hervor, daß in München auch nach 1771 eine Kasse zugunsten der in die katholische Kirche eintretenden Konvertiten[115)] weitergeführt wurde, Karl Theodor aber noch 1774 Voltaire zum Ehrenmitglied seiner Akademie machte. Die politischen Mitarbeiter der Kurfürsten wirkten für die Vollendung des Haus und Staat erfassenden Vertrages von 1766 weiter. Der zu erarbeitenden Einheit der Rechte auf die Regierung in München kam zustatten, daß

1770 zwischen Kurbayern und Kurpfalz ein Kommerzienverein gegründet wurde[116]. Wie sollte aber die Schwierigkeit überwunden werden, daß die Regierung in München 1745/46 die nachgeordneten Behörden Berichte über „die widrigen Religionen zugetanen Personen, insbesondere die Freimaurer" einsenden ließ? Was sollte Karl Theodor von solchen Tendenzen im Rahmen der Staatlichkeit Bayerns halten? Er ließ sich deshalb die publizistische Arbeit Kreittmayrs über das bayerische Staatsrecht von 1769 geben. Wenn er nicht die von Frankreich schon als unmittelbare Nachbarn abhängigen Zweibrücker statt seiner als Erben vorantreten lassen wollte, dadurch aber auch seine Kurpfalz unmittelbar von Frankreich abhängig machte, mußte er den Vertrag unterschreiben, durch den er als der ja tatsächlich als erster Erbe Heranstehende in das willigte, was Max III. in Rücksicht auf sein katholisches Kurbayern zu fordern sich gezwungen sah. Karl Theodor und seine Mitarbeiter, es waren dieselben wie beim Hausvertrag von 1766, also Zedtwitz usw. – mußten 1771 unterschreiben, was Max III. und seine Mitarbeiter einschließlich Kreittmayrs unterzeichneten. Denn im Zeitalter der Konfessionskämpfe, als der Heidelberger Katechismus 1563 die Heilige Messe als vermaledeite Abgötterei verurteilte, hatte Albrecht V. von Bayern in seinem Testament von 1572 bestimmt, daß nur Katholiken in dem zum Fideikommiß gestalteten Herzogtum Bayern seine Nachfolger sein durften und in allen ihren Gebieten die katholische Kirche erhalten sollten.

Konfessionsrechtliche Festlegung des Hausvertrags von 1766 im Jahr 1771

Die Ämter mußten 1745/46 der Regierung in München über „die widrigen Religionen zugetanen Personen, insbesondere die Freimaurer" Berichte einsenden. Nicht ohne Grund ließ sich Karl Theodor in die publizistische Arbeit Kreittmayrs über das bayerische Staatsrecht 1769 einführen. Karl Theodor und seine Mitarbeiter – es waren dieselben wie beim Hausvertrag von 1766 – mußten 1771 unterschreiben: *„Imgleichen wird auch ausdrücklichen bedungen und vorbehalten, daß keinem Regenten in das Herzogthum Bayern einige protestantische Ministros, Räthe und Beamten einzuführen gestattet ist."* Auch in der Pfalzgrafschaft bei Rhein und in einem dieser einverleibten Herzogtum, Graf- und Herrschaft ist es nicht erlaubt, vorgesetzte Landesbehörden, Regierungen, die Dienststellen des Oberappellations- und Hofgerichts und der „Ober-Land-Beamten" mit anderen als „katholischen, wohlqualificierten Subjecten zu besetzen"[117]. Dem reformierten Kirchenrat und dem lutherischen Konsistorium und dem hierzu bestellten Oberappellationsgericht und der geistlichen Güterverwaltung sollte gemäß der Religionsdeklaration von

1705 kein Eintrag geschehen, ebenso nicht der Gewissensfreiheit der gesamten „Landes-Einwohnerschaft“, die einer der *„in dem Römischen Reich angenommenen drey Religionen“* angehört. Dasselbe gilt für das der Pfalzgrafschaft inkorporierte Herzogtum Pfalz-Neuburg-Sulzbach. Jeder Untertan sollte bei seinem häuslichen Wesen und seinem Nahrungsstand *„in Ruhe gelassen“* werden.

Auch katholische Minister und andere Mitarbeiter, die Karl Theodor aus der Pfalz heranziehen konnte, wenn bei einem kinderlosen Tod des bayerischen Kurfürsten Bayern an ihn fiel, wurden durch einen solchen Todesfall in eine geistige und künstlerische Umwelt gerückt, deren Schranken bisher in München nur durch die Aufführung eines Lessing-Stückes gelegentlich durchbrochen worden waren.

Karl Theodors Kontakte mit dem Pfalzgrafen Wilhelm von Zweibrücken-Birkenfeld-Gelnhausen

Karl Theodors Begegnung mit dem 1752 geborenen Pfalzgrafen *Wilhelm von Zweibrücken-Birkenfeld-Gelnhausen* wurde von diesem aus der Erinnerung 1829 in seiner Selbstbiographie sehr anschaulich festgehalten. Noch damals schrieb er, es sei für ihn beruhigend gewesen, sich täglich unter den Augen „des weisen und gütigsten“ Kurfürsten Karl Theodor zu wissen, *„der sich äußerst wohlwollend für mich zeigte“*. *„Doch wirkte der Umgang mit den vielen gebildeten Weltmännern, die Carl Theodor umgaben, bald vortheilhaft auf mich.“* Da Wilhelm seine jugendliche Selbstkritik auch im Alter nicht unterdrückte, kommt seinen Worten noch mehr Gewicht zu, zumal er zweifellos die Kritik kannte, die seit vielen Jahren an Karl Theodor geübt wurde. Wilhelm hörte Karl Theodor als siebzehnjähriger *„mit unverrückter Aufmerksamkeit“* zu. Den *„belehrenden Gesprächen des weisen und gelehrten, auch witzigen Fürsten und seiner gütigen Nachsicht mit meiner Wißbegierde muß ich es zuschreiben, daß ich zur Erkenntnis kam, wie himmelweit ich der nicht war, der ich hätte sein sollen! Von da an war Dankbarkeit in mir mit der schon tief gefühlten Verehrung für den Kurfürsten. In solcher Begeisterung konnte mich sein Antrag, die römisch-katholische Religionslehre kennen zu lernen, nicht widerspenstig finden. Der Lehrer jedoch traf nicht gleich solche Empfänglichkeit bei mir an. Erst nach mehreren scharfen Controvers-Konferenzen (denn ich war doch in den Grundsätzen der protestantischen Kirche gut unterrichtet worden) entstand mein Glaube an den Vorzug der älteren Kirche und mit dem der Entschluß zum Übertritt“*. Wilhelm hielt noch 1829 vor Gott und seinen Nachkommen fest, *„daß ich den Schritt aus vollkommener Überzeugung gethan“*. Wilhelm vertauschte den holländischen Kriegsdienst 1768 mit dem kurpfälzischen. Er berechnete nicht einen politischen Gewinn aus der durch seinen Schritt 1769 erfolgenden *„allmählich wiederkehrenden Religionsgleichheit“* in dem Gesamthaus etwa mit besonderer Rücksicht auf eine Zweibrücker Nachfolge in Bayern, schrieb aber, wenn auch sein Übertritt ein Gedanke Karl Theodors gewesen sei, *„so hatte dieser mir ihn (den Gedanken) doch nicht mitgetheilt Von nun an war ich von meinen Eltern dem Schutz des Kurfürsten allein überlassen und mit einer mäßigen Rente abgefertigt zugleich aber mit einem gütigen Beitrag von der kurfürstlichen Hoffourage, Holz . . . für meine nötigsten Bedürfnisse gesorgt"*. Karl Theodor traf für Wilhelm auch eine weitergehende Fürsorge. Er befaßte sich mit Eheplänen für ihn, die aber scheiterten. Er heiratete 1780 eine Schwester seines Vetters Max Joseph von Zweibrücken-Birkenfeld und bekam von Karl Theodor die Stadtresidenz in Landshut an der Isar angewiesen. Karl Theodor war 1777 Kurfürst auch von Bayern geworden. Wilhelm beurteilte sein Verhalten unabhängig von seiner Verehrung in der Erbfall-Frage als nachgiebig. Eben das darf aber für sein Abwägen bei seinem Gesamturteil angeführt werden.

1756/58 Einrichtung einer Zeichnungs- und Bildhauerakademie

Karl Theodor sammelte Kunstwerke und geschichtliche Monumente nicht nur aus eigener Freude und eigenem Interesse daran, sondern auch, um seine Landeskinder zu Geschmack und Einsicht zu erziehen. Unter diesem Gesichtspunkt begann er 1756 Zeichnungen, Radierungen, Entwürfe zu Gemälden für seine 1756/58 gegründete *Zeichnungs-* und *Bildhauer*-Akademie zu sammeln. Er verlegte bei seinem Umzug nach München das Institut und seine Sammlungen dorthin und vereinigte sie mit dem Graphischen Kabinett, das Herzog Albrecht V. innerhalb seiner Kunstkammer hatte.

Unter den von Karl Theodor gesammelten Schwarzweiß- und Farbzeichnungen waren nicht nur Rembrandt und sein Umkreis und seine Nachfolger vertreten, sondern auch Raffael, Michelangelo, Tizian, Watteau, der bayerische Meister Wolf Huber und sein Umkreis, Hans Suess von Kulmbach, Hans Holbein der Jüngere, Claude Lorrain und zeitgenössische Maler, die er in späteren Jahren der Sammlung hinzufügte, wie den 1749 in Mannheim geborenen Franz Kobell oder den schon 1740 in Mannheim geborenen Ferdinand Kobell. Die Entwürfe bringen auf demselben Blatt gelegentlich nur Einzelheiten wie einen Kopf oder eine Körperstellung oder auf einem Blatt das in sehr klaren Formen gehaltene Bildnis eines jungen Mannes, das ein Schweizer Meister um 1525 schuf.

Auch Max III. rief eine öffentliche Zeichnungsakademie ins Leben und sorgte seit 1770 durch Heinrich Braun aus Tegernsee für die Organisation moderner Schulen im Lande. Er erneuerte 1769 aber auch das Zensurkollegium, was mit der staatskirchenrechtlichen Reform zusammenhing. Deutscher Literatur und Musik öffneten beide Kurfürsten weit die Tore.

Karl Theodor wollte nämlich den Künstlern und *„Fabrikanten“*[118] in seinen Staaten *„Kunstsinn und feinen Geschmack“ „beibringen“* und einen *„edlen Wetteifer“* unter ihnen veranlassen, bereits als er 1756–1758 eine *Zeichnungs- und Bildhauer-Akademie*[119] errichtete, die 1769 eigene Statuten bekam. Als kundiger Berater stand dem Kurfürsten schon damals sein Kabinettssekretär Johann Georg von Stengel zur Seite, der laut Adelsmatrikel in München bereits von Karl Philipp in den Freiherrnstand erhoben worden war, selbst Kupferstiche sammelte und auf Rembrandt spezialisiert war. Aber Karl Theodor stützte sich auch auf seine kurpfälzischen Residenten im Ausland, auf Giovanni Antonio Coltrolini in Rom und Franz Olivier von Corne im Haag. Besonders beriet ihn aber *Lambert Krahe*, der 1712 in Düsseldorf geboren, seit 1736 in Rom lebte, wo er 1751 Mitglied der berühmten Academia di S. Luca wurde. Der junge Landesvater Karl Theodor gewährte ihm, einem bedeutenden Maler, schon 1749 eine Pension, da er in Rom erhebliche Schulden hatte. Karl Theodor und Christian IV. von Zweibrücken gaben ihm seit 1752/53 auch künstlerische Aufträge. Der Kurfürst veranlaßte 1756 seine Rückkehr und stellte ihn an die Spitze seiner Gemäldegalerie in Düsseldorf.[120] 1758 erschien Krahe mit den wichtigsten Gemälden der Düsseldorfer Galerie in Mannheim, um sie vor den preußischen Truppen in Sicherheit zu bringen.

1770 errichtete Karl Theodor *in Mosbach*, wo von 1410–1499 eine eigene Wittelsbacher Linie regiert hatte, eine sehr leistungsfähige *Fayencen-Manufaktur*[121], die auch Teller und ganze Geschirre für weite Kreise herstellte. Schon 1752 hatte er eine solche ins Leben gerufen, die u.a. Walzenkrüge herstellte, auf welchen Blumen oder auch ein Bild der Sulzbacher Prinzessin Maria Franziska Dorothea zu sehen war. Daß sie die Mutter des späteren ersten Königs von Bayern werden sollte, ahnte damals niemand.

1752/1770 Errichtung einer Fayencen-Manufaktur in Mosbach

Ferdinand Kobell

Landschaftmahler und Kupferstecher, gebohren zu Mannheim den 7. Juny 1740, gestorben den 1. Februar 1799. Durch des Kurfürsten Karl Theodors Unterstützung aufgemuntert, widmete er sich ganz dem Kunstfache, für das er sich bey einer 1768 mit dem Grafen von Sickingen gemachten Reise und einem 18 monatlichen Aufenthalt in Paris so sehr ausbildete, daß er nach seiner Zurückkunft in seiner Vaterstadt als kurfürstlicher Kabinetsmahler, dann Mitglied und Sekretär der dortigen Mahler-Akademie angestellt wurde. Er kam 1793 nach München, wo er auch im 59sten Jahre seines Alters starb.

Bild 25
Ferdinand Kobell 1740—1799, Landschaftsmaler und Kupferstecher, seit 1793 in München

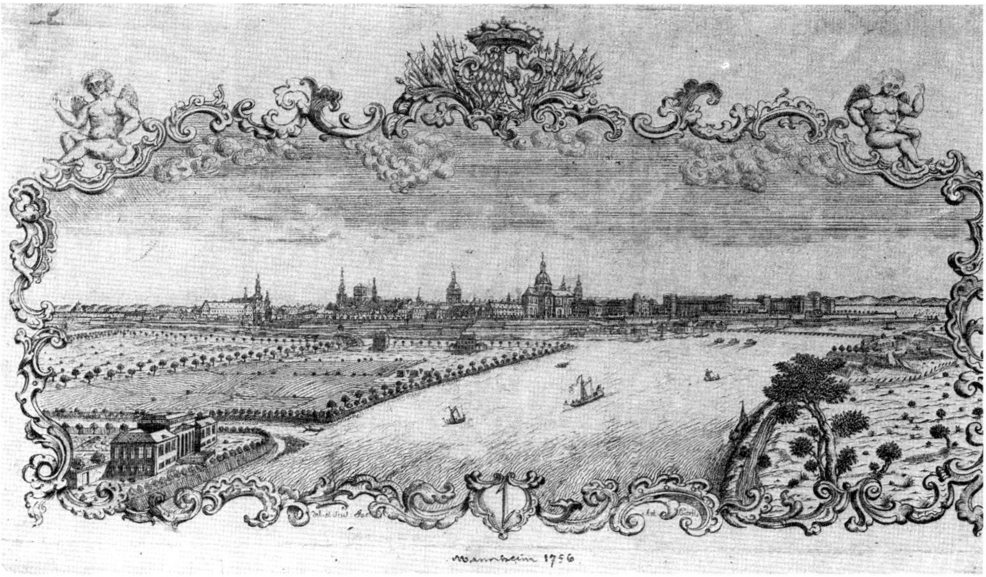

Bild 26
Das Mannheimer Schloß mit dem Schloßplatz in der ersten Hälfte des 19. Jahrhunderts

Bild 27
Mannheim von Westen 1756

Bild 28
Johann Goswin Widder 1734–1800, Historiker der Pfalz

IV

Die letzten Pfälzer Jahre 1768–1777

Zum 25jährigen Regierungsjubiläum am 31. 12. 1767 Stiftung des Ordens des Pfälzischen Löwen

1768 waren es *fünfundzwanzig Jahre, daß Karl Theodor seine Regierung begonnen hatte.* Er stiftete deshalb am 31. Dezember 1767 den *Orden des Pfälzischen Löwen*[121a]. Seine Insignien bestanden in einem goldenen Kreuz „mit blauer Email" und mit goldenen Flammen, in deren Mitte ein rotgekrönter goldener Löwe stand. Die Umschrift lautete: Merenti. Auf der Rückseite des Ordens war der Namenszug Karl Theodors, mit dem Kurhut bedeckt, zu sehen. Die Inschrift lautete: „Instit. er. 1768". Das Ordenskreuz hing an einem von der rechten zur linken Schulter geführten, langen, weiß-blauen Band, der Orden wurde an der linken Schulter befestigt. Die Anzahl der Ordensmitglieder war auf 25 Personen begrenzt.

Karl Theodor ernannte als Stifter und Großmeister des Ordens am Neujahrstag 1768 aber in erster Linie Wittelsbacher Verwandte und voraussichtliche Erben zu Rittern seines neuen Ordens: Karl August, den älteren Sohn des 1767 verstorbenen Feldmarschalls und Pfalzgrafen Friedrich Michael, und aus der Linie Zweibrücken-Birkenfeld-Gelnhausen den evangelischen Pfalzgrafen Johann, einen 1698 geborenen, also damals bereits alten Herren, der 1743 Sophie Charlotte, die Tochter des Wildgrafen Karl zu Daun und Kyrburg, Rheingrafen zum Stein und Grafen zu Salm geheiratet hatte, ferner dessen Söhne Karl Johann, der als kaiserlicher Generalmajor Dienst tat, unverheiratet war und evangelisch blieb, und dessen Bruder Wilhelm, der sich damals auch noch zum lutherischen Glauben bekannte und noch nicht verheiratet war.

Außer diesen Wittelsbachern machte Karl Theodor drei regierende Grafen zu Inhabern des Ordens: Den *evangelischen* Grafen Franz von Erbach, der Sitz und Stimme im fränkischen Grafenkollegium hatte, den Grafen Karl Ernst von Bentheim[122] und den Grafen Karl Heinrich zu Wied, Herrn zu Runkel, dessen Grafschaft an der oberen Lahn lag und der 1791 in den Reichsfürstenstand erhoben wurde. Der Pfälzer Kurfürst ehrte in diesen drei Persönlichkeiten ohne Rücksicht auf die Konfession reichsunmittelbare Nachbarn seiner reichsfürstlichen Territorien. Natürlich zielte der Akt auf eine gute Beziehung.[123]

Das galt vor allem von der Verleihung des Ordens an den Grafen Karl Friedrich Wilhelm von Leiningen-Hardenburg und Dachsburg.[124] Mehr die gute Beziehung als ein persönliches Verdienst war der Grund, warum Karl Theodor den Orden dem kursächsischen Gesandten in Mannheim, dem Grafen Andreas von Riaucour, verlieh.

Zu denen, die aufgrund ihrer bewährten Arbeit sofort bei der Stiftung des Löwenordens diesen erhielten, zählten der Geheime Rat Freiherr Franz Karl von Dalberg in Mannheim, der in Jülich und Berg als Geheimer Rat tätige Freiherr Adrian Constans von Bentink und der kurpfälzische Minister Freiherr Franz Albert von Oberndorff, der so sehr das Vertrauen seines Landesherrn genoß, daß er ihn 1778 zum Statthalter in der Kurpfalz machte, als er die Regierung in München übernehmen mußte. Außerdem wurden schon bei der Ordensgründung mit dem Löwenorden ausgezeichnet der Präsident des kurpfälzischen Oberappellationsgerichts Freiherr Karl Philipp von Venningen, Karl Theodors Reisemarschall und Oberstküchenmeister Freiherr Franz Georg von Sturmfeder, ebenso der Gouverneur von Mannheim, Freiherr Leopold Max von Hohenhausen, der als Geheimer Kriegsrat und Generalleutnant tätig war, und der Gouverneur von Düsseldorf, Generalleutnant Graf Johann Wilhelm von Effern sowie der Generalleutnant Freiherr Friedrich von Loë, genannt Winkelhausen.

Wenn ein Teil dieser Persönlichkeiten, sicher in Hinblick auch auf Verdienste, den Orden erhielt, so hob diesen doch der spätere König Max I. Joseph wieder auf, da für ihn entscheidend war, Verdienste durch einen königlichen Orden anzuerkennen. Der pfälzische Löwenorden war auf den Adel beschränkt, also zur Erfassung einer Gesellschaft eingerichtet, die am Rhein und sonst im Reich für den pfälzischen Kurfürsten von praktischer Bedeutung war. König Max I. stiftete 1808 den Zivilverdienstorden der bayerischen Krone. Außerordentliche militärische Verdienste hatte er bereits 1806 durch Stiftung des Militär-Max-Joseph-Ordens, der mit Erhebung in den Personaladel verbunden war, anerkannt.

19. November 1766 Stiftung des Elisabeth-Damenordens durch Elisabeth Auguste

Karl Theodor und Elisabeth Auguste wirkten in Gesellschaft und Staat zusammen. Sie hatten zweifellos miteinander abgesprochen, daß in dem Jahr 1766, in dessen Februar Karl Theodor sein konfessionelles Toleranzedikt erließ, Elisabeth Auguste am 19. November, ihrem Namenstag, einen Damenorden, den *Elisabeth-Damenorden*, stiftete. Als Karl Theodor und seine Gattin im Juli 1742 auf Wunsch des alten Mannheimer Kurfürsten nach Sulzbach gereist waren, um in Stadt und Land die Huldigung bereits entgegenzunehmen, gab die spätere Kurfürstin Befehle und Geld, um auf dem St.-Annaberg bei Sulzbach, wohin sich Karl Theodor und Elisabeth Auguste begaben, in der Nähe der Wallfahrtskirche eine Loreto-Kapelle auf ihre Kosten zu erbauen. Elisabeth Auguste verpflichtete die Mitglieder des Elisabeth-Damenordens, füreinander im Leben und nach dem Tode *zu beten*, nach Kräften für arme Menschen, besonders für Witwen und Waisen, zu sorgen und am Tag der heiligen Elisabeth als dem des Ordensfestes zu beichten und zu kommunizieren und auch für jedes verstorbene Ordensmitglied zu beten. Das Ordenskreuz ist für Fürstinnen rot emailliert, für Damen des Adels aber nur in Weiß gehalten[125]. Es wird an einem blauen Seidenbande mit roter Einfassung auf der linken Brust getragen. Die Stifterin und Großmeisterin Elisabeth Auguste verlieh den Orden schon bei seiner Stiftung der Herzogin Maria Anna von Bayern, der Gattin des Herzogs Klemens und damit ihrer eigenen Schwester, dann der Kurfürstin Amalie Auguste Walburga von Sachsen, der Schwester des Kurfürsten Max III. von Bayern, die seit 1763 Witwe war, aber in lebhafter Beziehung zu ihrem regierenden Bruder in München stand, der badischen Markgräfin Maria Anna Josepha Auguste, ebenfalls einer Schwester des regierenden Kurfürsten in München. Außerdem verlieh die Kurfürstin ihren Orden ihrer Obersthofmeisterin, der Gräfin-Witwe Maria Leopoldine von Thurn und Taxis, einer geborenen Freiin von Sickingen, ihrer Hofmeisterin, der verwitweten Freifrau Maria Theresia von Bevern, einer geborenen Gräfin von Nesselrode, deren Geschlecht vom Niederrhein stammte. Unter den Ausgezeichneten waren auch Freiin Johanna von Osten und Gräfin Walburga von Thurn, eine geborene Baroneß Gumppenberg. Zum Andenken an die Stiftung ließ Karl Theodor eine Brustbild-Medaille seiner Frau mit der Umschrift prägen: Elisabetha Augusta, Dei Gratia Electrix Palatina. Auf der Rückseite der Denkmünze war das Ordenskreuz mit einer Umschrift zu sehen: Solatur et ornat (Das Kreuz tröstet und ziert). Der Orden besteht auch heute weiter.

Pflege von Kunst und Wissenschaft im Mannheimer Schloß

Die Kurfürstin blieb im Westflügel des Mittelbaus des *Mannheimer Schlosses*[126], das ihr Gatte durch Befehl vom 23. Dezember 1750 trotz aller Einsparungen durch den neuernannten Architekten Nicolas de Pigage um einen Ostflügel hatte erweitern lassen. Er hatte zunächst Räume für seine *Bibliothek*, darunter das *Archiv*, als Gegenstück zur Schloßkirche bauen lassen, Räume für das *Münzkabinett* und die Kunstsammlungen angeschlossen, auch für die 1756 bis 1758 errichtete Akademie der Zeichnungs- und Bildhauerkunst. Im Erdgeschoß hatte er sich die Antikensammlung einrichten lassen, die heute im wesentlichen im Reissmuseum in Mannheim zu sehen ist. Im Rittersaal des Schlosses fanden die musikalischen Akademien seines in ganz Europa gerühmten Orchesters statt. Er hatte zu dessen Konzertmeister 1759 Johann Christian Cannabich (1731 Mannheim – 1798 Frankfurt) ernannt. Die 1763 gegründete Akademie der Wissenschaften versammelte der Kurfürst wöchentlich in einem Vorraum seines Bibliotheksaales. Hinter den Sammlungsräumen waren Stallungen, Remisen und eine Reitbahn um den sogenannten Schneckenhof herum entstanden. Es waren bis zu dreihundert Pferde nötig, da Karl Theodor und seine *Gäste* gemäß dem Stil aller anderen Höfe mit einem Vorreiter und sechs Pferden vor dem Wagen fuhren. Natürlich wurden auch die *Wohnungen der Diener*, der Kutscher und der Pferdepfleger in diesen Ostflügel gelegt. Heute befindet sich darin (nach dem Wiederaufbau des Schlosses) die Aula der Mannheimer Universität, mehrere Räume für Vorlesungen und Seminare sowie die Hauptbibliothek.

Gäste- und Dienerwohnungen im Schloß

Aus Sparsamkeit hatte Karl Theodor 1760 den Schloßbau abgeschlossen und den im Westteil zwischen dem Westflügel des Ehrenhofs und dem Opernhaus geplanten Küchenflügel und den Bau eines eigenen Schauspielhauses unterlassen. Er wohnte selbst nunmehr im Ostflügel, dem früheren Gästequartier, seit dem Aufenthalt Karl Albrechts von Bayern, des Wittelsbacher Kaisers, das kaiserliche Quartier genannt.

Elisabeth Auguste wohnte im Westflügel des Mittelbaus und bekam im Erdgeschoß eine reizende kleine Bibliothek eingebaut, die, heute noch erhalten, die Freude vieler Kunst- und Bücherfreunde erregt. Von den Räumen der Kurfürstin konnte die Gesellschaft des Hofes bei einem feierlichen Anlaß geschlossen und ohne die Straße zu betreten den Gottesdienst in der *Jesuitenkirche* besuchen, als deren Orden sein Kollegiengebäude von der Jesuitenkirche bis zum westlichen Seitenflügel des Schlosses durchgebaut hatte.

Gottesdienst in der Jesuitenkirche

Die unter Karl Philipp besonders entwickelten *Hofstäbe*[127] bestanden aus dem Stab des Obersthofmeisters, des Oberstkämmerers, des Obersthofmarschalls, dem auch ein Oberstküchenmeister aus dem Adel unterstand, aus dem Stab des Oberststallmeisters, dem auch der Hofmeister und die – unter Karl Philipp fünfzehn – Edelknaben mit ihren – damals neun – Professoren und ihrem Exerzitienmeister untergeordnet waren. Darunter gab es Sprach-, Fecht- und Tanzmeister.

Der Intendant für das Hofbauamt hatte auch für das Theater zu sorgen. Für seinen Baubereich stand ihm ein Architekt und ein Maschinendirektor zur Verfügung.

Die Wachmannschaft für das Schloß umfaßte unter Karl Philipp acht Brigadiers, vier Trompeter und einen Profos sowie siebzig Gemeine, die in einer besonderen Kaserne zusammen mit der Schweizer Garde untergebracht waren. Die letztere unterstand einem eigenen Obersten und einem Oberstleutnant, nicht weniger als fünf Hauptleuten und drei Wachtmeistern und vier Korporalen und umfaßte vierundsiebzig Gemeine. Die kurpfälzische Wachmannschaft wurde von einem Generalmajor kommandiert. Auch unter Karl Theodor blieb ein Mißverhältnis zwischen der Zahl der Offiziere, namentlich der höheren, und den vorhandenen Mannschaften, da durch das Herkommen veranlaßt war, zur Ehrung oder auch Versorgung eine größere Anzahl von Personen auf diese Weise zu Offizieren zu machen.

Gesellschaftlich und künstlerisch wirkte am meisten die *Hofmusik* unter einem eigenen Intendanten, in der Zeit Karl Philipps unter zwei Kapellmeistern und einem Konzertmeister und schon damals mit über fünfzig Musikern. Dieser Personenkreis war bereits eine glückliche Voraussetzung für die Entwicklung der *Hofmusik* unter dem *hochmusikalischen Kurfürsten Karl Theodor*. Dieser schickte Johann Christian *Cannabich* (1731 Mannheim – 1798 Frankfurt/Main) 1764, 1766 und 1772 nach Paris als Sinfoniker und ernannte ihn zwei Jahre später zum Direktor der Mannheimer Instrumentalmusik. Als 1777 der bereits als Knabe in Wien von Kaiser Franz I. ausgezeichnete *Mozart*, der in Paris vor Ludwig XV., in London vor Georg III. gespielt hatte, vor Karl Theodor und Cannabich musizierte, freuten sich beide. War doch Cannabich Musiklehrer des jungen Karl Theodor gewesen. *Mozart* empfing von Cannabich wertvolle *Anregungen* für die Orchestertechnik und die Kunst des Komponierens: die Musik, eigenwillig, empfindsam aber auch effektbewußt zu gestalten[128]. Neben Cannabich bestellte der Kurfürst Johann Stamitz zum Musikdirektor, der ein Orchester für alle Instrumente schuf, das mit einheimischen Künstlern besetzt wurde.[129]

Karl Theodor und Mozart

Durch den Abbé Georg Josef *Vogler* errichtete Karl Theodor in Mannheim eine Tonschule, in der sowohl Unterricht in Gesang wie in der Kunst des Tonsetzens gegeben wurde. Anton Raff, der erste Tenorsänger in Deutschland und Italien, trat 1770 in Karl Theodors Hofdienst und bildete an dessen Tonschule hervorragende Sänger aus. Hatte Karl Theodor zunächst die italienische Oper gepflegt, so wirkte er in den sechziger Jahren mehr und mehr für deutsche Musik und deutsches Schauspiel.

Karl Theodors Eintreten für deutsche Musik und deutsches Schauspiel

Zu seinem Geburtstag am 11. Dezember 1769 fand sich, aus Frankfurt kommend, auch *König Friedrich V. von Dänemark* (1746–1766) ein[130], der in den Kriegen strenge Neutralität bewahrt hatte und Karl Theodor schon deshalb sympathisch gewesen sein dürfte. König Friedrich V.

König Friedrich V. von Dänemark bei Karl Theodor

förderte zu Hause nicht nur Gesetzgebung, Handel und Gründung von Banken, sondern auch das Unterrichtswesen und berief auch Gelehrte, Dichter und Künstler. Er wollte in Mannheim ohne Feierlichkeiten empfangen werden. So hieß ihn an der Grenze nur der Großhofmeister Karl Theodors, Fürst von Galeau willkommen, im Schloß in Mannheim der regierende Herzog Christian IV. von Zweibrücken und dessen ältester Neffe Karl August sowie die Pfalzgrafen Johann und Wilhelm von Zweibrücken-Birkenfeld-Gelnhausen. Kurfürst Karl Theodor selbst begrüßte seinen königlichen Gast im großen Vorsaal zu seinem Appartement. Der Dänenkönig freute sich besonders über die von Karl Theodor gegründete Kunstschule und blieb bis zum 21. Dezember in Mannheim.

Herzog Christian IV. von Zweibrücken hat im Mannheimer Schloß ein ständiges Quartier

Die Pfalzgrafen, die sich zum Empfang eingefunden hatten, repräsentierten die künftigen Erben. Herzog Christian hatte im Westflügel des Schlosses ein ständiges Quartier[131]. Im Obergeschoß des Mittelbaus wohnte die Familie des Pfalzgrafen Friedrich Michael von Zweibrücken, der sich im Siebenjährigen Krieg als einer der wenigen erfolgreichen Generale des Kaisers ausgezeichnet hatte, aber auch als Erbe nach Herzog Christian heranstand. Für diesen war neunzehn Jahre vorher Mannheim sein Schicksal geworden. Er war zwar seit 1740 aus der Vormundschaft seiner als Persönlichkeit bedeutenden Mutter entlassen worden, nun selbst regierender Herr von Zweibrücken und hatte bereits an seiner Schwester *Karoline Henriette* Christine erlebt, wie sie infolge ihrer Ehe 1741 mit Landgraf Ludwig IX. von Hessen-Darmstadt infolge ihrer Mitarbeit schrittweise zu jener Persönlichkeit wurde, die man später Hessens große Landgräfin nannte. Christian selbst aber interessierte sich 1750 nicht nur für den Aufklärer und Voltaire-Gegner Elie Catherine Feron (1718–1776), der sich oft bei ihm in Zweibrücken aufhielt und seit 1754 die Année litteraire herausgab. In der Regierungsarbeit griff Christian umsichtig zu, doch interessierte ihn auch Schönheit, Kunst und Theater. Da fiel dem Achtundzwanzigjährigen 1750 an der kurfürstlichen Oper die sechzehnjährige Marianne Camasse auf, die im Ballett der Kurfürstin tanzen lernte[132]. Er verliebte sich so in sie, daß er ihr alle Wünsche erfüllte. Da sie nur in eine kirchlich eingesegnete Ehe einwilligen wollte, ließ er sich mit ihr in dem Jahr 1751 in einem von ihr erworbenen Privathaus in Zweibrücken durch den für die Katholiken dort zuständigen curé unter der Bedingung trauen, daß die Ehe geheim bleibe. In der Öffentlichkeit galt er deshalb weiter als Heiratskandidat. Karl Theodor suchte ihn als seinen prä-

Karl Theodor und Christian IV. von Zweibrücken

sumptiven Nachfolger durch Pater Seedorf für den Katholizismus zu gewinnen[133]; er sollte dem Beispiel seines jüngeren Bruders Friedrich Michael folgen, der schon 1746 katholisch geworden war. Christian hatte diesen Schritt bei der Erkrankung Karl Theodors 1754 besonders in Erwägung gezogen und vollzog ihn am 11. Februar 1758. Sein Gewissen wurde 1750 auf eine kleine, aber merkwürdige Probe gestellt, als er einmal zu Christian Mannlich, dem Sohn eines Zweibrücker Künstlers, eilte, der im Mannheimer Schloß einen Raum hatte und in der Zeichenakademie unter Verschaffelt arbeitete. Der Raum lag neben dem Saal, in dem die Kurfürstin aus sittsamen deutschen Mädchen ein Ballett zusammenstellte, um dadurch allmählich das Ballett der leichtlebigen Französinnen zu ersetzen. Am äußeren Eingang des Saales, in den die Eltern ihre Töchter zum Ballett-Unterricht hin- und herbrachten, stand sogar ein Posten. Der junge Mannlich benützte die Türe auf der anderen Seite des Saales in seinen Raum und ließ eines der Mädchen zu sich kommen. Das wiederholte sich öfters. Sein Herzog klopfte aber eines Tages unerwartet an der verschlossenen Korridortüre und erblickte so nach deren Öffnung gerade noch einen Kleiderzipfel des wieder in den Tanzraum davoneilenden Mädchens. Der Herzog verriet seinen jungen Künstler nicht der Kurfürstin[134], blieb aber bei seiner eigenen Ballettänzerin.

Karl Theodor pflegt Heidelberg

Immer wieder suchte der Kurfürst die einheimischen Kräfte im Lande zu wecken und zur Entfaltung zu bringen. Am 3. Juni 1765 besuchte er *Heidelberg*[135]. Der akademische Senat der Universität ging ihm in Amtstracht bis an das Mannheimer Tor entgegen, der Rektor hielt zur Begrüßung eine lateinische Rede, Karl Theodor antwortete in ebendieser Sprache. Der Stadtmagistrat legte ihm die Schlüssel zu den Stadttoren zu Füßen, der Stadtdirektor gab in einer deutschen Rede die Empfindungen der getreuen Heidelberger Bürger kund. Der Kurfürst blieb drei Tage, ließ sich im Raum des akademischen Senats Stiftungsbriefe und verschiedene denkwürdige Urkunden vorlegen, besuchte dann die berühmte Bibliothek und ließ sich besonders wichtige Handschriften, die ältesten Bücher und das physikalische Kabinett zeigen. Am nächsten Tage besuchte er die neue Wachsbleiche und die von seinem Minister Grafen Heinrich von Beckers errichtete Seidenfabrik. Als Landesherr bestimmte er den Bau eines stattlichen Tores auf die Landstraße nach dem Neckartal – das Karlstor; es ging allerdings auf Kosten der Heidelberger. Sein Hofbildhauer Augustin Egell entwarf dazu den Plan. Außerdem ließ er eine Steinbrücke über den Neckar errichten, wo sein Standbild, das auf die Ruinen des Schlosses blickte, in der Nähe des Standbildes der Minerva aufgestellt wurde. Noch während seines Aufenthaltes machte er kritische Beobachtungen über den Universitätsbetrieb; durch ein Dekret vom 11. September an Rektor und Senat beschnitt er die überlangen Ferien. 1786 ließ er das 400jährige Jubiläum der Universität besonders feiern und eine Medaille darauf schlagen.

Schon 1768 interessierte sich Karl Theodor auch für das deutschsprachige Theater in Mannheim[136)]. Begleitet von Personen seines Hofes besuchte er das auf dem Marktplatz Mannheims aufgeschlagene Theater der Truppe Sebastianis. Französische Schauspiele und Singspiele wurden in deutschen Übersetzungen aufgeführt. Das wenn auch französisierende deutschsprachige Theater wurde für Karl Theodor der Ausgangspunkt dafür, daß er mit seinem Hof Vorstellungen dieser deutschen Bühne immer wieder besuchte. Als die Truppe der Schauspieler Theobald Marchand übernahm, stellte er diese als deutsche Hofkomödianten unter seinen kurfürstlichen Schutz. Auch in seiner Sommerresidenz Schwetzingen ließ er die Truppe Marchands wirken. Welche Bedeutung dieser Schritt damals hatte, läßt sich daraus ermessen, daß nicht nur Friedrich der Große, vierzehn Jahre älter als Karl Theodor, deutsche Sprache und deutsches Schauspiel verkannte, sondern auch daß der junge Lessing weder in Berlin noch in Leipzig eine Stellung fand; er konnte im Zusammenhang mit der Uraufführung seines Lustspiels „Minna von Barnhelm oder das Soldatenglück“ 1767 am Hamburger Nationaltheater dort als Dramaturg und Kritiker nicht verhindern, daß dieses Theater sein Programm kaum acht Monate nach der Eröffnung im Dezember 1767 aufgab und im März 1769 das Hamburger Nationaltheater überhaupt endgültig aufgelöst wurde. Mit Grund beklagte er in seiner „Hamburgischen Dramaturgie“ den Mangel an Anteilnahme des Publikums. Karl Theodor entließ 1770 die bei ihm dienenden französischen Schauspieler. Um seine Toleranzpolitik durchzusetzen, versuchte Karl Theodor 1773/74, seine kurfürstliche Hofkapelle der bischöflichen Jurisdiktion der Fürstbischöfe zu entziehen und alle Hof- und Staatsdiener seiner Residenz von der kirchlich-politischen Einwirkung der Fürstbischöfe zu befreien[136a)]. Aus verschiedenen Motiven reiste er 1774 als „Graf von Veldenz“ in Begleitung Stephan von Stengels nach *Italien*[136b)] und besuchte auch den Papst Klemens XIV. (1769–1774) in *Rom*, dessen Auflösung des Jesuitenordens 1773 er nicht gerade begrüßt hatte. Der Pfälzer Kurfürst war bei

1774 Karl Theodor in Rom

ihm seit 1769 vertreten durch den römischen (!) Freiherrn Tommaso Antici, Marchese di Pescia (1731–1812), der dort auch Zweibrücken, die geistlichen Kurfürsten von Mainz und Köln und das Königreich Polen repräsentierte[137]. Karl Theodor führte die Aufhebung des Jesuitenordens mit menschlicher Milde durch und nahm, ähnlich wie Friedrich der Große und Kaiserin Katharina II. von Rußland, Jesuiten in seinen Dienst. Dazu gehörte auch der Elsässer Anton Klein, der 1764 in den Jesuitenorden eingetreten war. Der Kurfürst ernannte ihn 1773 zum Professor für Dichtkunst und Philosophie in Mannheim. Als Dichter, vor allem Dramatiker, war er bereits seit 1769 hervorgetreten. Seine vielen Verbindungen zu Dichtern und literarischen Gesellschaften setzten ihn instand, 1774 den Entwurf von Vorlesungen über die schönen Wissenschaften herauszubringen. Er wirkte auch mit, als der Kabinettsekretär Stephan von Stengel zusammen mit Johann Jakob Haeffelin, dem jüngeren Bruder des Hofkaplans Kasimir (seit 1767 Akademiemitglied), und mit dem Verleger Christian Friedrich Schwan 1775 unter dem Protektorat des Kurfürsten die *Deutsche Gesellschaft*[138] gründete. Ihr Ziel war die Pflege der deutschen Sprache, eine vereinfachte Rechtschreibung und die Verbreitung deutscher Literatur sowie die Übersetzung ausländischer ins Deutsche. Karl Theodor seinerseits bestimmte, daß die kurpfälzische Deutsche Gesellschaft hier mit einzuwirken habe, und von Zeit zu Zeit für das am besten gelungene deutsche Trauer-, Schau- oder Lustspiel einen *Preis erteilen „und so den Dichter ehrenvoll belohnen soll*". Ihre sprachlichen und literarischen Zielsetzungen arbeiteten der Entwicklung eines mit modernen deutschen Stücken in den Vordergrund tretenden Hoftheaters vor. Seit frühen Jahren durch seine immer stärker ausgebaute Hofbibliothek informiert, gestaltete Karl Theodor in Europa Kultur, die ihm aus Brüssel und seiner Sulzbacher Heimat, aus den Niederlanden und Frankreich, aus Italien und Deutschland selbst ans Herz wuchs.

Die Kurpfälzische Deutsche Gesellschaft

Vorgeschichte des Mannheimer Nationaltheaters

Die Deutsche Gesellschaft zeichnete mit Preisen u. a. den Hofgerichtsrat Jakob Mayer für sein Trauerspiel „Fust von Stromberg", den Josef Maria Babo für sein Schauspiel „Die Römer in Deutschland" und für sein Drama „Otto von Wittelsbach" aus und ermunterte alle zu weiteren Leistungen. Wo aber sollten die Stücke aufgeführt werden? Der Hoftheaterarchitekt Lorenz Quaglio hatte einen Plan für ein neues stattliches Theatergebäude zu entwerfen, in dem das deutsche Schauspiel aufgeführt werden sollte. Ausdrücklich bestimmt Karl Theodor,

9*

daß ihm der Plan zur Einsicht und Genehmigung vorgelegt zu werden habe.

Eine einschneidende Verfügung war, daß der auch als Oberst-Garderobe-Stellverweser tätige Graf Ludwig Aurel von Savioli zwar als Intendant der Hofmusik belassen, die Intendanz über das *deutsche Theater* aber dem Freiherrn Heribert von Dalberg übertragen wurde. Dort, wo einst das alte Rüst-Haus gestanden hatte, wurde 1775 der neue Theaterbau[139] begonnen und in zwei Jahren fertiggestellt. Das stattliche Gebäude erhielt die Gestalt eines rechtwinkligen Parallelogramms mit drei Stockwerken. An der Hauptfront wurde auf acht toskanischen Säulen ein Balkon mit schönem Geländer angebracht.

Das deutsche Schauspiel und die deutsche Oper unter seinem Schutz

Karl Theodor ließ also 1775–1777 im ehemaligen Zeughaus ein neues Komödien- und Redoutenhaus durch den Theaterarchitekten Lorenzo Quaglio für die deutsche Bühne als festes Theater errichten[140]. Sollte der damals berühmteste deutsche Schauspieler Konrad Ekhof oder ein Mann wie Lessing zur Leitung des Theaters gewonnen werden? Lessing wurde durch Ernennung zum Mitglied der Akademie der Wissenschaften in Mannheim an diesem Theater dort zu interessieren gesucht. Der kurfürstliche Hofkammerrat und Mannheimer Buchhändler Christian Friedrich Schwan, der später Schiller nach Mannheim holte, reiste im Auftrag Karl Theodors 1777 nach Braunschweig, um Lessing für das deutsche Theater in Mannheim zu gewinnen und überbrachte Lessing die 1776 vom Kurfürsten bestätigte Ernennungsurkunde der Akademie. Außerdem wurde ihm eine Berufung an die Heidelberger Universität in Aussicht gestellt. Lessing lehnte aus Verbundenheit mit Herzog Karl I. von Braunschweig-Wolfenbüttel und aus Rücksicht auf seine eigene schwangere Frau ab. Auch scheiterten diese Bemühungen ähnlich denen, ihn für das Nationaltheater in Wien zu verpflichten. Denn es gab auch in der Kurpfalz Kreise, die dagegen waren, zumal Lessing die Auferstehung Christi offenließ.

Im Auftrag Karl Theodors schrieb der in Mannheim wirkende Schriftsteller und Maler Friedrich Müller 1777 „Gedanken über Errichtung eines deutschen Nationaltheaters“ und „Gedanken über Errichtung und Einrichtung einer Theaterschule“ nieder: „. . . Errichtung einer deutschen Nationalbühne in der Pfalz . . . in einem Staate, wo unter der weisesten und mildesten Regierung Karl Theodors alle Wissenschaften und Künste blühen, . . . wo sich alles in einem einzigen Punkt vereinigt, eine Epoche zu bilden, die ewig dem pfälzischen Ruhme heilig sein soll . . .“[141]. Der Kurfürst ernannte am 6. Mai 1777 den

Entrepreneur Theobald Marchand zum Hoftheaterdirektor der neuen kurfürstlichen deutschen Schaubühne. Sie stand unter dem Grafen Savioli als Hoftheaterintendanten. Die Öffentlichkeit wurde noch im selben Monat über sie informiert. Sie brachte französische Stücke in deutscher Übersetzung und Pfälzer Originale, etwa Schauspiele des Malers Friedrich Müller wie „Golo und Genovefa". Das Drama „Sturm von Boxberg", das Jakob Mayer schuf, verstärkte die Richtung zum Ritterschauspiel[142]. Heribert von Dalberg gestaltete einen Stoff aus dem Leben des Schwedenkönigs Gustav Adolf: Walwais und Adelaide, das am 14. Juni 1778 aufgeführt wurde. Auch Lessings Minna von Barnhelm wurde gebracht.

Karl Theodor förderte auch die *deutsche Oper.* Der Dichter Christian Friedrich Daniel Schubart, den sein Württemberger Herzog eine zeitlang eingesperrt hatte, bezeichnete Karl Theodor als beinahe den ersten unter den deutschen Fürsten, der vor den anderen geglaubt habe, daß auch ein *Deutscher Witz haben könne, zumal er noch nie an dem Verstand der Deutschen gezweifelt habe.* Karl Theodor war auch der Meinung des französischen Gesandten Odune entgegengetreten, als sei die deutsche Sprache für den Gesang nicht biegsam und flüssig genug. So war es sicher ein Verdienst des Kurfürsten, daß die erste deutsche Oper Alkeste, die Christoph Martin Wieland und Anton Schweitzer schufen, nach ihrer Uraufführung im Mai 1773 in Weimar am 13. und 20. August 1775 auch in Schwetzingen gespielt und am 5. November 1776 als Gala-Oper zum Namenstag Karl Theodors im Mannheimer Opernhaus wiederholt wurde. Wenn auch die Musik Anton Schweitzers hinter den Erwartungen zurückblieb, so entschloß sich doch Karl Theodor anhand der Erfahrungen (seit er die Schauspielergruppe Marchand spielen ließ und diese solche Stücke auf die Bühne brachte), nun grundsätzlich für die deutsche Oper einzutreten. Er beauftragte ohne Verzug Klein und Holzbauer mit einer zweiten deutschsprachigen Oper in Mannheim, die Alkeste überbieten sollte: Günther von Schwarzburg; dieser aus Thüringen stammende Graf war 1349 mit Wittelsbacher Unterstützung gegen den Luxemburger Karl IV. in Frankfurt zum König gewählt worden. Das Drama seiner kurzen Regierung endete mit einem Verzicht zugunsten Karl IV. und seinem eigenen Tod noch 1349. Die pfälzische Hofoper ging früher als die in Wien von der großen italienischen Oper zur deutschen über. Übersetzungen französischer Singspiele hatten in Mannheim eine Voraussetzung dazu gebildet. Karl Theodors Finanzminister Freiherr Franz Karl von Hompesch bestätigte, daß der Kurfürst seit diesem deutschen Singspiel, das der Komponist Ignaz Holzbauer diesem widmete, seine *Hofschaubühne* nun für die *deutsche Oper* bestimmte[143]. Karl Theodor unterstützte mehr noch als Max III. und mit deutlicherer Konsequenz die deutsche Oper und das deutsche Theater und machte Mannheim zu einem über die Reichsgrenzen hinaus berühmten „deutschen Athen"[144].

Schauspiel und Oper damals in München

Auch was auf dem Gebiet des Theaters in Bayerns Residenzstadt geschah, sollte für Karl Theodor von Bedeutung werden. In München war 1750 das dem französischen Schauspiel zur Verfügung gestellte Theater im Sankt Georgssaal der Residenz durch Brand zerstört worden, so daß der Kurfürst durch den älteren Cuvilliés das neue Opernhaus erbauen und am 12. Oktober 1753 einweihen ließ. Es wurde der Schauplatz für Ballett und Hofbälle und vor allem für die italienische Oper. Das alte Opernhaus am Salvatorplatz wollte Max III. für das deutsche Schauspiel einrichten. Doch lehnten Schauspieler wie Ekhof ab zu kommen. Darauf überließ Max III. dem Schauspieler und Prinzipal Joseph Felix von (Bernardon) Kurz (1715–1784) das Unternehmen. Dieser ließ mit Hilfe von Schauspielern aus Bayern deutsche Übersetzungen u. a. des von Pierre Corneille verfaßten Stückes „Graf von Essex" und Voltaires „Alzir" spielen. Auch in München war also Voltaire nicht von vornherein unmöglich[145]. Doch war Kurz wohl nicht der rechte Mann, geeignete Personen nach München zu gewinnen „und ein literarisches Theater zu begründen"[146]. Da setzten zwei führende Mitglieder der Akademie, Lori und Osterwald und der aus Augsburg stammende Rechtspraktikant Johann Baptist Joachim Niesser ein. Der letztere wurde selbst Schauspieler. Er sammelte in Wien Erfahrungen und begann einen neuen Auftakt am 10. November 1771 in München, indem er das Stück von Gottlieb Stefanie dem Jüngeren „Die Wirtschafterin oder der Tambour bezahlt alles" aufführte. Das „Kurbayerische Intelligenzblatt" sprach 1772 bereits „von dem hier eintretenden guten Geschmack" auf der Schaubühne. Der Hoftheaterintendant Graf Seeau schaltete sich ein, Max III. erlaubte, das deutsche Theater des Schauspielerprinzipals Johann Baptist Joachim Niesser auf seine eigene Rechnung zu übernehmen. Das von der Kurfürstin für die deutsche Bühne bearbeitete französische Schauspiel „Der Notleidende" (Le misère) wurde am 1. März 1773 in Gegenwart des kurfürstlichen Paares aufgeführt, bereits am 14. März Lessings bürgerliches Trauerspiel „Emilia Galotti". Die bayerische Akademie würdigte Niessers Verdienste um die „Reinigung" der bayerischen Bühne durch eine goldene Medaille und ernannte 1777 den Hofintendanten Graf Seeau in Anerkennung seiner Initiativen zur „Aufnahme der Nationalschaubühne" in Bayern zu ihrem Ehrenmitglied. Niesser konzentrierte sich auf seinen Schauspielerberuf, 1776 übernahm Graf Seeau die Gesamtleitung. Das alte Opernhaus am Salvatorplatz wurde zur deutschen Bühne, wo auch Lessing geehrt wurde, als er 1775 in Begleitung des Prinzen Leopold von Braunschweig nach München reiste. „Minna von Barnhelm" wurde in diesem alten Opernhaus am Salvatorplatz aufgeführt.

Karl Theodor an der Spitze der Deutschen Gesellschaft und seine Mitarbeiter darin

Karl Theodor griff in den Fragen des deutschen Theaters immer wieder selbst ein. Als er davon hörte, daß die deutsche Schauspielergesellschaft des Theobald Marchand sehr Rühmliches leistete, ging er unerkannt in das Theater, um sich selbst zu überzeugen[147]. Was er vorhatte, ließ er sich zunächst durch die Deutsche Gesellschaft begutachten. Er stand selbst an ihrer Spitze. Der Obervorsteher war der Regierungsvizepräsident Freiherr Philipp Anton von Dalwigk, Vorsteher der Regierungsrat und Archivakzessist Stephan von Stengel, der wesentlich zu ihrer Gründung die Initiative ergriffen hatte, Kasimir Haeffelin, Geistlicher Rat, Kurpfälzer Rat, Kanoniker zu Heinsberg an der Worm (Landgericht Aachen!) war der Verweser oder Verwalter der Geschäfte[148]. Zu den ordentlichen Mitgliedern zählten der Oberappellationsgerichtspräsident Freiherr Wolfgang Heribert von Dalberg, der als Schriftsteller und Dichter bekannt geworden war, der damalige Domstifts-Kapitular von Mainz Freiherr Karl Theodor von Dalberg, der eine solche Stelle auch in Würzburg und Worms innehatte und später Kurfürst von Mainz und schließlich letzter geistlicher Fürst in Regensburg wurde. Wenn man die damalige Stellung verschiedener ordentlicher Mitglieder der Deutschen Gesellschaft ins Auge faßt, wird verständlich, was Karl Theodor für die deutsche Sprache und Literatur tun wollte. Ordentliche Mitglieder waren u. a. der Geheime Sekretär und Professor der schönen Wissenschaften sowie der Philosophie Anton Klein, der 1778 Haeffelin als Geschäftsverweser ablöste, da dieser nach München ging. Klein veröffentlichte einen Band Gedichte und gab den „Versuch eines allgemeinen deutschen Provinzial-Wörterbuchs" heraus. Ordentliche Mitglieder waren der Regierungsrat Ferdinand Adrian von Lamezan, der Hofrat Andreas Lamey, der herzoglich-braunschweigische Hofrat und Bibliothekar Gotthold Ephraim *Lessing*, der Hofgerichtsrat Jakob Mayer, der sich als Dramaturg bemühte, Christian Friedrich Schwan, ein in Europa erfahrener Autor, Sprachforscher und „Hofbuchführer" (Hofbuchhändler) in Mannheim, der ein hervorragendes französisches Wörterbuch verfaßte, Georg Daniel Kaibl, Pfarrer bei der *hoch*-deutschen Gemeinde zu Mannheim, der Geistliche Rat Josef Anton Sambuga. Mitglieder waren auch der königlich dänische Gesandtschaftsrat und Hofrat des Markgrafen von Baden Friedrich Gottlieb Klopstock, der Kurmainzer Regierungsrat Christoph Martin Wieland, der zugleich Hofrat in Sachsen-Weimar war. Selbst Frauen fehlten nicht: Wielands Jugendfreundin, die aus Kaufbeuren gebürtige Marie Sophie la Roche, geborene Gutermann von Gutershofen, die berühmte Dichterin Anna Luise Karschin. Der Kurfürst zahlte ihr zur Verbesserung ihrer Lage sogar ein Jahresgehalt nach Berlin. Von besonderer Bedeutung war, daß der Sachsen-Weimarer Hofrat Friedrich Schiller zu den Mitgliedern zählte. Zu solchen gehörte auch der kurpfälzische Geheime Sekretär Joseph Maria Babo, der später Hoftheaterintendant in München wurde, der kurpfälzliche Generalmajor der Infanterie Edmund von Harold, der Göttinger Professor der Mathematik und Naturlehre Abraham Gotthelf Kästner und der Herausgeber eines hervorragenden grammatisch kritischen Wörterbuchs der hochdeutschen „Mundart“[149] Johann Christoph Adelung, Hofrat in Sachsen-Gotha.

Karl Theodor berief *Lessing* und *Wieland* nach Mannheim. Beide erhielten neben den täglichen Diäten im Pfälzer Hof freies Quartier mit Speisen und Getränken, auch Hofequipagen, damit sie sich Mannheim und seine Umgebung ansehen konnten. Nach ihrer Ankunft ersuchte sie Karl Theodor aber auch um die schriftliche Mitteilung ihrer Ideen und um Grundzüge über Errichtung einer klassischen deutschen Nationalschaubühne. Lessing erstattete dem Ministerium Karl Theodors ein Gutachten, das auf seiner Hamburger Dramaturgie fußt. Er war sich mit Wieland in der Ablehnung der französischen Theaterdichter und der französischen Schauspielkunst einig. Der französische Geschmack sei bizarr und verstoße gegen die Ästhetik. Lessing machte auf das Theater Englands aufmerksam und rühmte Shakespeare. Die deutsche Sprache sei für das Theater vorzüglich gut geeignet. Dazu wies er auf deutsche Trauer-, Schau- und Lustspiele hin. Er berief sich auch auf die Gesellschaft Marchands, die eben damals in einer in Mannheim aufgeschlagenen Theaterbude spielte und u. a. Hamlet, Emilia Galotti, Minna von Barnhelm zur Zufriedenheit Karl Theodors und aller anderen Kenner gegeben habe. Als Beweis für die Möglichkeit, in deutscher Sprache zu gestalten, wies er auf verschiedene Singspiele hin, auch auf französische Opern mit deutschem Text. Der Kurfürst hielt darüber

Konferenzen mit seinen Ministern ab, zog dazu aber auch Lessing und Wieland sowie die Freiherren Philipp von Dalwigk, Stephan von Stengel und Wolfgang Heribert von Dalberg, ebenso Anton Klein, Jakob Hemmer und Jakob Mayer bei. Karl Theodor entschied sich[150] in jeder Hinsicht als pfälzischer Landesvater, aber auch unter geistig-künstlerischen und sozialen Aspekten:

Lessing und Wieland bei Karl Theodor

Marchand sollte in den kurfürstlichen Dienst genommen und dafür bezahlt werden, seinerseits aber in jeder Woche dreimal deutsche Schauspiele, Opern und kleine Ballette abwechselnd geben. Die Gesellschaft sollte sich in Zukunft durch „eingeborene" kurpfälzische Landeskinder ergänzen. Der Schauspiel-Direktor Marchand sollte gehalten werden, die dazu Lust und Talente zeigenden jungen Leute unentgeltlich in der Schauspielkunst zu unterrichten. Hervorragende Künstlerinnen und Künstler dieser Art waren Franziska Antoine, geborene Amberger, dann Marianne Lang, geborene Bondet und Franziska Lang, geborene Stamitz sowie Franz Zuccarini, Josef Caro.

Schauspiele, Opern und Ballette

„Jene Kinder aus den Kurpfälzer Staaten, die sich dem Gesang und der deutschen und italienischen Oper widmen wollen", sollen von den Kapellmeistern Vogler und Holzbauer, die Mädchen von den Hofsängern und -sängerinnen Hartmuth und Dorothea Wendling Unterricht erhalten. So gingen aus dieser Schule der Sänger Ludwig Fischer und die Sängerinnen Barbara Strasser, Dorothea Güthe und andere hervor.

Erziehung von Knaben und Mädchen in Gesang und Tanz

Ballettmeister Lauchery sollte in der Tanzkunst Knaben und Mädchen unterweisen; jedem von ihnen sollten während der „Lehre" eine monatliche Unterstützung von zehn Gulden bezahlt werden. Die Ballettmeister Peter Crux, Waimperle, Petri und andere sowie die Tänzerinnen Veronika Danner, geborene Kreßler, Margareta Redwein, Anna Leoni, geborene Schmaus und andere gingen aus dieser „Lehre" als Tänzerinnen hervor.

Gärten

1767 errichtete Karl Theodor in Schwetzingen einen botanischen Garten, nachdem er ein Jahr zuvor am Heidelberger Tor in Mannheim Gärten hatte anlegen lassen. Er hatte dazu die Sümpfe ausgetrocknet, die es da gegeben hatte. Im Schwetzinger Hofgarten ließ er eine altfranzösische, eine türkische, eine holländische und eine englische Anlage, geziert mit einer Kräuter-Anlage und einer botanischen Musterschule, durch den Hofbau-Intendanten und Garten-Direktor Pigage errichten. Die Bauten führte der Hofbaumeister Rabaliatti aus[151].

1765 Chirurgisches Kollegium und 1766 Hebammenschule

Der zweifellos verantwortungsbewußte Landesvater Karl Theodor hatte schon 1754 damit begonnen, ein *„Anatomisches Theater"* zu errichten, 1765 ließ er das *„Chirurgische Kollegium"* folgen.[152] Am 24. November 1766 wurde die von ihm gegründete *Hebammen-Schule in Mannheim* eröffnet, die *alle Hebammen in der Kurpfalz* zu besuchen hatten und wo auch aus den Nachbarstaaten viele Hebammen eintrafen. Seit Ludwig XIV. im Hotel Dieu und 1751 König Friedrich II. von Preußen eine solche in Berlin eingerichtet hatte, deren Grundlagen die allmählich aufblühenden medizinischen Wissenschaften waren, gehörte Karl Theodor zu den ersten, die diesem Beispiel folgten. Das Gebäude befand sich in der Nähe des Heidelberger Tores gegenüber dem Gießhaus. Außer den Zimmern für Gebärende richtete der Landesherr dort auch Lehrsäle für Hebammen und Wundärzte ein. Darin hielten besonders angestellte besoldete Professoren wie Dr. Anton Wilhelm und Dr. Lorenz Fischer den Hebammen unentgeltliche Vorlesungen und erteilten ihnen auch praktischen Unterricht. Als Korrepetitor wurde Dr. Franz May angestellt. Kurfürstin Elisabeth Auguste rief mit Hilfe von Geldspenden von Adligen und Bürgern eine Krankenkasse[153] ins Leben. Trotz der Übernahme der Regierungsgeschäfte in München errichtete Karl Theodor 1781 in Mannheim das militärische Waisenhaus und eine Krankenwärter-Schule, in der die Schüler unentgeltlich aufgenommen und unterrichtet wurden.

Karl Theodor und auch seine Gattin verknüpften eigene neue geistige und künstlerische Erkenntnisse und Empfindungen, aber auch ihr gesellschaftliches Verantwortungsbewußtsein immer wieder mit praktischen Zielsetzungen. Diejenigen, die sich in ähnlicher Weise um Wirtschaft und Bevölkerung bemühten, traten 1769 in Kaiserslautern[154] zu einer Gesellschaft zusammen, die für das Pfälzer Land nach dem Urteil Ludwig Häussers noch wohltätigere Wirkung hatte als die Akademie der Wissenschaften. Freunde der Landwirtschaft hatten sich zu einer Verbesserung der Bienenzucht vereinigt. Daraus entfaltete sich eine Gesellschaft zur Pflege der Landwirtschaft. Karl Theodor bestätigte sie 1770 als „Physikalisch-oekonomische Gesellschaft". Der Zweibrücker Pfalzgraf Karl August, der als Erbe für Christian IV. heranstand, wurde ihr Präsident. Als Ehrenmitglieder wurden hohe kurpfälzische Staatsbeamte, aber auch benachbarte Landesherren wie Markgraf Karl Friedrich von Baden-Durlach aufgenommen. Verschiedene Zweige des Landbaues wurden veredelt. Die Bauern erhielten für die langen Winterabende einträgliche Beschäftigungen. Karl Theodor selbst unterstützte

Die Physikalisch-ökonomische Gesellschaft 1770

mit seinen Mitteln die finanziellen Beiträge der Mitglieder derart, daß nicht nur landwirtschaftliche Preise ausgesetzt werden konnten. Aus dem angekauften Gut zu Siegelsbach wurde ein Mustergut gestaltet. Die Gesellschaft veranstaltete im Jahr mehrere öffentliche Vorträge und brachte eine eigene Bibliothek zusammen, so daß aus der Gesellschaft 1774 die bekannte Kameralschule zu Kaiserslautern entwickelt wurde.

Der Gelehrte Georg Adam Suckow und der Arzt Friedrich Kasimir Medicus (Medikus), der in Karl Theodors Auftrag 1766 an der Landstraße nach Schwetzingen den botanischen Garten mit mehreren tausend inländischen und ausländischen Gewächsen angelegt und mit dem schwedischen Botaniker Linné einen Systemstreit begonnen hatte, lehrten auch an dieser Kameralschule. Zu ihnen trat als Historiker Friedrich Peter Wundt, der von Haus aus Pfarrer gewesen war. Karl Theodor erhob am 25. August 1777 die Schule in Kaiserslautern zu einer landesherrlichen Schule und ließ an ihr seit 1778 Johann Heinrich Jung-Stilling lehren[155]. Sie war so gut, daß sie 1784 nach Mannheim verlegt und der Heidelberger Universität eingegliedert wurde. Dazu hatte beigetragen, daß dort auch von Juristen Verwaltung und Polizei-Recht- und Maßregeln zur Pflege und Mehrung des allgemeinen Wohlstandes des Volkes behandelt wurden, besonders aber eine moderne Finanzwissenschaft. Karl Theodor, der sich selbst auch stark für Naturwissenschaften, für Physik, insbesondere Elektrizität interessierte, ließ gerade dieses Gebiet durch den vormaligen Hofkaplan Hemmer untersuchen. Er gründete 1772 außerdem eine Sternwarte und fügte 1780 der Mannheimer Akademie der Wissenschaften eine pfälzische Gesellschaft für Wetterkunde als neue Klasse bei. Der hohen Schule in Heidelberg ließ er bis 1777 35 Millionen Gulden zukommen[156]. An der Universität sorgte der Kurfürst für die Aufgliederung der katholischen Sektion der 1774 geschaffenen *Simultanen Theologischen Fakultät*[157] in Einzelbereiche und ließ den Astronomen Christian Mayer S. J. trotz der übernommenen vielen Ordensgeistlichen zur Wirkung kommen. Der Kirchenrechtler Anton Schmidt, ein Jesuit, hob durch seine Leistungen den Ruf der Professoren aus seinem Orden, dessen Mitglieder weder in Heidelberg noch in Ingolstadt als akademische Lehrer das Ausmaß der Kritik verdienen, die ihnen in der Mitte des 19. Jahrhunderts und darüber hinaus zuteil wurde. Karl Theodor ließ das juristische Studium erweitern und vermehrte die Möglichkeiten der Lehre in der medizinischen Fakultät, bereitete aber vor allem dem wissenschaftlichen Nachwuchs immer wieder den Boden[158].

Die Kameralschule von 1774/78 Kaiserslautern wird 1784 nach Mannheim verlegt

Simultane Theologische Fakultät in Heidelberg 1774

Förderung von Kultur und Wirtschaft in Frankenthal, der dritten Hauptstadt der Kurpfalz

Bei der Vielseitigkeit seines Aufgabenbereichs darf die Konsequenz nicht vergessen werden, mit der er in *Frankenthal die dritte Hauptstadt* des Landes weiter entwickelte. Karl Theodor selbst betonte die günstige Lage „Unserer dritten churpfälzischen Hauptstadt Frankenthal" an der vorzüglichsten Stelle des handeltreibenden Deutschland „nächst dem Rhein" und an den Hauptstraßen nach „Frankreich, Schwaben", der Schweiz und den Niederlanden. Die Stadt durfte sich auch seit Karl Theodors Entscheidung von 1758 kurfürstliche Hauptstadt nennen, wiewohl das insofern ein Problem war, als neben der Residenz und Regierungsstadt Mannheim auch Heidelberg diesen Rang hatte. Nach 1720 waren in dieser historischen Wittelsbacher Residenz und Hauptstadt nur mehr die Spitzenbehörden der protestantischen Kirche und die Universität verblieben. Verschieden war deshalb in den drei kurfürstlichen Hauptstädten deren Struktur und Verfassung. In Frankenthal wurden die Bürgermeister alle Jahre durch einen Stadtrat neu gewählt, der für eine Bevölkerung aus Reformierten und Wiedertäufern, Lutheranern und Katholiken tätig war. Da Kurfürst Friedrich III. auch Glaubensflüchtlinge aus französischen und wallonischen Gebieten aufgenommen hatte, wurde die Kenntnis der französischen und der wallonischen Sprache in der Verwaltung und im Schulwesen wichtig. Heute noch bezeugen das die kirchlichen Personenstandsregister in wallonischer Sprache aus dem 16. Jahrhundert im Frankenthaler Stadtarchiv. Karl Theodor aus der Linie Pfalz-Neuburg-Sulzbach wußte natürlich, daß seine Pfalz-Neuburger Vorgänger auch hier der katholischen Kirche wieder Eingang verschafft hatten. Um so mehr war ihm eine großzügige Einwirkung auf das *Erziehungswesen* dort wichtig. Zunächst natürlich förderte er das *Wirtschaftsleben* der in den Kriegen Ludwigs XIV. zerstörten Stadt. 1770 wurde eine kurfürstliche Woll- und Seidenfärberei eingerichtet, der mehrere Fabrikgründungen von verschiedener Seite folgten. Da der alte Kanal zum Rhein während des Dreißigjährigen Krieges versandet war, ließ er durch einen beträchtlichen Zuschuß aus der Fundationskasse und aus seinen persönlichen Mitteln 1773–1777 einen neuen Kanal zum Rhein bauen, 1780/81 auch einen Kran errichten, der das Beladen und Abladen der Schiffe wesentlich erleichterte. Auf Wunsch seiner kurfürstlichen Gattin gründete er 1769 dort das St. Elisabethen-Hospital. Beide besuchten die Stadt immer wieder, um zu ermuntern und sich von der Wirkung zu überzeugen, die sie von ihren Maßnahmen erhofften.

Die Mädchenschule Philanthropin und ihr überkonfessioneller Religionsunterricht in Frankenthal

Der Seidenfabrikant Philipp Bihl und sein Bruder errichteten in Frankenthal eine im Stil des Philanthropismus ausgerichtete Handelsschule; die hochdeutsch reformierte Gemeinde unterhielt seit dem 16. Jahrhundert eine Lateinschule. Die Kirchen sorgten für nach ihren Konfessionen festgelegte Volksschulen.

1772 wurde eine überkonfessionelle Schule zunächst für *kleine Kinder* von drei bis sieben Jahren ins Leben gerufen. Ihre Zulassung läßt aufhorchen. Denn das war ein Jahr, nachdem der Kurfürst in seinem Hausvertrag mit Max III. von Bayern die Verwendung nur katholischer Staatsbeamter versprochen hatte. Karl Theodor richtete sich in jedem seiner Länder aber auch in deren unter Umständen verschiedenen Landesteilen nach der besonderen Lage und Einstellung der Bevölkerung. Darüber hinaus zog er Folgerungen aus dem, was er an weltanschaulichen Problemen in den verschiedenen deutschen Staaten des Reiches und darüber hinaus erkannte. Da er aus seinem eigenen Leben und aus seiner praktischen Regierungserfahrung die Bedeutung der Frau und Mutter erkannte und würdigte, ist seine Einstellung zum Christentum gerade in Frankenthal, aber auch zur Erziehung der Mädchen dort eine Aussage zugleich über ihn selbst. Er blieb auch nach Übernahme seiner Pflichten in München für seine Länder der *christliche, aber überparteiliche Landesvater*. Das kommt in seiner Hilfe für das *Philanthropin*,[159] die „menschenfreundliche" Mädchenschule in Frankenthal von 1780/1782 zum Ausdruck, in die nun Mädchen ab dem 10. Jahr kamen.

Karl Theodor übernahm 1782 das von Madame L'Ecuyer aus Neufchatel (in der französischen Schweiz) im Jahr 1780 in Frankenthal gegründete weibliche Philanthropin für protestantische junge „Frauenzimmer" und stattete diese Schule mit vielen Privilegien aus[160]. Es befand sich dort, wo heute das städtische Altersheim steht. Protestantische Mädchen aus ganz Deutschland und auch dem Ausland wurden hier nach neuen pädagogischen Grundsätzen unterrichtet. Sie waren im Anschluß an Rousseau von dem 1724 in Hamburg geborenen Johann Bernhard Basedow entwickelt worden, der, als Sohn eines Perückenmachers und Enkel eines Branntweinbrenners aus sehr einfachen Verhältnissen gekommen, seine Gedanken mit der Leidenschaft eines Propheten begründete. Als ihn 1771 Fürst Leopold Friedrich Franz von Anhalt-Dessau in seine Residenz berief, gründete er dort 1774 ein Erziehungsinstitut Philanthropin, das er aber nur vier Jahre lang selbst leitete. Von ihm hatte die Schweizer Patrizierin die Gedanken übernommen, freilich nicht mit der ungestümen Leidenschaft, in der sie

Basedow selbst 1774 auf einer Reise zusammen mit Lavater und Goethe an der Lahn und am Rhein verkündet hatte. Der Dichter setzte dieser in der Schilderung der Reise ein Denkmal: „Prophete rechts, Prophete links, das Weltkind in der Mitten". In der Schule in Frankenthal, die Karl Theodor in seinen Schutz nahm und privilegierte, hatte der *Religionsunterricht überkonfessionell*, allgemein christlich zu sein. Nicht der Katechismus sollte gelehrt werden, sondern institution ou principes de la religion chrétienne. Daran hatte sich die Unterweisung in der Moral und die Erklärung der Heiligen Schrift anzuschließen. Auch mit der Mythologie wurden die Töchter, die aus Adelsfamilien oder aus Familien von Handels- und Fabrikherren stammten, vertraut gemacht. Den Unterricht gab Pfarrer Mayer von der französisch-reformierten Gemeinde in Frankenthal. Er hatte nur den fortgeschrittenen Schülerinnen auch den Unterricht in Französisch zu erteilen. Dafür wurde, falls der Vormittag nicht ausreichte, eine Stunde noch am Nachmittag angesetzt. Damit war auch der Unterricht im Briefschreiben verbunden. Jede Schülerin sollte zunächst eine halbe Seite aus dem französischen Buch vorlesen, das Jean Henri Samuel *Formey* über die besondere Erziehung der jungen Mädchen geschrieben hatte. Der Autor stammte aus einer französischen Emigrantenfamilie, war 1731 Prediger der französisch- reformierten Gemeinde in Brandenburg an der Havel geworden, 1739 Professor der Philosophie am französischen Gymnasium in Berlin, 1748 schließlich Sekretär und dann Geschichtsschreiber der Akademie der Wissenschaften dort. Er veröffentlichte u. a. 1764 zwei Bände Emile chrétien. Karl Theodor ließ den Geist dieses Mannes auch an seiner Schule in Frankenthal wirken.

Das dritte Fach war Rechnen. Daran sollte sich die Haushaltslehre anschließen. Diese war in fünf Hauptstücke eingeteilt: Die Lehre von der Anschaffung der Gegenstände des Haushalts einschließlich der Lebensmittel, die Lehre von deren Aufbewahrung, die über den haushälterischen Verbrauch dieser, dann die Lehre von der Küche und ihrem Zubehör und die Lehre von der Wäsche.

Der Unterricht sollte einfach und verständlich, aber intensiv sein. Im Französischen hatte nach der Lektüre der Lehrer eigene Reflexionen und Fragen vorzutragen, ein Diktat von sechs bis sieben Zeilen zu geben und zu korrigieren. Zum Schluß sollten die Schülerinnen etwas erzählen, was sie selbst gesehen, gehört oder gelesen hatten. Der Unterricht umfaßte Englisch und Italienisch als Wahlfächer, die Umgangssprache im Internat war Französisch. Geschichte und Erdkunde sollten an praktischen Beispielen gelehrt werden, außerdem Naturlehre und Physik gegeben werden. Tanz und Musik waren allen Fächern gleichgestellt. An Musikinstrumenten gab es Klavier, Violine und Mandoline. Auch Gesangstunden konnten genommen werden. Tanzstunden, Geselligkeiten, besonders Bälle im Haus und in der Stadt gehörten ebenso zur Erziehung wie die Gelegenheit, kleine französische Theaterstücke in einem eigenen Theatersaal aufzuführen. Die Mädchen sollten Heimlichkeiten untereinander vermeiden und auf Spaziergängen zusammen mit einer der beiden Gouvernanten ihre Gesundheit pflegen. Auch im Garten waren sie unter Aufsicht. Zur Reinlichkeit wurden sie besonders angehalten. Das betraf auch die Zähne. Da die Kinder im Alter von zehn Jahren in die Schule aufgenommen wurden, half eine Gouvernante diesen beim Ankleiden oder abends beim Ausziehen und durfte auch nicht versäumen, ihnen Fußbäder zu richten. Die angekleideten Mädchen hatten in einen Saal zum Morgengebet zu gehen und dann in einem anliegenden Zimmer gemeinsam zu frühstücken. Im allgemeinen gab es gute gezuckerte Milch mit einem Brötchen. Der Genuß von Kaffee war an besondere Erlaubnis gebunden. Ein Diener, Schweizer genannt, sorgte für die Aufstellung der Stühle beim Mittag- und Abendessen. Dann sprach die Gouvernante vor dem Essen mit erhobener Stimme das gewöhnliche Gebet, die Mädchen wiederholten es gemeinsam und setzten sich sofort zu Tisch. Die Köchin und der Schweizer bedienten sie. Beim Aufstehen von der Tafel wurde abermals ein Gebet verrichtet. Ende Juli 1782 besuchte Kurfürst Karl Theodor das Philanthropin, am 11. November 1782 unterzeichnete er – formell in Mannheim – eine umfangreiche Urkunde über die Rechte und die Ordnung in dem kurpfälzischen Erziehungshaus in Frankenthal, das einen so guten Erfolg gehabt und ein solches Vertrauen gewonnen habe, daß von allen Seiten Deutschlands viele adelige und sonst angesehene Familien Plätze für ihre Töchter dort suchten. Eine Erziehung nach guten Grundsätzen habe heilsamen Einfluß auf die Jugend, besonders das weibliche Geschlecht, die allgemeine Wohlfahrt des Staates und jeder bürgerlichen Gesellschaft. Das war auch Karl Theodors eigene Überzeugung.

Die gute Einrichtung in dem Erziehungshaus selbst, die Arbeit der Vorsteherinnen und Erzieherinnen, der Lehrer erfüllten den Kurfürsten mit großer Zuversicht. Er lobte neben der Pflege auch der französischen Sprache das Betreiben der den Mädchen notwendigen Wissenschaften und die Übung in den ihrem künftigen Stand als Hausfrauen angemessenen Handarbeiten, die Pflege der Haushaltungskunst und all dessen, was zu einem „schönen" Verhalten „in der heutigen Welt" erforderlich sei. Wie er diese seine zeitgenössische Welt sieht, unterstreicht er in einem früheren Absatz der Urkunde von 1782: Seine landesväterliche Absicht überhaupt sei sein Schutz für diese Schule gemäß der den Reichsgesetzen entsprechenden und in der Kurpfalz „von jeher" bestehenden „angemessenen vollkommenen *Religionsfreiheit*". Er wußte, daß in der Reformationszeit zwar weder Ludwig V. noch Friedrich II. den katholischen Boden und ihr katholisches Glaubensbekenntnis verließen, aber schon lange vor dem Augsburger Religionsfrieden von 1555 die Regungen der neuen lutherischen Lehre in ihrem Lande nicht unterdrückten. So schaltete Karl Theodor auch die Lehrer und Erzieher der Mädchenschule in Frankenthal nicht gleich, übernahm die für Religion und für Geschichte wie Geographie und „anständige Nebenwissenschaften" bereits bestellten beiden Hauptinstruktoren und wies dem kurfürstlichen Erziehungshaus einen Jahresbeitrag von 1200 Gulden aus den öffentlichen Kassen zu, bis, wie er sagte, für das Erziehungshaus eine eigene Stiftung errichtet werden könne. Er unterstellte es seiner von ihm angeordneten Frankenthaler Privilegien-Kommerzien- und Polizeikommission. Außerdem empfahl er es seinem Geheimen Ministerium und allen seinen Ober- und Unterbeamten, d. h. er verfuhr in einer seit dem Spätmittelalter nachweisbaren Art: Der Landesherr gab dem Empfohlenen eine Urkunde, die dieser den landesherrlichen Beamten vorzeigen konnte, wenn dieser in einem unvorhergesehenen Falle sich mit ihm zu beschäftigen hatte. Als Karl Theodor später, im Sommer 1785, von München nach Mannheim und von da nach Düsseldorf reiste, besuchte er auf der Rückreise von seiner Hauptstadt im Herzogtum Berg auch das Philanthropin in Frankenthal und förderte erneut allgemein eine christlich-humanitäre Erziehung von Mädchen, wie Anna Maus ausführt.

Karl Theodors wirtschaftliche Initiativen in Neuburg/Donau, Sulzbach und in Jülich und Berg sowie Bergen op Zoom

Karl Theodor hatte auch in den angestammten Bereichen nördlich der Donau und in den Herzogtümern *Jülich und Berg* als Landesherr zu regieren. Auch hier läßt sich seine geistige und wirtschaftliche Initiative durch viele Einzelmaßnahmen erkennen, ebenso in seinem angestammten Fürstentum Pfalz-Neuburg in Verbindung mit Pfalz-Sulzbach. Er erteilte den Einwohnern seiner Herzogtümer Jülich und Berg, der Herrschaft Ravenstein und des Marquisats Bergen op Zoom uneingeschränkte Gewerbe- und Handelsfreiheit. Er legte in Düsseldorf die Karlstadt an. In Jülich und Berg[161] entstanden infolge der uneingeschränkten Gewerbe- und Handelsfreiheit zahlreiche und wohlgeleitete Fabriken und Manufakturen für Eisen, Stahl, aber auch für Leinen-, Wollen-, Baumwollen- und Seiden-Waren. Das kurfürstliche Paar ließ sich auch, soweit dies verkehrstechnisch möglich war, immer wieder in diesen Fürstentümern sehen, nachweisbar z. B. 1746, als das Jahr der Auseinandersetzung um das Kaisertum des Gatten der Habsburgerin Maria Theresia vorübergegangen war. Der Preußenkönig und Karl Theodor hatten die ausgreifende Politik Maria Theresias eingedämmt. Die Kosten für solche Reisen erschwerten solche Besuche. Karl Theodor wurde in Düsseldorf durch seine Rücksichtnahme auf Regierungs- und Interessenverhältnisse sehr beliebt. Die Karlstadt mit dem Karlsplatz, der Hofgarten, das Schloß Jägerhof und das Schloß und der Park in Benrath waren schon Ziele seiner Aufenthalte zwischen 1755–73. Er pflegte nicht nur die von Johann Wilhelm angelegte Gemäldegalerie, sondern auch durch Lambert Krahe die Kunstakademie, die er dort 1767 gestiftet hatte, die groß angelegte Landesbibliothek, die er 1770 ins Leben rief. Entsprechend seinen Absichten als sozial umsichtiger Landesvater gründete er in Düsseldorf auch eine juristische und eine medizinische Schule. Dabei ist Karl Theodors Anknüpfen an einheimische Kräfte bezeichnend: Der Maler und Kunstsammler Krahe (1712 Düsseldorf bis 1790 Düsseldorf)[162] hatte eine Zeichenschule gegründet und seine persönliche Sammlung als Studienmaterial zur Verfügung gestellt. Karl Theodor machte 1773 daraus[163] die *kurfürstlich pfälzische Maler-, Bildhauer- und Baukunst-Akademie* und kaufte mit Mitteln der bergischen Landstände für diese seine neue Akademie die Sammlung Krahes. Sie ist noch heute eine der wichtigsten Sammlungen italienischer Handzeichnungen. Denn er hatte lange in Rom gelebt. Andererseits holte ihn Karl Theodor 1778 trotz seiner politischen Inanspruchnahme zum Aufbau seines landesherrlichen Kupferstichkabinetts nach Mannheim und beauftragte ihn 1784 mit der Ordnung der landesherrlichen Galerie in München.

Pflege von Kunst und Kultur in Düsseldorf – Ausbau der Gemäldegalerie Johann Wilhelms

Kurfürstliche Landesbibliothek in Düsseldorf

Die kurfürstlich Pfälzische Maler-, Bildhauer- und Baukunstakademie in Düsseldorf 1773

Öffentliche Hofbibliothek in Mannheim und München

Auch dort öffnete er 1789 *die Hofbibliothek* der Öffentlichkeit. Seine Bibliothek *in Mannheim wie in München* entsprach seinen Regierungsaufgaben und seinen weitgespannten kulturellen Interessen. Seine Bücher in Mannheim ließ er 1756 durch seinen Bibliothekar, den französischen Abbé Nicolas, in verschiedene Bereiche einteilen. Sie wuchs zuletzt auf etwa 100 000 Bände an. Sie wurden 1803 nach München verbracht. Nur 3000 Bände theologischen und juristischen Inhalts blieben in Mannheim.

Karl Theodor vergaß über seinen Herzogtümern Jülich und Berg am Niederrhein Neuburg und Sulzbach nicht. In diesen Fürstentümern konnte er nur gelegentlich selbst unmittelbar tätig werden. Er mußte sich für gewöhnlich darauf beschränken, sachkundige Männer aus ihnen in seinem Mannheimer Ministerium mitarbeiten und ihre Interessen und Rechte durch sie zum Ausdruck bringen zu lassen. Wie in Mosbach 1770 unterstützte er 1752 bis 1771 *in Sulzbach eine Fayencen-Manufaktur*[164] und begann damit Schritte des Frühindustrialismus. Er selbst fuhr am 17. Februar 1771 mit dem Geheimen Staatsrat Johann Georg von Stengel, dem Minister Freiherrn von Vieregg, seinem Reisemarschall Freiherrn Franz Georg von Sturmfeder und Generalmajor Johann Theodor von Belderbusch über das Fürstbistum Speyer nach seinem kurpfälzischen Amt Bretten und durch Württemberg nach Neuburg um dann von dort zu Max III. nach München weiterzureisen. Seine Gattin reiste zur selben Zeit nach Düsseldorf und empfing dort die Mitglieder der Regierungskollegien und der Landstände sowie den Magistrat und Vertreter der Garnison. Darauf fuhr sie unter dem Namen einer Gräfin von Grevenbroch nach Amsterdam, Scheveningen und den Haag. Dort traf sie den Prinz-Statthalter der Niederlande und besuchte wohl sicher das Marquisat Bergen op Zoom.

Fayencen-manufakturen in Sulzbach und Mosbach

Ihr Mann stieg am 19. Februar in seiner Residenz Neuburg ab, empfing Vertreter seiner Garnison und des Stadt- und Landklerus, den Stadtmagistrat und die Landbeamten der ganzen Gegend und besprach mit ihnen verschiedene Fragen. Abends um halb sechs Uhr empfing er die Damen sowie den Adel und lud alle zum Mittagessen des folgenden Tages ein. Schon um 9 Uhr des neuen Tages wohnte der Landesherr den Sitzungen des Regierungskollegiums und der Hofkammer bei und erkundigte sich unter anderem, welche Ursache der Brotmangel in Pfalz-Neuburg, aber auch in der Oberpfalz, in Kurbayern und den benachbarten schwäbischen und fränkischen Territorien habe. Als er von der Gefahr einer Hungersnot erfuhr, gab er sofort Getreide aus seinen Hofkästen und in seinen Pflegeämtern unentgeltlich an bedürftige Untertanen, traf aber auch Maßnahmen gegen Verteuerung und Wucher. Im Kloster der Karmeliterinnen besuchte er Ernestine Elisabeth, eine Schwester seines Vaters, die als Witwe des Landgrafen Wilhelm IX. des Jüngeren von Hessen-Rheinfels-Wanfrid 1748 Nonne geworden war. Sie war unter dem Namen Mutter Theodora durch ihre Tätigkeit nicht nur als Priorin sehr beliebt geworden und starb 1775 im Ruf der Heiligkeit. Im Gewölbe des Schlosses aber ließ er sich die Rüstungen zeigen, die sein Vorfahre Herzog Ludwig II der Strenge und sein Vorfahre König Ruprecht, aber auch andere Wittelsbacher wie Kaiser Ludwig und Ottheinrich getragen hatten. Am 23. Februar folgte er der Einladung Max III. nach München. Die Gespräche dort festigten die haus- und staatsrechtlichen Abmachungen.

Erforschung der pfälzischen Geschichte durch die Mannheimer Akademie – Das Wirken Schöpflins

Auf das Landesbewußtsein am Rhein wirkte die Erkenntnis der Landesgeschichte. Die von Karl Theodor beauftragten Geschichtsforscher benützten die Frühjahrs- und Herbstferien der Mannheimer Akademie zu wissenschaftlichen Reisen bis an den Mittel- und Niederrhein, um dort die Tätigkeit der rheinischen Pfalzgrafen zu erforschen, wie es schon der Historiker Herzog Johann I. von Zweibrücken getan hatte, der bis zu seinem Tod 1604 auch das schriftliche Regierungsverfahren gut entwickelte. Noch im 18. Jahrhundert waren viele Klöster und ihre Archive anzutreffen. Schöpflin begab sich vor allem nach Brauweiler, also in das Hauskloster des Pfalzgrafen Ehrenfried, auch Ez(z)o genannt, eines Enkels des 937 gestorbenen Bayernherzogs Arnulf, und seiner Gattin Mathilde, dann nach Düsseldorf, Jülich, Aachen und Lüttich. Von dort eilte er zur Gründung der Akademie in dem damals österreichischen Brüssel, während sich seine Begleiter bereits auf den Heimweg machten. Schöpflin, Lamey und Kremer wurden 1768 von Karl Theodors Hofkupferstecher Egid Verhelst begleitet, der die besichtigten Kirchen und andere Bauten abbildete.[165]

Wenn Lamey Brauweiler im Landkreis Köln erwähnte und Karl Theodor die Erzählung von seiner Gründung als Kloster durch den rheinischen Pfalzgrafen Ehrenfried hörte, der ein Enkel des Herzogs Arnulf von Bayern gewesen sein sollte, dachte er sicher an seine eigene Stellung als Wittelsbacher Pfalzgraf bei Rhein. Die von ihm selbst mit durchdachten Hausverträge mit Max III. liefen ja auf eine gegenseitige Beerbung an den Wittelsbacher Ländern hinaus, die es am Rhein und im Herzogtum Bayern gab, das seit 1623/1628 mit der Pfälzer Kurwürde ausgestattet war. Die Hausverträge waren von höchster und unmittelbarer Bedeutung. Denn *Kaiser Joseph II.* griff schon 1772 in die Probleme ein, die beim Aussterben der Wittelsbacher in Bayern oder am Rhein entstehen würden. Er beriet in geheimen Sitzungen in Wien über eine sofortige Besitzergreifung durch ihn in Ober- und Niederbayern, wenn Max III. stürbe[166] und ließ bereits Patente der Besitzergreifung drukken. Karl Theodor erfuhr offenbar davon. Er wußte, daß der Kaiser aufgrund des Reichslehenrechts heimgefallene Lehen beanspruchen konnte, freilich nach dem deutschen Rechtsbrauch seit Jahrhunderten

Kaiser Joseph II. will seit 1772 das Reichslehenrecht für sich bei einem bayerischen Erbfall geltend machen; Karl Theodor vereinbart mit Max III. und Karl August von Zweibrücken keine Verträge ohne Zustimmung des andern abzuschließen

auch wieder auszutun hatte. Er machte dem tatkräftigen, aber unberechenbaren Kaiser deshalb Mitteilung von dem Hausvertrag, den er mit dem Zweibrücker Herzog als nächsten Erben nach ihm abzuschließen gedachte und auch tatsächlich 1774 mit Christian IV. von Zweibrücken abschloß. Zugleich fragte er in Wien an, welche Ansprüche Österreich an eine bayerische Erbschaft erhebe. Denn wenn der Kaiser einzugreifen vorhatte, hingen die Verträge von seiner Ausdeutung ab. Das waren besonders die Verträge von 1429 und 1546.

Kurfürstin Elisabeth Auguste hat Rechte auf Jülich und Berg

Der Kaiser konnte bei seinen Absichten aber auch auf Tendenzen der Kurfürstin Elisabeth Auguste bauen. Denn diese und ihre Schwestern hatten als Enkelinnen Karl Philipps garantierte Rechte auf die Herzogtümer Jülich und Berg. Im Gegensatz zu Maria Anna, der Gattin des Herzogs Klemens von Bayern, zog Elisabeth Auguste aus ihren Rechtsmöglichkeiten am Niederrhein Folgerungen zugunsten der Pläne des Kaisers. Bei der oft schwankenden Gesundheit Karl Theodors und seinem vielleicht frühen Ableben konnte sie regierende Fürstin am Niederrhein werden, zumal sie ihr Gemahl dort 1766 als Erbin einsetzte und in seinem Hausvertrag mit Max III. von 1766/71 über die Pfalzgrafschaft und Bayern die Herzogtümer Jülich und Berg ausschaltete. Nur die Ansprüche der Zweibrücker Wittelsbacher konnten dieser Regelung entgegengesetzt werden. Bitterauf[167] übertreibt, wenn er glaubt, daß noch im Siebenjährigen Krieg die Kurfürstin durch ihre Willensstärke geradezu die Seele der pfälzischen Politik gewesen sei.

Die schwierige Position Karl Theodors – Erneuerung der Hausverträge

Karl Theodor war es, der zur Ausgestaltung der Hausverträge mit Max III. bereit war und die Verträge von 1761, 1766 und 1771/72 schloß und dadurch den Gesamtbesitz an Bayern und den pfalzgräflichen Territorien als einer einheitlichen Masse von Territorien fixieren half. Es war aber auch begreiflich, daß er sich vorsah.

1763 unterstützte er so wenig den Plan der Habsburger und ihres Staatskanzlers Kaunitz, eine Tochter Maria Theresias mit dem 17jährigen Zweibrücker Erbfolger Karl August zu vermählen, daß Kaunitz die Verhandlungen abbrach[168]. Eine Verheiratung des jungen Zweibrückers mit einer Tochter der Kaiserin hätte bedeutet, daß dieser auf die Wiener Pläne eingestellt worden wäre. In Folge einer solchen Ehe hätte sich der heranstehende Erbe des Herzogtums Zweibrücken vielleicht nicht für die Übernahme Bayerns interessiert und den Habsburger Plänen einer Erwerbung Bayerns keinen Widerstand geleistet.

Der pfälzische Kurfürst wurde im Februar 1777 auch auf ein besonderes Problem der Herzogtümer Jülich und Berg durch Friedrich II.

Friedrich der Große erkennt nur das Zweibrücker Erbrecht in Jülich und Berg an, nicht Rechte der Pfalz-Sulzbacher Schwestern

aufmerksam gemacht. Der Preußenkönig ließ durchblicken, daß er die Erbansprüche der Kurfürstin und ihrer Schwestern nicht anerkenne, sondern nur die der Zweibrücker Wittelsbacher, mit denen er sich „schon einigen" werde. Gerüchte besagten, daß er im Dezember 1776 anläßlich einer Erkrankung Karl Theodors dem preußischen Kommandanten in Wesel befohlen habe, Jülich und Berg militärisch zu besetzen, wenn Karl Theodor sterbe. Friedrich hatte im Hubertusburger Frieden (§ 18) nur vorgesehen, das Versprechen von 1742 zu erneuern. Er tat das aber nicht. Karl Theodor ergriff dazu erst im Februar 1777 die Initiative. Er hielt sich damals gegenüber den Werbungen Josephs II. um einen Ländertausch zurück, riskierte aber kein offenes Nein[168a)]. Vergebens war Kaiser Joseph II. im Frühjahr 1777 nach Paris gefahren.[169)]

Am 22. Mai 1776 schickte Karl Theodor den Freiherrn Heinrich Joseph von Ritter als seinen Gesandten nach Wien. Dazu war aller Anlaß, da Kaiser Joseph II. seinerseits bei Karl Theodor wegen des bei einem Tod des bayerischen Kurfürsten eintretenden Erbfalles vorfühlen ließ und das Reichslehenrecht für seine Annexionspläne einschaltete. Der pfälzische Kurfürst traf keine verbindlichen Abmachungen. Freilich mußte er das Schicksal bedenken, das seine weit gestreuten Länder traf, wenn er in München die Regierung zu übernehmen hatte. Nur für Pfalz-Neuburg und Sulzbach konnte das ein Vorteil werden. Karl Theodor war trotz der landesherrlichen Tätigkeit von über einem Vierteljahrhundert in seinen rheinischen Bereichen nicht bereit, auf die vagen Vorstellungen Josephs II. aus Wien einzugehen und aus diesen landesherrlichen Bereichen am mittleren und am niederen Rhein ein Königreich Burgund unter Übernahme der österreichischen Niederlande mit Brüssel zu akzeptieren und dafür die Wittelsbacher Lande südlich und nördlich der Donau herzugeben.

Karl Theodors Vertrag mit Max III. Joseph von Bayern und Karl August von Zweibrücken 1777

Am 5. August 1777 unterzeichnete Karl Theodor außerdem in Schwetzingen einen Vertrag mit Max III. und Karl August von Zweibrücken, daß keiner der Partner in Zukunft ohne Zustimmung der anderen berechtigt sein solle, Verträge abzuschließen. Für Karl Theodor führte die Verhandlungen der Geheime Staatsrat von Castell, der auch der Vormund seiner unehelichen Kinder[170)] war.

Vergebliche Versuche, von Preußen Nachfolge in Jülich und Berg garantiert zu bekommen

Freiherr Heinrich Joseph von Ritter sollte im Auftrag Karl Theodors mit der Regierung in Wien unterhandeln und sie auch dafür gewinnen, den alten Preußenkönig dazuzubringen, doch seine von ihm 1741/42 gegebene, aber 1763 nur zugesagte, nicht wirklich wiederholte

Garantie der Pfalz-Sulzbacher Nachfolge in Jülich und Berg zu erneuern. Da die Kurfürsten von der Pfalz und von Bayern gegen ihn in dem Reichskrieg gestanden waren, wenn sie auch Neutralitätsverträge zuwege gebracht hatten, war diese Erneuerung notwendig. König Friedrich sollte durch eine Konvention die Erneuerung der Garantie vereinbaren. Ritter hatte in Wien auch darauf hinzuweisen, daß sich die Regierung dort wegen der Berliner Garantie auf ihren Bundesgenossen Frankreich verlassen könne. Der österreichische Gesandte in Paris, Graf Claudius Florismund von Mercy (dessen Familie bis ins 17. Jahrhundert in Lothringen gelebt hatte), antwortete am 24. September 1777 auf das Promemoria, das er über die Wünsche Karl Theodors erhalten hatte, führte aber doch am 17. Oktober aus, daß Fortschritte bis jetzt nicht zu erzielen gewesen seien. Der französische Gesandte in Wien, Baron Breteuil bekam von der Wiener Regierung nahegelegt, bei seinem Außenminister Vergennes dieses Anliegen Karl Theodors zu unterstützen. Der kurpfälzische Gesandte bei Ludwig XVI. mußte freilich Karl Theodor schreiben, Vergennes tue das Gegenteil und wolle nur mit dem kurpfälzischen Gesandten in Paris verhandeln. Das kurpfälzische Promemoria[171] von 1777, das merkwürdigerweise aus den Archiven verschwunden ist, läßt sich aus der Antwort des österreichischen Kanzlers Fürst Kaunitz darauf und aus Ritters ausführlichem Bericht rekonstruieren. Schon in einem § 2 des verlorenen Promemoria wird der Wunsch des österreichischen Kanzlers erwiesen, eine vorläufige Konvention in einem von ihm angenommenen beiderseitigen Interesse zu unterzeichnen. Sobald er diese vorläufige Konvention erreicht haben würde, sollte eine zweite Konvention entworfen werden, um einen Gebietstausch einzurichten. Kaunitz räumte ein, daß verschiedene und besondere Ansprüche erhoben werden könnten, wenn der Erbfall eintreten würde[172]. Karl Theodor sollte deshalb einen aus dem Recht geschöpften und überzeugenden Beweis in Hinblick auf die Landesgrenzen erbringen, um die größte Sicherheit für die künftige Abmachung einzurichten. Kaunitz erörterte dann breit die umstrittenen Punkte und warnte, daß eine zweite Konvention nicht möglich sein werde, wenn nicht die schon ausgemachten Punkte geregelt würden und Zustimmung erhielten. Für die nächste Zukunft wurde ein österreichischer Entwurf der ersten Konvention sowie der vorläufigen versprochen. Dieses Promemoria führt zu dem eindeutigen Schluß, daß in diesen Wochen oder Tagen vor dem unerwarteten Tode des Kurfürsten Max III. von Bayern Karl Theodor Sicherheit für eine vorläufige Kon-

Das Kurpfälzer Promemoria von 1777 zugunsten der Sicherheit der Landesgrenzen

vention suchte – bevor die zahlreichen strittigen Ansprüche geregelt sein würden. Da starb am 30. Dezember 1777 Max III. Ritter in Wien war wohl der erste, der erkannte, daß damit plötzlich die freundschaftlichen und ungehinderten Verhandlungen zu Ende waren. Die Lage war mit einem Mal auch unübersichtlich. Das drückte Ritter zu Karl Theodors neuem Außenminister, dem Freiherrn von Vieregg, unmittelbar nach dem Todesfall in München aus. Sein Brief vom 1. Januar 1778 informiert Vieregg, daß der Tod des bayerischen Kurfürsten der Termin sei, zu dem die österreichischen Gesandten in München und auf dem Reichstag in Regensburg ihre bereits vorhandenen Instruktionen in die Praxis umzusetzen hätten und österreichische Truppen im Namen des Kaisers und des Reiches in Bayern einmarschieren würden. Diese Anordnungen beständen für den Todesfall in München bereits seit vier Jahren.

Joseph II. plant seit vier Jahren bei dem Tod Max III. Josephs in Bayern einzumarschieren

Bild 29
Christian Cannabich 1731—1798, Konzertmeister

Bild 30
Abbé Vogler 1749–1814, Komponist und Kapellmeister

Bild 31
Wolfgang Amadeus Mozart 1756—1791, Komponist

Bild 32
Gotthold Ephraim Lessing 1729–1781, Dichter und Kritiker

Bild 33
Friedrich Müller (Maler Müller) 1749—1825, Maler und Schriftsteller

Bild 34
Christoph Martin Wieland 1733–1813, Dichter

Bild 35
Sophie de la Roche geb. Guttermann von Gutershofen, 1731—1807, Schriftstellerin

Bild 36
Johann Daniel Schöpflin 1694—1771, Historiker

Bild 37
Christian Friedrich Schwan 1733–1815, Hofbuchhändler, Schriftsteller, Verleger, und Friedrich von Schiller 1759–1805, Dichter und Prof. der Geschichte an der Universität Jena

Bild 38
Franz Anton Mai 1742–1814, Professor der Medizin in Heidelberg 1773

Bild 39
Kanalhafen von Frankenthal um 1830

Bild 40
Wolfgang Heribert Reichsfreiherr von Dalberg 1750—1806, Intendant des Mannheimer Theaters 1778—1803, Hofkammervizepräsident

Bild 41
Karl II. August, Herzog von Zweibrücken 1775—1795 (1746—1795)

Bild 42
Joseph II. römisch deutscher Kaiser 1780—1790 (1741—1790), römischer König 1764, Mitregent der Kaiserin Maria Theresia 1765

Heidelberg

Das ehmalige Churfurstliche Residenz Schloss Samt der gegend, von der Morgenseite nach der Natur aufgenomen und gestochen von J. Rieger Manheim 1787

Bild 43
Heidelberg von Osten um 1787

Bild 44
Johann II. Herzog von Zweibrücken 1604—1635 (1584—1635), 1610—1613 Administrator der Pfalz während der Minderjährigkeit Friedrichs V.

Tafel 1
Gruppenbild der natürlichen Kinder des Kurfürsten Karl Theodor von Pfalz-Bayern

Tafel 2
Pfalzgräfin Maria Anna von Birkenfeld-Gelnhausen (1753–1824), ab 1799 Herzogin in Bayern, geb. Pfalzgräfin von Birkenfeld-Bischweiler-Rappoltstein

Tafel 3
Pfalzgraf Wilhelm von Birkenfeld-Gelnhausen (1752–1837), seit 1799 Herzog in Bayern

Tafel 4
Kurfürst Karl Theodor von der Pfalz (1724/43—1799)

Tafel 5

Pfalzgraf Maximilian Joseph von Birkenfeld-Zweibrücken-Rappoltstein, der spätere erste König von Bayern, als türkischer Prinz (1756–1825)

Tafel 6
Pfalzgraf Friedrich Michael von Birkenfeld-Zweibrücken-Rappoltstein
(1724—1767)

Tafel 7
Pfalzgräfin Maria Amalie Auguste von Birkenfeld-Zweibrücken-Rappoltstein als Braut des Kurfürsten Friedrich August III. von Sachsen (1752–1828), Tochter des Pfalzgrafen Friedrich Michael

Tafel 8
Kurfürst Karl Theodor von der Pfalz (1724/43—1799)

Tafel 9
Gräfin Maria Josepha Seyffert, Gräfin von Heydeck mit ihren Kindern, den späteren Fürsten von Bretzenheim; Kinder: Carolina Josepha Phillipina, Carl August Friedrich Joseph, Eleonora Carolina Josepha, Friederika Carolina Josepha

Tafel 10
Kurfürst Karl Theodor von der Pfalz (1724/43—1799)

Tafel 11
Kurfürstin Elisabeth Auguste von der Pfalz (1721/1742–1794)

Tafel 12
Kurfürst Carl Philipp von der Pfalz (1661/1716—1742) als Stifter des Mannheimer Jesuitenkollegs

Tafel 13
Kurfürstin Elisabeth Auguste von der Pfalz (1722/1742—1794)
als Allegorie der Hochherzigkeit (= ital. magnanimità)

Tafel 14
Pfalzgraf Johann Christian Joseph von Sulzbach (1700/1732–1733)

Tafel 15
Freiherr Joseph Anton von Reibelt als Vize-Kanzler des Sankt-Hubertus-Ritterordens

Tafel 16
Kurfürst Karl Theodor von der Pfalz (1724/43–1799)

V

Der bayerische Erbfall und der Erbfolgekrieg 1778–1779

Karl Theodor wird 1777 Kurfürst von Bayern

Während des Silvestergottesdienstes 1777 erfuhr Karl Theodor durch den kurbayerischen Obersten Freiherrn von Lilgenau in der Hofkirche in Mannheim, daß am Vortag der Vetter in München gestorben sei. Er wußte, daß dessen Kanzler Kreittmayr infolge dieses Todesfalles die Tore der Hauptstadt Bayerns zu schließen hatte und den Rat der Minister versammeln mußte. Max III. hatte sterbend dem Kanzler die Wittelsbacher Hausverträge anvertraut, dazu sein Testament von 1769. Kreittmayr selbst hatte beim Hausvertrag von 1774 das vorsorglich abgefaßte, naturgemäß undatierte Patent der Regierungsübernahme durch Karl Theodor gegengezeichnet, dem ein ebensolches bei einem etwa früheren Tode Karl Theodors entsprach. In dem von Kreittmayr gegengezeichneten Schriftstück nimmt Karl Theodor das ganze Land als einziger und rechtmäßiger Nachfolger in Besitz. Tatsächlich ließ das noch am Todestag der Kanzler durch einen Herold feierlich verkünden. Kuriere taten das im ganzen Land.[172)]

Karl Theodor reiste sofort ab. Im ersten Wagen saß er zusammen mit dem Geheimen Staats- und Konferenzminister, zugleich Oberststallmeister Freiherrn (1790 Grafen) Matthäus von Vieregg und zwei Kurieren; im zweiten Wagen fuhren der Kabinettssekretär Freiherr Stephan von Stengel und Andreas André, der Vertrauensmann der Herzogin Maria Anna in Bayern, den diese mit der Trauernachricht als Kurier zu Karl Theodor gesandt hatte. Am nächsten Morgen folgten der bis 1771 als Geheimer Staats- und Konferenzminister tätig gewesene Freiherr Peter Emanuel von Zedtwitz und der Freiherr Franz Karl von Hompesch zu Bollheim, der seit 1775 als Minister in Düsseldorf tätig war[173a)]. *Karl Theodor* reiste noch in der Nacht in nicht ganz dreißig Stunden nach München. Er *selbst erzählte*[173)] 1794 in Kenntnis der gegen ihn erhobenen Beschuldigungen wegen eines geheimen Einverständnisses mit Österreich dem damals dreißigjährigen Hofkriegsrat Felix Joseph Lipowsky, den er seit 1792 auch zu vertraulichen diplomatischen Missionen heranzog, über das, was er auf die Nachricht vom Tode des Kurfürsten von Bayern hin dachte und tat:

„Ich war über diese unerwartete Nachricht sehr betroffen". Lipowsky, der sofort nach Karl Theodors Erzählung nach Hause gegangen war, um seine Worte möglichst genau aufzuzeichnen, notierte ursprünglich: „Ich erschrak sehr über diese mir so unverhoffte Nachricht". Lipowsky, der als Student auch Weishaupt in Ingolstadt erlebt hatte, selbst aber kirchlich-religiös blieb und Jurist und Offizier wurde, hinterließ uns zwar nicht seine Aufzeichnung von 1794, aber den Entwurf

Karl Theodors Rückblick von 1794 auf sein Verhalten von Januar bis Mai 1778

seiner 1828 in Sulzbach erschienenen Biographie Karl Theodors, „Wie Er war und wie es wahr ist". Er korrigierte deshalb sein Manuskript nach seiner kritischen Erinnerung. Er kannte seinen Kurfürsten auch aus den Sitzungen der Geheimen Konferenz, zu denen er in verschiedenen Angelegenheiten hinzugezogen wurde. Da seine Wiedergabe der wörtlichen Äußerungen Karl Theodors nie mehr später im Wortlaut veröffentlicht wurde, bringe ich sie hier wieder. Karl Theodor erzählte Lipowsky:„ (Und ich) dachte mir: Nun sind deine guten Tage vorbei (vorüber)! Sogleich begab ich mich in mein Kabinett, machte mich reisefertig und ging am 1. Januar 1778 nachts dreiviertel auf ein Uhr nach München ab. Unterwegs überlegte ich, was ungefähr geschehen könnte und wie ich mich dabei zu benehmen hätte. Die Ansprüche Sachsens auf die Allodialmasse des gestorbenen Kurfürsten umging ich, weil sich das finden und geben würde; allein Österreichs Forderungen, die wohl vorherzusehen und zu erwarten waren, faßte ich dafür schärfer ins Auge. *Den Krieg zu vermeiden, war meine erste Sorge.* Denn erstens habe ich keine Armee und treffe auch keine in Bayern an, die sich mit der von Österreich an Stärke messen könnte, zweitens ist Bayern von den österreichischen Staaten fast ganz umgeben und es lassen sich die Grenzen dieses Landes nicht überall gegen feindlichen Einbruch decken. Drittens: sich auf die Hilfe einer fremden Macht zu verlassen schien mir bedenklich, denn ich erinnerte mich wohl wie es den Kurfürsten von Bayern Max Emanuel und Karl Albrecht, nachmaligem Kaiser, in der Vorzeit und zum Teil selbst noch während meiner Regierung in der Pfalz ergangen ist. Viertens: und sollte auch wirklich eine Macht mir helfen, und bis ans Ende mit mir ausharren und mir tätig beistehen, so sind dann Entschädigungsforderungen für aufgewandte Kriegskosten und andere Dinge unausweichliche Folgen, für welche beim Friedensschluß wenigstens ein Stück Land gegeben werden muß. Fünftens: ist es unvermeidlich, daß Bayern der Kriegsschauplatz wird. Dann sind es *feindliche und freundliche Armeen, die den Untertan(en) pressen,* von ihm zehren und leben und so das Land wenigstens auf dreißig Jahre in Armut und Verderben bringen. Dieses alles und noch andere Gründe, wohl überlegt, bewogen mich nun zu dem *Entschluß: Auf diplomatischen Wegen mein und meiner neuen Länder Heil und Rettung zu versuchen,* schon lediglich auf die mir und meinem Kurhause zukommenden Rechte mich zu verlassen. Ich suchte es ohne ein zu wagendes Waffenspiel dahin zu bringen, daß Bayern nicht der Tummelplatz eines Krieges werde; und da man bei solcher Gestaltung der Dinge sich ein Opfer – wie Erfahrung lehrt –

jederzeit gefallen lassen muß, so glaubte ich, von den mir nach den Hausverträgen und nach sonstigem Rechte zugefallenen und ererbten bayerischen Ländern so wenig als möglich herzugeben. Mit diesem Entschlusse kam ich in München an, wo ich meine Meinung für mich behielt und die bayerischen Minister und Staatsbeamten um die ihrige befragte."

Als Karl Theodor am 2. Januar 1778 in München eintraf,[174] erstattete ihm sein dortiger Resident, Geheimrat Ludwig Heinrich von Hammerer darüber Meldung, daß *die bayerischen Staaten bereits in seinem Namen in Besitz genommen* wären, daß das kurbayerische Ministerium, alle Kollegien, Stellen und Ämter sowie der Hofkriegsrat und das Militär den Eid der Treue und Verpflichtung als Untertanen geleistet und von den vorgesetzten Dienststellen auch in Pflicht genommen wären. Nach einer nur kurzen Ruhepause empfing der nunmehrige Kurfürst von der Pfalz und Bayern die bayerischen Minister, nämlich den Obersthofmeister und bis 1758 als Kriegsminister tätig gewesenen, nunmehrigen Außenminister Graf Joseph Franz Maria von *Seinsheim,* den Oberstkämmerer Graf Christian Joseph August zu *Königsfeld,* den Geheimen Ratskanzler Freiherrn von *Kreittmayr* und den Obersthofmarschall Graf Joseph Ferdinand zu Rheinstein und *Tattenbach,* den Inhaber einer der wenigen mit Blutbann ausgestatteten Gerichtsbereiche, nämlich der Grafschaft Valley, einen Mann, der schon 1775/76 vergeblich versucht hatte, die ihm von jedem neuen Kurfürsten zu gebenden Lehen von sich aus zu erneuern. Tattenbach war zur Zeit nicht Minister, aber Obersthofmarschall. Als solcher schaltete er sich ein oder wurde eingeschaltet. *Karl Theodor kam durch sein schnelles Erscheinen in München allen von Joseph II. ausgehenden Plänen zuvor, von Bayern Besitz zu ergreifen.* Er besprach mit den erschienenen Herren die Verhältnisse in Bayern und die Lage, da er durch die Anträge Josephs II. bereits dessen Ansprüche und Pläne etwas kannte. Der Kaiser und seine Berater, aber auch seine betagte Mutter Maria Theresia vertraten verschiedene Standpunkte. Selbst die Berater waren sich nicht einig, welche Gebiete Österreich an sich nehmen sollte. Joseph II. selbst ging in seinen Ansprüchen am weitesten.

Karl Theodor verhindert durch ein schnelles Erscheinen, daß Joseph II. sofort von Bayern Besitz ergreift

Bei Karl Theodor erhob Kreittmayr[175] gegen eine Zerstückelung vor allem des von Joseph beanspruchten Niederbayern ernste Bedenken und war bestürzt über die von dem österreichischen Gesandten in Mannheim behaupteten Abmachungen über Bayern mit Wien. Dieser Diplomat war sehr schnell dem Kurfürsten nach München nachgereist und wirkte dort bis 1787. Er war der Landkomtur Freiherr Franz Sigmund Adalbert von Lehrbach und wurde durch den Kaiser sehr bald durch einen Sondergesandten unterstützt, der aus derselben Familie der Freiherren von Lehrbach stammte und den Vornamen Ludwig hatte.

Kreittmayrs Vorschläge für Gebietsabtretungen

Kreittmayr schlug in Übereinstimmung mit Minister Graf Seinsheim dem Kurfürsten vor, statt der geforderten Abtretungen in Niederbayern Oberpfälzer Gebiet, ja sogar Pfalz-Sulzbach anzubieten, wo Karl Theodor seit 1733 Herzog war. Es wurde als Herzogtum Pfalz-Sulzbach von der sich danach nennenden Linie regiert.

Karl Theodors Gesandter in Wien wird am 3. Januar 1778 zu einem Abtretungsvertrag gezwungen

In Wien drohte bereits am 3. Januar der Staatskanzler Fürst Kaunitz dem kurpfälzischen Gesandten Heinrich Joseph von Ritter mit einer sofortigen Besetzung ganz Bayerns und erpreßte dadurch von ihm die Unterschrift unter den Entwurf einer Konvention Josephs II. mit Karl Theodor. Darin erkannte dieser, der den Vertrag keineswegs gewünscht hatte, die österreichischen Forderungen auf bestimmte Gebiete an, nämlich auf den einst in einer Sonderstellung befindlichen Landesteil Bayern-Straubing, ferner die Landgrafschaft Leuchtenberg und die böhmischen Lehen in der Oberpfalz, außerdem auch die reichsunmittelbare Herrschaft Mindelheim, die Maximilian I. 1617 durch einen Vergleich mit den Fuggern erworben, Max Emanuel trotz seiner Niederlage 1714 zurückerhalten hatte. In dem von Ritter unterzeichneten Vertrag verpflichtete sich dessen Kurfürst sogar, dessen Billigung durch den Zweibrücker Erben einzuholen. Denn durch die Hausverträge, besonders den von 1774, war Karl Theodor verpflichtet, auf die aus dem Herzogtum Zweibrücken heranstehenden Erben Rücksicht zu nehmen. Der neue Kurfürst wußte von diesem erpreßten Vertrag zunächst nichts. Er nahm, unmittelbar hinter dem Sarg seines bayerischen Vorgängers schreitend, an dessen Beisetzung am 4. Januar nachmittags drei Uhr teil.

Ritter ließ in seinem Brief an den seit Oktober 1777 vor allem als Außenminister tätigen Freiherrn von Vieregg wissen, daß er eine Konvention mit Kaiser Joseph zu unterzeichnen gezwungen worden war, die dem Haus Habsburg-Lothringen den sogenannten Straubinger Teil von Niederbayern und die Herrschaft Mindelheim in Schwaben übergab. Der österreichische Staatskanzler Fürst Wenzel Anton von Kaunitz-Rietberg (1771–1794) hatte in einer Denkschrift vom Dezember 1776 auf dieses Gebiet und den Distrikt von Burghausen sowie auf die Landgrafschaft Leuchtenberg und die königlich böhmischen Lehen in der Oberpfalz hingewiesen und *nicht* wie Reichsvizekanzler Fürst Rudolf Joseph von Colloredo (1706–1788) und dessen Sohn, der Hofkriegsrat und Feldmarschall-Leutnant Graf Joseph Maria von Colloredo (1735–1818), der 1777 den Kaiser nach Frankreich begleitete, die Kassierung der Herzogtümer Ober- und Niederbayern als heimgefallener Reichslehen angeraten.[176]

Kaunitz sicherte auch am 3. Januar 1778 das übrige Kurbayern Karl Theodor zu, war also vorsichtiger und sprach mit Rücksicht auf Karl Theodor *Recht*. Er bedachte mehr als sein ungestümer Kaiser die zu erwartende Einstellung aus Paris, Berlin und Sankt Petersburg zu einer Erweiterung Österreichs um ganz Bayern.

Der bei Karl Theodor in Mannheim beglaubigte österreichische Gesandte, Landkomtur Freiherr Franz Sigmund Walbert von Lehrbach, folgte dem Kurfürsten nach München. Dieser erhob bei dem österreichischen Diplomaten sofort dringende Vorstellungen gegen die von Österreich angekündigte Besetzung der abzutretenden Gebietsteile, wie Lehrbach am *9. Januar 1778* nach Wien berichtete, richtete aber auch am 8. Januar ein Schreiben an seinen Gesandten Ritter nach Wien,[177] worin er diesem zur Darlegung bei der österreichischen Regierung mitteilt, er habe dem Hofkriegsrat und der Bevölkerung streng befohlen, keinen militärischen Widerstand[178] zu leisten. Er werde den Vertrag ratifizieren. Da dieser Bereitschaft das Patent im Wege stand, durch das die Regierung in München erklärt hatte, Karl Theodor habe von dem Kurfürstentum Besitz ergriffen, ließ dieser durch seinen Gesandten in Wien betonen, das Patent, das einst mit Max III. vereinbart worden war, sei *vor* seiner Ankunft erlassen worden. Er werde über die Abtretung eines ergiebigen, zusammenhängenden und sehr konvenablen Strich Landes verhandeln. Natürlich waren diese Worte für die Ohren der österreichischen Regierung bestimmt. Ausführlich wies er diese aber auch darauf hin, daß er keine „Désolation" der durch den Regierungswechsel in großes Leid versetzten Bevölkerung wolle. Er appelliere in diesem Zusammenhang an Kaiser Joseph II.

Der Hofkommissar des Kaisers, Freiherr Franz Karl von Kreßel, war aber bereits am 1. Januar 1778 instruiert worden, daß der Kaiser wegen des Erlöschens der altbayerischen Linie der Wittelsbacher seine Rechte und Ansprüche auf einige Teile Kurbayerns geltend mache, die auf Habsburger (!) Ansprüche nach dem Tod des Wittelsbachers Johann von Straubing-Holland (gestorben 1425) zurückgehen würden. Sie seien 1429 aber den Herzogen von Bayern „aus neuer und besonderer Gnade" überlassen worden, jedoch ohne Nachteile für diejenigen, die auf diese Lande ein Recht hätten. Der Ausdruck „... Gnade" war schon deshalb merkwürdig, weil 1429 im Reich ein Luxemburger König, 1433 Kaiser, war und der benachbarte Habsburger Landesherr dem anderen doch keine neue und besondere Gnade erweisen konnte. Außerdem gab es die zur Begründung herangezogene Urkunde von 1429 angeblich nur in einer „Abschrift". Diese ist mit der heute noch erhaltenen Originalurkunde nicht identisch. Außerdem war ein Anspruch auf den bezeichneten und nun besetzten Bereich durch die Pragmatische Sanktion zugunsten Maria Theresias nicht erhebbar und 1740 erloschen.[179)]

Seit dem 6. Januar 1778 marschieren österreichische Truppen in Straubing und 12 bayerischen Landgerichten ein

Karl Theodor erhob bei dem nun in München tätig gewordenen *österreichischen Gesandten Freiherrn Franz Sigmund Adalbert von Lehrbach sofort dringende Vorstellungen gegen die von Österreich angekündigte militärische Besetzung der abzutretenden Gebietsteile,* wie der Diplomat am 9. Jan. 1778 nach Wien berichtete. Doch schon bevor Lehrbach dies schrieb, *ließ am 6. Jan. Kaiser Joseph II. seine Truppen in Niederbayern und der Oberpfalz einrücken* und ein Gebiet besetzen, das durch den weiteren Vormarsch bald umfangreicher war als das in dem aufgenötigten Vertrag überhaupt vorgesehene.

Der Hofkommissar Freiherr von Kreßel schlug seinen Sitz in *Straubing* auf. Kaiser Joseph II. ließ durch ihn die Huldigung für sich in den besetzten Gebieten entgegennehmen und verlangte durch diesen (obwohl abgenötigten) Rechtsakt von den Hofmarksbesitzern in nicht weniger als 12 Landgerichten Gehorsam und Steuern. Die militärisch besetzten Landgerichte gehörten zu den Rentämtern Landshut und Burghausen, ja sogar *München* und ins Herzogtum der Oberen Pfalz[179)].

Sondierungen Preußens in München

Schon *am 10. Januar ließ König Friedrich II. von Preußen* durch seinen am Reichstag in Regensburg tätigen Gesandten, den Grafen Schlick, genannt von Görtz, *in München sondieren.* Er sollte die Gesinnung des Kurfürsten erkunden. Falls sich dieser bereits an Österreich gebunden habe, sollte er den Herzog Karl August von Zweibrücken (1775–1795) als nächsten Erben zum Protest bewegen. Mit der Herzoginwitwe Maria Anna wechselte Friedrich Briefe, in denen er sie sich als Kurfürstin von Bayern wünschte. Mit Ausnahme einiger weniger, die Erwartungen auf den aufgeklärten Kaiser Joseph II. setzten, waren alle Bayern empört, als sie von dem Vertrag vom 3. Januar 1778 mit Österreich erfuhren. Noch hatte ihn Karl Theodor nicht ratifiziert. Er machte einen letzten Versuch, die Forderungen des Kaisers, der ihn ja mit *dem Reichslehen Kurbayern* belehnen sollte, zu vermindern und befahl dem Minister Graf

Seinsheim, der selbst zu Abtretungen nicht gewillt war und dem Staatskanzler Kreittmayr, der die *Zwangslage des Kurfürsten* deutlich erkannte, einen Vorschlag über Abtretungen in der Oberpfalz und Pfalz-Neuburg und Pfalz-Sulzbach zu machen und ließ diesen Vorschlag dann in Wien unterbreiten. Joseph II. lehnte ihn ab.

Ritter hielt die ihm abgepreßte Konvention unter Berufung auf das Reichslehenrecht nachträglich als vorläufige Lösung der Frage sogar für annehmbar. Karl Theodor schwankte auch jetzt noch, ob er den Vertrag vom 3. Januar ratifizieren sollte. Er tat es schließlich am *14. Januar,* als ihn Seinsheim und Kreittmayr dazu bestimmten, wie wenigstens der österreichische Gesandte in München zu dem österreichischen Sondergesandten in Bayerns Hauptstadt, seinem jüngeren Vetter Ludwig von Lehrbach sagte und dieser das am 24. März 1778 an Staatskanzler Fürst Kaunitz nach Wien berichtete. Der Sondergesandte traute jedoch *Kreittmayr* damals nicht. Dieser hatte *im Herbst 1753* nicht abgelehnt, als der durch München reisende, um das österreichische Postwesen hochverdiente Freiherr von Lilien, der Schwiegersohn des österreichischen Vizekanzlers von Bartenstein, mit ihm in Verbindung treten wollte. Lilien hatte dann mit Kreittmayr die Habsburger Aussichten auf Bayern oder auf einen Zuwachs an bayerischen Gebieten besprochen, wenn Erzherzog Joseph, der spätere Kaiser Joseph II., später Josepha, die Schwester Max' III. heiraten würde. Doch waren dessen Schwestern erst zwölf und vierzehn Jahre alt. In Wien vermutete man, Kreittmayr sei zu diesem Gespräch autorisiert worden[181], weil *Max III.* fürchtete, daß Bayern bei Erlöschen seiner als „bayerisches Haus" empfundenen Linie vom selben Schicksal wie Österreich beim Tode Karls VI. 1740 getroffen werde. Kreittmayr und sein Landesherr hatten sich dann sehr zurückgehalten, als Joseph zunächst Isabella von Parma heiratete. Sie starb aber 1763, und „Bayern" näherte sich „Österreich" an. Der Kaisersohn Max III. war, wenn seine Schwester als Gattin Josephs II. Kaiserin wurde, der Onkel eines künftigen Kaisers. Wollte er einem solchen sein katholisches Bayern lieber vererben als dem um konfessionelle Toleranzpolitik in der Kurpfalz bemühten Karl Theodor?

Karl Theodor ratifiziert unter dem Druck des Einmarsches am 14. Januar die Wiener Konvention

Joseph II. heiratete die Wittelsbacherin 1765, doch starb diese schon zwei Jahre später. Die Politik des Kaisers Joseph lag auf derselben Linie, die schon die Kaiser Maximilian I. und Karl V., Joseph I. und Karl VI. verfolgt hatten, nämlich Bayern Österreich einzuverleiben.

Kreittmayr

Kreittmayr hielt sich 1778 vor den bayerischen Patrioten um die Herzoginwitwe Maria Anna zurück, die um der bayerischen Staatseinheit willen aufgrund der Wittelsbacher Hausverträge auf den Rechten des seit 1775 in Zweibrücken regierenden Herzogs Karl August bestanden, dem Kurfürsten Karl Theodor in der Kurpfalz und Kurbayern unbeschränkt nachzufolgen. Der vorsichtige und realistische Geheime Ratskanzler machte sich nach dem Einmarsch der Österreicher im Januar 1778 mehr Gedanken darüber, um welche Gebiete es sich bei einer Abtretung handeln könne. Der kaiserliche Staatskanzler Fürst von Kaunitz-Rietberg begründete am 20. Januar 1778 allen in Wien beglaubigten Vertretern der auswärtigen Mächte in einer Note[182]: Die böhmischen *Lehen* der von Wilhelm IV. fortgesetzten Linie Bayern-München müßten nach deren nunmehrigen Erlöschen 1777 an Böhmen zurückfallen, auf die Reichsherrschaft Mindelheim sei von Kaiser Matthias 1614 dem Erzhause die Anwartschaft verliehen und das sei von dessen Nachfolgern bestätigt worden. Der Luxemburger Kaiser Sigismund habe seinen Schwiegersohn Herzog Albrecht von Österreich nach dem Tode des Wittelsbacher Herzogs Johann 1425 mit Bayern-Straubing belehnt. Obwohl dieser *Belehnungsakt* 1426 erfolgt sei, hätte der Luxemburger Kaiser zum Vorteil der Agnaten dieses Wittelsbacher Herzogs Johann nachgegeben.

Der österreichische Staatskanzler, der auch auf den dem Kurfürsten Karl Theodor abgepreßten Vertrag vom 3./14. Januar hinwies, verknüpfte mit den Angaben aus der Vergangenheit den Hinweis, der Wiener Hof habe seinen Ansprüchen dadurch Nachdruck verliehen, daß er 16 Bataillone Infanterie und 20 Schwadronen Kavallerie in Bayern habe einrücken lassen. Weder durch diese Note noch durch den bereits erfolgten Einmarsch der österreichischen Truppen, denen Kurbayern keinen Widerstand entgegensetzen konnte, gelang es dem Kaiser, Bayern Österreich einzuverleiben und Karl Theodor mit einem Königreich Burgund am Rhein abzufinden. Dieser liebte zwar nicht nur seine Kurpfälzer Lande, sondern auch seine Herzogtümer Jülich und Berg. Er hatte aber, als im Oktober 1777 der alte, für äußere Fragen oft herangezogene und auch in den Finanzen tüchtige Minister von *Beckers* starb, zu dessen *Nachfolger für die Außenpolitik den Freiherrn Matthäus von Vieregg* bestellt, der französisch orientiert und den Berichten des österreichischen Gesandten zufolge ein entschiedener Gegner des Tausches war.

Karl Theodors Außenminister Freiherr Matthäus von Vieregg bekämpft den Ländertausch

Im Januar 1778 wollte der neue Kurfürst verhindern, daß Bayern Schauplatz eines Krieges werde und möglichst wenig von den Territorien opfern, die der Kaiser zu besetzen begonnen hatte.

Bevor das Bild der Entscheidungen Karl Theodors und der Vorgänge von 1778/79 weiter gezeichnet werden soll, muß darauf hingewiesen werden, daß Karl Theodor bis dahin 35 Jahre als Kurfürst der Pfalz in Mannheim regiert hatte. Diese Tatsache muß auch hier zum Verständnis der Entscheidungen des Kurfürsten angeführt werden.

Den Ausschlag zur *Ratifikation* des Vertrages vom 3. Januar *am 14. dieses Monats* hatte die *militärische Lage* gegeben. Der österreichische Gesandte hatte zudem dem Kurfürsten preußische Absichten auf Jülich und Berg vorgetäuscht.

Karl Theodor schreibt Karl August von Zweibrücken, er habe die Konvention vom 3./14. Januar unter Zwang unterschrieben

Am 22. Januar *schrieb der Kurfürst dem Herzog Karl August* von Zweibrücken, daß er zur *Unterschrift* unter den Vertrag vom 3. Januar *gezwungen* worden sei.[183] Das entsprach nur zu sehr der Wahrheit. In diesen Gedanken äußerte er sich später, 1794, wiederum selbst zu dem damaligen Hofkriegsrat, Offizier und Juristen Lipowsky, den er 1792 als Reichsvikar mit wichtigen Aufträgen an verschiedene deutsche Höfe geschickt hatte. Karl Theodor erzählte 1794 rückschauend: „Kreittmayr, ein gelehrter, besonnener Mann, kam mir in seinen Äußerungen sehr nahe, er erinnerte an Unertls Warnung an Kurfürst Karl Abrecht vor einem Krieg, und hielt einen *Krieg* für sehr bedenklich, auch selbst im glücklichsten Falle nachteilig, indessen Lori und Obermayr umso dringender den Krieg anrieten, weil man sich des preußischen Beistandes versichert halten dürfte, daher denn ihre Meinung war, ich sollte die pfälzischen und bayerischen Truppen mit dem preußischen Heere vereinigen, den Landsturm in Bayern aufbieten und dann Frankreich um seine bewaffnete Hilfe anrufen. Ich merkte wohl, daß aus diesen beiden Männern die *Zweibrücker Prinzen* sprachen, die Himmel und Erde bewegten, ja selbst einen Geistlichen namens Kiermayr nach Frankreich sendeten, um dort für sie gegen die Ansprüche Österreichs auf Bayern, wenn auch nicht bewaffnete, doch wenigstens diplomatische Unterstützung zu erlangen. Ich ließ dies aber bewendet sein und die Prinzen walten; denn ihr Herzogtum lag von Österreich weit entfernt, und sie hatten daher nicht leicht einen Einfall, besonders wegen der Nähe Frankreichs, zu befürchten, was bei den bayerischen Staaten nicht der Fall war".

Die schon betagte Kaiserin Maria Theresia, die ihren Einfluß auf ihren Sohn weitgehend verloren hatte, erklärte am 31. Januar 1778

Maria Theresia bezweifelte schon am 2. Januar 1778 die Rechte, die ihr Sohn auf Bayern geltend machte

bezeichnenderweise, sie wolle von der kriegerischen Wendung in der Auseinandersetzung über die Frage nichts wissen, aber überließ die Durchführung dem Kaiser und Kaunitz.[184] Vergeblich hatte sie am 2. Januar 1778 ihrem Sohn geschrieben: „Selbst wenn unsere Ansprüche auf Bayern nachweisbarer und begründeter wären als sie es sind, sollten wir zögern, um unseres speziellen Vorteils willen einen allgemeinen Brand zu entzünden. Bedenke doch, wie viele – selbst nach der Aussage des Ministers – [Gedankenstriche von mir eingefügt] nur wenig bewiesene und verjährte Rechte, wie Du es so gut weißt wie ich selbst, abgewogen werden müssen, um nicht Verwirrungen anzurichten, aus denen so viel Unglück hervorgehen wird.“ Am 20. Juni schrieb sie dem Sohn offen: „Unglücklicherweise sind *wir* es, die sich im *Unrecht* befinden“. Joseph II. aber sah bereits in einem Brief an seine Mutter am 7. Januar 1778 den in München vom österreichischen Einmarsch in Bayern schmerzlich überraschten Kurfürsten „von Unentschlossenheit und Bangigkeit beherrscht“; er sei „ein stiller, fast furchtsamer Mann“. Sein Verhalten zu Wien beurteilte die Kaiserin rückschauend am 31. Mai 1779 in einem Brief an ihren Sohn: „Es mag sein, daß es der Kurfürst von der Pfalz nicht verdient, daß man ihn nicht im Stiche läßt, aber er hat sich einmal in unsere Arme geworfen“. Diese Formulierung übertrieb, ja entstellte das damalige wirkliche Verhältnis Karl Theodors zu Wien. Die Sache wurde dadurch vorentschieden, daß der *Preußenkönig bereits am 30. Januar 1778 sein Ultimatum redigierte.* Dazu erzählte Karl Theodor 1794: „Ist es dem Könige von Preußen ernst, dachte ich, Bayern in seiner Integrität zu belassen [Buchmanuskript: Bayern ganz zu erhalten], und weiß er das durchzufechten, so gewinne ich und die Prinzen als nächste Agnaten; geht aber die Sache schief, und die Preußen vermögen ihr Intent nicht armatu manu durchzusetzen, so habe ich an den Feindseligkeiten keinen Anteil gehabt und kann mich als friedlicher Teil auf meine Rechte stützen und zum Besten meiner Länder und selbst der Agnaten des kurfürstlichen Hauses auf ein gütliches comportement einlassen, auch sonst meine und des Landes Rechte schirmen und erhalten. Ich hielt mich daher ruhig, nahm verschiedene mir gemachte Vorschläge gutwillig an, zog sie in Überlegung, *schien* hier und dort für dieses oder jenes Accommodement nicht ungeneigt, um Zeit zu gewinnen und um zu hören, wie so was an anderen Höfen aufgenommen wird, wußte aber stets etwas hinzuzufügen oder einzuschieben, was der Sache wieder Aufenthalt gegeben, sie wohl gar hinterstellig gemacht hat, zudem ich hier und da wohl gewußt, daß der

Friedrich der Große redigiert am 30. Januar sein Ultimatum an Österreich

Herzog von Zweibrücken hierzu nie willigen und also noch weniger unterschreiben werde."

Lipowsky[185] ergänzte sein Buchmanuskript für die Veröffentlichung durch den Hinweis, daß sich Karl Theodor die Frage bejahte, ... „unternimmt er [der König von Preußen] so etwas nicht eigentlich wegen seiner selbst, um jederzeit sicher und ruhig im Markgrafentume Ansbach und Bayreuth sukzessieren zu können und nicht ähnliche Ansprüche des Kaisers wegen offen gewordener Reichslehen usw. erwarten zu müssen?" Der Kurfürst schätzte in seinem Gespräch mit Lipowsky zweifellos den König von Preußen in der wiedergegebenen Auffassung richtig ein, für das aber erst 1828 herauskommenende Buch Lipowskys erschienen diese Überlegungen Friedrichs des Großen doch zunächst zu kompliziert und eine Belastung des zu druckenden Manuskripts. Bei der kritischen Überlegung während des Druckes hielt sich Lipowsky aber doch nun mehr an seine Erinnerung und den Text, den er einst niederschrieb.

Kaiser Joseph II. macht am 22. Januar Karl Theodor zum Ritter des Goldenen Vlieses

Kaiser Joseph II. verlieh Karl Theodor am 22. Januar das *Goldene Vlies*.[186] Dieser empfand diesen Orden als ein Programm *friedlicher* Entscheidungen, das er in seinem ganzen Leben verfolgte. Er ließ sich deshalb 1799 mit diesem Orden auch beisetzen. Die Aufnahme in den von Herzog Philipp dem Guten von Burgund 1429 in Brügge gestifteten Ritterorden verpflichtete ihn wie die anderen Mitglieder zur Förderung des christlichen Glaubens und zum gegenseitigen Schutz der Ritter auch untereinander.

Joseph II. machte von diesem Versprechen zur gegenseitigen Hilfe einen eigenartigen Gebrauch, als er Karl Theodor aufforderte, ihm Truppen zur Verfügung zu stellen. Darauf ging Karl Theodor nicht ein, denn seine Haltung war durch die Hoffnung auf *friedliche* Lösung der Fragen und durch seine Verpflichtung als Landesherr in sieben Regierungsbereichen bestimmt.

Proteste der Herzogin Maria Anna von Bayern und der sich um sie sammelnden Patrioten Bayerns

Der Gewaltakt Josephs II. machte weder in Paris noch in St. Petersburg, noch weniger in Berlin einen guten Eindruck. Dazu kam, daß jetzt Herzogin Maria Anna, die Schwester der Gattin Karl Theodors, zum Mittelpunkt der bayerischen Patrioten geworden war, die sich gegen jede Vertauschung Bayerns oder Abtretung bayerischer Gebiete wehrten. Zu ihnen gehörten der Geheime Rat Johann Georg von Lori, der im Department der auswärtigen Geschäfte zunächst bis 1775 noch bei Minister von Seinsheim tätig gewesen war, der durch seine Mitgestaltung der Hausverträge sehr sachkundige Jurist Freiherr von Obermayr, der am Reichstag zu Regensburg als bayerischer Gesandter wirkende Freiherr Joseph von Leyden, der seit 1769 Wirklicher Geheimer Rat war, und der Hofkriegsratspräsident Graf Johann Kaspar von La Rosée, der seit 1763 Wirklicher Geheimer Rat war. Schon durch ihre Stellung konnten solche Persönlichkeiten Einblick in die Vorgänge seit dem Januar 1778 gewinnen. Auf dem Reichstag in Regensburg konnte ein patriotischer bayerischer Diplomat Kontakte auch zu den Gesandten anderer Landesherren, z. B. dem Vertreter des Königs von Preußen, gewinnen, der selbst in München keinen Gesandten unterhielt.

Ritter, dem Gesandten des Kurfürsten bei den Habsburgern, wurde am 4. Februar in Wien der Plan vorgelegt, sein Herr solle Ober- und Niederbayern an Österreich abgeben[187], nicht aber Sulzbach, nicht Neuburg und die Oberpfalz. Auf Karl Theodors Klage hin hatten die Österreicher diese Gebiete geräumt. Der Kurfürst hatte sie zwar in seinem letzten Vorschlag an Kaiser Joseph II., den er mit Seinsheim und Kreittmayr ausgearbeitet hatte, angeboten, obwohl ihm die Abtretung vor allem von Sulzbach ein besonderes Opfer gewesen wäre.

Geheime Kontakte des preußischen Reichstagsgesandten Graf Schlick genannt von Goertz mit Herzogin Maria Anna

Am 6. Februar 1778 traf vor München als Gesandter des Preußenkönigs Graf Johann Eustach von *Schlick, genannt von Görtz*, ein,[188] der 1752–1755 in Leiden und in Straßburg studiert hatte, in die Dienste des Herzogs von Sachsen-Weimar, dann des von Sachsen-Gotha getreten war. Von 1762–1775 hatte er die Erziehung der Prinzen Karl August und Konstantin von Sachsen-Weimar geleitet. Die Herzogin Maria Anna verbarg diesen Diplomaten gleich nach seinem Eintreffen in ihrem Gartenpalais, dem sogenannten Klemensschlößl, das dort stand, wo sich heute der Justizpalast in München erhebt.

Heimliches Treffen von Herzog Karl II. August von Zweibrücken mit Herzogin Maria Anna und Graf Schlick genannt von Görtz

Aber auch Herzog Karl August von Zweibrücken traf auf Karl Theodors (von Lehrbach angeregte) Einladung in München ein, bezog offiziell in der Maxburg Quartier, suchte aber noch am Abend des 6. Februar das vor den Stadtmauern gelegene Schlößchen der Witwe des Herzogs Klemens von Bayern (das Klemensschlößl) auf und sprach dort mit Graf Schlick genannt von Görtz und Herzoginwitwe Maria Anna.

Darauf konferierten offiziell in der Maxburg der Zweibrücker Minister Freiherr Ludwig von Esebeck und der diesem untergeordnete Regierungsrat Christian von Hofenfels mit Görtz. Hofenfels hatte bereits einer wichtigen Entscheidung auf eigene Weise vorgearbeitet, denn er war Anfang 1778 in München zwar mit dem Befehl seines Herzogs eingetroffen, den Vertrag zwischen dem Kaiser und Kurfürst Karl Theodor mitzuunterschreiben, hatte dies aber nicht getan, obwohl ihn die Österreicher mit erheblichen Summen zu bestechen suchten und er in bescheidenen Verhältnissen lebte. Bevor Herzog Karl August selbst nach München kam, war es aber dem von München wieder abgereisten Hofenfels gelungen, diesen umzustimmen. Bereits nach der Konferenz im Klemensschlößl stand der Entschluß des Herzogs fest, der Regierung in München wie in Wien, aber auch dem Reichstag in Regensburg mitzuteilen, daß er sich weigere, dem Vertrag des Kaisers mit Karl Theodor vom 3. Januar beizutreten, den dieser am 14. Januar ratifiziert hatte. Zugleich rief der Zweibrücker Herzog den Preußenkönig zur Gewährleistung der bayerisch-pfälzischen Hausverträge auf. Karl August lehnte am 16. Februar[189] auch ab, das ihm vom Kaiser zugedachte Goldene Vlies anzunehmen, das ihm Karl Theodor übergeben sollte. Der Kurfürst bat ihn unter Tränen, wie er Ritter dieses Ordens zu werden, die im übrigen die Verpflichtung auf sich nahmen, einander zu helfen. Noch am 15. Februar war Karl August bereit gewesen, den Orden anzunehmen. Dem Kurfürsten wurde zugleich bekannt, daß Karl August die Konvention nicht unterschrieben hatte, die der Kaiser dem Kurfürsten am 3./14. Januar aufgezwungen hatte. Der Zweibrükker hatte erfahren, daß ihm Frankreich Subsidien zahlte, und reiste wieder heim.

Der Zweibrücker Herzog unterschreibt weder den Karl Theodor aufgezwungenen Abtretungsvertrag, noch nimmt er das ihm vom Kaiser zugedachte Goldene Vlies an

Hofenfels ließ sich am 1. März Kopien der Hausverträge von 1766 und 1771 geben, die Karl Theodors aus der Pfalz mitgebrachter Minister Freiherr Matthäus von Vieregg, nun Oberststallmeister und Außenminister, beglaubigt hatte. Hofenfels schickte diese Verträge, das Hauptstück des ganzen Vertragswerkes, durch Kurier nach Zweibrücken, wo sie am 7. März ankamen. Obwohl der Herzog den Zweibrücken betreffenden Vertrag seines Vorgängers von 1774 noch nicht im Wortlaut kannte, trat er am 8. März, also sofort, den Hausverträgen von 1766, 1771 und 1774 bei. Da er der nächste Erbe nach Karl Theodor war, hatte er damit einen außerordentlich bedeutenden Schritt getan. Als sich die Regierung in Wien am 16. Februar an den König von Preußen gewandt hatte, begann ein publizistischer Kampf. Es erschien u. a. ein „Beweis", daß die von den Österreichern im Januar 1778 in der Oberpfalz besetzten Gebiete niemals zur Verlassenschaft des Herzogs Johann von Bayern-Straubing-Holland († 1425) gehört hätten. Eine weitere Schrift behandelte den Vergleich wegen der bayerischen Erbfolge und die königlich preußische Vorstellung in Wien als Antwort auf die Wiener Note vom 16. Februar. Als von Wien die Gerechtsame und Maßregeln in bezug auf die bayerische Erbfolge in einer Flugschrift erörtert wurden, antwortete die preußische Regierung auch durch eine solche. Aus Bayern veröffentlichte M. von Bergmann Gedanken eines Bayern über die kürzlich gedruckten Anmerkungen über das Aussterben des kurfürstlich bayerischen Hauses.[190]

Karl Theodor, der den Zweibrücker weinend auch um die Unterschrift unter die Konvention vom 3./14. Januar gebeten hatte, *verlor* in der Öffentlichkeit sehr viel *an Ansehen,* als Hofenfels den Brief des Kurfürsten vom 22. Januar an Karl August veröffentlichte. Karl Theodor hatte darin der Wahrheit gemäß gesagt, er habe diese *Konvention unter Zwang* unterschrieben.[191] Er schrieb im *März* andererseits einen geradezu demütigen Brief an den österreichischen Staatskanzler Kaunitz,[192] lehnte aber die Stellung von Truppen für Österreich konsequent ab. Das berichtete auch der österreichische Gesandte Lehrbach am 24. März nach Wien.

Karl II. August protestiert am 16. März 1778 am Reichstag gegen die österreichischen Ansprüche

Herzog Karl II. August von Zweibrücken protestierte am 16. März 1778 am Reichstag in Regensburg gegen die österreichischen Ansprüche. Wegen dieser wurde am 23. März dem Kurfürsten in München eine Denkschrift über alle von den Österreichern zu Unrecht besetzten Gebiete in Niederbayern und der Oberpfalz vorgelegt. Sie war von einer Kommission erarbeitet worden, die die einschlägigen Urkunden, insbesondere den Teilungsbrief von 1353 durchzusehen hatte. Damals hatten die Pfalzgrafen aus der Linie Rudolfs ein gutes Drittel des Nordgaus an den nunmehrigen Kaiser Karl IV. verkauft, der dies für sein Königreich Böhmen sehr begehrt hatte. Es begann sich dadurch auf ein halbes Jahrhundert ein neuböhmisches Territorium zu entwikkeln.[193] Sulzbach war Hauptort dieser von Böhmen aus regierten Landesherrschaft geworden. Karl IV. erwarb Stützpunkte bis Homburg, so daß er auf einer Reise nach Frankfurt seine Herberge stets im Gebiet einer eigenen Herrschaft aufschlagen konnte. Doch mußte der Kaiser 1373 die südlichen Teile Neuböhmens den bayerischen Wittelsbachern überlassen, um ihre Zustimmung zur Abdankung Ottos V. von Brandenburg zu erlangen, das sich Karl IV. gerade auf dem Kaufweg erwarb.[194] Das alles war noch vor der Übernahme des Königreiches Böhmen durch die Habsburger 1526 geschehen. König Wenzel hatte den bayerischen Wittelsbachern die westlichen Teile Neuböhmens verpfändet, so daß diese in die Teilung von 1392 eingeschlossen wurden. Stephan III. von Bayern-Ingolstadt hatte den Löwenanteil an den neuböhmischen Pfandschaften erhalten. Der letzte Luxemburger Kaiser

Sigismund hatte nach dem Tod des Herzogs Johann von Bayern-Holland-Straubing die Belehnung seines Habsburger Schwiegersohnes Albrecht V. von Österreich zurückgenommen und das Gebiet den Bayernherzogen zugesprochen.[195]

So begreiflich es war, daß Karl Theodor sich über diese Ansprüche der Habsburger einen geradezu urkundenwissenschaftlichen Bericht durch eine eigene Kommission in München erstatten ließ,[196] so eindeutig war bereits Ende März 1778 die Stellungnahme des Königs von Preußen und seines Habsburger Gegners. Es liefen zwar noch mehrgleisige Verhandlungen weiter. In Berlin und Wien gab es verschiedene Gruppen, auch solche, denen statt eines bevorstehenden Krieges ein Kompromiß lieber gewesen wäre. In den Berechnungen wurden Kombinationen über das Restkönigreich Polen oder die sächsische Niederlausitz einbezogen,[197] auch über das Karl Theodor gehörende Herzogtum Berg und sogar über die Rechte des Königs Friedrich auf das hohenzollernsche Markgraftum Ansbach-Bayreuth. Sein Bruder Prinz Heinrich von Preußen, selbst ein erprobter Feldherr, wünschte nicht, daß Friedrich das Prestige Preußens als Militärmacht in Europa aufs Spiel setzte. Friedrich korrespondierte damals auch mit der Herzoginwitwe Maria Anna von Bayern, der Schwägerin und Kusine des Kurfürsten. Sie wollte Friedrich sogar mit Truppen unterstützen, die sie aus dem reichen Erbe ihres Mannes finanziert hätte. In den Briefen wählte sie für die in Frage stehenden Personen charakteristische Decknamen. Den Kurfürsten Karl Theodor nannte sie Pygmalion, Friedrich Jupiter und Joseph II. Neptun.[198] Maria Anna erinnerte daran,[199] der gemeine Mann in Bayern hege seit den österreichischen Besatzungen in Bayern seit 1702 und 1742 eine starke Abneigung gegen Österreich und die Österreicher. Herzogin Maria Anna versicherte dem preußischen Gesandten am Reichstag in Regensburg, dem Freiherrn von Plotho, *Lori* sei gut preußisch gesinnt.[200] Tatsächlich war das schon aus den Verhandlungen zu erkennen, die dieser im Auftrag Max III. für Bayern führte, als schließlich unter Vermittlung der Kurfürsten von Bayern und der Pfalz Friedrich der Große den Siebenjährigen Krieg beendete. Wenn ihn sein Landesherr auch 1763 in den Adel erhob, so war er doch bald mit ihm unzufrieden, da *Lori* „eine kantige Natur voll Feuer und Tatkraft, herb und treuherzig, gerecht und jähzornig",[201] gegen die Verheiratung der Schwester seines Kurfürsten mit Joseph II. auftrat.

Der Preußenkönig stellt sich Ende März 1778 gegen Joseph II.

Herzogin Maria Anna und die bayerischen Patrioten wollen einen Krieg des Preußenkönigs gegen Joseph II. mitmachen

Kaiserin Katharina II. von Rußland tritt für Friedrichs Konsequenzen ein

König Friedrich begab sich Anfang April zu seiner Armee, Kaiser Joseph zur österreichischen. Noch am 14. März hatte Joseph den Preußenkönig durch eine dilatorische Antwort hingehalten, um selbst alle seine Truppen zusammenzubekommen.[202] *Kaiserin Katharina von Rußland* stand zwar mit Karl Theodor seit langer Zeit über fortschrittliche Lösung von Regierungsfragen und verschiedene Gedanken im Briefwechsel, erstrebte wie er 1778 eine friedliche Lösung des Erbkonfliktes, stellte sich eben deshalb aber betont zu ihrem nunmehrigen Bundesgenossen Friedrich und erklärte sich bereit, mit 60 000 Mann das preußische Eingreifen zu unterstützen.

Lori und Obermayr raten Karl Theodor zum Krieg

Ohne Rücksicht auf die Frage, ob der Friede zu erhalten sei, entschied sich für Preußens militärische Hilfe zugunsten der Staatsexistenz Bayerns der bayerische Jurist Johann Georg von *Lori*, der 1762/63 Bayerns Friedensverhandlungen mit Preußen mitzuführen hatte. Er schreckte persönlich nicht davor zurück, 1778 die Österreichfreunde in Bayern durch Akte von Terror einzuschüchtern.[203] Gescheit und von unmittelbarer Tatkraft hatte er als Sohn eines bürgerlichen Gastwirts in Steingaden seit vielen Jahren für Kurfürst Max III. gearbeitet, sogar dessen Gründung einer Akademie der Wissenschaften wesentlich mitbewirkt, von Amts wegen aber in Rechtsfragen das Münz- und Bergwerkswesen mitgestaltet. Nach dem Tode des letzten bayerischen Kurfürsten hatte er sofort die Patente über die Besitzergreifung durch Karl Theodor in Druck gehen lassen und dem neuen Herrn mitgeteilt, daß ihm bereits in ganz Bayern gehuldigt worden sei. Zusammen mit Eucharius Obermayr riet er Karl Theodor dringend zum Krieg, da er sich auf Preußen stützen könne. Obermayr hatte die Haus- und Staatsverträge mit Karl Theodor mitgestaltet. Für das Gewicht des *Patrioten*kreises war von Bedeutung, daß Obersthofmarschall Graf von Tattenbach, Hofkriegsratspräsident Graf de La Rosée und der mit den Zweibrücker Wittelsbachern befreundete Diplomat Freiherr Joseph Ignaz von Leiden (Leyden) sowie der kurpfälzische Oberststallmeister Graf von Daun zu den bayerischen Patrioten zählten. Diese verständigten den König von Preußen und den Herzog von Zweibrücken über die Haltung Karl Theodors. Freilich konnte dieser höchstens 3000 bis 6000 Mann bayerischer Truppen aufbringen und mußte außerdem gewärtigen, daß Herzogin Maria Anna, gestützt auf das Vermögen ihres verstorbenen Gatten und die von ihr seit 1778 finanzierte bayerische Bildungsanstalt für künftige Offiziere (Kadettenkorps), „General der Bayern" werde, wie sie wörtlich an den Grafen Görtz schrieb.[204] Dazu kam, daß die in

Bayern einmarschierten österreichischen Truppen durch Plünderungen, Verbrechen an Frauen usw. in weitesten Kreisen der Bevölkerung Feinde hatten; das waren Untaten, die viele an das schlechte Verhalten der österreichischen Besatzungstruppen seit 1702 und 1742 und der folgenden Jahre erinnerten. Karl Theodor lehnte natürlich Stellung von Truppen an Kaiser Joseph ab, wie der österreichische Gesandte von Lehrbach am 24. März 1778 aus München an Kaunitz berichtete.[205]

Karl Theodor fürchtete von einem bewaffneten bayerischen Widerstand gegen die eingerückten österreichischen Truppen viel Blutvergießen. Der österreichische Gesandte berichtete am 7. April,[206] der Haus- und Staatsrechtler Obermayr, der trotz des kurfürstlichen Verbotes Widerstand mit Waffen organisieren wollte, habe gesagt, lieber wolle er seinen Kopf dem Henker überlassen als von seiner Vaterlandsliebe ablassen. Die Situation war um so kritischer, als Friedrich der Große nicht nur im Interesse der Reichsverfassung, sondern aus eigenem Interesse den Anfall des Erbes Bayern an Karl Theodor kalkulierte. Wenn sich Österreich um Bayern vergrößerte, erwuchs für ihn die Gefahr einer Machtminderung, ja sogar eine Gefahr für das von ihm eroberte Schlesien. In seinen nunmehrigen Verhandlungen mit Wien spielt deshalb sogar eine Rolle, ob er nicht die dem Kurfürsten von Sachsen gehörende Lausitz erwerben könne, wenn einmal an ihn die Nachfolge im Markgraftum Ansbach-Bayreuth fiele und er dieses dem sächsischen Kurfürsten geben könne, wenn ihm dieser dafür die Lausitz abtrete. Daß dies der Sachse nicht wollte, ließ er aber ganz offen in Wien wissen. Natürlich sind diese Kalkulationen Friedrichs nicht einfach als Pläne aufzufassen, sondern als Mittel, den Kaiser Joseph zu Äußerungen zu veranlassen und auch einzuschüchtern. Karl Theodor jedenfalls wollte den österreichischen Sondergesandten Hofrat Franz Ludwig von Lehrbach hinhalten, als dieser ihm im *März* 1778 Länder*tausch*pläne vortrug. Er gab demjenigen Plan den Vorzug, wie Lehrbach dann am 24. März zu Kaunitz behauptete, der Hoffnung auf die Niederlande[207] gewähre.

Karl Theodor fürchtet Blutvergießen und hält den österreichischen Sondergesandten hin

Der Kurfürst der Pfalz und nun auch Bayerns erklärte sich für neutral. Herzogin *Maria Anna* schrieb deswegen dem Preußenkönig,[208] daß es unter diesen Umständen schwer würde, die bayerischen Regimenter zu den Preußen stoßen zu lassen. Sie bezifferte die bayerischen Truppen auf 6704 Mann. Dem Kurfürsten war immer unerwünschter, in die Kriegshandlungen einzutreten, auch etwa auf der Seite Preußens. Da die *österreichischen Truppen* in nicht weniger als *zwölf verschiedenen*

*Land*gerichten Bayerns standen, wäre ein militärischer Anschluß Karl Theodors an König Friedrich zu einem unmittelbaren weiteren Unglück für Bayerns Bevölkerung geworden. Er ließ deshalb auch den dazu antreibenden Räten *Lori und Obermayr* am 12. Juni durch seinen aus der Pfalz mitgebrachten Minister Cuntzmann, den der Kanzler Kreittmayr zu begleiten hatte, mittels einer lettre de cachet die Anweisung geben, nach Neuburg an der Donau bzw. Amberg abzureisen und München nicht mehr zu betreten, zahlte ihnen aber – gegen den österreichischen Wunsch – ihr Gehalt weiter. Er hatte Angst ebenso vor Preußen wie vor Österreich. Bevor König Friedrich bewaffnet auftrat, schrieb er (wie oben erwähnt) an den österreichischen[209] Kanzler Kaunitz einen geradezu demütigen Brief. Er wollte weder den Österreichern in die Hände fallen, die ihn durch ihren Gesandten und einen Sondergesandten bedrängten, noch den Anhängern Preußens. *Er reiste* deshalb am *24. Juni nach Mannheim ab*. Keine der Kriegsmächte, die seit Juli in Böhmen standen, konnten sich so seiner Person mehr bemächtigen. Die Regierungsgeschäfte führte das Ministerium weiter, so wie er es im Januar zusammengesetzt hatte. Die Tätigkeit dieser Männer anhand der Regierungsakten zu verfolgen, ist bis jetzt nicht geschehen. Da der von Karl Theodor außerordentlich geschätzte Kanzler Kreittmayr im Amt blieb, konnte er auch nach seiner Abreise in die Pfalz hoffen, daß weder der den Österreichern zugeneigte Cuntzmann noch die auf ein Bündnis mit Preußen eingestellten Minister das Feld allein beherrschten. Er hinterließ unter diesen Umständen auch keine Befehle für die Landesfestung Ingolstadt. „Wenn es überrumpelt" werde, sei das „Schuld des Kommandanten", antwortete der Kurfürst auf eine hintergründige Frage bei seiner Abreise.

Der Kurfürst reist am 24. Juni nach Mannheim ab

Karl Theodors Lösungsvorschlag eines Tausches von ganz Bayern gegen die ganzen österreichischen Niederlande.

Karl Theodor hatte die Anträge Josephs II. abgelehnt, die auf eine Vertauschung von Teilen Bayerns gegen die österreichischen Niederlande hinausliefen, und taktisch geschickt auch in späteren Gesprächen österreichischer Diplomaten mit ihm das Gespräch nur auf eine Vertauschung der gesamten österreichischen Niederlande gegen das gesamte Bayern beschränkt. Da diese sieben Millionen Gulden Einnahmen erbrachten, Bayern aber nur fünf Millionen Gulden, konnte er damit rechnen, daß Joseph II. das für ein zu schlechtes Geschäft hielt. Wenn andererseits Karl Theodor Jülich und Berg seiner Gattin vorbehielt und nicht in die pfälzischen Territorien einbezog, als in den Hausverträgen über diese verhandelt wurde, dachte er vielleicht eher daran, daß die niederrheinischen Herzogtümer aufgrund des Reichslehenrechts leichter als die durch den Hausvertrag Kaiser Ludwigs von 1329 gebundenen Wittelsbacher Länder zu seiner Verfügung standen und Joseph II. nach dem Tod der Inhaberin mit Jülich und Berg, die nahe am Habsburger Belgien lagen, leichter zufriedengestellt werden könnte.

Die *Möglichkeit eines Tausches* der den Wittelsbachern gehörenden Staatsgebiete hatte der Hausvertrag von 1771 nicht ausgeschlossen, wenn damit ein Vorteil errungen werden könnte.

Der verglichen mit dem Kaiser gemäßigte Kanzler Kaunitz hatte seit dem 14. Dezember 1777 mit dem Kurpfälzer Gesandten Ritter verhandelt. Die Ausdeutung der Politik Karl Theodors 1777–1779 wurde in Bayern umso negativer, als die Landstände, deren Ausschuß alljährlich die zu bewilligenden Steuern mit dem Kurfürsten vereinbarte, von Karl Theodor bis 1781 zu solchen in der Kurpfalz nicht gegebenen „Bewilligungen" überhaupt nicht herangezogen wurden. Der Stil, den einzelne aus der Pfalz nach München geholte Persönlichkeiten in ihrem Umgang mit Bayern bewiesen, verschärfte die Stimmung gegen Karl Theodor. Als dieser am 24. Juni 1778 nach Mannheim ausgewichen war und auf diese Weise der Kaiser seiner in dem mit Krieg überzogenen Bayern nicht habhaft werden konnte, hatten ihn die Pfälzer zum Verbleiben bei ihnen zu bewegen versucht.

Seine eigene kurpfälzische Regierung hatte am 30. Juni 1778 das Verhältnis der „erstgeborenen" Pfälzer Landeskinder zu ihrem Landesvater angeführt und gegen die bayerischen Landeskinder ausgespielt, auf den Besitz des „fürstlichen Vaterherzens" gepocht und Karl Theodor beschworen, der Pfalz seinen „Vater- und Fürstensegen" weiter zu schenken, ja ihn sogar an seine Landesvaterpflichten auch gegenüber der künftigen Generation gemahnt[210)]. Karl Theodor hatte darauf am 4. Juli 1778 erwidert, er werde die gesamten Untertanen neben seiner ihm obliegenden „landesväterlichen Pflicht" nicht minder die Zärtlichkeit des „landesväterlichen Herzens" tätig verspüren lassen. Doch hatte er seine Abreise nach München inzwischen als unvermeidlich erklärt.

5. Juli 1778 Einmarsch Friedrichs in Böhmen

Die Verhandlungen zwischen den Staatsregierungen hörten auf, als am 5. Juli 1778 Friedrich der Große mit Truppen im Habsburger Königreich Böhmen einmarschierte. Zwei Tage vorher hatte er dem Reichstag in Regensburg erklärt, er werde sich der widerrechtlichen Abtrennung der „Herzogtümer Bayern" widersetzen. Er hatte damit zugleich die von ihm aus preußischem Interesse geforderte Entscheidung zugunsten Bayerns auf dem Reichstag zu unterstützen gesucht. Joseph II. wagte keinen entscheidenden militärischen Schlag, selbst als das preußische Heer, durch Seuchen schwer geschädigt, im Oktober aus Böhmen zurückmarschierte. Auch der Habsburger fürchtete Seuchen. Als er in Paris unter Berufung auf den Vertrag von 1756 um Hilfe als Bundesgenosse nachsuchte, ließ ihn der französische Außenminister im Auftrag Ludwigs XVI. wissen, daß der Bündnisfall nicht die Expansion, sondern nur den Schutz des Habsburger Herrschaftsgebietes in sich begreife und somit nicht gegeben sei. Die Selbständigkeit Bayerns (und seines Landesherrn) wurde eine europäische Frage. Seine Einverleibung in die Habsburger Ländermasse hätte nicht die Wiedervereinigung von Bevölkerungen bedeutet, die 1777/78 durch Verknüpfung mit anderen Entwicklungen nicht mehr identisch mit dem Staats- und Volksgefühl von 1156 waren. Die Zurückhaltung Kreittmayrs gegenüber der Aktivität der bayerischen Patrioten um die Herzogin-Witwe Maria Anna und die Vorsicht Karl Theodors entsprachen einander.

Das positive Recht erforderte Karl Theodor in München, die Verzweigung der Regierungsarbeit in München, Neuburg, Sulzbach, Düsseldorf und Mannheim aber führten durch die Verkehrsverhältnisse von 1777/78 zu dem Problem, wen der Landesherr für den jeweiligen Herrschaftsbereich beauftragen sollte. Er selbst konnte nicht in kurzen Zeitabständen in all den Regierungszentren sein oder gar alle Entscheidungen mehr ausarbeiten, als es ihm möglich war, wenn ihm nur schriftliche Berichte zugingen. Eine Loslösung des bayerischen Staatsgefühls von der Dynastie war andererseits schon deshalb nicht denkbar, weil an der Spitze der bayerischen Patrioten und damit als Verfechter der Eigenstaatlichkeit Bayerns die politisch kluge und umsichtige Herzogin-Witwe Maria Anna[211)] stand.

Spannungen zwischen Karl Theodor und Maria Anna – Vereinigung der bayerischen und pfälzischen Armee

Sie gründete am 14. Juli 1778 mit eigenem Geld die *Mariannische Landesakademie*. Denn Karl Theodor hatte das 1756 von Max III. gegründete Kadettenkorps, eine Bildungsanstalt für künftige Offiziere, aufgehoben und der Herzogin Maria Anna nur erlaubt, daß sie den Waisen und den Kindern armer Eltern im Kadettenkorps eine „Mutter der Verlassenen" sein dürfe. Jetzt schuf sie in Karl Theodors Abwesenheit eine Landesakademie, die praktisch das alte Kadettenkorps fortsetzte. Die Mariannische Akademie war natürlich zugleich ein Stützpunkt der bayerischen Patrioten, die in ihr sogar ihre Zuflucht finden konnten.

Karl Theodor tat bereits vierzehn Tage später einen Gegenschlag, von Mannheim aus. Er vereinigte am 1. August 1778 grundsätzlich die 8000 kurbayerischen und 12000 kurpfälzischen Soldaten zu einer Armee und stellte an ihre Spitze den pfälzischen Generalleutnant Freiherrn Johann Theodor von Belderbusch. Die durch diese Maßnahmen in Mannheim und die Tat der Herzogin Maria Anna in München geschaffene Situation war derart, daß die Kaiserin Maria Theresia im Juli und August bei dem König von Preußen ohne das Wissen und den Willen ihres Sohnes zu vermitteln suchte – freilich vergeblich.

Oberndorff, Karl Theodors Statthalter in Mannheim, verzögerte die tatsächliche Einheit der pfalz-bayerischen Truppen, als der Kurfürst nach München zurückreiste.

Den dynastischen Grundgedanken in den Wittelsbacher Staaten, die 1766/1771 durch Haus- und Staatsverträge vereinigt worden waren, brachten nicht nur Herzogin Maria Anna in Bayern, sondern auch Herzog Karl August von Zweibrücken zum Ausdruck, der eben im Jahr 1778 das 1776 erbaute Schloß bei Homburg auf dem Karlsberg als Residenz bezog und dadurch seine Rechte auf Pfalz-Bayern demonstrierte. Karl Theodor nahm, als er in Mannheim angekommen war, die Regierungsgeschäfte nicht allein für die Kurpfalz auf. Das bewies schon die grundsätzliche Vereinigung der Truppen am 1. August; da er wußte, wie sehr durch die Schulen das Gemeinschaftsbewußtsein, das Geschichts- und das Staatsbewußtsein geprägt wurde, gab er am 8. August den Stadt- und Landschulen in Bayern, wo die Durchführung der Schulreform eine offene Frage war, eine neue und auch zweckmäßigere[212] Einrichtung. Je nach Gegend und Ort ordnete er bürgerliche Real-, Hauptschulen, gemeine Stadt- und Landschulen oder Trivialschulen und in allen Städten eine Muster- oder Trivialschule an, wenn sich dort ein Gymnasium befand. Am 23. August traf er durch ein Reskript Bestimmungen über die Behandlungen der Ministerialgegenstände.[213]

Am 8. August gibt Karl Theodor von Mannheim aus den Stadt- und Landschulen in Bayern eine neue Ordnung

Durch Reskript schon vom 23. September 1778 schuf Karl Theodor zugunsten der pfälzischen Ausfuhr von Gütern der Landwirtschaft, der Industrie und des Gewerbes nach Bayern einen Kommerzialverband der kurfürstlichen Staaten. Dazu rieten ihm sein Regierungsbeauftragter in Mannheim Freiherr (später Graf) von Oberndorff, Fontanesi und Maubuisson eindringlich[214]. Auch das bedeutete, daß Karl Theodor in Zukunft über beide Kurfürstentümer regieren wollte. Zwischen den Staaten Karl Theodors sollten Einfuhr- und Ausfuhr-Verbote aufgehoben werden. Die Zölle, Mauten, Akzisen und Aufschläge wurden gesenkt, aber nicht ganz aufgegeben. Das zahlreiche Personal dafür wäre sonst brotlos geworden.

Karl Theodor schafft am 23. September 1778 einen Kommerzialverband der kurfürstlichen Staaten

Karl Theodor regelt Besetzung und Funktion der Kurpfälzer Staats- und Stadtbehörden und setzt 1778 an die Spitze den Freiherrn Franz Albert von Oberndorff

Vor der Ernennung von Oberndorffs zu einer Art Statthalter (ohne einen solchen Titel) war seit 1765 Präsident der Regierung in der Kurpfalz Freiherr Karl Philipp von Venningen, der zugleich Präsident des Oberappellationsgerichts in Mannheim, Oberamtmann in Kreuznach und Oberkurator der Heidelberger Universität war. Da diese Funktionen ihn veranlaßten, auch außerhalb Mannheims tätig zu sein, war es wichtig, daß der „Vicepräsident" Freiherr Philipp Anton von Dalwigk trotz seiner Verpflichtung als Amtmann von Norvenich im Herzogtum Jülich auch in Mannheim tätig werden konnte. Die beiden wurden unterstützt durch adelige und eine große Anzahl sogenannter gelehrter Räte. Auch ein Adeliger oder neu Geadelter konnte in ihre Reihen aufgenommen werden, wenn er ein entsprechendes juristisches Studium abgeschlossen hatte. Einer von ihnen war Stephan von Stengel, ein anderer Franz Joseph von Weiler, der auch Rat am Oberappellationsgericht und „Condirector" der kurpfälzischen Bergkommission war. Vicekanzler der kurpfälzischen Regierung war Freiherr Joseph von Fick, zugleich auch Oberkurator der Universität in Heidelberg. Die Regierung konnte sich in ihren nichtzusammenhängenden Kurpfälzer Regierungsbereichen mithilfe von Ober- und Unterkommissaren, also der Ober-, Land- und Marschkommissäre sowie der „Unter-Land- und Marschkommissäre" (Förster, Offiziere usw.) bewegen. Einer von ihnen war Oberst der Kavallerie und Kommandant der Husaren, ein anderer Oberstleutnant, ein anderer Oberstwachtmeister, bis 1773 der Minister Freiherr Joseph von Reibeld, der Oberstwachtmeister der Kavallerie und zugleich Oberamtmann in Boxberg war. Zu den Unter-Land- und Marschkommissären zählte Georg Anton Strasser. Er war nicht nur Hofkammerrat und Obereinnehmer der Abgaben in Simmern, sondern auch Forstmeister der Oberämter Bacharach, Kaub, Simmern, Stromberg und Veldenz, schließlich auch Förster in „Argenthall". In dieser Gruppe war auch der Hauptmann Sartorius, der zugleich Renovator bei der kurpfälzischen Geistlichen Administration war.

Für den Fiskus waren als Fiskal der Hofkammerrat Franz Griesen und als zweiter Prokurator des Fiskus Johann Konrad Sartorius tätig.

Da die Rechtspflege viele Probleme aufwarf, bestellte Karl Theodor als Referendare, d. h. vortragende Sachwalter, vier Herren, darunter den Assessor am Mannheimer Stadtgericht Bernhard Wenz.

Direktor des Stadtgerichts Mannheim war der Regierungsrat Jakob Friedrich Gobin, der mit zahlreichen Assessoren und einer Reihe von Stadtprokuratoren zusammenarbeitete.

Das Zusammenwirken mit der Stadt garantierte, daß im Mannheimer Stadtrat als Stadtdirektor Jakob Friedrich Gobin wirkte. Im Stadtrat saßen auch der erste Bürgermeister Peter Ungemach und der zweite Bürgermeister Karl Philipp Fuchs. Im Stadtrat saßen zwölf Räte.

Auch an der Spitze des Heidelberger Stadtrats stand ein Stadtdirektor. Es war Karl Theodor Sartorius, der nicht nur Regierungsrat, sondern auch einer der beiden Kommissare der Heidelberger gemeinschaftlichen und privativen katholischen Hospital-Kommission war. Dem Stadtrat in Heidelberg stand zur Seite die Stadtpolizeikommission und die Schatzungs- und Quartierkommission.

Einen ausgeprägten Stadtrat gab es auch in Frankenthal. Als Stadtdirektoren wirkten der emeritierte Hofgerichtsrat Andreas Herzberger und der Hofgerichtsrat Peter Adam Fleischbein. Erster Bürgermeister war Johann Ungemach, zweiter Bürgermeister Jakob Behagel. Ihnen standen sechs Stadträte als Mitarbeiter zur Verfügung.

Da Karl Theodor in Frankenthal besonders die Industrie entwikkelte, gab es hier den Hofrat Karl Joseph Gros als Stadtfabriken- und Hospital-Medicus und Franz Reineri als Stadtfabriken- und Hospitalchyrurgus, der auch bei Entbindungen als Accoucheur tätig war. Für Rechtsfragen wirkte die Frankenthaler Privilegien-Polizei und Fabrikenkommission, in der auch ein Hofgerichtsrat saß.

Mannheim war nicht nur eine der drei sogenannten Pfälzer Hauptstädte, sondern der Regierungssitz Karl Theodors oder seines mit Regierungsgeschäften Beauftragten. So wirkten dort das kurpfälzische Oberappellationsgericht, unter dessen adeligen Räten Freiherr Ignaz von Reibeld saß, der auch Regierungsrat war. Unter den gelehrten Räten wirkte der Oberappellationsgerichtsrat Ferdinand Adrian von Lamezan, zugleich zweiter Geschäftsverweser bei der Kurpfälzer Deutschen Gesellschaft.

Dem Oberappellationsgericht war nachgeordnet das Hofgerichts-Dikasterium mit dem Hofrichter Freiherrn Franz Albert von Oberndorff, der zugleich Geheimer Staats- und Konferenzminister war, außerdem Oberdirektor der Kurpfälzer Salinenkommission und Intendant der Jagdschiffe. Wie es außerhalb der Hauptstadt aussah, wußte er als Oberamtmann von Boxberg. Zugleich war er Ehrenpräsident der Akademie der Wissenschaften in Mannheim.

Man muß sich freimachen von der seit dem 19. Jahrhundert üblichen Vorstellung der Sachkompetenz, wenn man diese Funktionen Oberndorffs zu würdigen versucht.

Unter den Regierungs- und Hofgerichtsadvokaten waren Hofgerichtsräte, Kirchenräte, ein Konsistorial- und Ehegerichtsrat.

Die Mannheimer Hofkammer hatte seit 1776 den Freiherrn Anton von Perglas zum Präsidenten, den Freiherrn Heribert von Dalberg zum Vicepräsidenten, der zugleich „Obervorsteher der Kurfürstlichen Deutschen Gelehrten Gesellschaft" in Mannheim war. Akzessist bei den fünf adeligen Räten war Karl von Nesselrode, Amtmann des Amtes Blankenberg im Herzogtum Berg und im Amt Steinbach, zugleich Landcommissarius in diesem Herzogtum. Ein Zweig seiner Familie war 1740 nach Rußland ausgewandert und dort zu hohen Würden aufgestiegen. Unter den Räten der Hofkammer saß der Münz-Commissarius Johann Christian Sartorius und Nicolas de Pigage, der Oberbau- und Garten-Direktor, der auch Mitglied der Akademie zu St. Lukas in Rom und der königlichen Akademie der Baukunst zu Paris war. Durch solche Männer war Karl Theodor in der Lage, auch seine Ausgaben für seine kulturellen Unternehmungen zu begründen. In der Hofkammer saßen auch der Generallandmesser Peter Dewarat und sechs Renovatoren, darunter Adam Diezer, Renovator bei der kurpfälzischen Geistlichen Administration.

In der Generalkassa war u. a. der Sekretär der Holz- und Floßkommission, in der Münzkommission der Bergrat Leopold Günther tätig. In dieser Kommission wirkten auch ein Münzgraveur, ein Münzschlosser und vierzehn Münzarbeiter mit.

In der Kurpfälzer Salinenkommission war Oberdirektor der bereits für andere Stellen tätige Freiherr Albert von Oberndorff. Sie hatte Zweigstellen in Karlshalle, Philippshalle, in Theodorshalle und in Elisabeth-Augusta-Halle. Auch unterstanden ihr die Salzmagazine in Mannheim und in Heidelberg. Schließlich saßen weiterhin in Heidelberg die erwähnte kurpfälzische Jagdschiffsintendanz unter dem Freiherrn von Oberndorff, den eine Art Sachbearbeiter unterstützten: ein Kapitänleutnant, ein Rheinbrückenmeister und der Schiffer Leopold Schaurhuber, d. h. ein Schiffsbaumeister. In der Bergamtskommission saß als Rat unter anderen Bergräten ein Pfalz-Neuburger Geheimer Rat und Regierungsrat. In der Hof-Bau- und Gartenkommission war als Direktor Nicolas de Pigage tätig; als Baumeister wirkten Franz Rabaliatti und Heinrich Huschberger. Unter dem „Befehl" dieser Kommission standen die Burgvögte, Schloßportiers und Schloßwächter von Mannheim und Schwetzingen, „Hofkünstler und Arbeiter im Bauwesen", die Hofgärtner zu Mannheim, zu Schwetzingen und auf der Mühlau im Rhein bei Mannheim, sowie die Gärtnergesellen und Gärtnerwächter, der Mechanikus und Pumpenmeister.

In der Hofkammer-Baukommission waren Kommissare der Oberrheinbau-und Chaussee-Direktor und Baukommissar Dyckerhoff und Joseph Greiß. Ihnen unterstanden der Baumeister Franz Rabaliatti, vier Bauinspektoren, ein Werkmeister, ein Chaussee-Inspektor und ein Materialverwalter.

In der Verwaltung der Einnahmen waren tätig die Zoll-Oberaufsichts-Kommission unter vier Kommissaren und die Mannheimer Rent unter dem Kommissar Wilhelm von Deichmann, der auch Rat in der Hofkammer war.

Besondere Dienststellen waren die Mannheimer Zollschreiberei, die Mannheimer Holzverwaltung, die Mannheimer Hofkellerei und die Mannheimer Obereinnahm.

Nur wenn man diese Dienststellen überblickt, versteht man, daß die Kammeral-Landbeamten in den Kurpfälzer Oberämtern nach Ämtern getrennt im Hof- und Staatskalender 1780 Seite 175ff. aufgeführt werden, während die Gerichts- und Verwaltungsbeamten nach der Regierung und nach der Universität Heidelberg Seite 133ff. verzeichnet sind.

In seinen Bemühungen um menschliche Fürsorge erließ Karl Theodor in Mannheim ein Mandat, um dem Selbstmord zu steuern und um Menschen vor dem Ertrinken und Ersticken zu retten. Sein Aufenthalt in der kurpfälzischen Hauptstadt war naturgemäß durch seine Verpflichtung befristet, nun von München aus seine sieben Länder zu regieren. Es war begreiflich, daß die Pfälzer aber sich als seine „erstgeborenen Landeskinder" bezeichneten, als sie gegen seine notwendige Abfahrt nach Bayern demonstrierten. Er reiste am 7. Oktober in Begleitung der Kurfürstin wieder nach München zurück[215]. Am 9. Oktober hielten sie in der vereinbarten gemeinsamen Hauptstadt ihren feierlichen Einzug und wurden von dem zahlreich erschienenen Volk allgemein bejubelt. Noch am Tag der Ankunft besuchten er und seine Gattin die verwitwete Kurfürstin Maria Anna Sophie von Bayern. Es waren jene Oktobertage, da sich das durch Seuchen dezimierte preußische Heer aus Böhmen zurückzog. Der damals achtzehnjährige Felix Joseph Lipowsky, dessen Vaterbruder im kurfürstlichen Geistlichen Rat saß, hat das damals offenbar miterlebt. Er bezeugt auch, daß es der Kurfürstin Elisabeth Augusta in München nicht gefallen habe, das rauhe unfreundliche Klima – zumal im Oktober – ihrer Gesundheit

Am 9. Oktober 1778 ziehen Karl Theodor und Elisabeth Augusta feierlich in München ein

nachteilig gewesen und sie an die Vorzüge Mannheims und seiner Umgebung gewöhnt gewesen sei. Sie sei dorthin um so lieber zurückgekehrt, als sie den Mannheimern vor der Abreise ihr Wort gegeben habe, zu ihnen zurückzukommen und dort ihr Leben zu beschließen.

Rußlands Kaiserin gibt am 2. Oktober eine Deklaration über die Erbfolge in Bayern im Rahmen des Verfassungsrechts

Nicht lange bevor Karl Theodor und seine Gemahlin am 9. Oktober in München einzogen, hatte die russische Kaiserin Katharina II., die mit Karl Theodor in Korrespondenz stand und wie er eine friedliche Lösung der Konflikte des bayerischen Erbfalls erstrebte, eine Deklaration[216] an verschiedene Regierungen gerichtet, nämlich an die in Wien und Versailles, in London, in Kopenhagen und in Stockholm, wo es für ihren Vorgänger Peter den Großen um die Vormacht in der Ostsee gegangen war. Sie ließ diese Deklaration aber auch auf dem Reichstag in Regensburg an die Vertreter aller deutschen Staaten kundtun. In der Deklaration betonte sie ihre freundschaftlichen Beziehungen zu den Reichsfürsten und ihr enges Bündnis mit Friedrich dem Großen. Sie könne sich infolge dieser Beziehungen nicht länger eines Urteils über die Ansprüche aus Wien auf die Erbfolge in Bayern enthalten. Katharina verwundert sich, daß Österreich Ansprüche stelle, an die jahrhundertelang niemand gedacht und die der Westfälische Friede von 1648 nicht einmal erwähnt habe. Dieser Friedensvertrag sei doch die Grundlage der Verfassung des Römisch-Deutschen Reiches. Katharina die Große, selbst geboren als deutsche Fürstentochter, unterstrich, daß der Krieg, in dem Österreich seine Forderungen durchsetzen wolle, die Reichsverfassung (von der sie eine ähnliche Auffassung wie Friedrich der Große hatte) in größte Gefahr bringe, das europäische Gleichgewicht stören und so auch auf Rußland einwirken werde. Die russische Kaiserin hält es deshalb für die Pflicht eines guten und weisen Staatsoberhauptes, diese Eventualität rechtzeitig ins Auge zu fassen, und fordert deshalb den Kaiser und die Kaiserinmutter in Wien auf, den Unruhen im Reich ein Ende zu machen und sich mit Preußen und mit den anderen Beteiligten über eine freundschaftliche Regelung der ganzen bayerischen Erbfolgeangelegenheit zu verständigen. Wenn sich aber ihr Vertrauen auf die beiden kaiserlichen Majestäten in Wien als unbegründet erweise, so werde sie nicht länger dem deutschen Krieg zusehen, sondern erwägen, was sie ihrem eigenen Staat und den befreundeten Fürsten, die ihren Beistand angerufen haben, sowie ihrem besonderen Verbündeten, also dem König von Preußen, schuldig sei.

Wiens Diplomat in St. Petersburg, Graf Joseph von Kaunitz, der Sohn des in Wien amtierenden Kanzlers, erhielt durch den russischen

Minister Graf Panin den Wortlaut der Deklaration auch unmittelbar mitgeteilt. Natürlich widersprach der jüngere Kaunitz in dem Gespräch mit Panin sofort der Kritik an den Wiener Ansprüchen auf Bayern und der Behauptung, daß die österreichischen Angebote an den König von Preußen ungenügend seien. In seinem Bericht nach Wien über die Deklaration und das Gespräch schrieb der jüngere Kaunitz, man könne von Wien aus die Sorge Katharinas vor der Türkei wachhalten. Von der russischen Armee behauptete er, die Hälfte stehe nur auf dem Papier, alle Zivil- und Militärstellen befänden sich in den Händen von Unwürdigen. Er übertrieb damit verschiedene Mißstände, wohl um selbst in Wien die von seinem Vater festgehaltene Linie der Politik zu unterstützen.

Österreich widerspricht der russischen Auffassung über seine Ansprüche

Die Deklaration vom 2. Oktober wurde zwei Tage später mit ziemlich gleichlautenden Begleitschreiben an die russischen Gesandten abgeschickt, die sich an den Regierungssitzen befanden, wo die Deklaration überreicht werden sollte. Die russischen Diplomaten hatten bei der Übergabe der Deklaration zu betonen, daß die Kaiserin bei längerer Dauer des Krieges aus ihrer Zurückhaltung heraustreten müsse, aber immer noch auf eine freundschaftliche Verständigung hoffe. Sie bat die anderen Regierungen, ihr Vorgehen in Wien diplomatisch zu unterstützen.

Sachsen, Mecklenburg und die geistlichen Fürsten von Salzburg, Augsburg und Kempten fordern Geld als Entschädigung für ihre Allodialansprüche

Es war deshalb auch von außenpolitischer Bedeutung, daß Karl Theodor und Elisabeth Augusta am 7. Oktober 1778 nach München zurückreisten. Der Kurfürst mußte damals aber auch in Rechnung stellen, daß sich neben den preußischen Truppen auch sächsische in Böhmen eingefunden hatten, um an der Seite der preußischen Truppen für sächsische Allodialansprüche zu demonstrieren. Für Karl Theodor wurde es peinlich, daß neben Sachsen nun auch Mecklenburg mit Ansprüchen auftrat, ja selbst der Fürsterzbischof von Salzburg, der Fürstbischof von Augsburg und der Fürstabt von Kempten finanziell abzugeltende Ansprüche erhoben. Da es auch kleine zu Kurbayern gehörige Staatsgebiete gab, die diese geistlichen Fürsten annektieren konnten, ging es sowohl um den unversehrten Bestand der von Karl Theodor ererbten Territorien als auch um Geld. Er erkannte die trotz der Hausverträge aus dem Erbfall heraus geltend gemachten Ansprüche nie an. Für ihn und die Bevölkerung war es eine schmerzliche Zumutung, daß der Kurfürst von Sachsen die ungeheuere Summe von 12 Millionen Gulden zur Abgeltung seiner allodialen Ansprüche auf Bayern forderte. Karl Theodor kämpfte dagegen geschickt und hartnäckig durch den

Grafen von Törring-Seefeld an, aber König Friedrich von Preußen unterstützte die sächsische Geldforderung, und Kaiser Joseph erklärte, die besetzten Gebiete nicht zu räumen, wenn Karl Theodor diese Summe nicht zahle, die seine Finanzen erschüttern mußte. Karl Theodor kämpfte auch hier als Diplomat gegen die finanzielle Überforderung.

Was Franz Ludwig von Lehrbach am 24. März 1778 an den österreichischen Staatskanzler Kaunitz schrieb, gipfelt in der Behauptung, daß Karl Theodor von den ihm vorgetragenen Plänen gesagt habe, er gebe dem den Vorzug, der ihm die Hoffnung auf die Niederlande gewähre. Eine Erklärung seines Willens läßt sich daraus nicht beweisen, selbst wenn man eine wortgetreue Wiedergabe der Worte durch den Gesandten annimmt, obwohl dieser doch Worte berichten wollte, die den Wünschen seines Kaisers entgegenkamen. Der Kurfürst hielt mit den Worten, daß er die Niederlande „bevorzuge" wohl den Kaiser hin, da ja ein Großteil Bayerns damals durch österreichische Truppen besetzt war. Rückschauend erklärte er darüber zu Lipowsky[217]: „Den Krieg zu vermeiden, war meine erste Sorge". Er begründete 1794 seinen Entschluß mit seiner Lage von 1778: „Um meine und meiner Länder Rechte" zu schirmen und zu erhalten... „verhielt ich mich auch ruhig, nahm verschiedene, auf verschiedenen Wegen mir gemachte Ausgleichungen und Vorschläge gutwillig an, überlegte sie und *schien hier und dort für dieses oder jenes* accommodement *nicht ungeneigt, um Zeit zu gewinnen* und zu erfahren, wie es von anderen Kabinetten aufgenommen würde, *wußte* aber in der Folge *stets etwas hineinzubringen oder beizufügen, was der Sache Aufenthalt gab oder sie aufhob*". Stephan von Stengel war seit Oktober 1778 in München. Während das preußische Heer noch auf dem Boden des Königreichs Böhmen blieb, Joseph und Maria Theresia die 60000 Mann russischer Truppen fürchteten, die Kaiserin Katharina in Richtung der bayerischen Erbstaaten in Bewegung gesetzt hatte, wurde Waffenstillstand geschlossen und in der oberschlesischen Stadt Teschen ein Kongreß begonnen. An diesem nahmen für Ludwig XVI. Breteuil, für Kaiserin Katharina Fürst Repnin, für den Preußenkönig Freiherr von Riedesel und für Karl Theodor Graf Anton von Törring-Seefeld teil, der Freiherr von Hofenfels aber für Herzog Karl II. August von Zweibrücken. Wien wurde durch den Grafen von Cobenzl vertreten. In dem Friedensvertrag, der an Maria Theresias Geburtstag, dem 13. Mai 1779, zwischen Österreich und Preußen geschlossen wurde, gab der Kaiser die Oberpfalz und Bayern zurück, behielt aber das Innviertel, der Kurfürst von Sachsen erhielt für die Allodialansprüche seiner Wit-

„Den Krieg zu vermeiden erste Sorge"

Am 13. Mai 1779 wird in Teschen zwischen Österreich und Preußen Frieden geschlossen, Rußland und Frankreich garantieren Bayerns Staatsexistenz

telsbacher Mutter sechs Millionen Gulden zugesichert und bekam die Rechte auf das Lehen Schönburg, auf die der Kaiser verzichtete; es war ganz vom Kurfürstentum Sachsen umschlossen. Die Mecklenburger Allod-Ansprüche wurden durch das Privilegium de non appellando abgegolten. Der Mecklenburger Herzog Friedrich der Gütige (1756–1785), der trotz des Widerstandes der Landstände viele Reformen durchsetzte, gewann damit eine verbesserte Möglichkeit, das Rechtsleben in seinem Staat zu modernisieren, ohne daß seine über seine Großmutter Elisabeth Christine, Tochter des Landgrafen Wilhelm Christoph von Hessen-Homburg, ererbten Ansprüche sonst verfolgt wurden. Friedrich der Große verzichtete abermals auf Ansprüche auf Jülich und Berg zugunsten der Sulzbacher Wittelsbacher, während Frankreich ihm im Anschluß an der Vertrag von 1741 Schlesien erneut gewährleistete. In ähnlicher Weise erkannte der Kaiser Friedrichs Erbrechte in Bayreuth und Ansbach an. Der gesamte Vertrag wurde vom Reich wie von Rußland und Frankreich garantiert und beseitigte vor der Hand viel Konfliktstoff. Eine geopolitisch günstige Vergrößerung der eigenen Lande blieb freilich der Wunsch Josephs II. auch weiterhin.

Die Abtretung des Innviertels vom übrigen Bayern in dem Frieden vom 13. Mai 1779 in Teschen zwischen Österreich und Preußen ist als die Wahl des kleinsten Übels bei dem Verzicht Karl Theodors auf einen Krieg zu verstehen. Wenn ein Gesandter die Äußerungen des Kurfürsten zu ihm wiedergab, ist stets der Zweck zu überlegen, den der Diplomat mit der Weitergabe der Äußerung verfolgte, aber auch der Sinn der Worte, den Karl Theodor als Sprecher beabsichtigte. Er wollte keinen Krieg. Das war auch sein Standpunkt in den Jahren des Krieges, den die große Koalition gegen das revolutionäre Frankreich führte, und ist vor allem seit 1796 deutlich.

Der Sache nach blieb Karl Theodor im Besitz des Herzogtums Bayern, mußte davon aber das Innviertel, einen der Regierung Burghausen unterstehenden Teil ihres Bereiches also, an Österreich abtreten. Die Bevölkerung war darüber so empört, daß z. B. in dem Dorf Kopfing die Bauern mit Dreschflegeln die österreichischen Truppen vertrieben, worüber ein Akt im Wiener Kriegsarchiv existiert. Karl Theodor hätte das Innviertel lieber behalten und dafür auf den östlichen Teil der Oberpfalz verzichtet[218], wo Lehen der Krone Böhmen gewesen waren. Der Kurfürst wurde 1779 auch darauf hingewiesen, daß der Bereich der Regierung Straubing, den die Wiener Regierung zuallererst besetzt hatte, wertvoller sei als das Innviertel. Für dessen Abtretung erhielt

Karl Theodor muß das Innviertel an Österreich abtreten, zur Befriedigung der Allodialansprüche an Sachsen 6 Millionen Gulden zahlen

andererseits König Friedrich seine Erbansprüche auf Ansbach und Bayreuth durch Wien anerkannt. Er erneuerte sie darauf seinerseits.

Friedrich versprach jetzt wieder durch eine Konvention, Jülich und Berg nicht mehr zu begehren. Karl Theodor erhielt auch die böhmischen Lehen in der Oberpfalz und behielt die schwäbischen Reichslehen. Obwohl er von den für die Allodialansprüche Sachsens geforderten 12 Millionen Gulden nur 6 Millionen Gulden zahlen mußte und fast seinen ganzen bayerischen Herrschaftsbereich behielt, bezeichnete ihn der Gesandte der damals zu König Friedrich stehenden russischen Kaiserin Katharina, Repnin, als eine „willenlose Drahtpuppe", und in der bayerischen Bevölkerung wurde geklagt, er habe das Land zum Teil verkauft, zum Teil für das Interesse seiner natürlichen Kinder (des damaligen Grafen Bretzenheim und seiner Schwestern) aufgeopfert.[219) Dieses Zeugnis von Zeitgenossen, zu denen auch Freiherr Stephan von Stengel gehörte, ging eindeutig fehl. Bei der Stimmung in Bayern aber kam es dazu, daß das wirksame Eingreifen Friedrichs eine außerordentliche Verehrung des Preußenkönigs verursachte, so daß dessen in Kupfer gestochenes Portrait sogar in Bauernhäusern an die Wand gehängt und Friedrich wie ein Schutzgott verehrt wurde, wie der österreichische Gesandte erzürnt nach Wien schrieb. Er bemerkte auch, Karl Theodors voraussichtlicher Regierungsnachfolger, Herzog Karl August von Zweibrücken, der früher wegen seiner „Verschwendung" der Abscheu und das Schreckbild der bayerischen Nation gewesen sei, sei nun zum Liebling des Volkes aufgestiegen. Dadurch daß der Preußenkönig seine Zahlungen an ihn erhöhte, blieb er um so leichter bei der Entscheidung, die er gegen Kaiser Joseph II. gefällt hatte, als er sich am 16. Februar 1778 nicht in den ihm von Joseph durch Karl Theodor angebotenen Orden eines Ritters des goldenen Vlieses hatte aufnehmen lassen und dann auf dem Reichstag gegen die Annexion Bayerns durch Joseph protestiert hatte. Den Kurfürsten Karl Theodor aber kostete seine Haltung zum ersten Tauschversuch des Kaisers die Liebe der bayerischen Bevölkerung zu dem angestammten Herrscher, doch nicht ganz die zu seiner Persönlichkeit, wie schon 1781 der Reisende Christoph Friedrich Nikolai[220) beobachtet hatte und wie auch das Zeugnis Felix Joseph Lipowskys beweist, der juristisch vorgebildeter Kriegsrat und gelegentlich Diplomat im Dienst Karl Theodors wurde. Durch seine Kulturpflege angezogen, trat 1781 Graf Pocci aus Viterbo in seinen Hofdienst.

Sympathien und Antipathien in Bayern

Der Friedensvertrag von Teschen und damit Bayerns Staatsexistenz wurde durch Frankreich und Rußland garantiert. Die von Karl Theodor regierten Länder wurden durch diese Garantie für Bayern untereinander in eine Konkurrenz ihrer eigenständigen Gewichte gestellt. Es darf auch hier nicht vergessen werden: Seit seiner Jugend stand Karl Theodor in sehr vielfältigen Rechtsbereichen, denn er war seit 1728 Markgraf von Bergen op Zoom, seit 1733 Herzog von Pfalz-Sulzbach, seit 1742/43, Herzog von Neuburg, Kurfürst von der Pfalz und Herzog von Jülich und Berg, erst seit 1777 Kurfürst von Bayern. Er regierte seine Länder gemäß ihren verschiedenen Verfassungen und trug auch der verschiedenen Rechtsstellung der christlichen Konfessionen in diesen Ländern Rechnung. Als Markgraf von Bergen op Zoom hatte er Funktionen außerhalb des Reiches, und zwar unter der Oberhoheit der niederländischen Generalstaaten, zu erfüllen. Seine Verpflichtung, nun in München zu regieren, löschte nicht diejenigen Pflichten aus, die er seit langem am mittleren und am Nieder-Rhein erfüllte. Wenn auch Kaiser Joseph II. mit seinem Plan scheiterte, Bayern an Österreich anzuschließen und dafür den Kurfürsten Karl Theodor mit einer Gruppe von Staaten am Rhein abzufinden, so hatte der Habsburger doch mit der Verleihung des Ordens vom Goldenen Vlies Karl Theodor in den Ritterorden aufgenommen, der 1429 vom Herzog von *Burgund* begründet worden war. Wir kennen bis jetzt keine aktenmäßigen Nachweise über ein nachweisbares Streben Karl Theodors, an die Spitze eines Königreichs Burgund zu treten, sondern nur die Kombinationen der österreichischen Gesandten bei Karl Theodor und die Kombinationen von Zeitgenossen, die die Politik Josephs und Karl Theodors deuteten. Was Karl Theodor gemäß den Verfassungen seiner sieben Länder als ein in seinem Gewissen verantwortungsbewußter Regent tat, läßt sich andererseits aus der bis jetzt nur unvollkommen bekannten Geschichte der Behörden erkennen, die er zu seiner Exekutive besaß oder entwickelte. Karl Theodor bejahte seine Aufgabe auch in Bayern, sobald er sie erfüllen konnte.

Kombinationen über Karl Theodors angebliches Streben nach einem Königreich Burgund

Die politische und militärische Auseinandersetzung um die Nachfolge nicht nur Karl Theodors in München, sondern auch um die haus- und staatsrechtlich festgelegte Zusammengehörigkeit der pfalz-bayerischen Länder beschäftigte die Öffentlichkeit noch über den Tod des Kurfürsten 1799 hinaus. J. G. Fessmaier stellte in seinem Grundriß des bayerischen Staatsrechts 1801 (§ 29–36) historisch-politische Schriften und Flugschriften zusammen, die damals den ausgebrochenen Krieg

Die Zusammengehörigkeit der pfalzbayerischen Länder

begleiteten. Der Zweibrücker J. H. Bachmann[221] erörterte die fideikommissarischen Rechte des kurfürstlichen und fürstlichen Hauses Pfalz anhand von 64 Urkunden. Über den *Krieg* zwischen Österreich und Preußen selbst schrieb Johann Jakob Moser und veröffentlichte seine Schrift im Jahr des Friedensschlusses. Das geradezu europäische Interesse an Bayern erhellt aus den etwa 300 Schriften, die 1778/79 über die Rechtsfrage der Erbfolge in München veröffentlicht wurden. Friedrich der Große und der Zweibrücker Staatsmann Hofenfels handhabten die publizistischen Waffen mit Meisterschaft, verschiedene Bayern schrieben aus heißer Vaterlandsliebe.

Sehr merkwürdig ist, daß eine 1754 in München erschienene Lateinische Abhandlung von M. A. Bergmann im Jahre 1778 wieder in die Öffentlichkeit ging. 1753 war sie wohl durch Kreittmayrs Überlegungen über dem Fall entstanden, daß die altbayerische Linie der Wittelsbacher aussterben und ein Erbe von Frauenseite her bestimmt werden könnte. Formell ging Bergmanns Schrift nur auf das „königliche Recht" der Herzöge von Bayern ein, in den aktiven Erblehen in Bayern nachzufolgen, wenn der Mannesstamm erloschen sei (De ducum Boioariae iure regio praesertim succedendi in nobilium patriae feuda activa gentilitia exstinctis masculis dissertatio, München „1754" und „1777")

Karl Theodor verhielt sich gegenüber Joseph II. seit 1772 äußerst undurchsichtig. Die Angebote des Kaisers dürfen nicht zu Wünschen des Kurfürsten umgestempelt werden. Joseph II. knüpfte an dessen Vorliebe und lange Verbundenheit mit der Kurpfalz und den Herzogtümern Jülich und Berg an. Karl Theodor wußte aus seiner Regierungszeit in Mannheim das Gewicht der Wiener Politik als ein Gegengewicht für seine rheinischen Länder gegen Frankreich zu schätzen und taxierte deshalb das Gewicht der Politik Österreichs 1778 viel höher, als es damals war. Rückschauend äußerte er 1794 zu Lipowsky, als er die von Wien unabhängige Haltung der Zweibrücker und ihre Verbindung mit Preußen, andererseits sein eigenes hinhaltendes Verfahren geschildert hatte: „Auf solche Art und da die preußischen Truppen in Böhmen eben auch keine Wunder wirkten und ihr bejahrter König am Kriege-führen eben auch kein sonderbares Gefallen mehr haben mochte und eben daher es lediglich bei dieser militärischen Demonstration zu belassen schien, erreichte ich endlich meinen Zweck ganz ruhig und gelassen: Indem ich den Kriegsschauplatz von Bayern entfernt gehalten, keinen unnötigen Kriegskosten-Aufwand zu bestreiten hatte und endlich mit einer möglichst geringen Aufopferung die sämtlichen bayerischen

Lande mir und dem pfälzischen Hause erhalten habe – da ich nur sieben kleine Landgerichte oder Pflegeämter an das Erzhaus Österreich abzutreten hatte"[222].

Das Wesentliche sagt Karl Theodor mit seinen früheren Worten: „Den Krieg zu vermeiden war meine erste Sorge".

Pfalzgraf Wilhelm von Zweibrücken-Birkenfeld-Gelnhausen über Karl Theodors Nachgiebigkeit

Pfalzgraf Wilhelm von Zweibrücken-Birkenfeld-Gelnhausen schrieb in seiner unveröffentlichten[222a] Selbstbiographie 1829, in der er sich noch rückschauend zu einer Verehrung Karl Theodors bekennt und dessen Weisheit, Witz und Güte rühmt, über das Verhalten des Kurfürsten 1778: „Die Gefahr für Bayern war abgewendet, aber nicht die Besorgnis von der Wiederholung bei irgend einer anderen Gelegenheit, die dem unternehmenden Kaiser günstig erscheinen mochte, um die *Nachgiebigkeit* Karl Theodors abermal zu benützen. Allgemein war nach diesem Vorfall die Aufmerksamkeit auf die Wichtigkeit der Erhaltung des bayerischen Staates erweckt worden. Noch wachsamer mußte die des [zu] erwartenden Nachfolgers des Churfürsten auf dessen Cabinett seyn. Mich ersah man zum vertrauten Wächter aus, auch zum Bevollmächtigten mit zwey Untergeordneten, um beim Absterben Carl Theodors für ihn die Besitzergreifung der heroberen Staaten schleunigst zu vollziehen und der mögliche Fall wurde auch überdacht, daß Österreich weiterhin einschreiten würde und zwecksame Maßregeln mit Preußen (n. f. [= notfalls, nötigenfalls] auch mit Sachsen) beschlossen. Der Preussische Gesandte General Graf von Brühl brachte einige Täge in Landshut zu um mit mir den entworfenen Plan, mit unseren, [mit] sächsischen und den damals in den fränkischen Markgrafschaften liegenden preussischen Truppen Widerstand zu leisten, zu besprechen."

Grundsätzlich hielt Karl Theodor an der ihm durch die Haus- und Staatsrechte überkommenen Verfassung seiner Länder und des Reiches fest, auch an seinen *zwei Positionen als Kurfürst.* Er protestierte, als seine Pfälzer Kur unter Verlust auch einer seiner nun beiden Stimmen im Kurfürstenrat eingezogen wurde. Seine Pfälzer Kur war als achte für Karl Ludwig, den Sohn des seiner Kur entkleideten Pfälzer Kurfürsten Friedrich V., geschaffen worden. Karl Theodors Pfälzer Kur wurde nun auf Hannover übertragen, das 1692 die neue, damals neunte Kur erhalten hatte[222b].

Bild 45
Wiguläus Xaver Alois Frh. von Kreittmayr 1705—1790, 1749 Vizekanzler im Geheimen Rat und Konferenzminister

Bild 46
Kurfürst Karl Theodor

Bild 47
Franz Albert Leopold Reichsgraf von Oberndorff 1720–1799, 1773 Konferenzminister, 1778 Statthalter der Kurpfalz

VI

Die Politik Karl Theodors in seinen verschiedenen Ländern und seine Reformen in Bayern 1778–1784

Karl Theodors Mitarbeiter in München

Karl Theodor, der zunächst auch in Begleitung Stephan von Stengels in München eingetroffen war, hatte nur mit dem Obersthofmeister und Minister Graf Seinsheim und dem Oberstkämmerer und Minister Graf Königsfeld konferiert, nicht aber mit dem Finanzminister Graf Berchem. Diesen ersetzte er bald durch Freiherrn Franz Karl von Hompesch, der bisher in Karl Theodors Regierung in Düsseldorf als Referendär in Kameralangelegenheiten gearbeitet hatte. Da aufgrund des Friedens von Teschen an Kursachsen sechs Millionen Gulden auszubezahlen waren, erhöhte Hompesch in Bayern die Herdstättenanlage auf das Doppelte. Außerdem verminderte er die Gehälter und zog Wartegelder ein. Durch diese und andere Einsparungen zog er sich den Haß des Landes in einem Ausmaß zu, daß Karl Theodor, als er die sehr bedenklichen Begleiterscheinungen dieser Maßnahmen erfuhr, Hompesch nach Düsseldorf zurückschickte und an seiner Stelle in München den als Sohn eines bürgerlichen Regierungsrates der Fürstabtei Heitersheim geborenen, 1773 zum Reichsfreiherrn erhobenen Joseph Sebastian von Castell (1714–1791) als geheimen Staatsrat die Leitung des „Finanzministeriums“[223] übernehmen ließ. Er hatte ihm in der Kurpfalz als Hofgerichtsrat, Regierungsrat, Geheimer Staatsrat und bis 1771 als Gesandter beim Kur- und Oberrheinischen Kreis gedient. In München machte er ihn 1779 zum Minister und pensionierte ihn 1785 mit vollem Gehalt.

Der in München von Karl Theodor angetroffene Freiherr Franz Borgias Julius von Zedtwitz aus Liebenstein in Böhmen und dessen Abhängigkeit von Habsburg

Unter den in München von Karl Theodor angetroffenen Personen spielte besonders in seinem letzten Jahrzehnt der zunächst als Freiherr bezeichnete Franz Borgias Julius von Zedtwitz eine außerordentliche und für Österreich sehr nützliche Rolle, die nicht einfach durch den Begriff der Bestechung durch Österreich charakterisiert werden kann. Aus dem Offizierspersonalakt im Bayerischen Kriegsarchiv in München und aus dem Gothaischen Gräflichen Taschenbuch von 1916 (S. 1124) ergibt sich: Seine Familie entstammte der Fränkischen Reichsritterschaft, er selbst war 1742 oder 1743 in Böhmen geboren worden, als der zum Kaiser gewählte bayerische Kurfürst Karl Albrecht Böhmen eroberte. Er wurde zusammen mit seinen drei jüngeren Brüdern Erbherr auf Gut Liebenstein im Bereich von Eger und geriet in diesem Zusammenhang in immer größere Schulden. Da die Habsburger wieder Könige von Böhmen wurden, unterstand er ihnen als Erbherr auf Gut Liebenstein. Seit 1761 ist er als Unterleutnant in einem bayerischen Infanterieleibregiment, 1765 als Hauptmann im bayerischen Infanterieleibregiment, noch 1765 aber als Major und Generaladjutant des

Prinzen Clemens (Klemens) von Bayern, der auch als Herzog Clemens in Bayern zu bezeichnen ist, nachweisbar. Am 24. März 1766 wurde seine Familie in den Reichsgrafenstand erhoben, die Urkunde darüber aber nicht ausgefertigt. Davon unabhängig blieb Franz Borgias Julius von Zedtwitz im Dienst des Kurfürsten Max III. Joseph von Bayern. 1769 wurde er Oberstleutnant bei der Leibgarde der Hartschiere.

Es lag in seiner bisherigen Laufbahn, daß ihn Karl Theodor am 22. Juli 1778 zum Oberst und Kommandanten zu Ingolstadt, 1779 zum charakterisierten Generalmajor und Kommandanten der Festung Rothenburg, 1784 zum wirklichen Generalmajor machte. Bemerkenswert ist, daß Karl Theodor ihm auf seine Eingabe vom 15. Juni 1787 600 Gulden erließ. Bereits 1786 schuldete er seinen 19 Gäubigern 27885 fl. 33 kr. 1790 fand offenbar in Prag ein Prozeß wegen des Gutes Liebenstein statt. Doch wurde die Existenz des Prozesses abgestritten, wahrscheinlich, weil am 21. Mai 1790 in Wien die erbländisch-österreichische Bestätigung der Reichsgrafen von Zedtwitz erfolgte. Am 23. Oktober 1792 ernannte Karl Theodor den Grafen Franz Borgias Julius von Zedtwitz zum kurfürstlichen Wirklichen Geheimen Rat und zog ihn auch in der Geheimen Konferenz heran. Dieser Graf bewarb sich als Graf Franz Julius von Zedtwitz am 9. Dezember 1799, also zehn Monate nach dem Tode Karl Theodors, um Anstellung als Militär oder Diplomat. Kaiser Franz II. machte ihn erst am 21. März 1801 zum Feldmarschall-Leutnant ad honores. Graf Franz (Borgias) Julius von Zedtwitz ist zu unterscheiden von Graf Peter Emanuel von Zedtwitz (1715–1786), der nach juristischem Studium in Heidelberg schon dem Kurfürsten Karl Philipp von der Pfalz seit etwa 1729 als Hofgerichtsrat diente. Karl Theodor machte ihn 1743 zum Regierungsrat und Oberappellationsgerichtsrat, 1751 zum Hofrichter. Er diente ihm 1756 bis 1771 als Minister. Seit 1756 war er Oberamtmann von Neustadt/Weinstraße. Seine Bezeichnung als Minister wird im Chur-Pfältzischen Hoff- und Staats-Calender von 1767 als Geheimer Staats- und Conferential-Minister wiedergegeben. *Freiherr* Philipp von Zedtwitz läßt sich 1779/80 als kaiserlich königlicher Hauptmann nachweisen, *Freiherr* Peter Anton von Zedtwitz damals als Rittmeister im Fürstlich Taxis'schen Kürassier-Regiment.

Der Mitarbeiter und spätere Historiker Felix Joseph Lipowsky

Bei durch die Sache gegebenem Anlaß zog der Kurfürst in dieser Konferenz auch eine Art von Fachreferenten zu, zum Beispiel Felix Joseph Lipowsky. Dieser war zu einem von ihm selbst nicht näher angegebenen Zeitpunkt „Lieutnant und Auditor" des zweiten Chevaulegers-Regiments, zugleich aber auch an der neugebildeten Militärakademie Professor der bayerischen und deutschen Reichsgeschichte in Verbindung mit dem Staatsrecht, mit dem „Geschäftsstil", mit der Kriegskunde und dem Militär-Reglement, außerdem Professor der Institutionen des Römischen Rechts; aufgrund des Reskripts des Kurfürsten hatte er 1794 auch Vorlesungen über die Polizei-Wissenschaften als einen dem Militär nützlichen Gegenstand zu halten[224].

Er war nicht nur durch seinen Onkel im Geistlichen Rat, sondern durch seine gelegentliche Teilnahme an den Geheimen Staatskonferenzen ausgewiesen. Durch Gespräche mit Karl Theodor in den 90er Jahren war er außerdem in der Lage, die Folgerichtigkeit und den Zusammenhang der Entscheidungen des Kurfürsten näher kennenzulernen.

Seine Biographie Karl Theodors hat darum mehr Wert als allgemein angenommen wird.

Johann Kaspar von Cun(t)zmann

Bald nach dem für die Zukunft nun wichtigen Frieden von Teschen schuf Karl Theodor eine neue Organisation der Spitzenbehörden in Bayern, in der Pfalz, in Pfalz-Neuburg und Pfalz-Sulzbach wie in den Herzogtümern Jülich und Berg. Er erfüllte damit die Auflagen, von München aus die Regierung zu führen. Er begann damit, daß er am 1. Juli 1779 das Revisorium in München auch für die Oberste Justizstelle für Pfalz-Neuburg und Pfalz-Sulzbach erklärte. Am 16. August 1779 ließ er sich in einer Konferenz nicht von einem Minister, sondern von dem Geheimen Staatsrat Johann Caspar (1779 von) Cunzmann (Cuntzmann) (1715–1795) Vortrag erstatten[225]. Dieser war ein Bauernsohn aus Geisenheim im Rheingau, hatte Jura studiert, war am *Reichskammergericht* in Wetzlar tätig gewesen und trat 1742 in kurpfälzische Dienste. Karl Theodor machte ihn bereits 1743 zum Regierungsrat, 1755 zum Geheimen Rat, 1756 zum Lehenprobst, 1764 bis 1771 zum Referendär, 1771 zum Regierungsvizekanzler in Pfalz-Neuburg und ließ ihn 1773 bei der vom Papst verfügten Auflösung des Jesuitenordens in seinen Regierungsbereichen mitwirken. 1778 nahm er ihn nach München mit.

Er war nach einer Auffassung freilich „völlig den Österreichern verkauft". Neben ihm wirkten damals als Wirkliche Geheime Staatsräte, zugleich Geheime Referendare, der Reichsfreiherr Johann Sebastian von *Castell*, der als Kabinettssekretär fungierende Freiherr *Johann Georg von Stengel*, zugleich Direktor der Geheimen Kanzlei, und Friedrich von *Hertling*. Im Auftrag des Kurfürsten hatte dieser in den Reichskreisen, in denen dessen Länder lagen, für Münz- und Bergwerksangelegenheiten, aber auch für Kirchen und Religionssachen zu wirken und besorgte die Jurisdiktionsaufgaben und Lehenrechte sowie die Justizangelegenheiten im Hoheitsbereich der Herzogtümer Jülich und Berg wie bisher. Er war Ordenssekretär des von Karl Theodor begründeten Ritterordens vom Pfälzischen Löwen. Dem Staatsrat Freiherrn Johann Georg von Stengel war Stephan von Stengel ausdrücklich als Geheimer Kabinettssekretär beigeordnet. Dieser war damals kurpfälzischer Regierungsrat und Archiv-„Acceßist". Der Hofkalender von 1780 bezeichnet ihn dann aber auch als den „Vorsteher der kurfürstlichen Deutschen Gesellschaft", die 1775 in Mannheim gegründet worden war. Es waren also Rheinländer und ein Franke, die als Geheime Staatsräte und Referendare, die als Kabinettsekretäre hier zusammenwirkten.

Sie waren dem *Ministerium* der Geheimen Staats- und Konferenzminister[226)] nachgeordnet, dessen Kanzler, der Geheime Staats- und Konferenzminister Freiherr von Kreittmayr, zugleich der kurbayerische Oberstlehenprobst war. Die landesherrlichen Lehen wurden also von Kanzlern oder Vizekanzlern verwaltet.

Auch in München besorgte der Kurfürst die auswärtigen Geschäfte selbst. An die Spitze des Ministerialdepartements der auswärtigen Angelegenheiten stellte er nun den Freiherrn Matthäus von Vieregg, beließ aber die bisher in kurbayerischen Diensten stehenden Grafen von *Seinsheim* als Obersthofmeister und von Königsfeld als Oberstkämmerer, beide zugleich als Wirkliche Geheime Staats- und Konferenzminister. Seinsheim war zugleich Oberst-Erbkämmerer des Herzogtums Franken, stand also in dieser Funktion im Dienst des Fürstenbischofs von Würzburg, also seines Bruders[227)]. Als religiös konservative Persönlichkeit stellte er sich gegen Lori, der die Einzelverträge („Konkordate") mit den für Bayern zuständigen Fürstbischöfen hatte abschaffen wollen, 1775 von Max III. des auswärtigen Dienstes enthoben und zum Universitätsdirektor gemacht worden war. Lori hatte nun Karl Theodors ihm ängstlich erscheinende Vorsicht gegen die Österreicher bekämpft. Seinsheim war für die Pfälzer als Großkomtur des Hubertusorden ausgewiesen. Königsfeld war Großkomtur des Georgsordens. Seit 1773 unterstand ihm als eigenes Departement die Grenzdeputation.

Auswärtige Vertreter Karl Theodors. Er zieht für seine Länder als seine Vertreter bei auswärtigen Regierungen Männer aus diesen sieben Ländern heran

Karl Theodor, nunmehr regierender Herr in sieben Ländern, ließ sich je nach dem gegenseitigen Interesse diplomatisch vertreten in Amsterdam, der größten Handelsstadt der Vereinigten Ni derlande, die sich 1780 gegen England wehrten, durch einen kurfürstlichen Kommerzienrat, in Den Haag durch den außerordentlichen Gesandten Geheimrat Jakob Cornet, in *London*, das vergeblich niederländische Kriegsteilnahme gegen die sich erhebenden Amerikaner forderte, durch den außerordentlichen Gesandten und bevollmächtigten Minister Grafen Joseph von Haslang, der dort seit langem Kurbayern repräsentierte. Karl Theodors Generalkommissar „in den Niederlanden" nämlich in seinem Markgraftum Bergen op Zoom vertrat diesen als Diplomat in Brüssel, der Hauptstadt der österreichischen Niederlande.

Schon dieser Ausschnitt zeigt die für Karl Theodor bestehende Notwendigkeit, am Niederrhein mitzuentscheiden; sie wird noch deutlicher durch die Tatsache, daß er sich 1780 durch einen Geistlichen Rat beim Fürstbischof von *Lüttich*, bei der Freien und Hansestadt Hamburg durch einen Legationsrat und Residenten, beim Niederrheinisch-westfälischen Reichskreis durch seinen Direktorialrat und Gesandten dort und zugleich beim Kurfürsten von Köln vertreten ließ. Der zu diesem entsandte herzoglich jülich-bergische Geheimrat Reichsritter Johann Heinrich von Grein war auch Steuerreferendar und Münzkommissar bei seiner Regierung in Düsseldorf, ihm stand in Köln als Resident Joseph von Franz zu Duerresbach zur Seite. Bei dem König von *Preussen* war Karl Theodor in dessen Herzogtum Kleve zunächst durch einen jülich-bergischen Geheimrat, dann durch einen jülich-bergischen Hofrat vertreten, der auch in dem Amt des Landrentmeisters in Karl Theodors Herrschaft Ravenstein eben nachfolgte. Bei König Friedrich selbst in Berlin tat den diplomatischen Dienst der Legationssekretär Georg Fautina als Chargé d'affaires.

In *Dresden* (wo der Kurfürst bis 1763 zugleich König von Polen war) unterhielt Karl Theodor als bevollmächtigten Minister den Freiherrn Theodor von Hallberg, der im Rang eines kurfürstlichen Geheimrates stand, und gab ihm als Sekretär Heinrich Gottlieb Watz bei.

Für seine sechs Länder im Reich unterhielt er am *Reichskammergericht* in Wetzlar einen Agenten und Prokurator für seine Herzogtümer Jülich und Berg und einen für Pfalz-Neuburg und Pfalz-Sulzbach, zwei Hofräte und Agenten für Kurbayern. Die Kurpfalz repräsentierte derselbe Agent und Prokurator, der Pfalz-Neuburg und Pfalz-Sulzbach vertrat. Beim Gericht des Kaisers in Wien, dem Reichshofrat, hatte er natürlich ebenfalls Vertreter. Als sein Gesandter in Wien war sein Staats- und Konferenzminister Freiherr Karl von Ritter tätig, unterstützt von einem „Geheimen Secretarius". Karl von Ritter ist nicht identisch mit jenem Heinrich Joseph von Ritter, dem am 3. Januar 1778 der Abtretungsvertrag abgepreßt wurde.

In *Wien* unterhielt Karl Theodor außer dem Gesandten zwei Agenten, den Kurpfälzer Hofrat Ferdinand August Braun und den pfalzneuburgischen Hofrat Mariophilus chevalier d'Urbain für das Habsburger Königreich Böhmen und die österreichischen Niederlande.

Am *Reichstag in Regensburg* ließ Karl Theodor für sich 1780 als bevollmächtigten Gesandten tätig sein den Reichsfreiherrn Joseph von Leyden, der seit 1769 zu seinen kurfürstlichen Wirklichen Geheimräten zählte, daneben seinen kurfürstlichen Wirklichen Geheimen Rat Freiherrn Heinrich von Schneid, beide aus der kurbayerischen Regierung, aus der kurpfälzischen Regierung den kurpfälzischen Wirklichen Geheimen Regierungsrat Franz von Brentano, der auch sein Gesandter im Kurfürstenrat des Reichstags war, und als Legationsrat Franz Gottlieb von Brentano. Als Legationssekretär am Reichstag wirkte auch der kurfürstliche Hofrat, zugleich herzoglich bayerischer und leuchtenbergischer Legationssekretär Johann Nepomuk von Fischel und als weiterer Legationssekretär der kurfürstliche Hofrat Kornel Ernst Kummer. Zwei Legationskanzlisten unterstützten die Arbeit.

In Zusammenhang mit den Interessen seiner Länder ließ Karl Theodor diese Gesandten, bevollmächtigte Minister und Agenten im Reich und außerhalb tätig sein: in Amsterdam und in Den Haag, London, Neapel, Rom, Venedig, Madrid und Paris. (Siehe oben S. 202f.)

Vertreter bei Reichsständen waren u. a. in Berlin, Dresden, bei den Kurfürsten von Trier, Mainz und Köln. Dabei verknüpfte er wie auch seine Vorgänger verschiedene Funktionen. In *Trier* war sein Agent der kurpfälzische Hofgerichtsrat Karl Theodor Eichhorn zugleich Syndikus und Lehenrat der kaiserlichen Abtei zu St. Maximin, daneben wirkte sein Kommerzialresident Marschall. In der vormaligen Reichsstadt *Straßburg*, die seit 1681 zu Frankreich gehörte und Bischofssitz war, aber auch in der Nähe der zum Herzogtum Zweibrücken gehörenden Territorien Rappoltstein, Lützelstein, Bischweiler, Kleeburg und Selz lag, wirkte als Agent Amadeus Trombert, in *Kolmar* der kurfürstliche Rat Ludwig Vailant. Beim Kurfürsten von *Mainz* und der Reichsstadt Mainz wirkte der kurfürstliche Rat Christian Gloeckle. Bei der Reichsstadt *Ulm* war für Karl Theodor diplomatisch tätig sein Wirklicher Hofrat Ernst von Kerndorf, der zugleich kurfürstlicher bevollmächtigter Gesandter beim Konvent des Schwäbischen Reichskreises war. In *Augsburg*, wo Fürstbischof Prinz Klemens Wenzeslaus von Sachsen, seit 1768 auch Kurfürst von Trier, seit 1778 Fürstprobst von Ellwangen, regierte, und wo die Reichsstadt seit 1770 eine Manufaktur für die Kattunfabrik Schüle zuließ und sich das Reichsstift St. Ulrich und Afra befand, unterhielt Karl Theodor drei Agenten: den kurfürstlichen Geistlichen Rat Johann Mathias Lederer, den kurfürstlichen Rat Heinrich Czermack und Johann Eitel Wachter. In der Reichsstadt *Memmingen* war ein kurfürstlicher Hofrat als Agent und Salzfaktor Vertreter der verzweigten Wirtschaftspolitik Karl Theodors. Diplomat für Karl Theodor bei der Reichsstadt *Nürnberg*, die ein umfangreiches Gebiet besaß und in deren Bevölkerung Tendenzen für die Hohenzollern und Preussen bestanden, war der kurfürstliche Major von Thoenus, freilich auch nur im Rang eines Agenten.

Obwohl 1769 das Markgraftum *Bayreuth* an den Markgrafen Karl Alexander von Ansbach gefallen war, ließ Karl Theodor noch 1780 seinen kurfürstlichen Wirklichen Hofkammerrat Johann Baptist Schmid in der bisherigen Residenz Bayreuth tätig sein und zwar im besonderen als Chargé d'affaires im fränkischen Salz- und Kommerzienwesen. Diese Aufgabe erklärt den Tätigkeitsort Schmids. Markgraf Karl Alexander gründete 1780 in Ansbach eine bedeutende Staatsbank und hatte 1777 einen Subsidienvertrag mit England geschlossen.

In der *Reichsstadt Frankfurt*, dem Ort der Kaiserwahl, beschäftigte Karl Theodor den kurpfälzischen Wirklichen Adeligen Regierungsrat und Oberappellationsrat Anton Rudolph Felix von Lasser als Gesandten und zugleich als Direktorialrat des *Kur*rheinischen und des *Ober*rheinischen Reichskreises, in dessen Direktorium der kurpfälzische Landesherr eine verfassungsmäßige Aufgabe hatte. Ihm stand als Legationssekretär am *Kur*rheinischen und *Ober*rheinischen Reichskreis der kurfürstliche Geheime Sekretär und Wirkliche Rat Georg Schloesser zur Seite. Als Resident wirkte in *Frankfurt* der pfalz-*sulzbachische* Geheimrat Friedrich Samuel von Schmidt zu Rossau. Als Agenten wirkten dort drei Herren, von denen zwei kurfürstliche Kommerzienräte waren.

Von den Gesandten, die der Kurfürst *außerhalb des Reiches* unterhielt, war politisch der wichtigste sein bevollmächtigter Minister und Wirklicher Geheimer Rat Graf Karl von Sickingen in *Paris*. Ihm stand als Legationssekretär und Agent David, der Ordensschatzmeister des von Karl Theodor gegründeten kurfürstlichen Ritterordens vom Pfälzischen Löwen zur Seite. Im *päpstlichen Rom*, das Karl Theodor zweimal besuchte, vertrat ihn sein bevollmächtigter Minister, der kurfürstliche Titular-Geheimrat Marquis Thomas von Antici, der auch Karl Theodors Kulturpolitik unterstützte. Zur Seite stand ihm der Legationssekretär Waquier de la Barthiere, der seit 1776 Geheimsekretär war, außerdem der Agent Franz Cantoni. Für die zahlreichen Schriftstücke war ein Expeditionarius tätig. In *Neapel*, der Hauptstadt des Königreichs Beider Sizilien, wirkte als Minister und Resident der kurfürstliche Hofrat Marquis Kaspar de Curtis, in der Republik *Venedig*, deren wirtschaftliche und politische Bedeutung bis ins östliche Mittelmeer reichte, der kurfürstliche Rat Gabriel Cornet. Von kirchlicher und wirtschaftlicher Bedeutung war, daß Karl Theodor an dem berühmten Wallfahrtsort *Loreto*, in der süditalienischen Provinz Ancona, im Kirchenstaat des Papstes, den kurfürstlichen Rat Dominicus Cleri als *Konsul* wirken ließ. Der Orden der Ritter von Loreto, den Papst Sixtus V. 1586 zur Verteidigung der Stadt und des Heiligtums von Loreto, aber auch der Mark Ancona und der Romagna gegründet hatte, war inzwischen in der päpstlichen Palastgarde aufgegangen. Die Stellung eines Konsuls hatte 1780 nur Karl Theodors Beauftragter in Loreto inne.

In *Madrid*, wo nun Bourbonen regierten, ließ sich Karl Theodor durch Abbé Bremond als Chargé d'affaires vertreten.

Der Kurfürst der Pfalz und von Bayern, Herzog von Jülich und Berg, Pfalz-Neuburg und Pfalz-Sulzbach und Markgraf von Bergen op Zoom beschäftigte 1779/80, also in der Zeit, in der über seine Nachfolge in Kurbayern mächtige Regierungen innerhalb und außerhalb des Reiches mitentschieden, *mehr Diplomaten* als auswärtige Staaten solche bei ihm unterhielten. Weder der König von Spanien, noch die drei geistlichen Kurfürsten am Rhein ließen sich bei ihm vertreten, wie wenigstens der kurpfalz-bayerische Hofkalender ausweist.

Der Kaiserliche und Königliche Hof in *Wien*, das heißt der Kaiser, der zugleich König von Ungarn und von Böhmen war, unterhielt bei Karl Theodor als bevollmächtigten Minister und Ordentlichen Gesandten den Freiherrn Franz Sigmund von und zu Lehrbach, der Landkomtur der Ballei Franken des Deutschen Ritterordens und Komtur zu Ellingen war. Er bekleidete zugleich den Rang eines Kaiserlichen und Königlichen Wirklichen Geheimen Rates. Neben ihm hatte 1778 als Sondergesandter Freiherr Ludwig von Lehrbach bei Karl Theodor gewirkt. Der König von *Preußen*, der 1778 noch keinen Gesandten in München unterhalten hatte, ließ sich 1780 durch den königlich preußischen Geheimrat Gottfried Adam von Hochstaetten als Minister vertreten und richtete 1785 eine ständige preußische Gesandtschaft in München ein. Der Kurfürst von *Sachsen* unterhielt bei Karl Theodor als außerordentlichen Gesandten ebenfalls einen Staats- und Konferenzminister, den Reichsgrafen Andreas von Riaucour. Er war bereits außerordentlicher Gesandter in Mannheim gewesen und von Karl Theodor durch den von ihm gestifteten Ritterorden vom Pfälzischen Löwen ausgezeichnet worden. *Von den übrigen Reichsständen* unterhielt *nur* Markgraf Karl Alexander von *Ansbach-Bayreuth* einen Residenten in München. Der König von *England* und Kurfürst von *Hannover* ließ als Chargé d'affaires Ralph Heathcote, der König von *Frankreich* als Chargé d'affaires Herrn Helfflinger in München wirken. Der *Papst* entsandte als Nuntius den Erzbischof von Tyanien Monsignore Carolus Bellisomi.

Karl Theodor nimmt an Sitzungen der von ihm für Bayern geschaffenen Oberen Landesregierung teil und stellt Männer der Reformen an ihre Spitze

Für seine verschiedenen Fürstentümer schuf Karl Theodor bereits 1778/79 gleichmäßige Grundlagen für die Regierungsorganisation. In Kurbayern richtete er die Obere Landesregierung unter Graf Johann Theodor Heinrich Topor Morawitzky von Tenzin und Rudniz, auf Eberstall und Martinshaun (s. unten S. 344) als Präsidenten ein, der in Ingolstadt noch bei Ickstatt die Rechte studiert hatte, 1766 Revisionsrat und Oberster Justizrat geworden war und seit 1776 Vizepräsident des Hofrats[228]. Er war eine Persönlichkeit, die ihre Genialität auch nach Karl Theodors Tod erwies.

Obwohl 1791 mit 53 Jahren in Ruhestand versetzt, holte ihn Kurfürst Max IV. Josef 1799 und machte ihn zum Geheimen Staats- und Konferenzminister und Leiter des Geistlichen Departements, wobei er sich große Verdienste um die Universität Ingolstadt und ihre Verlegung nach Landshut erwarb. 1806 bis 1810 war er Geheimer Staats- und Konferenzminister des Departements der Justiz.

Karl Theodor verzichtete durch Bestellung dieses Präsidenten der Oberen Landesregierung nicht darauf, auch selbst an den Sitzungen dieser von ihm als Reformbehörde geplanten Dienststelle teilzunehmen. Seine Resolutionen dort für die Jahre 1778 bis zu seinem Tode 1799 wurden zunächst als eine Art Konzept auf halbbrüchig geschriebenem Bogen niedergelegt und von seinem Zweibrücker Nachfolger ein Jahr fortgesetzt, freilich indem er die Obere Landesregierung in die Generallandesdirektion verwandelte[229]. Die auf halbbrüchigen Bogen als Original festgehaltenen Resolutionen Karl Theodors 1779–1798 wurden dem Kurfürsten stets von der Oberen Landesregierung präsentiert und von ihm teilweise selbst unterzeichnet. Die Tatsache, daß Karl Theodor seit 1778 meistens in München regierte, brachte mit sich, daß die besonderen Angelegenheiten zwischen Kurbayern und seinen Nachbarn im Reich, soweit sie nicht die besondere Außenpolitik im Ganzen betrafen, in der Oberen Landesregierung behandelt wurden. Der Kur-

Die Obere Landesregierung als Zentrale für Bayern

fürst rief sie als oberste Regierungsstelle Bayerns durch eine Instruktion von 1779 ins Leben, die er bereits 1784 in der Generaliensammlung[230] veröffentlichen ließ. Er vertraute ihr seine Stimmrechte im bayerischen wie im schwäbischen Reichskreis an, außerdem die Kommissionen und Exekutionen, die ihm von den anderen Reichskreisen übertragen wurden. Das Kreisausschreibamt des bayerischen Reichskreises wandte sich an ihn als den einen der beiden Direktoren.

Ausdrücklich behielt sich Karl Theodor aber in seiner Instruktion von 1779 vor[231], daß er und sein Ministerium eingreifen würden. Er meinte damit das Ministerium, in dem er die zentrale Politik, vor allem die Außenpolitik seiner sieben Staaten, entschied. Da es ihm nicht gelang, 1779 die Kollegialbehörden seiner Ministerialverfassung einzuordnen, war das zitierte Ministerium seine Geheime Staatskonferenz. Die Entscheidungen ließ er bis 1791 über den Präsidenten, dann den nun ernannten Vizekanzler Franz Joseph von Pettenkofer sowie sechs Räte je auf einer Ritterbank und einer Gelehrtenbank (1792 elf gelehrte Räte) vorbereiten. Nicht weniger als sechs (1792 zehn) Sekretäre und acht (1792: 21) Kanzlisten bearbeiteten die Vorgänge, für die ein eigener Expeditor und drei (1792 vier) Registratoren tätig waren. Unter den Räten auf der Ritterbank arbeiteten Graf Johann Nepomuk von Zech, zugleich Geheimer Archivar sowie Graf Joseph von Törring-Jettenbach und der kurfürstliche Lehenhofskommissar Freiherr Karl Albrecht von Aretin mit, auf der Gelehrtenbank saßen u. a. der Geheime Archivar Johann Kaspar von Lippert, der zugleich Kommissar bei der Ministerialkommission für die Philosophische Fakultät der Universität war, und der kurpfälzische Regierungsrat Ferdinand von Lamezan, zugleich der zweite Geschäftsverweser bei der kurpfälzischen Deutschen Gesellschaft.

Trotz seiner hingebenden Regierungsarbeit und seiner besonderen Reformen 1764 bis 1768/69 hatte Max III. die Behörden nicht so weit bringen können, daß sie die heranstehenden Aufgaben ganz bewältigten. Karl Theodor, der aufgrund der Hausverträge grundsätzlich von München aus regieren mußte, beließ zwar in der Kurpfalz und in Jülich und Berg, in gewissem Umfang auch in Neuburg und in Sulzbach, die von ihm vereinigten Regierungsaufgaben den in verschiedener Weise entwickelten Spitzenbehörden seiner verschiedenen Länder, indem er oberste Beauftragte einsetzte und meist von München aus in der Geheimen Staatskonferenz mit Hilfe des Geheimen Rates vorbereitete Entscheidungen traf. Im ganzen blieb ihm auf Grund seiner eigenen zentralen Funktion nur der Weg der Zentralisierung vor allem der Außenpolitik und des Kriegswesens. Die Obere (Oberste) Landesregierung sollte für Bayern durch Zentralisierung zur Verbesserung des ganzen Systems beitragen und auf den ihr übertragenen Gebieten möglichst unmittelbar wirksam werden.

Karl Theodor behält das kollegial organisierte Behördensystem bei

Doch schuf er kein neues System der strengen Unterordnung und schickte sich in das seit Generationen eingespielte System der kollegial organisierten Behörden zur Erledigung der Regierungs-, Justiz- und Verwaltungsgeschäfte. Selbst sein stärkstes Reformorgan, die Obere Landesregierung, wurde kollegial aufgebaut, das heißt, als ihr Direktorium wirkten der 1779 ernannte Präsident Graf Theodor Heinrich Morawitzky und der ebenfalls schon 1779 eingesetzte Vizekanzler Franz Joseph von Pettenkofer. Unter dieser Leitung arbeiteten eine Ritter- und eine Gelehrtenbank von je sechs Räten. Nach anderen Angaben waren es nur fünf, d. h. eine Anzahl, bei der stets ein Mehrheitsentscheid herauskommen konnte. Was diese Räte besprachen und worüber sie abstimmten, das wurde durch Mehrheitsentscheidungen zum Beschluß, von dem das Direktorium nur unter bestimmten Voraussetzungen abgehen konnte. Da Karl Theodor die bisherigen Spitzenbehörden aufzulösen nicht in der Lage war, konnte er die Justizsachen der Oberen Landesregierung nur insoweit überlassen, als solche nicht beim Hofrat blieben bzw. der Hofrat solche zu behaupten verstand. Strafsachen fielen auch weiterhin in die Zuständigkeit des Hofrats. Die von Karl Theodor der Oberen Landesregierung zugewiesenen Finanzsachen konnte diese nur insoweit wahrnehmen, als sie nicht bei der Hofkammer blieben oder von dieser festgehalten wurden.

Die Behörden für Finanzen, Handel, Forsten, Bergwerke und Münzprägung

Da er aufgrund seiner großen Regierungserfahrung das Wirtschaftsleben und die darin nötigen sozialen Reformen scharfsinnig durchblickte, faßte er in München neben der *Hofkammer* – unter Kritik an ihren Fiskaldeputationen – das *Kommerzkollegium* und die Mautdeputation zu einer einzigen Dienststelle im Bereich des Kommerzkollegiums zusammen, um die „völlig darniederliegende Industrie" zu fördern, wie er in seiner Verordnung formulierte. Ein systematischer Plan sollte erarbeitet und die Durchführung überwacht werden. Doch gründete er eine eigenständige *Forst*deputation, um das nach seiner Auffassung heruntergekommene Forstwesen wieder aufzurichten und die mit dem Forstwesen verknüpfbare Industrie in Gang zu bringen. Er vereinigte deshalb die *Forstkammer* mit dem *Münz-* und *Bergwerkskollegium*, da er sich davon ebenfalls eine stärkere Wirkung für die Industrialisierung erhoffte. Im besonderen erstrebte er eine neue „Bergverfassung". Die spätestens seit Mai 1787 wieder bestehende Forstdeputation erhob er freilich bereits am 16. November 1790 zum *Oberstforstmeisteramt*, am 24. Dezember 1794 zur Kurfürstlichen *Forstkammer*. Er beobachtete also auch im Alter kritisch die Wirkung seiner Maßnahmen und scheute sich nicht, neue Schritte zu tun, wenn die bisherigen sich als unzweckmäßig erwiesen. Das tatsächliche Verhalten der entscheidenden Personen in den einzelnen Behörden ist nicht erforscht. Der Wechsel der praktischen Maßnahmen, ob begründet oder unbegründet, ließ in den schwierigen neunziger Jahren mindestens die Erfolge nicht so ausreifen, wie sie sich der Kurfürst konstruierte.

Seine sozialen Reformversuche in dem ziemlich kompakten Territorium Bayerns und seiner geschlossenen Gesellschaft plante er durch ein Gremium durchzuführen, das er aus verschiedenen, mit gerichtlichen Befugnissen ausgestatteten Behörden zusammensetzte.

Almosenwesen und medizinische Fürsorge

Das *Almosen*wesen unterstellte er einer Deputation, die von der Oberen Landesregierung, dem *Geistlichen Rat* und der Hofkammer gebildet wurde. Am 2. Mai 1782 reformierte der Kurfürst das von seinem Vorgänger wahrscheinlich 1755 bereits gebildete *Kollegium Medicum*. Für von der Hauptstadt entlegene Gebiete stellte er bewährte Ärzte auf, die dem Kollegium Medicum als Adjuncti angehörten. Der Arbeitsbereich umfaßte auch soziale Probleme, die zugleich volkserzieherische waren. Das Kollegium Medicum sollte Marktschreier, Landstreicher, Quacksalber, „Nachrichter", „alte Weiber" an ihren Scharlatanerien hindern. Über all dem darf natürlich nicht ein für die damaligen Verhältnisse vordergründiger Zweck übersehen werden: Das Kollegium sollte Seuchen unter Menschen und Tieren bekämpfen.

Wenn man auf die gesamten Reformen an den Spitzenbehörden sieht, fällt auf, daß nur der Geheime Rat keine neue Ordnung erhielt. Er unterstand wie bisher der Geheimen Konferenz, in der der Kurfürst persönlich entschied.

Durch Karl Theodor wurde das Kurfürstentum Bayern und die seit 1623/28 dazugehörende Oberpfalz in der Weise eingerichtet, daß

Rentämter und Landgerichte, besondere Institutionen in Ingolstadt und Landshut sowie das Herzogtum der Oberen Pfalz

die bisherige Einteilung des Herzogtums Bayern in vier Rentämter beibehalten wurde, das „Herzogthum der Oberen Pfalz" aber einer Kurfürstlichen Regierung in Amberg unterstellt wurde. Wegen der besonderen Rechtsstellung der Stadt München und der Rechte des Kurfürsten darin wurde der Bereich des Rentamts durch kurfürstliche Landbeamte verwaltet, die als Pfleger anstelle der Landrichter in den Landgerichten jeweils gemeinsam mit den Inhabern der Kastenämter nebeneinander wirkten. Im Landgericht Friedberg gab es den Fall, daß der die Einnahmen genießende Pfleger, Graf Sigmund von Spreti, Präsident des kurfürstlichen Geistlichen Rates, durch den Landrichter und Kastner Freiherrn Gallus von Deuring vertreten wurde, dessen Beigeordneter der als Landrichter und Kastner in Friedberg tätige Freiherr Kajetan von Vieregg war; der Stadt- und Landgerichtscommissarius Hofkammerrat Sigmund Karl Burger war zugleich Kastenamtscommissarius. In den Hauptstädten der ehemaligen Herzogtümer Ingolstadt und Landshut waren voneinander verschiedene Institutionen eingerichtet. In Ingolstadt stand als Statthalter und Präsident der Generalleutnant der Infanterie Servatius Franz „von Larosee“ (de la Rosée) an der Spitze des kurfürstlichen Ratskollegiums, dem drei Räte angehörten. Dem Statthalter unterstanden daneben der Herzogkastner und sein Beigeordneter und der Stadtmagistrat mit vier Bürgermeistern und einem Stadtsyndikus. Es bestand auch ein eigenes Stadtgericht. In Landshut dagegen gab es eine Schloßpflegerstelle auf der Traußnitz, die 1780 unbesetzt war, so daß als erster Beamter der Hauptmautner und Salzbeamte Regierungsrat Franz Joseph von Gugel im Hof- und Staatskalender genannt wurde. Entsprechend den Notwendigkeiten vor allem auf der Traußnitz, bestand ein Hofbauamt, für die verzweigten Finanzverhältnisse war als Keller- und Heumeister Johann Michael Paur tätig, der zugleich Kastenbereiter war. Auch in Landshut gab es einen Stadtmagistrat mit einem Stadtoberrichter und einem Stadtrat.

Rentamt München

Zum Rentamt München gehörten 1780 in Reihenfolge die landesherrlichen Gerichts- und Finanzbehörden, letztere mit eigener Jurisdiktion: in Aichach, Ammergau, Au bei Eschenlohe, Au und Giesing (bei München), Auerburg, Aibling, Börnbach, „Buechhorn und Lindau“, Dachau, Diessen, Donauwörth, Endsgaden, „Erding und Dorfen“, Erlisholz, Fischbach, Freising, Friedberg, „Gammersham“, Geisenfeld, Gerolfing, Haag, Hohenschwangau, „Höpberg“, Illertissen, Ingolstadt, „Kösching, Oetting und Stamham“, Kranzberg, Kreuth, Landshut, Landsberg, Lechhausen, Mainburg, Mering, Miesbach, Mindelheim und Bedernau, Mittenwald, Moosburg, Niederaudorf, Pfaffenhofen,„Rammenkößl“, Rauhenlechsberg, Rain am Lech, Rosenheim, „Sacharang“, also Sachrang, wo nur ein Beimautner amtierte, Schliersee mit Vogtrichter und Beimautner in einer Person, Schongau, Schrobenhausen, Schwaben (Markt Schwaben), Schwabsoien, Starnberg, Staudheim, wo nur ein Beimautner amtierte, „Steingaden oder

Grindl", wo ebenfalls nur ein Beimautner saß, Tölz, Türkheim, Uffing, Vohburg, Walchensee, wo ein Beimautner amtierte, „Wälda", wo ein Beimautner amtierte, Wasserburg, Weilheim, Wemding, Wiesensteig, Wolfratshausen, Wolnzach und die „Reichspflege" Wörth.

Regierung in Straubing

In der kurfürstlichen Regierung Straubing stand ein 1770 ernannter „Vicedom" an der Spitze, nämlich Herr Joseph Georg Ignaz von Weichs, der auch Pfleger, Kastner und Mautner in Deggendorf war und der Landschaft in Bayern für das Rittersteueramt Straubing angehörte; ihm untergeordnet waren ein 1776 ernannter Kanzler und Räte auf der Ritter- und auf der Gelehrtenbank; dem „Vicedom" untergeordnet war der Regierungsrat, „Rentmeister und Kastner zu Straubing" Freiherr Maximilian von Verger auf Mosdorf. In der Stadt Straubing gab es ein Stadt- und Landgericht unter einem Stadt-Ober- und Landrichter, nämlich dem Hof- und Regierungsrat Graf Maximilian Joseph von und zu Daun; schließlich gab es in Straubing auch ein Hauptmautamt und ein Salzamt sowie kurfürstliche Regierungsadvokaten. Dem Stadtmagistrat standen vier Bürgermeister vor, von denen einer Stadthauptmann, ein anderer Stadtsyndikus und Stadtkastenamts-Oberverwalter war. Der Stadtrat bestand aus Inneren und Äußeren Räten. Schließlich gab es in Straubing das „Bürgerliche Stadtgericht". Kurfürstliche Landbeamte im Rentamt Straubing wirkten in Abbach, „Abensberg und Altmannstein", „Byburg und Geisenhausen", Burgweinting, Cham, Deggendorf, „Diessenstein", Dietfurt, „Dingolfing und Reißpach" (Reißbach), Donaustauf, Eggmühl, Eschlkam, Essing, Furth, Geiselhöring, „Grafenau und Schönberg", Haselbach, „Haydau und Pfäter", „Hängerberg und Wünzer" (Winzer), Kelheim, Kirchberg, Kötzting, „In der Lahm", Landau, im Hofkastenamt Landshut (!), Leonberg, Mitterfeld, Natternberg, Neukirchen, Neustadt, Osterhofen, „Pernstein", Plattling, Rainhausen, Regen, Riedenburg, Rottenburg, Stadt-am-Hof (bei Regensburg), Schwarzach, Teisbach, „Viechtach und Lindten", „Weissenstein und Zwisel" (Zwiesel), Wörth, wo ein Amts- und Bräuverwalter amtierte.

Regierung und Rentamt Burghausen

An der Spitze der Regierung Burghausen stand ein erster und ein zweiter „Vicedom", ihm untergeordnet waren der Kanzler und danach die Räte auf der Ritter- und auf der Gelehrtenbank, dann das Rentamt mit einem Rentmeister und das Kastenamt mit einem Kastner sowie das Bauamt. Außerdem gab es in der Inneren und in der Äußeren Schloßkapelle je einen Kaplan. Schließlich wirkten mit den beiden „Vicedomen" zusammen in untergeordneter Stellung die Regierungs-

Advokaten. Unabhängig von ihnen, aber doch den „Vicedomen" untergeordnet, war der Stadtmagistrat mit zwei Bürgermeistern an der Spitze und mit Inneren und Äußeren Räten.

Landbeamte des Rentamts Burghausen wirkten in Altenmarkt, Altötting, Chiemsee, „Crayburg und Mörmosen", Eggenfelden, Egging, Griesbach, Hallein, Hals, Julbach, Kling, Lauffen, Marquartstein, „Meleck", Mühldorf, Neuötting, Neumarkt, „Plättenberg", wo nur ein Beimautner amtierte, „Reichenberg und Pfarrkirchen", Reichenhall, Reit-im-Winkl, „Ris bey Hals", Sallerwörth, Schwarzbach, Söldenau, St. Nikola vor Passau, Traunstein, Trostberg, Vilshofen, Wald.

Das Herzogtum der Oberen Pfalz und die Landgrafschaft Leuchtenberg

An der Spitze des Herzogtums der Oberen Pfalz stand die Regierung in Amberg mit einem Statthalter und einem Vicestatthalter; gemäß der Tradition seit der Max-Emanuel-Zeit war Statthalter Graf Franz Ludwig „von Holnstein aus Bayern"; Graf Joseph Klemens Topor Morawitzky auf Tenzin, Rudniz, Mosen und Arnstorf, Pfleger und Kastner zu Ansburg, vormals Reichshofrat bei Kaiser Karl VII. Albrecht, war Vicestatthalter; beiden unterstanden der Kanzler und die Räte auf der Ritter- und der Gelehrtenbank in Amberg.

In Amberg gab es ein Rentzahlamt, ein Landrichteramt, dessen Landrichter auch Landhauptmann war, ein Hofkasten- und Hauptmautamt, ein Salzamt, ein Bauamt, die kurfürstlichen Regierungsadvokaten. An der Spitze des Stadtmagistrats standen sechs Bürgermeister, von denen einer auch Kirchenverwalter, ein anderer Stadtkämmerer und Mühlamtsverwalter, wieder ein anderer Stadthauptmann war. Dem Stadtmagistrat unterstanden „Innere Räte".

Kurfürstliche Landbeamte saßen in Auerbach, Bernau, Deining, „Eschenbach und Grafenwöhr", „Eßlarn", Freudenberg, „Freystadt", Gnadenberg, „Großkammerreith", Hambach, Hartenstein, Hirschau, Kastel, Konnersreuth, Lauterhofen, Lenkenreuth, „Lue", Mähring, „Michlfelden", Mitterteich, „Moßbach", Murach, Nabburg, wo der Pfleger zugleich Landhauptmann war, Neunburg, Neumark, Nittenau, Oberbiberach, „Pfaffenhofen und Haimburg", Pittersberg, Pressath, „Pruck und Röz", Rieden, Roding, „Rottenberg und Schnaittach", „Sallern und Zeitlarn", Schlicht, Schönsee, Schwarzenfeld, „Sulzbürg und Pyrbaum", wo Graf Kajetan Joseph von Fugger wirkte, der zugleich Administrator sämtlicher Kabinettsherrschaften in Bayern und der Oberen Pfalz war, „Thanhausen", „Thurndorf und Hollenberg", Tirschenreuth, „Treflstein", „Treswiz", „Treßwiz (Burg Treswitz) und

Tennesberg", „Waldeck und Kemnath", Waldmünchen, Waldsassen, Waltershof, Warmensteinach, Waidhaus, Wetterfeld.

In der Landgrafschaft Leuchtenberg wirkte ein eigener „Commissarius in Civilibus und Politicis", der auch Lehenprobst war, unter ihm ein Landrichter, der zugleich Forstmeister und Landhauptmann war. Zu seinem Personal gehörte auch ein Rentschreiber und ein Archivarius und Registrator, der zugleich Registrator bei der Regierung in Amberg war.

In der Landgrafschaft war in „Mißbrunn" ein eigener Richter, in „Pfreimbt" ein Stadtrichter, in Wernberg ein Pfleger und ein eigener Mautner.

Unter Karl Theodor wurde das Forstwesen ausgebaut. Dem Oberstforstmeister in Amberg unterstanden die Forstmeister in Auerbach, Calmain, der in Deinschwang und Pfaffenhofen tätige Forstmeister, der in Eschenbach und Grafenwörth wirkende Forstmeister, die Forstmeister in Neumark, Pressat und die wiederum zwei Forstämter betreuenden Forstmeister in Hirschwald und Rieden, in „Freyhöls und Freudenberg", in Sallern und Zeitlarn, in Waldeck und „Pullenreith". In Pruck gab es einen Oberforstmeister, in der Reichsherrschaft Sulzbürg und Pyrbaum nur zwei Jäger.

Wie sehr Karl Theodor in seinen angestammten Herzogtümern Pfalz-Sulzbach und Pfalz-Neuburg fürsorglich regierte, geht aus deren Organisation 1779 hervor.

Pfalz-Neuburg

In Pfalz-Neuburg stand an der Spitze als Statthalter der regierende Graf und Herr Friedrich Ferdinand zu Pappenheim, der zugleich kurpfälzischer Kavalleriegeneral war. Unter ihm stand die „Kurfürstliche Regierung" mit einem Präsidenten, der 1779 nur durch einen Vicepräsidenten vertreten war, außerdem einem Vicekanzler. Ihnen unterstanden die adeligen und gelehrten Räte und die Regierungsadvokaten. Es gab in Pfalz-Neuburg damals eine Hofkammer mit einem Präsidenten und einem Vicepräsidenten und adeligen Räten, einem Hofkammerdirektor und Hofkammerräten. Wie in Kurbayern gab es auch damals eine Landschaft in Pfalz-Neuburg, sie hielt weiterhin Landtage ab. An ihrer Spitze stand der Landmarschall, unter ihm wirkten die „Landschaftscommissarien", der Landoberste und der Kanzler sowie vier Räte. Landschaftsbeamte wirkten weiter im Dienst der Landschaft: die „Stadtneuburgische Regierungs-Hofkammer- und Landschaftsbeamten" mit einem Landvogt an der Spitze. Der Stadtrat in Neuburg bestand aus vier Bürgermeistern, einem Stadtsyndikus, einem Stadtbaumeister und einem Stadtkämmerer.

Im Herzogtum wirkte ein Oberstallmeister und ein Oberjägermeister, dem sehr zahlreiche Oberförster untergeordnet waren. In Burglengenfeld bestand ein Oberforstmeisteramt mit Oberförstern, Amtsförstern und Unterförstern. Forstmeisterämter bestanden auch in Höchstätt und Painten.

Pfalz-neuburgische Landbeamte wirkten in den Pflegeämtern Allersberg, Beratshausen und in Burkheim, dann im Landrichteramt Burglengenfeld und in den Pflegeämtern Kallmünz und Schmidtmühlen, im Pflegeamt Constein, im Landrichteramt „Grayspach", in den Pflegeämtern Gundelfingen und Hemau, Heydeck und Hiltpoltstein, im Landvogtamt Höchstätt, und in den Pflegeämtern „Laaber und Luppurg", Lauingen, Regenstauf, Reichertshofen, Rennerzhofen, Schwandorf und Velburg.

Pfalz-Sulzbach

Im Herzogtum Pfalz-Sulzbach stand eine Regierung mit eigener Kanzlei unter einem Direktor und Räten an der Spitze. Die Pfalz-Sulzbacher Hofkammer wirkte mit eigenen Hofkammerräten im Rat der Regierung auch mit Regierungsräten zusammen. Joseph Christian von Leistner war Regierungs- und Hofkammerrat in einer Person. Der Hofkammerrat Leonard Magnus Köhler war zugleich Land- und Marschcommissarius. Diese Funktion war bei den auseinandergelegenen Teilen des Gebietes sehr wichtig. Zwei Räte aus dem Kreis der Regierungsräte leiteten als Kommissare die „Pfalz-Sulzbachische Bergcommission". Wirtschaftlich wichtig war das Oberforstmeisteramt des Herzogtums, an dessen Spitze ein Oberforstmeister stand. Ihm unterstanden das Forstmeisteramt Sulzbach und Königstein, das Forstmeisteramt Parkstein und Weiden, das Forstmeisteramt Floß, das Forstamt „Pleistein" und das Forstamt Vohenstrauß. In den beiden letztgenannten Forstämtern standen nur „Forstverweser" an der Spitze. Für den wirtschaftlichen Ertrag wirkten das Generalkassier-Amt, das Hofkasten-Amt und das Obersteuer- und Oberungeld-Amt. Wirtschaftlich nicht von Vorteil waren die vielen Grenzen. Dafür war das Hauptmautamt zuständig.

So gewichtig Regierung, Verwaltung und Wirtschaft waren, so war doch für das Rechtsleben notwendig, daß ein Landrichter amtierte. Er war zugleich der Lehenprobst, da viele Lebensverhältnisse lehenrechtlich geregelt waren. Die Person des Landrichters Graf Karl von

Bettschart wurde im Laufe der Jahre umstritten, so daß Karl Theodor ein Gerichtsverfahren gegen ihn eröffnete.

Kurpfalz

Für die *Kurpfalz* wollte Karl Theodor, wie er dort zusagte, bei einer längeren eigenen Abwesenheit *einen Wittelsbacher Prinzen als Statthalter* ernennen[232]. Der 1698 geborene, also betagte lutherische Pfalzgraf Johann von Zweibrücken-Birkenfeld-Gelnhausen, seit 1770 Witwer, war bis zu seinem Tod am 10. Februar 1780 Präsident des Hofkriegsrats in Mannheim geblieben, kam aber als Statthalter nicht mehr in Betracht, von seinen Söhnen am ehesten der 1769 katholisch gewordene *Wilhelm*. Das hing mit dem Hausvertrag von 1771 zusammen, der Katholiken als Minister und überhaupt Staatsdiener in Bayern und der Pfalz forderte, wenn Kurbayern als Erbe an den Pfälzer Kurfürsten falle. Der Erbe hatte ja in Bayerns Hauptstadt zu residieren. Aber konnte Karl Theodor den katholischen Sohn dem lutherischen Vater vor die Nase setzen? Er entschloß sich überhaupt nicht zur Ernennung eines Wittelsbachers als Statthalter, obwohl – oder weil – die Mannheimer Bürger 1789 bei ihm vorstellig wurden, den Zweibrücker Pfalzgrafen *Max Joseph* dazu zu bestimmen, also den jüngeren Bruder des in Zweibrücken regierenden Herzogs, der damals bereits einen eigenen Sohn – den späteren König Ludwig I. – hatte. Die Führung der Regierungsgeschäfte übertrug Karl Theodor dem bisherigen Mannheimer Minister Freiherr, seit 1790 Graf Franz Albert Leopold von Oberndorff (1720–1799). Er war eine starke und ehrgeizige Persönlichkeit, die sich zum Anwalt der besonderen kurpfälzischen Interessen machte. So verhinderte er längere Zeit die 1778 von Karl Theodor befohlene Vereinigung der bayerischen und pfälzischen Armee. Er hatte als Oberamtmann von Boxberg, Oberdirektor der kurpfälzischen Salinenkommission, kurfürstlicher Intendant für Jagdschiffe, vor allem aber als Hofrichter einen verzweigten Aufgaben- und Machtbereich und konnte als Ehrenpräsident der Kurpfälzischen Akademie der Wissenschaften sowie als Ritter des Pfälzischen Löwenordens auch in führenden Gesellschaftskreisen hervortreten.

Kurfürstin Elisabeth Auguste aber kehrte 1781 aus München nach Mannheim zurück und etablierte sich hier und in Oggersheim als pfälzische Landesmutter. Mit Bayern war sie nicht in dem Ausmaß wie ihre Schwester Herzogin Maria Anna verbunden.

Wie wenig im Grunde der aus der Pfalz gekommene Kurfürst auf auf die an ihn von Joseph II. herangetragenen Tauschpläne eingestellt war, geht schon aus der wenig bekannten Tatsache hervor, daß er

1752/53 versuchte, die zu Kurbayern gehörenden Allodialherrschaften in Schwaben durch Kauf für die Kurpfalz zu erwerben[233]. Als er 1775 erlebte, daß die Habsburger Staaten zu einer Zolleinheit zusammengeschlossen wurden[234], stellte er am 8. März 1778 die Fürstentümer Neuburg sowie Sulzbach der zu Kurbayern gehörenden Oberpfalz durch eine gemeinsame Mautordnung gleich. Am 22. Mai 1778 verfügte er allgemeine Personen-Freizügigkeit zwischen Neuburg sowie Sulzbach und Kurbayern. Ein besonderer Schritt war, daß er am 23. September 1778 einen „Kommerzverband" für Kurbayern mit der Kurpfalz gründete und die völlig freie Einfuhr aus der von ihm industriell entwickelten Kurpfalz nach dem landwirtschaftlich orientierten Kurbayern erstrebte[235]. Natürlich wurden auch Pfalz-Neuburg und Pfalz-Sulzbach in diesen Verband eingeschlossen. Der unter Max III. entscheidende Gestalter der bayerischen Wirtschaftspolitik, der Mautdirektor Franz Xaver von Stubenrauch (1718–1793), trat darauf noch Ende 1779 aus Protest zurück. Er fürchtete, daß Karl Theodor Bayern wirtschaftlich ebenso als Kolonie behandle, wie König Georg III. von England die landwirtschaftliche Entwicklung der nordamerikanischen Staaten als Absatzmarkt für die aufblühende englische Industrie auffassen würde[236].

Karl Theodor ging grundsätzlich die durch die wirtschaftliche und gesellschaftliche Entwicklung vorgezeichneten Wege. Wenn er auf die ihm selbst angestammten Fürstentümer Neuburg und Sulzbach Rücksicht nahm und den Landtag in Neuburg stets weiter tagen ließ, so gab er doch in Wirtschaftsfragen und einigen Punkten der Organisation der Vernunft den notwendigen Vorzug.

In *Sulzbach* hob er, obwohl es der Sitz seiner eigenen Linie war und er seine Funktion dort im Prinzip seit 1733 wahrzunehmen hatte, unter dem Zwang der wachsenden Finanzprobleme am 25. November 1790 die Regierung aber auf und versetzte die dortige Simultanische Religions- und Kirchendeputation nach Amberg[237].

Jülich und Berg

In den Herzogtümern *Jülich und Berg* ließ er entsprechend gestaltete Regierungskollegien walten. Der dorthin zurückgekehrte Freiherr Franz Karl von Hompesch wurde Kanzler von Jülich und von Berg, Oberster Direktor der Salzwerke dort und „Hauptpfleger" mehrerer Ämter. Sein Amt als Erboberstjägermeister und „Generalbuschinspektor" der Herzogtümer gab seinem umsichtigen Wirken auch eine starke Grundlage. Sein ehrenhafter Charakter und seine Bereitschaft, auch der schwierigsten Aufgaben Herr zu werden, verschaffte ihm und seinem Landesherrn

Karl Theodor hohe Achtung. Sein Sohn Johann Wilhelm von Hompesch (1761–1809) vertrat 1797 als Vertreter für Jülich unter den Abgeordneten Karl Theodors auf dem Kongreß von Rastatt, so gut es ging, die Landesinteressen und wurde im nächsten Jahr Wirklicher Geheimer Rat in Düsseldorf, von Karl Theodors Nachfolger Max Joseph dann 1802 zum Präsidenten der Landesdirektion Berg gemacht und bei Eröffnung des Landtages von Berg 1803 dortiger Hofkommissar[238)].

Karl Theodors Föderalismus

Karl Theodor hielt innerhalb seiner Wittelsbacher Staaten einen gewissen *Föderalismus* aufrecht, so sehr er bemüht war, das Verwaltungspersonal der einzelnen Fürstentümer menschlich, geistig und wirtschaftlich zu einer Einheit unter ihm als Landesherrn zusammenzufügen. Selbst in der seit 1623/28 zu Kurbayern gehörenden Oberpfalz und besonders in Amberg nahm er auf das schon von Kurfürst Johann Wilhelm gepflegte Eigenbewußtsein Rücksicht. In ähnlicher Absicht hatte auch Max III. gehandelt, als er 1746 seinen Halbbruder, den Grafen Franz Ludwig von Holnstein, zum erblichen Statthalter[239)] dort ernannte.

Unter Karl Theodor wirkte ebenfalls ein Graf Holnstein dort[240)]. Kurfürst Max III. und Graf Franz Ludwig von Holnstein waren ja Nachkommen des Kurfürsten Karl Albrecht. Die geradezu erbliche Statthalterschaft der Holnstein endete im Jahr 1800. Karl Theodor ging in Zusammenhang mit dem Teschener Vertrag auf verschiedene Forderungen ein, die im Rahmen des Erbfalles einzelne Reichsstände gestellt hatten. Er brachte mit dem Erzbischof von Salzburg, der 11 Millionen Gulden forderte, 1780 einen Vergleich zustande und zahlte nur 430 000 Reichstaler[241)]. Die Ansprüche des Herzogs von Mecklenburg auf die Landgrafschaft Leuchtenberg golt *der Kaiser* durch Verleihung des Privilegs de non appellando ab. Die Ansprüche des Augsburger Fürstbischofs auf landesherrliche Rechte auf den Lechrain, die Herrschaften Schwabeck, Hohenschwangau, Schongau und auf die geistliche Gerichtsbarkeit des Fürstbischofs regelte Karl Theodor am 20. April 1783 in München durch ein Konkordat mit diesem. Nicht ganz so lang dauerte Karl Theodors Auseinandersetzung mit dem schwäbischen Reichskreis um die von diesem geforderte Stadt Donauwörth. Der Reichskreis verzichtete am 8. Juni 1782 gegen 10 000 Gulden auf seine Ansprüche[242)]. Kurfürst Karl Theodor und Herzog Karl II. August von *Zweibrücken* wiesen durch ein gemeinsames Promemoria am 17. März 1780 den Anspruch des Hauses Württemberg auf einen Anteil an der Mobiliarverlassenschaft Max III. zurück. Bevor

Zahlungen und Leistungen aufgrund des Vertrages von Teschen

Karl August von Zweibrücken tritt am 8. März 1778 den Hausverträgen bei; die Zweibrücker sind die Erben Karl Theodors

Karl Theodor durch die Obere Landesregierung seine Reformen in Kurbayern begann, trat Karl August von Zweibrücken am 8. März 1778 den Hausverträgen bei, deren Folgen bei einem Tod Karl Theodors für Bayern entscheidend werden sollten. Der dynastische Nachwuchs aus Zweibrücken wurde deshalb wichtig. Pfalzgraf Wilhelm von Zweibrücken-Birkenfeld-Gelnhausen, der am 10. August 1769 im Beisein Karl Theodors aus Überzeugung in die katholische Kirche eingetreten war, heiratete, sehr begünstigt durch Kurfürstin Elisabeth Augusta, am 30. Januar 1780 Maria Anna, die *Schwester* des Herzogs Karl II. August von Zweibrücken und seines Bruders Max Joseph. Sie war der Generation nach seine Nichte, durch den geringen Unterschied der Geburtsjahre nur drei Jahre jünger als er. Beide traute der Beichtvater des Kurfürsten, der Exjesuit Pater Ignatius Frank, der alles bei diesem gelten wollte, ein enger Freund seines Pfälzer Kriegsministers Belderbusch war, aber in den Augen Max Josephs „falsch wie eine Spielmünze“[243]. Die Trauung fand im Vorzimmer der Kurfürstin im Mannheimer Schloß in deren Gegenwart statt. Wilhelms Vater nahm ebenfalls an der Hochzeit teil, starb aber elf Tage später[244]. Karl Theodor wies dem bei ihm in München eingetroffenen jungen Paar in Landshut an der Isar die Neue Residenz, einen schönen Renaissancebau in der Stadt als Wohnsitz an und ließ ihm den alten Herzogsgarten oben neben der Traußnitz durch seinen Gartenbaumeister Sckell aus Schwetzingen in einen ersten englischen Garten in Bayern umwandeln. Die von Wilhelm erbetene Jurisdiktion über seine Diener gewährte ihm Karl Theodor aber nicht[245]. Das junge Paar traf in München auch Max Joseph von Zweibrücken. Wilhelm, der mit seiner Frau seine Schwiegermutter in Sulzbach besucht hatte, erfuhr in Landshut alle wichtigen Ereignisse in München und meldete sie nach Zweibrücken. Er fürchtete Karl Theodors Nachgiebigkeit gegen österreichische Einflüsse. Zwanzig Jahre später ergriff er sofort nach Karl Theodors Tod in München für Max Joseph zunächst selbst die Zügel.

Wilhelm von Zweibrücken-Birkenfeld-Gelnhausen heiratet 1780 die Schwester des Zweibrücker Herzogs

Zum Schaden der Wittelsbacher kam der als Graf von Falkenstein einreisende *Kaiser Joseph II.*[246] im Juni 1780 bei seinem Treffen mit Kaiserin Katharina II. von Rußland in Mogilew am Dnjepr und später in Gesprächen in Moskau, St. Petersburg und Zarskoje Selo dahin überein, daß sie ein großes westliches Kaisertum Josephs unterstütze, da er der Kaiserin seine Hilfe für eine Aufteilung der Türkei und die Bildung eines griechisch-orthodoxen Kaiserreichs der Russen einschließlich Konstantinopel versprach. Joseph arbeitete mit ihr diplomatisch

Kaiser Joseph II. trifft im Juni 1780 Kaiserin Katharina II. von Rußland, um sie für seine geplante Annexion Bayerns zu gewinnen

gegen das Osmanische Reich zusammen, obwohl sie 1774 mit der türkischen Regierung Frieden geschlossen hatte. Katharina garantierte Joseph den Weg nach Rom durch ihre Zustimmung, daß er die Toskana in den Habsburger Staatenkreis einbeziehe, und versprach ihre Hilfe bei einer Erwerbung Bayerns. Ihre Haltung wurde Anfang 1784 für die bayerische Staatsexistenz negativ spürbar.

Was auch Karl Theodor über das Treffen Josephs mit Katharina erfahren mochte, schon die Tatsache der Zusammenkunft beider setzte ein Fragezeichen hinter die Garantie des Friedens von Teschen 1779. Da er nicht wieder wie im Januar 1778 beim Einmarsch der Österreicher in Bayern wehrlos sein wollte, unterstellte er dem Hofkriegsrat in München die Militärbereiche seiner Länder am Rhein und in den Niederlanden, zog aber aus seinem Mannheimer Kriegsrat als Kriegsräte Ferdinand Muffat, Kaspar Orff und andere nach München. In Düsseldorf errichtete er ein Provinzkommando.

Karl Theodor unterstellt dem Hofkriegsrat in München die Militärbereiche aller seiner Länder

Schon am 18. August 1778 instruierte er den Hofkriegsrat in München und führte für die Kurpfalz-bayerische Armee ein neues Dienst- und Exerzier-Reglement ein, das das kurbayerische von 1750 ersetzte[247]. An der Spitze des Mannheimer Kriegsrates stand bis zu seinem Tode am 10. Februar 1780 in Mannheim Pfalzgraf Johann von Zweibrücken-Birkenfeld-Gelnhausen, kurpfälzischer Generalfeldzeugmeister und Oberst-Inhaber eines Infanterieregiments, von dessen Söhnen Karl Johann Ludwig k.k. Generalmajor, der seit 1769 katholische Wilhelm aber auf Einladung des Kurfürsten seit 1780 Bewohner der Stadtresidenz in Landshut war. Der Mannheimer Kriegskonferenz unterstanden die Festungen Mannheim, Düsseldorf und Jülich sowie die befestigten Bergschlösser Dilsberg und Otzberg. Karl Theodor vereinigte am 1. August 1778 die 8000 kurbayerischen und 12000 Kurpfälzer Soldaten zu einer Armee und stellte an ihre Spitze den Generalleutnant Freiherrn Johann Theodor von Belderbusch, dem er auch in München die Leitung des neugeschaffenen Geheimen Kriegbureaus anvertraute. Ein Geheimer Kriegssekretär wurde ihm untergeordnet, der die Ausgaben für das Heer und seine Rüstung zu besorgen hatte. Belderbusch versuchte eine militärisch und sozial nachteilige Sparpolitik, ließ die Stellen der Ober- und Stabsoffiziere oft halbe oder ganze Jahre unbesetzt[248] und belastete die neu eintretenden Rekruten mit unerträglichen Ausgaben für ihre Ausrüstung.

Karl Theodor verordnet Freiheit für die Bauern Bayerns, die sich von ihm als von ihrem Nieder-Gerichts- und Grundherrn befreien wollen

Karl Theodor durchblickte das nicht, erkannte aber in der Kurpfalz und seinen anderen Ländern die gesellschaftlichen und wirtschaftlichen Probleme. Eine sehr in die Zukunft weisende Anordnung erließ er in Kurbayern; er gewährte 1779 den Bauern, die ihm als Nieder-Gerichtsherrn oder Grundherrn unterstanden, besonders wenn beide Rechtsbeziehungen zutrafen, die Freiheit, ihren bearbeiteten Grund als Eigentum zu besitzen, wenn sie zwanzig Jahre lang sehr geringe Beträge, sogen. Meierschaftsfristen zahlten. Er warb durch seine Beamten geradezu dafür. *Doch wollten die meisten Bauern lieber nicht Eigentümer werden*, sondern in dem oft nicht ungünstigen Rechtsverhältnis verbleiben, durch das der Grundherr oder Vergeber des bäuerlichen Lehens den Bauern bei Mißernten finanziell sanierte, in keinem Fall von dem bewirtschafteten Boden einfach wie ein Gläubiger vertrieb, dem seine Schulden nicht bezahlt wurden. Durch Mandate vom 29. Juli und vom Weihnachtstag 1779 versicherte er dem Landvolk Schutz gegen jede Bedrückung durch landesherrliche Organe, gewährte den Unterbeamten freie Bezüge, aber verringerte ihre Anzahl und schärfte den Beamten ihre Pflichten ein. Der verbreiteten Korruption der Pflegskommissare und Unterbeamten sagte er den Kampf an[249]. Nie verlor er auch später sein grundsätzliches Ziel aus dem Auge, auch in den untersten Instanzen dafür zu sorgen, daß seine ihm durch Geburt gestellte Aufgabe des Landesherrn und Landesvaters erfüllt werde. Es kam freilich darauf an, inwieweit die von ihm gegebenen Befehle oder in seiner Konferenz mit den Ministern gefaßten Beschlüsse wirklich durchgeführt wurden. Waren die Ausführungsorgane pflichtbewußt und gewissenhaft oder nur auf Vorteile für sich selbst bedacht? In wieweit erfuhr er als regierender Landesherr von der Durchführung seiner Entscheidungen? Selbst der in den bayerischen Regierungsgeschäften von Jugend auf erfahrene Vorgänger Max III. war von Ausführungsorganen betrogen worden. Durch die Last der Staatsschulden und die verfassungsrechtliche Stellung bestimmter Gruppen in seinen verschiedenen Staaten gab es da und dort Mißstände, ja Notstände. Bestimmte Personen aus diesen Gruppen taten alles, um sie dem Landesherrn zu verheimlichen. Die äußere Vorbildung und die Herkunft eines Mannes war noch keine Aussage für das, was er in der Praxis der ihm aufgetragenen Geschäfte tat.

Inwieweit setzt Karl Theodor seine Entscheidungen in der Praxis durch?

Kein Fürst und keine Obrigkeit in einer sich selbst regierenden Stadt, die unmittelbar unter dem Reich stand, konnte die Ausführungsorgane kontrollieren, wenn nicht der Landesherr bzw. die Stadtobrigkeit oder deren Kontrollorgane in die verschiedenen Herrschaftsbereiche reisten.

Die Reisen waren freilich so kostspielig, daß selbst Ludwig XIV. sie oft vermied. Eine Reise inkognito konnte ein Landesherr nur unter bestimmten Voraussetzungen durchführen, Karl Theodor konnte leichter in Italien als in seinen Fürstentümern als „Graf von Veldenz" reisen.

Schon Max III. hatte in einer Instruktion vom 1. März 1774 beklagt, daß die für jedes Jahr vorgesehene Visitation der Rentämter seit Jahrzehnten unterblieben sei, hatte aber keine entscheidende Besserung durchgesetzt. Karl Theodor setzte die von ihm für Kurbayern neugebildete Obere Landesregierung aus Reformmännern zusammen und unterstellte ihr auch die Justiz und das, was man damals Polizei nannte, in den Rentämtern. Diese selbst beschränkte er auf finanzielle Aufgaben, verwandelte also die Rentämter in Kammeral-Rentdeputationen[250]. Das Rentamt Landshut löste er überhaupt auf und verteilte den zugehörigen Geschäftsbereich auf die Rentamtsbezirke Straubing, Burghausen und München, hob diese Regelung aber am 9. Januar 1784 wieder auf, da sie in Niederbayern, vor allem beim niederbayerischen Adel, auf Widerstand stieß. Natürlich war die zweifellos segensreiche Tätigkeit der Oberen Landesregierung vielen unerwünscht. So brachten es die Kollegialbehörden in München fertig, ihr zunächst überhaupt keine Geschäftsräume ausfindig zu machen. Der durch die egoistischen Interessen einzelner Personen und Personenkreise verursachte Widerstand verknüpfte sich mit dem Gegensatz der kurbayerischen Kollegialbehörden zu der von Karl Theodor versuchten Ministerialverfassung.

Karl Theodor verbannt Lori nach Neuburg, Obermayr nach Ansberg aber mit vollem Gehalt und André, den morganatischen Gatten der Herzogin Maria Anna

Hatte Karl Theodor aber nicht in Johann Georg (seit 1763 von) Lori durch seinen Befehl vom 12. Juni 1779 einen der besten, auch staatsmännisch begabten Beamten nach Neuburg an der Donau geschickt und aus dem Kreis seiner Mitarbeiter verbannt?

Er hatte auf Wunsch des österreichischen Sondergesandten von Lehrbach tatsächlich diesen Schritt getan, Kreittmayr und Cuntzmann hatten ihm die lettre de cachet überbracht und hatten ihm ausdrücklich eine Auskunft über den Grund dafür verweigert[251]. Der österreichische Sonderdiplomat hatte damals auch die Verbannung anderer aus dem Kreis der bayerischen Patrioten um Herzogin Maria Anna wie Obermayrs, des Mitgestalters der Hausverträge von 1766 und 1771 nach Amberg erreicht. Für die Beurteilung Karl Theodors muß berücksichtigt werden, daß er diese für die Regierung und Verwaltung Bayerns zweifellos sehr nachteiligen Schritte unter dem Druck der österreichischen Diplomatie in München tat. Der von den Österreichern gefangengenommene preußische Spion Hammert hatte in Wien diese bayerischen Patrioten und André, den Sekretär der Herzogin Maria Anna als Führer der „Übelgesinnten" hingestellt, André sogar bezichtigt, eine Legion errichten zu wollen. Der weichgewordene Spion richtete damit einiges Unheil an. Der Kurfürst schickte André auf die Festung Rothenburg[252]. Da dieser der der Herzogin morganatisch angetraute aber nur heimliche zweite Gatte Maria Annas war, nervte damit der kurfürstliche Schwager auch seine Schwägerin und Kusine. Vor allem fürchtete er aber selbst den Kreis der bayerischen Patrioten um die Schwester seiner Frau auch weiterhin als ein Zentrum des Widerstandes und des Ungehorsams gegen sich. Er sah in diesem Kreis nicht ohne Angst zugleich einen Punkt, weswegen ihn Österreich auch später angreifen konnte. Er beließ trotz entgegenstehender österreichischer Forderungen Lori und Obermayr aber ihre vollen Gehaltsbezüge.

Die Tatsache, daß sich Karl Theodor bereits im Sommer 1779, kaum daß der Friede von Teschen abgeschlossen war, in München konsequent mit einer besseren Staatsorganisation und mit Reformen zugunsten der einfachen Bevölkerung befaßte, wird kulturell dadurch ergänzt, daß er bereits 1779 über den nördlichen Arkaden des Hofgartens in München eine Bildergalerie (an der danach benannten Galeriestraße) erbauen und auf dem Erdboden in ihrer Fortsetzung die von dem Bildhauer Roman Boos ausgeführte Gruppe der Figuren des Herkules aufstellen ließ.

Karl Theodor legt am Hofgarten eine Bildergalerie an und veranlaßt Herkules-Figuren in den Hofgarten-Arkaden

Kreittmayr und der damals junge Professor Lipowsky verstanden Karl Theodor besser als im Lauf der nächsten Jahre die bayerische Öffentlichkeit und Generationen von nachgeborenen Historikern bis in unsere Zeit. Als er, wie oben erzählt, im Oktober wieder in München war, machte er den bisherigen Hofkaplan in Mannheim, Kasimir Haeffelin, Mitglied auch der Deutschen Gesellschaft, nun in München zum Geheimen Rat, Geistlichen Rat und Kabinetts-Antiquarius. Thomas Antici, Marquis von Pescia, blieb der kurfürstliche bevollmächtigte Minister beim Papst, der Professor Franz Ignaz Wedekind des Öffentlichen Rechts und des Feudalrechts an der Universität Heidelberg blieb zugleich deren Prokanzler und Graf Karl von Nesselrode, der Kanzler in Jülich und Berg, Präsident des Oberappellationsgerichts dort. Natürlich waren Männer, die in Düsseldorf ihre Geschäfte zu besorgen hatten, nicht oft in München, aber sie zählten nun zum gemeinsamen Geheimen Rat wie auch Graf Karl von Hatzfeldt, der Obersthofmeister der Kurfürstin und Landmarschall in Jülich, zugleich Oberamtmann

Kasimir Haeffelin wird Kabinetts-antiquarius

Fürsorge für Heidelbergs Universität, für Jülich und Berg, Bergen op Zoom

in Düsseldorf. Ihre Anwesenheit da und dort läßt sich erst nach Erforschung aller Protokolle über die Sitzungen des Geheimen Rats eindeutig nachweisen.

Für die Markgrafschaft (= Marquisat) Bergen op Zoom sorgte Karl Theodor (1791/1792?), als sein bewährter Beauftragter Geheimrat Karl Joseph Lambaert (Lombaertz, De Lombaerto) starb, indem er nun den Grafen Karl Theodor von Vieregg, seinen Gesandten zugleich in Brüssel, als bevollmächtigten Minister und Generalkommissar für die Markgrafschaft einsetzte[253]. Sein Beigeordneter war Martin Joseph von George, der Generalkontrolleur der Domänen und Finanzen der Markgrafschaft. Vier Rentmeister waren in ihren vier Teilen tätig. Einer wirkte zugleich in Standerbuyten, einer zugleich in der Stadt Bergen op Zoom, einer zugleich in Fynaert, einer zugleich in den beiden Herrschaften Hoogerbeyden und Ossendregt. Nur Melissan war Advokat der Markgrafschaft im Haag.

Schulreformen

Schon am 8. August 1778 hatte Karl Theodor den Stadt- und Landschulen als öffentlichen Erziehungsanstalten und Nationalinstituten eine zweckmäßigere Einrichtung gegeben[254]. Je nach Gegend und Ort ordnete er bürgerliche Real- und Hauptschulen, gemeine Stadt- und Land- oder Trivialschulen und in allen Städten eine Muster- oder Normalschule an, wenn sich dort Gymnasien befanden.

Fürsorge für die Lyzeen und die Universität Ingolstadt

Am 31. August 1781 kritisierte Karl Theodor in einer Verordnung[255], daß die Vorstände und Professoren an den Lyzeen durch zur Besserung des Christen und Menschen undienliche Schulzänkereien die männliche Denkkraft der Nation schwächen, den gesunden geraden Menschenverstand schänden und zu Unruhen in der Kirche und im Staat den Samen ausstreuen würden, zu heuchlerischen Sitten den Grund legten, durch die die hohe „Absicht“ des Studierens verhindert werde, nämlich das wahre Wohl des Bürgers. Für dieses Ziel errichtete er in Ingolstadt neue Lehrstühle[256] für Kameral-, Finanz- und Polizeiwissenschaften, für Statistik und für Staatenkunde, aber auch für Tiermedizin. Der Kurfürst vermehrte durch 10 000 Gulden aus seiner Privatkasse den Universitätsfonds. 1782 errichtete er eine Anatomische

Anatomische und Chirurgische Schule, Hebammenschule in München

und eine Chirurgische Schule am Militärlazarett in München und stellte dazu den Leib- und Oberstabschirurgen Anton Winter, den Medizinalrat Karl von Orff und den Hofwundarzt Lukas Musinan als Professoren an. Er gründete im selben Jahr eine Hebammenschule und vereinigte sie mit einer Gebäranstalt, die schon seit Herzog Wilhelm V. (1580) bestand und durch eine bedeutende Schenkung der zweiten

Gattin Maximilians I. unterstützt worden war. Karl Theodor ließ 1782 für die vier Stadtteile Münchens Ärzte, Chirurgen und Hebammen einteilen. Auf seine Kosten ließ er den Stadt- und den Militärchirurgen Apparate zustellen, damit sie im Wasser versunkenen oder vom Erstikkungstod bedrohten oder scheintoten Menschen das Leben retten könnten. 1782 errichtete er in dem zu seinem Fürstentum Neuburg gehörenden Lauingen eine Schule für Krankenwärter und -wärterinnen.

Handelsverträge mit Württemberg seit 1782

Seine Wirtschaftspolitik unterstützte Karl Theodor durch Handelsverträge mit dem Herzog von Württemberg, die er seit 1782 schloß. Sie gestatteten eine Verbindung dieser Nachbarstaaten auf Straßen und Flüssen, so daß eine *Via Carola* (Karlsstraße) von Frankenthal bis Regensburg entstand. Die Nord-Südverbindung erhielt ihre Achse von der Bergstraße bis Heidelberg. Durch das Edikt vom 30. April 1783 gewährte Karl Theodor auf Fontanesis Empfehlungen allen Produkten aus seiner Kurpfalz und seinen Herzogtümern Jülich und Berg volle Maut- und Akzisefreiheit. Doch stießen seine Maßnahmen auf Schwierigkeiten, da die pfälzische Industrie nicht in der Lage war, den Bedarf zu decken. Obwohl die Manufaktur für Buffet- und Frieswaren in Frankenthal von ihm durch Einfuhrverbote vor Konkurrenz bewahrt wurde, mußte sie 1786 ihren Betrieb einstellen. Die vom Kurfürsten begründete Fabriken-Kommission vermochte es dagegen, den Tuchmachern zu erleichtern, Aufträge anzunehmen, indem diese Kommission sie mit Geld und mit dem Naturprodukt Wolle unterstützte, die sogar vorschußweise geliefert wurde. Karl Theodors Regierungsbeauftragter in Mannheim unterstützte 1793 auch die seit einem Vierteljahrhundert bestehende Kommerzialkommission. Die landesherrlichen Beamten der Kurpfalz lenkten die Wirtschaft bis ins einzelne, verstanden aber deren Funktionen zu wenig, so daß Mißstände entstanden und harte, aber begründete Kritik geübt wurde[257]. Viele Beamte erschienen durch Verknüpfung ihrer Privatinteressen mit öffentlichen Maßnahmen als Ausbeuter.

Zollunion 1783 zwischen Bayern, Kurpfalz, Jülich und Berg

Fabriken-kommission 1786

Papst Pius VI. in Altötting und München

Bevor der Landesherr im sozialen, wirtschaftlichen und geistlichen Leben seiner Länder weitere Kräfte weckte, reiste *Papst Pius VI.* nach seinem Besuch in Wien 1782 nach Bayern, wo ihn in Altötting Pfalzgraf Wilhelm von Zweibrücken-Birkenfeld-Gelnhausen im Namen Karl Theodors begrüßte[258]. Der Kurfürst, der sehr plötzlich von der Rückreise des Papstes von Wien über München nach Rom verständigt worden war, reiste diesem ebenfalls bis zu diesem berühmten bayerischen Wallfahrtsort entgegen[259]. Papst und Kurfürst begaben sich am nächsten

Tag in die Gnadenkapelle und reisten darauf nach München weiter. Hier fuhr Pius VI. am 26. April 1782 in dem prächtigen, mit Silber beschlagenen und mit Gold verzierten Kaiserwagen ein, den einst Kaiser Karl VII. Albrecht an seinem Krönungstage in Frankfurt benützt hatte. Der Kurfürst saß dem Papst im Wagen gegenüber. Wie bei seiner Reise nach Altötting wurde der Papst auch in München mit militärischen Ehren empfangen. Außerhalb des Dorfes Haidhausen begrüßte den Papst und den Kurfürsten eine Abteilung der Hartschier-Leibgarde zu Pferd unter ihrem „Ersten Leutnant", dem kurpfalz-bayerischen Generalleutnant Graf Norbert von Törring-Jettenbach, an der Grenze des Münchner Burgfriedens die Bürgerliche Kavallerie-Eskadron unter Rittmeister Franz Anton von Schmädl. Auf den Stadtwällen donnerten die Kanonen, von den Kirchtürmen läuteten die Glocken, türkische Musik wurde gespielt, als die beiden über die Isarbrücke in das Tal auf den Marktplatz und von da zur Residenz fuhren. Am Marktplatz (der erst am 17. November 1854 in Marienplatz umgetauft wurde) hatten die Augustiner, Kapuziner und Theatiner Aufstellung genommen. Pius VI. bewohnte die seitdem „Päpstliche Zimmer" genannten Räume der Residenz.

In Begleitung des Kurfürsten erteilte der Papst in dem Gebäude der Landschaft der Bevölkerung den apostolischen Segen. Die Enttäuschung des Papstes in Wien über Joseph II. machte seine Beziehung zu Karl Theodor geradezu zur Freundschaft. Der Papst und der Kurfürst besuchten zusammen die Hofkirche St. Kajetan, die Stifts-Pfarrkirche (Liebfrauen-Dom), die Pfarrkirchen St. Peter und Heiliger Geist und die St. Michaels-Hofkirche. Pius VI. bemerkte, daß diese Kirche selbst im Vergleich mit den Kirchen zu Rom eine schöne Kirche sei. Karl Theodor zeigte dem Papst auch die „Schöne Kapelle" in der Residenz, die Schatzkammer dort, den Antikensaal, die neu aufgestellte Gemäldegalerie in der Galeriestraße, die Hofbibliothek und die Akademie der Wissenschaften. Doch nahm Pius VI. nicht an der zu seiner Ehre veranstalteten Sitzung teil, in der Hofrat Franz Karl von Eckartshausen[260)] über die Wirkung der Religion auf die Wissenschaften und die der Wissenschaften auf die Religion sprach.

Dann zelebrierte der Papst bereits am 29. April in der Stiftskirche zu Unserer lieben Frau vor geradezu unzähligen Andächtigen die heilige Messe, nachdem er am Portal von Kurfürst Karl Theodor von Pfalz-Bayern, Kurfürst Klemens Wenzeslaus von Trier und Fürstbischof von Augsburg und vom Freisinger Fürstbischof Freiherrn Ludwig Joseph von Welden begrüßt worden war. Alle Akte waren wohlüberlegt. Ekkartshausen überreichte dem Papst seine Rede in deutscher und lateinischer Sprache, da Pius VI. aus begreiflichen Gründen nicht anwesend gewesen war, als sie vorgetragen wurde. Das Fest des Ritterordens vom Heiligen Georg wurde am 30. April in der Hofkapelle in der Residenz gefeiert. Der Papst und der Kurfürst wohnten ihm in deren Oratorium bei[261)].

Karl Theodor 50 Jahre Herzog von Pfalz-Sulzbach

Im Juli 1783 waren es 50 Jahre, daß er Herzog von Sulzbach geworden war. Das wurde von der dort residierenden Pfalzgräfin-Witwe Franziska Dorothea, der Mutter des regierenden Zweibrücker Herzogs Karl II. August und seines Bruders Max Joseph, von der Sulzbacher Regierung, ihrer Hofkammer, dem Stadtrat und der Bürgerschaft mit aller Pracht gefeiert. Die dort schon von Christian August begründete Toleranzpolitik kam an dem Festtag im Juli durch einen evangelischen feierlichen Gottesdienst früh um acht Uhr in der Pfarrkirche zum Ausdruck, auf den um zehn Uhr ein Hochamt für die Katholiken folgte. Die Hymne „Herr Gott, Dich loben wir" gewann dabei einen besonderen Sinn. Die Juden veranstalteten in ihrer Synagoge ebenfalls einen Gottesdienst. Besonders feierten in ihren Kirchen die Kapuziner und die Nonnen den Tag, deren Kloster von Karl Theodors Stiefmutter begründet worden war.

Pfalzgräfin Franziska Dorothea hielt mittags offene Tafel mit Musik. Die Beamten der Regierung und der Hofkammer, aber auch des Stadtmagistrats hielten im Gasthof „Zum wilden Mann" ein fröhliches Mittagsmahl, so daß sie die offene Tafel nicht überlasteten. Das kurfürstliche Dikasterium in Sulzbach hatte eine Münze mit dem Brustbild Karl Theodors prägen lassen, auf der an die Feier des 70. Geburtstages des Herzogs Christian August erinnert wurde, die ebenfalls durch Bewirtung vieler durch den Jubilar und Feste in den Kirchen begangen worden war. Am 20. Juli 1783 wurde am Abend im Theatersaal des Schlosses ein Prolog über das glückliche Sulzbach vorgetragen und darauf das Singspiel aufgeführt: „Der Dorfbarbier von Sevilla". Es war von dem Geheimsekretär der Pfalzgräfin Elsperger in Musik gesetzt worden[261a)].

Karl Theodor zwingt seine Reformen nicht auf und spart an Reisen

Die Anhänglichkeit an den Landesherrn und Landesvater Karl Theodor in Sulzbach und in Mannheim war außerordentlich groß. Sie war nicht nur durch seine lange und sehr mit Taten ausgewiesene Regierungsarbeit in dem Fürstentum Sulzbach und in dem Kurfürstentum am Rhein begründet. Er folgte seinen mit ihm durch enge

Verwandtschaft verbundenen Vorgängern und regierte besonders in Sulzbach auf der Grundlage gegenseitigen Vertrauens. Nirgends wollte er Reformen *aufzwingen*, selbst wenn der Widerstand gegen sie wie der Versuch der Bauernbefreiung in Kurbayern durch Mangel an Einsicht derer verursacht war, die er fördern wollte. Aus Gründen der Sparsamkeit konnte er in Düsseldorf oder Sulzbach als Landesherr nicht oft persönlich in Erscheinung treten. Einen bestimmten Personenkreis als Hof mußte er aber gerade in Sulzbach und Düsseldorf unterhalten. In Sulzbach residierte zudem seine Kusine und Schwägerin, die Witwe des Pfalzgrafen Friedrich Michael von Zweibrücken. Die Kurfürstin Elisabeth Augusta hat, mehr als bisher bekannt, an den dynastischen Funktionen und Aufgaben ihres Gatten auch in späteren Jahren teilgenommen. In Zusammenhang mit solchen Überlegungen stand vielleicht auch, daß er sie zur Erbin in Jülich und Berg einsetzte.

Karl Theodor 1783 in Rom

Karl Theodor besuchte – wieder in Stephan von Stengels Begleitung – bereits 1783 den Papst in Rom[262], ohne damit einen offiziellen und damit kostspieligen Gegenbesuch zu machen. Es war seine zweite und letzte Auslandsreise, wenn man absieht von seiner Geburt und Kindheit bei Brüssel als Aufenthalt außerhalb des Reiches und seiner Studentenzeit in Leiden und Löwen, sowie den nicht genau erweisbaren Reisen nach Bergen op Zoom, wo ihm 1729 gehuldigt worden war und das im Hoheitsgebiet der Niederländischen Generalstaaten lag. Beide Italienreisen waren nach Rom gegangen.

Pius VI. war bereits durch das Kaiserliche Patent vom 16. Januar 1783, daß die Ehe als *bürgerlicher* Vertrag ganz vom kanonischen Recht geschieden sei, empfindlich verletzt worden. So war der Kurfürst von Pfalz-Bayern schon als verstehende Persönlichkeit dem Papst sehr erwünscht. Kaiser Joseph, der weitere staatskirchliche Schritte tat, erschien Ende des Jahres ebenfalls zu einem Incognitobesuch in Rom und traf dabei auf König Gustav III. von Schweden, der den Katholiken Toleranz gewährt hatte, aber keinen Übertritt seiner nicht katholischen Untertanen zur katholischen Kirche. Karl Theodor, längst wieder in München, erfuhr darüber durch die Berichte, die ihm der Marchese Antici, sein Geschäftsträger (aber auch der Polens) in Rom, schrieb.

Elisabeth Auguste sorgt für die Zukunft Pfalz-Bayerns

Kurfürstin Elisabeth Auguste machte am 25. August 1778 ihr Testament und setzte den Herzog Karl August von Zweibrücken zum Universalerben ihrer sämtlichen Güter ein, machte aber u. a. zur Bedingung, daß er nach seinem Regierungsantritt in Bayern den Freiherrn von Lori zu seinem Minister ernenne. Wollte sie damit Karl August, einer schwierigen, aber hochbegabten Persönlichkeit, im Fall seines Regierungsantritts in München einen ausgezeichneten Mann als politischen Beistand an die Seite geben[263], da der Kanzler Kreittmayr dort alt und es sehr schwierig war, eine wirklich kluge politische Persönlichkeit zum Minister zu ernennen? Die Minister ihres Mannes in München und Mannheim waren in ihrer Haltung und in Bezug auf ihre Qualität schwer zu durchschauen oder taugten in ihren Augen wie Belderbusch, der Pfälzer General und Vorstand des Kriegsbureaus in Mannheim, wenig oder nichts. Elisabeth Auguste konnte von Gefahren eines Umsturzes in Gesellschaft und Staat durch ihren Mann erfahren haben. Der Zweibrücker Hofenfels war infolge des Hausvertrags von 1771 als Protestant in München nicht einsetzbar. Sie selbst wußte wohl durch ihre Schwester, die bayerische Patriotin Herzogin-Witwe Maria Anna, von Loris außerordentlicher Tüchtigkeit, Willenskraft und katholischer Einstellung.

Karl Theodor setzte sich aus Gründen nicht nur seines Gewissens, sondern auch seiner politischen Vernunft eben damals für die Erhaltung einer glaubwürdigen Religion als Grundlage des Staates ein. Er holte Lori nicht aus Neuburg zurück, fürchtete aber eine geistig-weltanschauliche Aushöhlung des Staates durch die *Illuminaten*. Sie waren 1776 als Geheimorden von dem 1748 in Ingolstadt geborenen, also sehr jungen Professor des Kirchenrechts in der juristischen Fakultät Johann Adam Weishaupt gegründet worden. Sein Ziel war ein fürsten- und eigentumsloser Weltstaat. Sein Ordensname war bezeichnenderweise Spartakus. Er meinte: „Die Staatsgewalt befindet sich fast überall in unwürdigen Händen; man muß sie daher in die Hände der Illuminaten bringen, ganz still und heimlich[264]".

Die Ziele des 1771 gegründeten Geheimordens der Illuminaten werden Karl Theodor schrittweise bekannt

Nur wer vom Novizen zum Meister im Orden aufstieg, kannte das konkrete Ziel. Weishaupt übernahm von den Freimaurern die Symbole, von dem von ihm gehaßten und zugleich bewunderten Jesuitenorden das Prinzip des bedingungslosen Gehorsams. Weishaupt machte ein gestuftes „Bildungsprogramm" zur Grundlage der Erziehung im Orden, die alle Mitglieder erfassen sollte. Wer auf die höchste Stufe gelangte, hatte die französischen Materialisten, die die Religion bekämpften, zu lesen. Die Vorliebe der Zeit, die trotz ihres Bekenntnisses zur Vernunft[265] diese längst satt hatte, galt dem Geheimnis und seinen Symbolen. So verbreitete sich der Orden schnell. Die Hälfte etwa der Mitglieder des Bücherzensurkollegiums in München gehörte ihm an, auch der Vizepräsident des Geistlichen Rates Haeffelin, der bis 1781 zusammen mit Nicolas de la Treille in der Kurpfalz wirkte. Doch schon bevor dieser nach München kam, hofften die Illuminaten bei dem Regierungswechsel von 1777 auf Kaiser Joseph II. als Aufklärer. Die Leiter der bayerischen Illuminaten traten mit Wien wegen einer Entthronung Karl Theodors in Verbindung.

Natürlich war das alles dem Kurfürsten zunächst unbekannt. Die Vorstandschaft des Ordens forderte 1783 von Joseph Utzschneider[266], dem Geheimsekretär der Herzogin Maria Anna, daß er dem Orden die Briefe ausliefere, die der König von Preußen und sein Minister Graf von Hertzberg an seine Herrin geschrieben hatten. Friedrich der Große erfuhr durch die Freimaurer von den Forderungen an Utzschneider und machte Maria Anna auf die Staatsgefährlichkeit der Illuminaten aufmerksam. Diese fragte darauf ihren Sekretär und dieser deckte ihr alles, was er vom Orden wußte, auf. Die gegenseitige Überwachung im Orden, die der Freimaurer Hofrat Freiherr von Knigge aus Hannover auf Antrag Weishaupts im Orden eingeführt hatte, jagte auch Utzschneider Furcht ein. Doch machte ihm Herzogin Maria Anna derartige Vorstellungen, daß er auf ihre Anordnung eine Denkschrift über die Zwecke und die Ausbreitung des Ordens verfaßte und sie dem Kurfürsten überreichte[267]. Dieser hatte damals bereits von den Plänen der Illuminaten wenigstens dadurch erfahren, daß zwischen Weishaupt und Knigge ein Streit ausgebrochen war, der Ordensgründer den Mitarbeiter ausschloß und beide Kampfschriften in aller Öffentlichkeit wechselten. Karl Theodor hatte deshalb schon am 22. Januar 1784 eine Verordnung erlassen, in der er alle „Geheimen" Gesellschaften verbot. Im Vertrauen auf die vielen niederen und höheren Beamten, die dem Orden angehörten, beachteten die Illuminaten im Lande das Verbot nicht. Karl Theodor war über die große Anzahl der Ordensmitglieder entsetzt und fürchtete mit Grund deren Bestrebungen. Er befahl deshalb am 2. März 1785 unter Androhung strengster Strafe die Auflösung sowohl des Illuminaten- wie des Freimaurer-Ordens. Durch einen merkwürdigen Umstand erfuhr Karl Theodor bald noch mehr. Denn ein Illuminat, der katholische Geistliche Lanz, der in Angelegenheiten des Bundes nach Schlesien reiste, war unterwegs vom Blitz getroffen und getötet worden. Die bei ihm gefundenen Papiere enthielten eine Anweisung an namentlich genannte Vorstände des Illuminatenordens. Karl Theodor ließ darauf weitere Untersuchungen anstellen. Die Untersuchungsrichter kamen in den Besitz der geheimen Korrespondenz

Karl Theodor verbietet 1785 die Illuminaten und untersagt, Korrespondenzen von Ordensmitgliedern zu veröffentlichen

und der Originalschriften der entscheidendsten Führer des Ordens, darunter des Gründungsmitgliedes Zwack, der durch die Machenschaften der Illuminaten und besonders des ihnen in der Gesinnung verwandten Freiherrn von Bassus in Sandersdorf zum Regierungsrat in Landshut geworden war. Weishaupt selbst floh. Seine Anhänger folgten meist diesem Beispiel. Karl Theodor aber ging auf den Rat Maria Annas ein und veröffentlichte die Korrespondenzen und Originalschriften der Illuminaten. Er ließ in Hinblick auf ihr Ziel des Staatsumsturzes Gerichtsverhandlungen gegen sie einleiten[268], bemühte sich aber auch, die geistigen und kirchlichen Grundlagen im gesellschaftpolitischen Denken seiner bayerischen Untertanen zu stärken.

In diesem Zusammenhang muß auch davon gesprochen werden, daß der von den Illuminaten gepriesene Kaiser Joseph II. schon 1772 seine Ansprüche auf den in Bayern eintretenden Erbfall reichslehenrechtlich zu verankern begann. Joseph ließ Besitzergreifungspatente drucken[269] und bei seinen Gesandten in München und auf dem Reichstag in Regensburg hinterlegen. Er ergriff nun die durch sein Einverständnis mit Katharina von Rußland seit 1780 immer günstiger werdende Gelegenheit, Bayern als Reichslehen einzustecken. Doch kam er bei einer noch so starken Beanspruchung des Reichslehenrechts nicht darum herum, daß die Zweibrücker Wittelsbacher als rechtliche Erben heranstanden.

Karl August demonstriert durch Schloß Karlsberg seine künftige Stellung, verliert aber am 21. August 1784 seinen einzigen Sohn

Herzog Karl II. August hatte 1778 demonstrativ seine Residenz in die Gegend von Homburg auf das von ihm erbaute Schloß Karlsberg verlegt. Er gestaltete seinen großartigen Bau weiter. Seine Sammlungen und seine Bibliothek dort trugen unabhängig davon ihren besonderen Stempel. Ohne Rücksicht auf seine Finanzen, aber mit großem Geschmack und mit Schwung, gestaltete er seine Residenz. Er hatte die Lage in Deutschland und seine eigene künftige Stellung im Auge, als er am 10. Februar 1784 eine Denkschrift über einen *Bund aller* deutschen *Reichsstände ohne den Kaiser* niederlegen ließ[270]. Da traf ihn ein menschlich und politisch schwerer Schlag. Am 21. August 1784 starb sein einziger Sohn im Alter von acht Jahren, Karl August Friedrich, dessen letzter Name an seinen Verbündeten und finanziellen Helfer in Berlin erinnert. Der Tod des Knaben schien so gewaltige Folgen zu haben, daß Kombinationen angestellt wurden, ob er nicht ermordet worden sei[271].

Bild 48
Pfalzgraf Wilhelm von Zweibrücken-Birkenfeld-Gelnhausen 1752—1837, 1799 Begründer der Linie der Herzoge in Bayern 1799

VII

Erneute Tauschpläne Kaiser Josephs II.
1784–1785

Kaiser Joseph II. versucht 1784 erneut, Bayern zu annektieren

Kaiser Joseph II. soll im September 1784 zu Karl Theodor nach München gereist sein[272]. Hanfstaengl bestreitet das. Es lag nahe, daß Joseph II. bei diesem Besuch den Kurfürsten selbst sprechen wollte. Denn Karl Theodors nächster Erbe, der Herzog von Zweibrücken war nun ohne Sohn, sein Bruder Max Joseph aber noch nicht verheiratet. Der immer wieder um eine Erweiterung Österreichs durch Bayern bemühte Kaiser hatte sicher alles Interesse, Karl Theodor jetzt zu sprechen, der 1782 einen Schlaganfall erlitten hatte. Joseph II. schaltete in seine Tauschpläne seit Herbst 1784 auch Kaunitz, den erprobten Staatskanzler, ein. Dieser wußte, daß Karl Theodor auf die Vorschläge des Kaisers nicht eingegangen war und stets das ganze österreichische Belgien für das gesamte Kurbayern zur Diskussionsgrundlage gemacht hatte. Doch der Wittelsbacher war sich dabei als langjähriger Landesherr in der Kurpfalz und in Jülich und Berg der Tatsache bewußt, daß Joseph II. ganz Belgien nicht abtreten konnte und wollte. Der politische Stützpunkt Wiens im österreichischen Belgien und damit auch in der Nordwestecke des Reiches konnte von Joseph nicht ganz aufgegeben werden. Außerdem brachte laut Joseph das österreichische Belgien im Ganzen wesentlich mehr an Einnahmen als Kurbayern. Karl Theodor hatte geschickt auch die Reichslehenfrage aufgerollt, als er ein Jahr nach seinem Hausvertrag von 1771 mit Max III. sie in Wien selbst in Zusammenhang mit der reichsrechtlichen Anerkennung seiner Hausverträge gebracht hatte. Kaunitz trennte nun Josephs Projekt, das Fürstbistum Lüttich, das 1583–1761 in der Hand der altbayerischen Wittelsbacher in Kurköln gewesen war, und das Fürsterzbistum Salzburg im Habsburger Interesse zu verwenden, von dem kaiserlichen Plan in bezug auf Kurbayern und das österreichische Belgien. Kaunitz wollte nur Namur und Luxemburg für die Habsburger behalten, sonst aber deren Niederlande Karl Theodor übergeben, wenn dieser dafür auf ganz Kurbayern verzichte[273]. Freilich kam alles darauf an, ob König Ludwig XVI. und sein Außenminister Vergennes das dulden würden.

Ludwig XVI. unterstützt Karl August, der durch seinen Rat Hofenfels den Preußenkönig unterrichtet und nicht auf den Joseph II. unterstützenden russischen Diplomaten Rumjanzow eingeht

Ludwig XVI. fühlte sich politisch keineswegs an seine Habsburger Gattin gebunden und pflegte die von Ludwig XV. gehegte Freundschaft mit den Herzogen von Zweibrücken im französischen Interesse weiter, ja er sandte jetzt Christian Friedrich Pfeffel nach Zweibrücken. Denn dieser in Kolmar geborene Elsässer hatte 1749 den Zweibrücker Gesandten in Paris beraten, war ein Jahr später in die Dienste des Kurfürsten von Sachsen getreten und hatte 1758–1761 als Gesandter Ludwigs XV. auf dem Reichstag in Regensburg im Dienste der Krone

Frankreichs gearbeitet. Er war im Dienst des Herzogs von Zweibrücken, aber auch Frankreichs, als Diplomat in München tätig gewesen und seit 1767 Jurisconsulte du Roi. Er wirkte nun in Zweibrücken mit Hofenfels zusammen und bekämpfte dort die Werbungen Österreichs und Rußlands. Als der russische Gesandte im Auftrag Kaiser Josephs dem Herzog jährlich 350 000 Gulden als Subsidien durch einen Vertrag anbot, erklärte sich Pfeffel im Auftrag seines Herrn zur Annahme von Subsidien von einer halben Million Gulden im Jahr bereit. Der Russe Graf Rumjanzow ( ) handelte wenig diplomatisch, als er am 26. Dezember 1784 dem Herzog nicht einmal Einblick in den von Rußland und Österreich gewünschten Tauschplan gewährte und drohte, er werde von diesen Mächten auch im Fall der Weigerung des Zweibrückers durchgeführt. Hofenfels, der mit dem alten König von Preußen seit 1783 in ständiger Verbindung stand, widerlegte in einer geradezu meisterhaften Denkschrift[274] Rumjanzow. Der Herzog entschied sich, das Tauschprojekt endgültig abzulehnen, sagte am 3. Januar 1785 Rumjanzow ab und informierte den König von Preußen. Außerdem rief er die Garantiemächte des Friedens von Teschen, Rußland wie Frankreich, an, seine Nachfolgerechte am Erbe Karl Theodors zu wahren. Dieser selbst dementierte seine Bereitschaft zu einem Tausch und ließ seine Erklärung am 14. Februar 1785 in der Münchner Zeitung veröffentlichen. Das war sehr notwendig, denn am 11. Februar hatten ihn die bayerischen Landstände entrüstet wegen der Behauptungen beschworen, die in großen deutschen Zeitungen gebracht worden waren und den Plan einer Vertauschung Bayerns gemeldet hatten. Über diesen waren am 18./19. Januar 1785 Nachrichten im Hamburgischen Politischen Journal, am 29. Januar in der Augsburger Zeitung erschienen, die in der Erlanger und Bayreuther Zeitung nachgedruckt wurden[275].

Für Bayern unter einem Wittelsbacher Landesherrn nahmen die Zweibrücker Erben und ihr Verbündeter in Berlin die Reichsverfassung in Anspruch.

Joseph II. läßt Truppen in die Oberpfalz einmarschieren.

Als in der Oberpfalz eine Erbschaftssteuer von 5% eingeführt wurde, richteten die Bewohner der Bereiche, die dem König von Böhmen, damals Kaiser Joseph, als Lehen gehörten, einen Appell an dessen Lehengericht in Prag. Dieses richtete darauf eine Beschwerde nach Amberg. Da die Regierung dort die Lehenrechte der Krone Böhmen bestritt, ließ Jospeh II. österreichische Truppen in der Oberpfalz einmarschieren. Dieser Gewaltakt vermehrte das Mißtrauen gegen den Kaiser, der auch sonst die Eigenständigkeit der Reichsstände eindeutig schmälerte. Die Kurfürsten von Brandenburg, Hannover und Sachsen schlossen zur Erhaltung der Reichsverfassung und damit ihrer Eigenständigkeit aufgrund des Reichsrechts ein Bündnis, das die Grundlage für den Deutschen Fürstenbund von 1785 wurde[276]. Das allgemeine Bewußtsein unter den meisten Reichsfürsten konzentrierte sich mit Angst auf ihre grundsätzliche Stellung. Herzog Ernst II. von Sachsen-Gotha, schrieb 1785 an Herzog Karl-August von Sachsen-Weimar in Erinnerung an den Kampf der englischen Kolonien in Nordamerika um ihre wirtschaftliche Eigenständigkeit: „Mich dünkt, das Beispiel von Amerika sei der lebende Beweis dieses Grundgesetzes (der einzelstaatlichen Existenzrechte und der bürgerlichen Rechte) und die Rechte der Menschheit können keine Verjährung erdulden." Herzog Karl-August von Sachsen-Weimar wollte durch einen Bund der Reichsstände nur die Gesetzgebung durch das Reich und die Rechtspflege beim Reichskammergericht und beim Reichshofrat durch diesen Bund der Reichsstände verbessern. Der Herzog konnte (und wollte wohl) die Zielsetzung des geplanten Bundes durch den König von Preußen und dessen Haltung nicht ändern. So kam es 1785 zum Deutschen Fürstenbund. Auch die geistlichen Fürsten waren daran interessiert, denn sie wußten, daß schon 1780, als der Kaiser zur Kaiserin Katharina der Großen nach Rußland reiste und sich ein weströmisches Kaisertum als Ziel setzte, Joseph seinen jüngsten Bruder als Koadjutor in Köln und dann auch in Münster durchgesetzt hatte. Die Reichsstände verfolgten Josephs weitere Schritte zu einer Erwerbung Bayerns. Neben den drei geistlichen Kurfürsten traten besonders die Landesherren von Anhalt-Dessau, Sachsen-Weimar, Sachsen-Gotha und Braunschweig für den Zusammenschluß eines dritten Deutschland ein, also jenes Deutschland, das außerhalb der Machtsphäre Österreichs und Preußens lag[277]. Den vier Erzbischöfen im Reich lag ihre Selbständigkeit gegenüber dem Papst so sehr am Herzen, daß sie 1786 die bekannte Punktation in Ems schlossen: Der Papst müsse sich mit den Rechten begnügen, die er vor den pseudoisidorischen Dekretalen hatte. Sie besäßen als Nachfolger der Apostel eine unbeschränkte Binde- und Lösegewalt über die Bewohner ihrer Diözesen. Die Appellationen nach Rom seien, wenn sie die Bischöfe übergingen, aufzuheben, ebenso die Exemptionen aus ihrem Bistumsbereich. Als auf Betreiben Karl Theodors 1785 in München eine Nuntiatur eingerichtet worden war, wurde deren Abschaffung gefordert. Vergebens wandten sich diese Bischöfe an Joseph II., der sich in diesen weitgehenden Fragen zurückhielt. Aber für die gesamte Situation der

Der König von Preußen gründet zur Erhaltung der Reichsverfassung 1785 den Deutschen Fürstenbund zugunsten Bayerns

Die Emser Punktation von 1786

Reichsstände, auch der geistlichen, sind die Wünsche nach Eigenständigkeit eben damals sehr bezeichnend.

Schon 1783 hatte Hofenfels angeregt, daß die deutschen Fürsten in einem Bund ihre Rechte gegenseitig unterstützten. Friedrich der Große selbst hatte erstmals am 24. Oktober 1784 diesen Bund skizziert. Die deutschen Fürsten sollten ihre Reichsgebiete für unteilbar erklären. Da am 21. August 1784 dem Herzog von Zweibrücken sein erst achtjähriger Sohn Karl August Friedrich, sein einziger Leibeserbe, gestorben war, dem Zweibrücker in Landshut am 5. Mai nicht ein Sohn, sondern eine Tochter geboren worden war[278)], drängte der regierende Zweibrücker Herzog den Bruder zu einer standesgemäßen Heirat und dieser mußte zu Ludwig XVI. und Marie Antoinette nach Paris reisen. Er legte dort sein Schicksal in die Hände des Königs. Dessen Außenminister Vergennes mahnte ihn an seine Liebe zu seinem eigenen Haus und seine Treue zu den eingegangenen Verpflichtungen[279)]. Umsonst versuchte Joseph II. über seine königliche Schwester in Paris den König und seinen Außenminister umzustimmen[280)]. Pfalzgraf Max Joseph verpflichtete sich zu heiraten, er vermählte sich jedoch nicht mit der vorgeschlagenen Prinzessin von Sachsen-Meiningen, sondern mit der hübschen, natürlichen und gebildeten Prinzessin Auguste Wilhelmine von Hessen-Darmstadt. Sie war durch ihre Mutter mit Goethe und Schiller bekannt geworden.

Karl Augusts Bruder Max Joseph heiratet 1785 Prinzessin Auguste Wilhelmine von Hessen-Darmstadt

Karl Theodor hatte sich die Haltung der Zweibrücker Wittelsbacher zu überlegen. Herzog Karl II. August hatte schon am 10. Februar 1784 eine Denkschrift über einen Bund aller Reichsstände *ohne* den Kaiser niederlegen lassen. Friedrich der Große, der seit März 1785 die Verhandlungen zur Gründung eines deutschen Fürstenbundes betrieb, rief diesen am 23. Juli 1785 zur „Aufrechterhaltung" der Reichsverfassung ins Leben[281)]. Die politische Wirkung des Bundes war dadurch gegeben, daß auch der Kurfürst von Hannover, zugleich König von England – damals Georg III. –, ferner der Kurfürst von Sachsen und der Kurfürst und Erzbischof von Mainz beitraten, der zugleich Erzkanzler des Reiches war. Der erste, der einen solchen Schritt tat, war ein geistlicher Reichsfürst, nämlich der Fürstbischof von Speyer. Die Münchener Zeitung erwog am 23. September, ob auch Holland beitreten werde.

Bevor wir das Gewicht verfolgen, das Karl Theodor dem Deutschen Fürstenbund beimaß, muß auch auf sein Verhalten während der Bundesgründung eingegangen werden. Er war dem Kaiser, zugleich dem

Großmeister des Ordens vom Goldenen Vlies, der die Ritter zur gegenseitigen Hilfe verpflichtete, verbunden, so daß er ihm im Kriegsfall 12000 Mann zur Verfügung zu stellen bereit war. Seine Kontakte zu ihm fielen im Januar 1785 auch dem französischen Gesandten in Wien auf. Als im März Karl August von Zweibrücken und der alte Preußenkönig an einen Fürstenbund dachten, begannen zwischen Karl Theodor und dem österreichischen Gesandten Lehrbach in München Gespräche[282]; da der Kurfürst in den Kaiser kein Vertrauen hatte, brachte er zum Ausdruck, daß er nicht zu einem Tausch entschlossen sei. Er behandelte Josephs Pläne betont als unverbindlich. Am 21. März 1785 schien dem geradezu verzweifelt um sein Ziel ringenden Gesandten, daß Karl Theodor immer noch an Brüssel hinge, aber auch für Bayern größere Neigung gewonnen habe. Lehrbach glaubte, daß der Kurfürst für eine Vertauschung Bayerns gegen den größeren Teil der österreichischen Niederlande immer noch leicht einzunehmen sei. Der diesem immer noch „unausgesetzt äußerst wertvolle Königstitel" müsse den Ausschlag geben[283]. Kurfürstin Elisabeth Auguste, die am Erbrecht der Zweibrücker festhielt, ließ Mitte April den Zweibrücker Staatsmann Hofenfels wissen, Karl Theodor begebe sich wegen der schlechten Stimmung seiner Pfälzer Landsleute nach Mannheim (wohin ihm sein Leibregiment folge). Sie teilte auch das *Gerücht* mit, ihr Mann plane, von Düsseldorf nach Brüssel zu reisen, um die Regierung des neuen Königreichs Burgund anzutreten und werde nie nach Bayern zurückkehren. Hofenfels leitete die Nachricht an den König von Preußen weiter. Natürlich muß man Zweckgerüchte und eigene Entscheidungen auseinanderhalten.

Karl Theodor ist bereit, dem Kaiser 12000 Mann für den Kriegsfall zu stellen, behandelt aber dessen Tauschangebote unverbindlich

Karl Theodor reiste tatsächlich am 2. Mai 1785 von München nach Mannheim, dann nach Düsseldorf und Elberfeld und auf der Rückkehr nach Frankenthal. Am 27. Juli traf er wieder in München ein. In dieser seiner nunmehr durch die Hausverträge festgelegten Residenzstadt ließ er sich durch seinen Minister und Obersthofmeister Graf Seinsheim in den Regierungsgeschäften, aber auch bei den offiziellen symbolischen Handlungen vertreten wie bei der Fronleichnamsprozession. Die Reise des Kurfürsten, kurz bevor der vom Preußenkönig vorgeschlagene Deutsche Fürstenbund formell ins Leben trat, ist mit der Reise Karl Theodors nach Mannheim nach Ausbruch des Krieges 1778 vergleichbar: Beide Male hielt er sich in der für ihn kritischen Zeit in der für ihn unumstrittenen Position in Mannheim auf.

Reise nach Mannheim, Düsseldorf und Elberfeld und zurück über Frankenthal

Kulturförderung in Mannheim

Für Mannheim tat Karl Theodor seit 1778 immer wieder einiges. So erwarb er schon damals die Bibliothek des Humanisten Petrus Victorius (Pietro Vettoris, Vettori 1499–1585). Denn das geistig kulturelle Leben in seiner kurpfälzischen Hauptstadt sollte fortschreiten. 1782 wurden dort Schillers Räuber zum ersten Mal aufgeführt. Die Förderung Mannheims verband er mit vielen Bemühungen um die Entwicklung Bayerns und um München. Deshalb kann aus seinem Einsatz für Mannheim nicht darauf geschlossen werden, daß er sich dorthin zurückziehen wollte.

1785 erschien auch der österreichische Gesandte in Mannheim, als Karl Theodor dort weilte. Ein kurzfristiges Projekt entstand Ende 1785, das ebenfalls von Kaiser Joseph ausging: er hoffte, württembergische Gebiete mit den österreichischen Vorlanden am Oberrhein zusammenzuwerfen und als Machtposition mit der Pfalz zu verschmelzen. Die Schweizer Stände protestierten dagegen[284)]. Joseph II., aber auch seine Nachfolger, versuchten vor allem immer wieder, Bayern einzustecken. Deshalb schaltete sich auch im April 1786 Lehrbach sofort ein, als Elisabeth Auguste, die Vertreterin des Zweibrücker Erbrechts, tödlich zu erkranken schien. Er bot dem Kurfürsten für eine neue Ehe die Tochter des Großherzogs von Toskana an, mit der er 1794 dem Kurfürsten abermals aufwartete. Im November 1786, einige Monate nach dem Tod Friedrichs des Großen, schien Karl Theodor einen Anlaß zur Scheidung seiner Ehe ins Auge zu fassen, um abermals zu heiraten und Nachwuchs zu bekommen. Er ließ den Prozeß der Scheidung des Königs Heinrich IV. von Frankreich (1589–1610) von Margarete von Valois erforschen. Der Scheidungsgrund sollte eine eheliche Untreue der Kurfürstin mit dem Grafen Wittgenstein sein. Ihre Briefe an ihn, die nach Zweibrücken gekommen waren, sollten das beweisen. Ihre Freundschaft mit Herzog Klemens von Bayern, der 1770 starb, beruhte sicher so wenig wie ihre Beziehung zu Wittgenstein auf ehelicher Untreue. Ein Rätsel bleibt, warum die nach Zweibrücken gekommenen Briefe zu einer Ehescheidung des Kurfürsten benutzt werden konnten, wie die Behauptung lautete. Ebenso steht es damit, daß sich Elisabeth Auguste selbst der Untreue bezichtigt haben solle. Dagegen ist eine eindeutige Tatsache, daß die bayerischen Landstände 1785 den Entschluß Max Josephs, des Bruders des nun söhnelosen Zweibrücker Herzogs, patriotisch begrüßten und finanziell unterstützten. 1785 nahmen die bayerischen Landstände unter dem Magistrat Münchens ihre Gratulation zur Ehe Max Josephs in Darmstadt zum Anlaß, davor zu warnen, daß

Der österreichische Gesandte bietet Karl Theodor bei einer neuen Ehe die Tochter des Großherzogs Ferdinand von Toskana an. Karl Theodor erwägt Ehescheidung

Max Joseph von Zweibrücken heiratet 1785

versucht werde, den Zweibrückern zum Verzicht auf ihr Recht auf Bayern zu raten. Ihre Gratulanten kamen mit der Zusicherung nach München zurück, die Zweibrücker würden niemals ihr Einverständnis zu einer Vertauschung Bayerns geben. In Wien selbst sah Karl Theodor erst 1797 seine einzige Stütze, als Preußen das linke Rheinufer preisgab und Karl Theodor nicht wie Friedrich Wilhelm II. einen Sonderfrieden mit dem neuen Frankreich erreichte.

Rückblick auf die Tätigkeit Karl Theodors während seiner Reise am Rhein

Die Reise nach Mannheim von 1785 wollte er ursprünglich schon durch eine Rückkehr nach München am 20. Juni beenden. Seine Fahrt muß aber nicht nur in Hinblick auf die Vorgänge verstanden werden, die sich damals zwischen den deutschen Staaten abspielten. Die Reise bedeutete auch Intensivierung der landesherrlichen Regierungstätigkeit Karl Theodors am Rhein. Als er am 2. Mai um 5 Uhr morgens von München aufbrach und dann über viele Orte des Oberamts Heidelberg als Landesherr in der Kurpfalz erschien, wurde er überall von der Jugend, besonders von singenden Mädchen mit weiß-blauen Schleifen oder Kokarden begrüßt, einige Dorfschulzen begleiteten ihn bis zum Schloß in Mannheim. In den ihm von der Jugend gesungenen Liedern zur Begrüßung bekam er zu hören: „Für Dich, für unserer Väter Ersten / schlägt jedes Pfälzer Herz empor". An der Stiege des Schlosses überraschte ihn beim Aussteigen aus dem Wagen seine Frau und bewillkommnete ihn „auf's Zärtlichste"[285]. Am 9. Mai wurde für ihn zum Ersten Mal Figaros Hochzeit auf der Schaubühne in Mannheim aufgeführt. In diesem Mozartstück sangen die Italiener zwar absichtlich schlecht, verhinderten aber durch diese Provokation nicht den von Karl Theodor geförderten, von Mozart bewirkten Sieg der deutschen Oper. Am selben Tag brach von München aus die Witwe des bayerischen Kurfürsten Max III. nach Mannheim auf, zwei Tage später ebendorthin Marianne, die Gattin des Herzogs Wilhelm von Zweibrücken-Birkenfeld-Gelnhausen und Schwester des Zweibrücker Pfalzgrafen Max Joseph. Karl Theodor versäumte nicht, den Wettbewerb der Krankenwärter anzuerkennen, für die er am 8. Februar 1785 in Mannheim eine Schule gegründet hatte. Er hatte für diese und auch für die Verpflegung der Kranken Stiftungen zu organisieren begonnen. Am 20. Mai reiste das kurfürstliche Paar zusammen mit der bayerischen Kurfürstin-Witwe „bei schönstem Wetter" nach Oggersheim, dem Lieblingssitz Elisabeth Augustes. Am Abend wieder in Mannheim, nahm Karl Theodor das Zeughaus „in Augenschein", wie die Münchner Zeitung[286] berichtete.

Die Staatsexistenz Bayerns schien nun so gesichert, daß ihr Wachtposten, die verwitwete Herzogin Maria Anna, am 23. Mai München verließ, um sich auf ihren Landsitz zu begeben und das Kloster Schlehdorf zu besuchen. Am 26. Mai, dem Fronleichnamstag, ging der Kurfürst in Mannheim mit der bürgerlichen Prozession mit und untersagte eine Parade der Garnison als konkurrierendes militärisches Schauspiel dazu. Tags darauf bereitete das kurfürstliche Ehepaar zusammen mit der Pfalzgräfin Marianne von Zweibrücken-Birkenfeld-Gelnhausen Heidelberg einen Ehrentag. Dabei gab das Leib-Dragonerregiment auf dem Paradeplatz Ehrensalven. In München schritt indessen die vom Kurfürsten vorbereitete Regierungsarbeit fort: Der „bayerische Geograph und Ingenieur-Hauptmann" Adrian Riedl erhielt für die von ihm geschaffene Landkarte von Bayern, der Oberpfalz, Neuburg und Sulzbach ein Privileg gegen Nachdruck. Noch wichtiger als diese für alle bereitete Möglichkeit klarer Überschau über den Bestand Bayerns und der Pfalz-Neuburg-Sulzbacher Länder war, daß am 31. Mai im Auftrag des Kurfürsten die Sperre des Getreidehandels für die Münchner aufgehoben wurde, obwohl dieser von ihnen so sehr begehrte Vorteil bedeutete, daß nun der Getreidehandel in München wieder gegen die Bevölkerung außerhalb der Stadt ausgenützt werden konnte. Der Kurfürst, der diesen Schritt lange hinausgezögert hatte, war sich der verschiedenen Wirkungen bewußt, die diese Entscheidung auslöste.

Am 29. Mai morgens um acht Uhr reiste er von Mannheim über Frankfurt, Wetzlar nach Mülheim an der Ruhr ab, wo er bei einem bürgerlichen Einwohner übernachtete, um dann am 1. Juni um 1 Uhr 30 mittags in Düsseldorf einzutreffen, einer Stadt, die schon damals 8000 Einwohner zählte. 50 Bürger in weißen Beinkleidern und blauen Überröcken mit gelben Westen waren ihm bis Benrath entgegengeritten. Auf den weiß-blau eingefaßten Schabracken der Pferde las er die Initialen seines Namens. Die Bürger bekannten sich damit in ihrer Weise zu ihrem Landesherrn.

So viele waren in der Hauptstadt seines Herzogtums Berg zusammengeströmt, daß alle Wirtshäuser besetzt waren. Die von Karl Theodor auch aus der Ferne geleitete Regierung fand so viel Anklang in der Stadt, die einst so lange den Kurfürsten Johann Wilhelm aus der Pfalz-Neuburger Linie in ihren Mauern erlebt hatte, daß die Stimmung in Freudentränen überschlug. Auch das berichtete die Münchner Zeitung[287)].

Seine Wittelsbacher Vorgänger hatten die Unternehmer in Berg durch merkantilistische Methoden geschützt und unabhängig von Kölner Kapital gemacht, so daß diese im 18. Jahrhundert in den Gebieten von Köln und an der Ruhr neue Betriebe gründen konnten und eine enge Geschäftsbeziehung zu den Niederlanden entwickelten. Durch Verbesserungen der Maschinen stieg der Absatz aus dem Herzogtum Berg. Am Niederrhein und in den Niederlanden und damit auch im weiteren Umkreis wurde dadurch auch das politische Gewicht Bergs verstärkt. Karl Theodor hatte in den Kommerzialverband vom 23. September 1778 auch Jülich und Berg eingeschlossen. Die Waren wurden mit Hilfe von Durchgangstransporten über die Kurpfalz in Kurbayern abgesetzt[288]. Die Maut- und Akziseabgaben für Produkte aus der Pfalz, aus Jülich und Berg wurden durch Karl Theodors Edikt vom 30. April 1783 gestrichen[289]. Das Speditionsprivileg hob Karl Theodor durch dieses Edikt auf. So freuten sich die verschiedensten Kreise, Karl Theodor, der auch ihr Landesherr war, zu begrüßen, zumal dessen Vorliebe für den Niederrhein ihnen bekannt war. Eine bürgerliche Eskorte, voran der Kapitän des Bergischen Jägerkorps mit zwei Jägern, ritt dem sechsspännigen Wagen des Landesherrn voraus; hinter dem Wagen folgten zwei Jäger, dann zwei Wagen mit der Suite. Der Zug nahm seinen Weg durch die Fliegenstraße zum Markt, wo eine Menschenmenge endlos Vivatschreie erschallen ließ.

Seine Minister und Spitzenbeamten waren einen Tag vorher in der Stadt eingetroffen: der in der Pfalz wirkende Regierungsbeauftragte Graf Oberndorff, die in Düsseldorf wirkenden Spitzenbeamten Graf Hompesch, Herr von Sturmfeder, Graf Nesselrode, Freiherr von Bevern, Graf Pappenheim, General Winkelhausen. Die Herren der Dikasterien, also der Behörden mit Gerichtsgewalt, und Offiziere begleiteten ihn auf der Stiege und küßten ihm die Hand. Freundlich und heiter führte Karl Theodor mit einigen Gespräche. An der Tafel saß auch der aus München mitgekommene Reformer Thompson. Der Saal war übervoll. Am 3. Juni war der Zulauf des Volkes „unglaublich", als zur Ehre des Landesherrn ein militärisches Manöver veranstaltet wurde.

In Mannheim hatte den Wittelsbacherinnen der Markgraf von Baden Gesellschaft geleistet. Pfalzgräfin Marianne von Zweibrücken-Birkenfeld-Gelnhausen reiste nach Abschied von Elisabeth Auguste in Oggersheim nach Zweibrücken weiter, wo ihr Bruder Karl August dem Deutschen Fürstenbund beizutreten gewillt war. Dieser wurde am

23. Juli nach entsprechenden Vorverhandlungen, wie S. 238 erwähnt, gegründet und gefiel Karl Theodor gar nicht[290].

Noch war es nicht soweit. Am Sonntag, dem 5. Juni, nahm der Kurfürst in der Kollegiatkirche in Düsseldorf am Hochamt teil und reiste am nächsten Tag weiter, besichtigte am Dienstag in Ratingen die Wollspinn-Manufaktur des Düsseldorfer Kaufmanns Brögelmann und besuchte die 1000 Menschen an der Maschine. Die Bevölkerung begrüßte ihn mit lauten Willkommen-Rufen, während Glocken läuteten. Die Kinder und Mädchen waren in weiß, die Jünglinge in blau gekleidet, die Bauern mit Flinten bewehrt[291]. Es war an diesem Tage, daß in München der Stellvertreter Karl Theodors bekanntgab, daß der Handel in München mit Korn, Hafer und Gerste ab 26. Juni auch wieder freigegeben werde. Am Mittwoch nahm der Landesherr bei dem Dorf Golzheim an dem großen Manöver der Infanterie, Kavallerie und Artillerie teil, dem das Volk wie in einem Amphitheater ringsum zusah. Für Karl Theodor war auf einem Hügel ein Zelt aufgestellt. Die Kaminkehrer führten ihm schließlich ein Singspiel auf. Auf dem Rückweg nach Düsseldorf begrüßten ihn viele Deputationen aus den Dörfern.

Als eine französische Zeitung darüber offenbar unfreundliche Betrachtungen anstellte, schrieb die Münchner Zeitung am 10. Juni: „Sagen Sie Ihren Lesern, daß die Pfälzer ihren Kurfürsten lieben wie Kinder ihren Vater und sich freuen über die Liebe und Hoheit Karl Theodors". Die Bewohner der Herzogtümer Jülich und Berg wurden in diesem Zusammenhang einfach als Pfälzer bezeichnet und fühlten sich wohl auch als solche. Wenn man auch berücksichtigen muß, daß die Münchner Zeitung nicht nur durch Korrespondenten, sondern auch durch Karl Theodors Minister ihre Nachrichten erhielt und deshalb gelegentlich Hofzeitung genannt wurde, so läßt sich doch aus ihr ein sehr farbenreiches und im ganzen zutreffendes Bild entnehmen. Der Landesvater Karl Theodor sprach zweifellos mit Personen aus allen Schichten. Bei der Rückfahrt nach Düsseldorf übernachtete er bei dem reichsten Bankier, der zweifellos für die Industrialisierung viel tat, nach der Abreise aus Düsseldorf, am 19. Juni, in Mülheim bei dem Hofkammerrat Bertholdi, also einem nicht geadelten Beamten.

In *Mülheim* an der Ruhr, das damals zur Herrschaft Broich im Herzogtum Berg gehörte und u. a. den Pfälzer Löwen im Stadtwappen führt[292], streuten 80 Knaben, die paarweise mit Mädchen gingen, dem Landesvater Karl Theodor Blumen auf den Weg. Bürger mit weißblauen Kokarden unter dem Gewehr und die Kaufmannschaft in eigener

Uniform zu Pferd begrüßten ihn unter „ungemeinem Zulauf". Dieser aber besichtigte sofort Fabriken, Farbhäuser und sah den Arbeitern bei ihrer Tätigkeit zu. Die Merkmale der letzten Überschwemmung versäumte er nicht in Augenschein zu nehmen. Die sogenannten Standespersonen empfing er auf der Brücke. Pfalzgraf und Herzog Wilhelm, der Gatte der Pfalzgräfin Marianne, die den Kurfürsten damals in Mannheim besucht hatte, waltete 1803 bis 1805 als letzter Wittelsbacher im Herzogtum Berg.

Karl Theodor reiste damals nach dem zum Kurfürstentum Trier gehörenden Koblenz weiter. Der Wettiner Landesherr Klemens Wenzeslaus verlegte ein Jahr später 1786 seine Residenz von Ehrenbreitstein in diese Stadt. Seine Schwester, die verwitwete Kurfürstin von Bayern, hielt sich bereits bei ihm auf, als Karl Theodor eintraf. Sie fuhren alle auf einer Kurtrierer Segeljacht nach dem Dorf Wesseling, dann nach dem 12. Juni 1785 mit aus Bonn gesandten Kurkölner Hofkutschen nach Schloß Brühl, wo sie der aufgeklärte Kurfürst Max Franz, ein Habsburger, begrüßte. Am 25. Juni 1785 kam es zu unverbindlichen Gesprächen zwischen Karl Theodor und dem von Wien instruierten Gesandten[293]. Lehrbach sollte vermeiden, daß sein Kaiser dem Kurfürsten die ganzen österreichischen Niederlande überlassen müsse, und wies ihn deshalb darauf hin, daß Kurbayern weniger einbringe als die österreichischen Niederlande. Er wollte dadurch den Wittelsbacher zu einem Verzicht auf Teile dieser Niederlande bewegen. Karl Theodor dagegen betonte, daß man aus beiden Ländern die gleichen Einnahmen erzielen könne, dann aber sagte er, der sich über die Einnahmen aus Bayern informiert hatte, daß man aus diesem Kurfürstentum sogar viel mehr „herausholen" könne. Wir wissen um diese Formulierung nur aus dem Bericht des Gesandten nach Wien. Demnach hätte Karl Theodor von der Möglichkeit gesprochen, 10 Millionen Gulden aus Bayern herausholen zu können. Lehrbach schrieb zwar nach Wien, daß dem Kurfürsten das Geschäft sehr am Herzen liege, aber dieser auch den Eindruck erwecken wolle, daß es ihm nicht ernst damit scheine. Zum Befremden des Diplomaten wollte er sein Stammland Pfalz-Sulzbach nicht hergeben. Die Oberpfalz überhaupt wolle er behalten, weil daran die Kurwürde hinge. Der seit Jahren mit diesem Auftrag des Kaisers befaßte Diplomat sah das ihm übertragene Geschäft bereits möglich werden, besonders als Karl Theodor auf Max Emanuel einging. Diesem war im Frieden von Baden die Möglichkeit eingeräumt worden, Bayern gegen italienische Länder auszutauschen. Karl Theodor behauptete,

Max Emanuel hätte in diesem Fall keine Nebenländer Bayerns an die Habsburger geben müssen. Joseph II. wollte dem Kurfürsten deshalb nicht die ganzen österreichischen Niederlande überlassen, weil er den Fürsterzbischof von Salzburg in diesen Bereich versetzen wollte, um sich gegebenenfalls des fürsterzbischöflichen Territoriums zu bemächtigen. Dies war Karl Theodor betont unerwünscht. „Was bleibt dann mir?" fragte er Lehrbach, wie dieser berichtet. Karl Theodor wünschte Limburg als Verbindung seiner Herzogtümer Jülich und Berg mit den in Aussicht gestellten österreichischen Niederlanden.

Friedrich der Große hält einen Tod Karl Theodors für ein Glück für Deutschland

Als Friedrich der Große erfuhr, daß Karl Theodor den nunmehrigen – also zweiten – Tauschplan des Kaisers nicht von vornherein ablehnte und dadurch das Gleichgewicht im Reich bedroht wurde, schrieb er erbittert über den Kurfürsten: „Si ce animal de Theodor voulait crever ce seroit un vray bien pour l'Allemagne[294] (Wenn dieses Geschöpf Karl Theodor krepieren wollte, wäre das ein wahres Glück für Deutschland). Maßvoller urteilte ein jüngerer ebenfalls seit 1780 handelnder Zeitgenosse, der Karl Theodors „Nachgiebigkeit" gegen Joseph II. durch eigene Schritte bekämpfte: Pfalzgraf Wilhelm von Zweibrücken-Birkenfeld-Gelnhausen. Er schrieb in seiner eigenen, nur für seine Nachkommen bestimmten Selbstbiographie 1829: Joseph II. habe auch nach 1779 Karl Theodors „Nachgiebigkeit" 1785 abermals benutzen wollen. Obwohl Wilhelm in Friedrichs Fürstenbund eine Verbindung von Reichsständen zur Erhaltung Bayerns für die Wittelsbacher Dynastie sah, mit einem preußischen General in Landshut die Möglichkeit militärischen Widerstands gegen einen neuen Gewaltakt des Kaisers besprach, vergaß er nie, daß ihm der Kurfürst dort einen Sitz eingeräumt hatte und ihn seit 1769 mit Güte, Witz und Weisheit behandelt hatte.

Joseph II. will abdanken und Karl Theodor zum Kaiser wählen lassen, wenn ihm dieser Bayern abtritt

Dem Kaiser Joseph II. ging ein starkes Österreich schon 1785 über das Kaisertum, das er doch 1780 als Kaisertum des Westens mit Katharina der Großen, der Kaiserin des Ostens vereinbart hatte. Hatte der Preußenkönig noch 1752 und 1768 ein Wittelsbacher Kaisertum für möglich und dem föderalistischen Reich für nützlich gehalten, wenn Kurbayern und Kurpfalz von *einem* Herrscher regiert würden, so kalkulierte Joseph II. jetzt ähnlich: Diesem Habsburger schien ein stärkeres Österreich inmitten vieler Staaten im Osten, vor allem im Donauraum eine reale politische Größe zu sein. Deshalb erwog er, nach einem Gewinn Bayerns auf das Kaisertum zu verzichten und dachte es Karl Theodor zu. Dieser werde als katholischer Fürst großen Einfluß als

Kaiser über das Reich erhalten und durch seinen „burgundischen" Territorialbesitz die neue Würde tragen können[295]. Wie ein Bauer seinen Grundbesitz, so wollte Joseph II. sein Österreich arrondieren. Dem Kurfürsten Karl Theodor ging es bei Jülich und Berg, seinen so sehr geschätzten Herzogtümern, in der Frage der Gewinnung Limburgs theoretisch um dasselbe. Ein Wittelsbacher Kaisertum erstrebte er aber offenbar nicht. Natürlich geht es bei diesen Kombinationen, die wir keineswegs aus von Karl Theodor geschriebenen Schriftstücken her kennen, um Folgerungen und Wunschbilder seiner Gesprächspartner. Zweifellos lagen ihm selbst die Kurpfalz und die Herzogtümer am Niederrhein, die er seit 1742 mit Umsicht und Liebe regierte, sehr am Herzen.

Noch ein Rückblick auf Karl Theodors Reiseaufenthalte in Mannheim und Frankenthal usw.

Nach der Rückkehr nach Mannheim nahm er an der Gedenkfeier der Deutschen Gesellschaft für einen ihrer Mitarbeiter, den Hofgerichtsrat Mayer teil, der den „Sturm von Boxberg" und den „Faust von Stromberg" geschrieben hatte. Auf der Mannheimer Schaubühne wurde – neben einem aus dem Englischen übersetzten Stück – „Die Familienszene" aufgeführt. Diese nahm auf Karl Theodor und Elisabeth Auguste Bezug und löste Vivatrufe auf beide und auch viele Tränen aus, da Karl Theodors Abreise nach München bereits auf einen nahen Termin angesetzt war. Doch wurde sie noch einmal verschoben und das kurfürstliche Ehepaar ging am 8. Juli im Käfertaler Forst auf die Hirschjagd. Beide warteten auf die bayerische Kurfürstin-Witwe, die, von einem Besuch in den Niederlanden und in Zweibrücken zurückkommend, am 17. Juli in Schwetzingen eintraf[296]. Kurz vor diesem Tage, am Morgen des 15. Juli, reiste Karl Theodor noch nach *Frankenthal*, begleitet von seinem Minister und Jugendfreund von Vieregg, von Generaldjutant Thompson und einem Oberst. Als er in die Stadt einfuhr, läuteten alle Glocken. Auf beiden Seiten der Straße gegen die Porzellanfabrik[297] stand die Schuljugend der drei christlichen Religionen mit ihren Lehrern und die Waisenkinder aus dem St. Elisabethenhospital in Reihen; die bürgerliche Schützenkompanie aber paradierte in Gewehr und Uniform. Im Hof der Porzellanfabrik stieg der Kurfürst aus, wurde vom Kommissar der Fabrik, Geheimrat von Geiger, deren Direktor Hofkammerrat Feilner, aber auch vom Stadtmagistrat und den Stadtoffizieren empfangen und besichtigte die Fabrik, besonders das Hauptmagazin. Er gab seiner Zufriedenheit Ausdruck, nahm einige Erfrischungen und ging zu Fuß unter frohem Zuruf der Jugend: „Es lebe Karl Theodor!" in das Erziehungshaus „für junge Frauenzimmer protestantischer Religion". Hier wurde er von den Kommissaren des Erziehungshauses, zugleich Mitgliedern der kurfürstlichen Privilegien-, Polizei- und Fabrikenkommissariaten Frankenthals empfangen, nämlich den Geheimräten von Tanesi und von Maubuisson und Hofgerichtsrat Bechtler, und sogleich in den Lehr- und Arbeitssaal geführt, wo alle Zöglinge, 34 an der Zahl, mit den beiden Vorsteherinnen des Hauses Madame Moissonier und Mademoiselle de Gelieu samt ihren Gehilfinnen und den Lehrern des Instituts versammelt waren. Im Saal selbst hieß ihn in französischer Anrede Fräulein von Emminghaus willkommen, Mademoiselle Jäger aber überreichte, begleitet von zwei weiteren Damen, dem Kurfürsten einen Blumenstrauß. Sämtliche Zöglinge küßten ihm die Hand. Er besah sich die Stickereien und Zeichnungen, lobte die Arbeiten. Er hatte das Erziehungshaus am 11. November 1784 mit einem besonderen Stiftungsbrief ausgestattet, den auch der Statthalter seiner Mannheimer Regierung, Freiherr von Oberndorff, gegengezeichnet hatte. Karl Theodor sorgte für alles, was zur guten Erziehung und zur Annehmlichkeit des Aufenthalts im Erziehungshaus erforderlich war, das er in seinen besonderen Schutz genommen hatte. Diese fortschrittlichste weibliche Erziehungsstätte im damaligen Deutschland ging wie vieles auf dem linken Rheinufer durch die Truppen der französischen Revolution und ihre Machthaber unter, wurde aber nach der Rückkehr der Pfalz zu Bayern durch Königin Karoline für katholische und evangelische Mädchen wieder hergestellt und besteht bis heute als Karolinenschule weiter. Religion war seit 1772 überkonfessionell gelehrt worden (s. oben S. 132).

Karl Theodor ging nach seinem Besuch 1785 im Philanthropin, für den ihm beim Abschied herzlich gedankt wurde, zu Fuß an den neuen Kanal, der von hier zum Rhein führte. Er besichtigte dort die schönen Krane und das geräumige Lagerhaus. Dann kehrte er nach Mannheim zurück. Seinem Besuch im Erziehungshaus und diesem selbst maßen der Gesandte Österreichs und der Englands solche Bedeutung bei, daß sie am Tag danach ebenfalls das Erziehungshaus besichtigten. Karl Theodor selbst reiste am 26. Juli von Mannheim nach München ab, seine Frau nach einem Besuch des Mannheimer Opernhauses nach Oggersheim.

Karl August von Zweibrücken hatte schon am 10. Februar 1784 eine Denkschrift über einen Bund aller Reichsstände ohne den Kaiser niederlegen lassen[298]. Dem pfalz-bayerischen Kurfürsten war der Deutsche Fürstenbund, dem auch sein heranstehender Zweibrücker Nachfolger beitrat, in höchstem Maße unerwünscht. Er ließ durch sein Sprachrohr, die Münchner Zeitung[298a], am 23. September 1785 die Auffassung verbreiten, dieser Bund sei eine bloße Geburt des eingewurzelten Hasses des preußischen Königs gegen das Haus Österreich. Der russische Gesandte in London habe geradezu erklärt, Katharina II. habe mit Verwunderung vernehmen müssen, was für ein irriges und nachteiliges Licht man über ihre Allianz mit Wien zu verbreiten suche, als wenn mit dieser der Umsturz des politischen Systems von Europa und des Deutschen Reiches im Besonderen verbunden wäre. Katharina II. – mit der Karl Theodor ja in Korrespondenz stand – sei noch mehr über den Unverstand betroffen, daß der König von England, zugleich Kurfürst von Hannover, einer der eifrigsten Anhänger dieser „widernatürlichen" Konföderation sei. Die Redaktion der Münchner Zeitung will ihr lieber den Namen „Kutscherverein" oder „Bund" geben. Schweden und Dänemark hätten die Einladung abgelehnt, diesem Bund beizutreten; auch die Krone Frankreich sei mit diesem Verein nicht ganz zufrieden. Der Wiener Korrespondent der Münchner Zeitung schrieb in ihr an späterer Stelle, wenn das, was man alles in Wien sage, möglich sei, „so müßten in Europa bald drei Kaiserkronen glänzen, die dritte freilich sehr klein". Damit wird auf den Preußenkönig als eine Art dritten Kaiser in Europa angespielt. In bezug auf den Bund zwischen Wien und St. Petersburg aber schreibt der Wiener Korrespondent der Münchner Zeitung: „Das ist gewiß, daß die Freundschaft der zwei Kaiserhöfe durch ein wechselseitiges Interesse sehr fest geschlungen ist". Der sich aus weltlichen und geistlichen Fürsten zusammensetzende Deutsche Fürstenbund vom 23. Juli 1785 sollte sich in der nächsten Zeit freilich als stärker erweisen.

Die Münchner Zeitung – Karl Theodors Sprachrohr

Karl Theodor ließ durch seine Münchner Zeitung auch das bayerische Staatsbewußtsein pflegen. So erschien am 22. Oktober 1785 in einem Anhang der Hinweis auf die auf seinen Befehl von der Bayerischen Akademie der Wissenschaften in sechs Teilen mit 1102 Seiten herausgegebene „Geschichte von Baiern" Lorenz Westenrieders. Dem Hinweis auf deren ersten Band folgte am 26. Oktober ein solcher auf den zweiten Band, der Bayerns Geschichte bis 1779 führte. Die Zeitung wies auch hin auf Westenrieders Erdbeschreibung der pfalz-bayerischen Staaten von 1784.

Max Josephs Eheschließung besiegelt den Fürstenbund

Als der Zweibrücker Max Joseph am 30. September 1785 in Darmstadt Wilhelmine Auguste heiratete, wurde das konkrete Ziel des von Friedrich geschaffenen Bundes besiegelt und Bayerns Eigenstaatlichkeit erneut gesichert, obwohl sein Landesherr, der Kurfürst von Pfalz-Bayern, dem Bunde nicht beitrat.

Der Fürstenbund sicherte die Mitglieder gegen Ansprüche, die nicht durch das Reichsrecht und das Hausrecht begründet waren, gegen Vertauschungen und Säkularisationen. Alle Reichsstände ohne Unterschied der Religion wurden zum Beitritt eingeladen. Unter den Mitgliedern waren die Landesherren von Mecklenburg, Sachsen-Weimar, Sachsen-Gotha, Baden, Hessen, Anhalt-Dessau und Mainz, Brandenburg-Ansbach und Zweibrücken. Der Fürstbischof von Speyer war bezeichnenderweise, wie erwähnt, als Erster beigetreten.

Der Plan Josephs II., Bayern für sich einzutauschen, war vereitelt und blieb es auch, als nach dem Tode Friedrichs des Großen der König Friedrich Wilhelm II. nicht auf den Vorschlag des Herzogs Karl August von Sachsen-Weimar einging, eine deutsche Union auch unter ihm zu bilden.

Der Wille zur Eigenständigkeit wurde auch von anderen Kräften als den Inhabern der landesherrlichen Gewalt mitgetragen. Bei den Landständen in den einzelnen Staaten trug das wirtschaftliche Eigeninteresse nicht wenig dazu bei. Kurfürst Karl Theodor hatte 1778 erlebt, daß ihm die Landstände Bayerns wegen seiner passiven Haltung zu den Tauschplänen die Steuern überhaupt verweigerten. Die von ihm geplante Steuerreform scheiterte. Trotzdem unternahm er immer weitere Reformen und erreichte wenigstens auf den kurfürstlichen Domänen eine Verbesserung der Lage der Bauern. Das Forstwesen in Bayern verbesserte er nach den in der Pfalz gewonnenen Vorbildern[298a)].

Die bayerischen Landstände bewilligen Max Joseph eine Rente aus Staatsgeldern

Die bayerischen Landstände bewilligten aus eigenem Antrieb schon zur künftigen Verheiratung des Zweibrücker Pfalzgrafen und damit zur Erhaltung der sich für den Fortbestand Bayerns auch politisch einsetzenden Wittelsbacher Linie eine jährliche Rente von 25 000 Gulden aus dem Staatsfonds[299)]. Karl Theodor genehmigte diesen Beschluß nicht und verstimmte dadurch nicht nur Max Joseph sondern auch die Landstände. Er wünschte zwar beiden zur Hochzeit alles erdenkliche Glück, freute sich aber keineswegs; er schrieb Max Joseph zwar, als dieser ihm später die Schwangerschaft seiner Frau mitteilte, er wünsche heiß, daß sie glücklich von einem Prinzen entbunden werde. Aber er hoffte, bei einem Tod seiner Frau durch eine neue Heirat noch einen eigenen Erben für die beiden Kurfürstentümer zu erzeugen[300)].

Als eine Woche nach dem Tod Friedrichs des Großen 1786 Wilhelmine Auguste einen Sohn gebar und er auf den Namen Ludwig –

er wurde der spätere König Ludwig I. – getauft wurde, übernahm König Ludwig XVI., daneben die Kurfürstin Elisabeth Auguste und Max Josephs Schwiegermutter die Patenschaft. Schon die Hochzeit war auch in Mannheim, der Kurpfälzer Hauptstadt, in freudigem Patriotismus sehr gefeiert worden. Auch jetzt war die Freude groß.

Max Joseph[300a)] wandelte sich in der Ehe zu einem zärtlichen und treuen Gatten; als Landesherr wurde er seit 1795 zu einem gelehrigen, aber nicht unkritischen Partner Montgelas', allmählich zu einem finanziell umsichtigen Geschäftsmann, blieb aber stets seinen humanitären politischen Ideen treu.

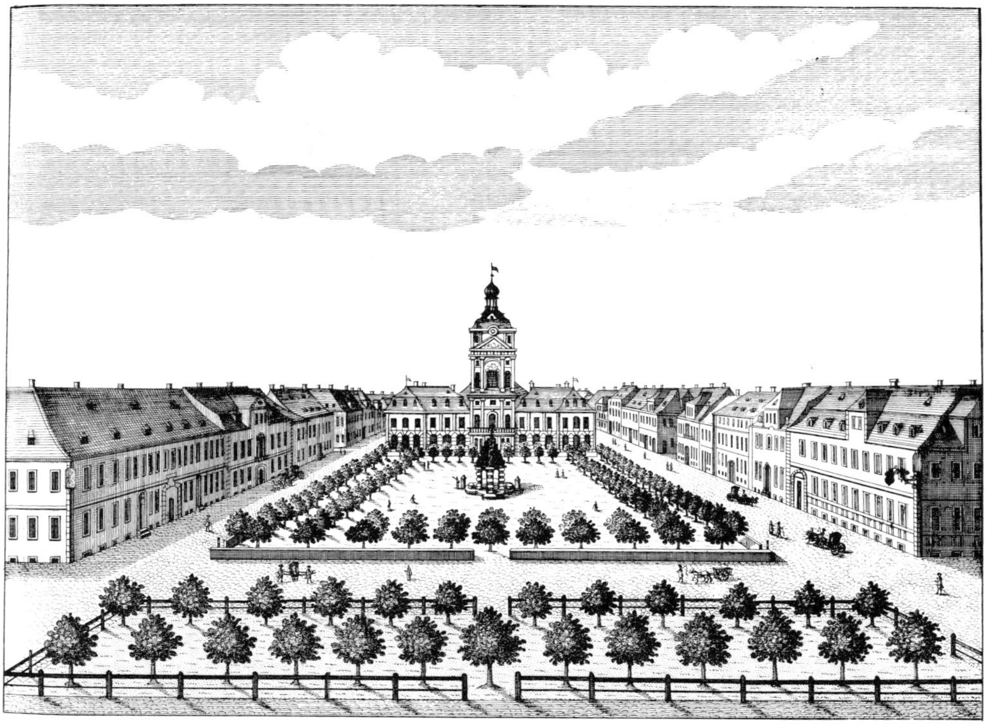

Bild 49
Paradeplatz in Mannheim

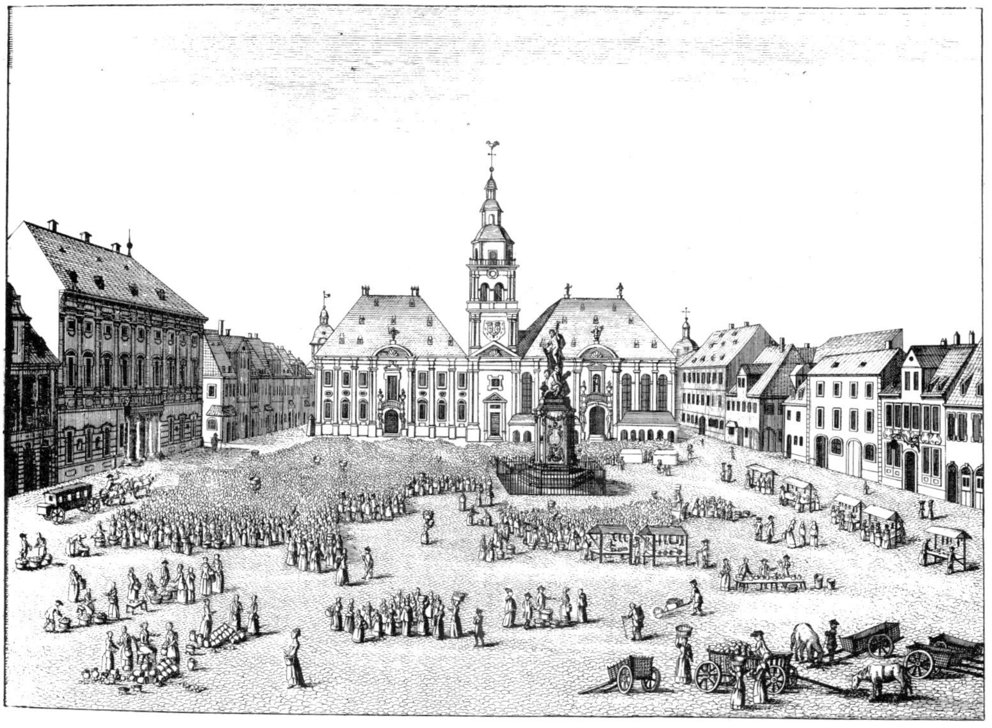

Bild 50
Marktplatz in Mannheim

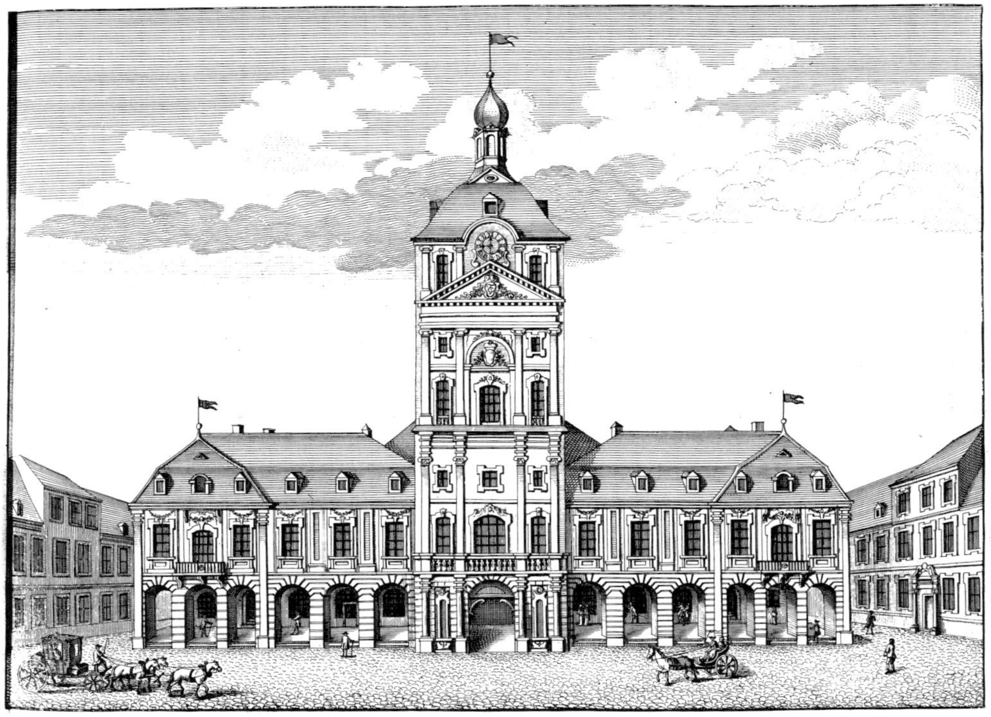

Bild 51
Das Alte Kaufhaus — Gebäude der Regierung

Bild 52
Die Reformierte Kirche

Bild 53
Zeughaus in Mannheim, Grundsteinlegung 1777; ausgeführter Aufriß der Hauptfassade nach dem Plan von Peter Anton Verschaffelt

VIII

Kirche und Schulwesen, Wirtschafts- und Sozialpolitik 1785–1792, Karl Theodors zweimaliges Reichsvikariat 1790 und 1792

Der Papst unterstützt die von Karl Theodor erstrebte Unabhängigkeit des Kurbayerischen Staatsgebiets von den Fürstbischöfen als Diözesanbischöfen

Karl Theodor hatte schon 1773/74 in Mannheim den Fürstbischöfen als Diözesanbischöfen in den Teilen ihrer Diözesen, die staatsrechtlich kurpfälzisches Gebiet waren, durch Gründung eines Hofbistums auf dem Boden seiner Landeshauptstadt unzulässige Eingriffe erschwert. In Kurbayern griff er die hier ebenso gegebene Frage auf, die schon Max III. aus sozialen Gründen veranlaßt hatte, den mit Abstand reichsten Landstand der Prälaten zu Zahlungen zu zwingen. Karl Theodor[300b)] versuchte, das stark widerstrebende Kollegiatstift zu Unserer Lieben Frau in München mit seiner kurfürstlichen Hofkapelle in der Residenz in München zu vereinigen, um die zahlreichen Angehörigen des Hofes von den Ministern, die ja zugleich meist Inhaber von Hofämtern waren, bis zu den Hofhandwerkern aus dem Pfarrbereich des Kollegiatstifts zu lösen, eine Hofpfarrei zu gründen und ein Hofbistum zu errichten. Die entstehenden Kosten gedachte er durch das Vermögen des 1773 aufgelösten Jesuitenordens oder durch einzuziehendes Klostervermögen zu bestreiten. Er arbeitete bis 1784 auch mit päpstlicher Unterstützung auf Aufhebung der Klöster Ebersberg und Biburg 1782 und Indersdorf 1783 für dieses Ziel hin. Der Papst, dessen Besuch in Bayern 1782 Karl Theodor am 22. Mai 1783 in Rom erwidert hatte, erfüllte Karl Theodors Wünsche und gewährte das am 24. Mai 1783 durch eine Bulle. Er beauftragte Ferdinand Zeil, den Bischof des Bistums Chiemsee, das ja kein Fürstbistum war, und Michael Grillmayr, den Abt des Klosters Scheyern, das Kloster Biburg (Gericht Vohburg im bayerischen Oberland) und das Kloster Ebersberg (Gericht Schwaben, Ingolstädter Land vor dem Gebirg) aufzulösen. Karl Theodor ernannte dazu zwei landesherrliche Kommissare, von denen einer der Geistliche Rat und seit 1781 Hofbibliothekar Gerhoh Steigenberger (1741–1787) war, der selbst 1758 in das Augustinerchorherrnstift Polling eingetreten war und 1773 bis 1777 an der Universität Ingolstadt als Lehrer für Philosophie und Literatur gewirkt hatte.

Durch Karl Theodor wurden die beiden Klöster Johanniterkommenden. Das Kloster Indersdorf (Gericht Dachau, München Oberland) wurde 1783 dem Kollegiatstift zu Unserer Lieben Frau in München inkorporiert. Nach dem von Cornelia Schreiber[300c)] entdeckten deutschen Konzept des Kurfürsten Karl Theodor vom 9. April 1783 baten diesen seine Hofkapelle und das Kollegiatstift zu Unserer Lieben Frau, sie zu vereinen, um aus ihnen ein kurfürstliches Stift, die kurfürstliche Kapelle zu formieren. Zum Pfarrer und Hofpfarrer wurde der Exjesuit Pater Ignatius Frank, der Beichtvater Karl Theodors, ernannt.

Der Kanzleidirektor des Geistlichen Rats, Anton Eisenreich, zugleich Sachbearbeiter der kirchlichen Finanzangelegenheiten, ein kundiger und mutiger Mann, verlor seit der Übernahme des Geistlichen Rates durch Haeffelin 1781 als Vizepräsident zunächst seine Macht, zumal dieser auch Vizeprobst des Kollegiatstifts zu Unserer Lieben Frau wurde[300d)]. Nach 1784 gab Karl Theodor den Gedanken an Aufhebung von Klöstern auf.

Karl Theodors Toleranzpolitik in der Kurpfalz und kritische Kirchenpolitik in Bayern

Die geistig-seelische Beziehung zum erblichen Landesherrn war in Kurbayern durch Johann Adam Weishaupt und seinen noch 1776 gegründeten Illuminatenorden in diesem konservativ katholischen Lande bereits vor Karl Theodor grundsätzlich in Frage gestellt worden. So etwas hatte es in seiner Kurpfalz nicht gegeben. Seine Diskussion mit Voltaire, die Gründung der Akademie der Wissenschaften in Mannheim 1763 und ihre von Karl Theodor geschaffene Beziehung zu Voltaire hatte wesentlich dazu beigetragen, daß es in der Kurpfalz keinen Professor Weishaupt gab. Karl Theodor dachte in großen Perspektiven, als er die christlichen Kirchen auch als Grundlagen des Staates unterstützte. Wie sein Vorgänger Max III. in München beschnitt er die Überzahl der kirchlichen Feiertage der katholischen Kirche oder die Auswüchse des volksfrommen Brauchtums, handelte aber schnell und praktisch, als ihm über seine Kusine und Schwägerin Herzogin-Witwe Maria Anna der Kampf der Illuminaten gegen ihn bekannt wurde. Er setzte einen geheimen Polizeiausschuß[301)] mit ausgedehnter Gerichtsgewalt unter dem Freiherrn Matthäus von Vieregg ein, dem später der Graf von Leiningen folgte. Dem schon seit 1762 als Rat im Revisorium tätigen Professor der Rechte, Dr. Johann Kaspar von Lippert aus Furth[301a)] und dem Kanzler der Regierung von Niederbayern übertrug er die rechtlichen Kampfmaßnahmen. Lippert überwachte besonders die Bücherzensur und als Universitätskurator die Universität. Er verwarf die Erkenntnistheorien Immanuel Kants und verbot, daß seine Philosophie in Ingolstadt gelehrt wurde, obwohl es an der Universität der katholischen Aufklärung in Würzburg Sympathien für ihn gab. Kant wurde freilich auch 1794 von dem preußischen Ministerium Wöllner beschuldigt, manche Haupt- und Grundlehren der Heiligen Schrift und des Christentums zu entstellen und herabzuwürdigen, und mußte deshalb seine Vorlesungen über die Religion innerhalb der Grenzen der bloßen Vernunft, über die er auch eine Schrift herausgab, einstellen. Lippert veranlaßte auch, daß das Studium der griechischen Klassiker auf der Universität beschränkt wurde, da es Weishaupt seinen Genossen

Kampf gegen Illuminaten durch Bücherzensur

besonders empfohlen hatte[302]. Doch können solche Maßnahmen nicht einfach auf das Konto Karl Theodors gebucht werden, der selbst einmal eine Entscheidung seines Bücherzensurkollegiums gegen Mozarts Oper „Idomeneo", da diese den Freimaurerorden verherrliche, aufhob. Andererseits wurde auf seinen Befehl eine Schmähschrift gegen die Mönche vom Henker auf dem Marktplatz in München öffentlich verbrannt, ihr Verfasser, der daneben am Pranger zu stehen hatte, aber von der verhängten Strafe, eine Zeitlang dort zu stehen, von Karl Theodor begnadigt, da ihn die schwangere Frau des Verfassers darum kniefällig gebeten hatte. Das Gericht des Polizeiausschusses verfügte Verhaftungen und Landesverweisungen (über die Vollstreckung der von ihm angeblich gefällten Todesurteile ist nichts bekannt). In einem Prozeß konnte zwar als letztes Ziel der Illuminaten, mit dem aber keineswegs alle bekannt waren, die Abschaffung der Kirche und der Fürsten erwiesen werden, aber kein Fall von Hochverrat. Freilich war dem Kurfürsten bekannt, daß Maria Annas Sekretär die Briefe Friedrichs des Großen an sie hatte dem Orden ausliefern sollen. Auch war bekanntgeworden, daß Weishaupt einem Genossen gegenüber den Grundsatz vertreten habe: „Nur was Schaden bringt, ist Sünde"[303]. Doch konnte Karl Theodor die Kirche nicht schlechthin als Bundesgenossen ansehen, wohl aber den Papst, der am 14. Februar 1785 einen Nuntius für München ernannte, dem aber im Oktober der Kaiser die Jurisdiktion verbot. Die Gesandten der Erzbischöfe von Salzburg, Mainz, Köln und Trier traten in Bad Ems 1786 zusammen, also auch der Gesandte des Habsburgers Maximilian Franz (Köln) und aus Trier der Gesandte des Wettiners Klemens Wenzeslaus, um ihre Rechte gegen Rom festzustellen und um sich über ein innerkirchliches Reformprogramm zu verständigen. Schon 1769 hatten die drei geistlichen Kurfürsten Beschwerden gegen die Kurie aufgestellt. Nun erklärten sie in 23 Artikeln, der Papst sei zwar Oberhaupt und Mittelpunkt der Kirche und besitze von Gott die hierzu notwendige Jurisdiktion, müsse sich aber mit jenen Rechten begnügen, die er *vor* den pseudo-isidorischen Dekretalen gehabt habe. Die Bischöfe seien berechtigt, den Übergriffen des Papstes ein Ende zu machen, die auf diesen Dekretalen beruhen würden. Appellationen nach Rom unter Übergehung der Bischöfe und Exemptionen von den Rechten der Bischöfe seien aufzuheben, die Nuntiaturen abzuschaffen; die Bischöfe hätten von sich selbst aus das Recht, von Ehehindernissen, Ordensgelübden usw. zu dispensieren. Die Schreiben der Kurie sollten von nun an zur Veröffentlichung der Genehmigung der Bischöfe unterliegen.

Karl Theodor mildert die von dem Bücherzensurkollegium veranlaßten Strafen

Die Beschwerden der geistlichen Kurfürsten gegen Rom erwidert Pius VI. 1789 durch Gründung des Hofbistums München

Das Pfründen- und das Prozeßwesen sei zu Gunsten der Bischöfe umzugestalten. Es war daher sehr begreiflich, daß Karl Theodor für die Rechte seines Nuntius eintrat, der erst 1786 in München einziehen konnte, und auch dafür, daß für seine Hoheitsgebiete von den Bischöfen Generalvikare eingesetzt würden. Das gelang nicht. Doch griff Pius VI. auf das Breve seines Vorgängers vom 15. Dezember 1719 für Max Emanuel zurück und errichtete 1789 in München ein Hofbistum für den Grafen Joseph Ferdinand Guidowald Spaur. Karl Theodor installierte ein Jahr darauf für soziale Almosen an seinem Hof einen Groß-Elemosinar.

Die Reform des Geistlichen Rates 1779 ermöglicht Maßnahmen gegen kirchliche Freiheitsstrafen

Schon zu Beginn seiner Regierung hatte Karl Theodor die Notwendigkeit der kirchenpolitischen Maßnahmen seines Vorgängers erkannt und deshalb dem Geistlichen Rat am 6. August 1779[304] eine neue Ordnung gegeben und die Möglichkeit erweitert, daß geistliche Personen an ihn appellieren konnten, wenn sie sich von ihren geistlichen Oberen gegen das Recht, etwa durch Verurteilung zum Aufenthalt im Klostergefängnis oder zu mehr als 14tägigem Zellenaufenthalt, behandelt glaubten. Dieser recursus ad principem war für den Geistlichen als Landeskind naturgegeben. Für alle geistlichen Erlasse betonte Karl Theodor das von seinem Vorgänger sehr ausdrücklich formulierte placetum regium. Nach Pfeilschifter überwachte der Papst in Bayern mit dieser landesherrlichen Hilfe die Bischöfe[305].

Aufgaben des Geistlichen Rates aufgrund der Instruktion von 1783

Der 1556 bis 1570 entwickelte Geistliche Rat hatte für den Landesherrn des geschlossen katholischen Kurfürstentums Bayern fortwirkende Bedeutung. Obwohl Karl Theodor 1766 in der Kurpfalz ein Toleranzedikt erlassen hatte, rührte er gemäß der im Hausvertrag 1771 eingegangenen Verpflichtung natürlich nicht an die Tatsache der ausschließlichen Katholizität des bayerischen Landes. Wie Max III. traf er zu deren inneren Erhaltung Maßnahmen auch gegen den Aberglauben. Sehr sorgfältig sah er auf die Zusammensetzung des Geistlichen Rates und gestaltete ihn 1783 stark zugunsten der Mitarbeit der Geistlichen um. Er war die Dienststelle, die die Kirchenrechte des Landesherrn zu verwalten hatte, und bekam durch Karl Theodor auch das Kirchenrechnungswesen unterstellt. In der Instruktion von 1783 wurden seine Gegenstände besonders festgelegt: 1. die Religion, 2. die geistliche Disziplin, 3. die geistlichen Beneficia, Lehenschaften und Installationen, 4. die geistlichen Güter, 5. die Kirchengelder, 6. die geistlichen Verlassenschaften, 7. die Klöster und die Wahl ihrer Oberen, 8. die Visitationen, 9. die Schulen, 10. das geistliche Fiskalat, 11. die Differenzen des bayerischen Landesherrn mit den zuständigen kirchlichen Oberhirten.

Karl Theodor forderte außerdem, der Geistliche Rat solle alle unnötigen Ausgaben unterbinden, bei allen notwendigen Ausgaben aber auf eine möglichst kostengünstige Abwicklung achten.

Karl Theodor, der dem Geistlichen Rat 1779 eine neue Ordnung gab, gründete 1781 eine eigene Schulkuratel. Er übertrug ihr schrittweise das bisher vom Geistlichen Rat betreute Schulwesen, für das Max III. 1773 nur eine Deputation beim Geistlichen Rat gegründet hatte. Max hatte zwar 1774 die von Heinrich Braun vorgeschlagenen Schultypen der Trivialschule, der Realschule, des Gymnasiums und des Lyzeums durch eine neue Schulordnung verwirklicht und für die Universität in Ingolstadt eine eigene Schulordnung erlassen. Aber es war doch erst Karl Theodor, der das Schulwesen durch eine eigene Behörde der Geheimen Schulkuratel unter dem Pfälzer Geistlichen Kasimir Haeffelin und zwei anderen Herren verselbständigte. Er ließ durch sie die Schulpläne, Schulbücher, aber auch Lehrer und Schüler überwachen und unterstellte ihr am 31. August 1781 die Lyzeen, also Schulen, die zwischen Gymnasium und Universität standen und der Heranbildung des Klerus dienten, sowie die Gymnasien. Am Tag der heiligen Elisabeth ordnete er der Schulkuratel das ganze Volksschulwesen und das Kollegium Albertinum in Ingolstadt unter, am 13. Februar 1782 die gesamte Universität. Am 9. November 1785 unterstellte er der Schulkuratel auch das von Herzog Georg dem Reichen von Bayern-Landshut gestiftete Kollegium Georgianum für die Ausbildung der Theologen. Doch beließ der Kurfürst dem Geistlichen Rat ein für die Möglichkeit einer kirchlichen Kontrolle entscheidendes Verfahren: Die Akten wurden über den Geistlichen Rat an die Schulkuratel geleitet, das Rechnungswesen auch für die Schulen verblieb dem Geistlichen Rat. Karl Theodor, der 1790 die Schulen der geistlichen Schulaufsicht unterstellte, die vor allem durch den Geistlichen Rat ausgeübt wurde, entschied sich am 14. Mai 1793 auch dafür, daß der Geistliche Rat für die Volksschule zuständig sein sollte[306]. Außerdem bestätigte er der Geheimen Schulkuratel, wie diese Dienststelle schließlich genannt wurde, die Oberaufsicht über das deutsche und lateinische Schulwesen.

Die Geheime Schulkuratel

Die Geistliche Schulaufsicht seit 1790 für Volksschulen

Karl Theodor schied am 29. Februar 1792 Haeffelin, einen von den Exjesuiten unter der Führung des neuen Hofbischofs von Reisach bekämpften Mann, aus der Schulkuratel aus und übertrug sie dem Hofbischof, der dabei von dem Geheimen Kanzler von Hertling, aber auch von den Räten Lippert, Bettschart und Johann Baptist Vacchiery unterstützt wurde. Da Lippert nicht Mitglied im Geistlichen Rat war[307], wurde er durch sein Referat dort zu einer Kontrollinstanz, der dieses Kollegium unterworfen war[308]. Hofbischof Kajetan Maria von Reisach[309] wirkte als Präsident des Geistlichen Rates und vereinigte durch seine beiden Aufgaben eine besondere Möglichkeit, den Kurfürsten in kirchlichen Fragen aber auch im Bereich des Schulwesens zu beraten.

Päpstlich genehmigte Dezimationen der kirchlichen Einnahmen seit 1783

Karl Theodor wickelte im Rahmen des dem Geistlichen Rat verbliebenen Rechnungswesens geschickt das Verfahren ab, das mit den von den Päpsten genehmigten Dezimationen (Zehntnahmen = Abgaben des 10. Teils der geistlichen Einkünfte) verbunden war. Durch eine Dezimation wurden Einnahmen einer Kirche eines Landes zur Behebung allgemeiner Schwierigkeiten oder Notstände der weltlichen Regierung überwiesen. Karl Theodor hat bei den Päpsten erreicht, daß sie ihm zwischen 1783 und 1787 und dann noch einmal von 1787 bis 1797 solche Dezimationen genehmigten. Da es sich um weltliche Rechte des Klerus handelte, war der Landesherr auf dessen guten Willen angewiesen. Karl Theodor überließ es den Geistlichen, diese Abgaben an ihn aus ihren Einnahmen selbst einzusammeln und setzte dazu nicht landesherrliche Beauftragte oder Beamte ein. Die Dezimationen warfen zwischen 1783 und 1787 freilich nicht mehr als 105 000 Gulden im Jahr ab.

Hatte schon die Berufung des Rates Eisenreich zum Geistlichen Ratsfiskal 1779 gezeigt, daß Karl Theodor damals in Bayern keineswegs mit Männern reaktionärer Tendenz arbeiten wollte[310], so bewies er seine Auffassung und Einstellung überhaupt vor allem durch die Gestaltung des Zensurkollegiums, das er zwischen dem 30. August und dem 26. September 1780 um zwölf Mitglieder vergrößerte. Zu den neuen Räten gehörte auch der junge Montgelas[311]. Das von Max III. 1769 ins Leben gerufene Kollegium bekam am 23. Januar 1782 von Karl Theodor die Theaterzensur übertragen, die dieser aber sehr großzügig gehandhabt wissen wollte. Als das Kollegium aus Anlaß einer geplanten Aufführung des Idomeneo von Mozart eine solche wegen Verherrlichung der Freimaurerei verbot, hob der Kurfürst, der Mozarts Werk sehr schätzte, das Verbot auf. Am 6. Mai 1795, also in einer Zeit, da er sich mit politischer Verhetzung durch Vertreter der Gedanken der Französischen Revolution befaßte, hob er die Zensur geradezu auf: Er verordnete, daß *ohne* weitere Zensur zugelassen werden sollten:

Karl Theodor hebt die Zensur des Idomeneo Mozarts auf und bestimmt großzügig, was zensurfrei zu sein hat

a) die in der gelehrten Welt und von ganz Deutschland mit entschiedenem Beifall aufgenommenen Bücher, die wahren inneren Wert haben,
b) Bücher, die von einem Ordinariat, oder
c) von einer Universität, oder
d) von anderen „zuverlässigen Stellen",
e) im katholischen Ausland mit Recht gutgeheißen worden sind, und
f) sonst von einem bewährten Druck- und Verlagsorte kommen.

Die Kontrolle der Theaterwerke, die er am 23. Januar 1782 dem Zensurkollegium übertragen hatte, verblieben diesem bis zu seiner Auflösung unter seinem Nachfolger 1799. Man könnte dieses Verfahren gegenüber dem Kollegium fast als Beschäftigungstherapie auffassen. Zweifellos wäre dem Kurfürsten eine förmliche Aufhebung der Zensur von bestimmten kirchlich-konservativen Kreisen verargt worden, zumal sie von seinem sehr beliebten Vorgänger eingeführt worden war. Das landesherrliche Genehmigungsrecht kirchlicher Verlautbarungen, das Placet, das Herzog bzw. Kurfürst Max I. 1608 und 1629 in den Aufgaben des Geistlichen Rates verankert hatte, war durch Kurfürst Max III. am 3. April 1770 erneut formuliert worden. Bei Nichtbeachtung sollte den Bischöfen die weltlichen Einkünfte aus dem Kurfürstentum gesperrt werden. 1785 erneuerte Karl Theodor diese Bestimmungen und ließ sie seinen zuständigen Bischöfen mitteilen. Er handhabte diese Bestimmungen streng, aber zugunsten der Päpste, die sich damals gegen die Steigerung der Selbständigkeit der Bischöfe wehrten. Der Landesherr und sein Geistlicher Rat nahmen in päpstliche Verlautbarungen zwar Einsicht, veranlaßten aber nicht, daß bei der Publizierung die landesherrliche Genehmigung mitgeteilt wurde. Dagegen wurden bischöfliche Verlautbarungen sehr genau geprüft, sogar die Drucklegung von Predigten dem landesherrlichen Placet unterworfen. Am 25. Januar 1793 verschärfte Karl Theodor die Praxis der landesherrlichen Genehmigung. Das hing damit zusammen, daß einzelne einfache Geistliche auch auf Forderungen aus dem revolutionären Frankreich eingingen[312]. Max III. hatte in Nachahmung des Vorgehens des aufgeklärten Würzburger Fürstbischofs Adam Friedrich von Seinsheim (1755–1779), der auch 1757 Fürstbischof von Bamberg und damit für die Oberpfalz zuständig geworden war, beim Papst um eine Reduzierung der Feiertage gebeten; ihre Überzahl hatte zu wirtschaftlichen Mißständen geführt, die im Notjahr 1770 besonders spürbar waren. Kreittmayr hatte dazu betont, daß Papst Benedikt XIV. selbst für die Verminderung der Feiertage eingetreten sei und der nach dem kano-

Das landesherrliche Placet für bischöfliche Verlautbarungen

nischem Recht notwendige Akt der Zustimmung des Volkes durch dessen Oberhaupt eingeholt werden könne. Papst Klemens XIV. (1769–1774) hatte die Bitte des bayerischen Kurfürsten genehmigt und dieser hatte nun am 14. Dezember 1772 unter Hinweis auf die Verminderung der Feiertage „in verschiedenen katholischen Landen" und auch den übergroßen Schaden durch Versäumung der Hand- und Feldarbeit die Abschaffung von zwanzig Feiertagen verkündet, die das päpstliche Breve für Bayern am 16. Mai 1772 bezeichnet hatte.

Schon zur Zeit Max' III. war von verschiedenen Kreisen der Bevölkerung gegen die Aufhebung der Feiertage Widerstand geleistet worden. Als Karl Theodor die Regelung seines Vorgängers übernahm, war auch das Problem geblieben, wie es mit den Gedenkgottesdiensten zu Ehren der Heiligen an den aufgehobenen Feiertagen zu halten sei, zu deren Besuch die Kurie weiterhin die Gläubigen verpflichtete. Für die sogenannten verlobten Feiertage, die einem individuellen Gelübde entsprangen, wurde die Erfüllung der Pflicht, den Gottesdienst zu besuchen, auf den Sonntag verlegt. An aufgehobenen Feiertagen mußten alle Werkstätten und Läden geöffnet sein. Bereits Max III. hatte durch seine Verordnung vom 14. Dezember 1772 den Personen Strafen angedroht, die Arbeitswillige an den aufgehobenen Feiertagen mit Gewalt oder Bedrohung von der Arbeit abhalten wollten. Schon damals hatte sich diese Bestimmung nicht durchsetzen lassen. Obwohl Arbeitskräfte in der Landwirtschaft fehlten, konnten die Bauern an den aufgehobenen Feiertagen ihre Dienstboten nicht zur Arbeit zwingen. Denn diese drohten mit Kündigung oder verweigerten die Arbeit. Karl Theodor nahm deshalb Strafbestimmungen wegen Mißachtung der Feiertagsverordnung in die Taglöhner- und Ehehaltenordnung vom 7. Mai 1781 auf. Er regelte das Dienstverhältnis und auch das Verhalten der Dienstboten in der Freizeit. Tanz und Musik „beim nächtlichen Gässljagen" mitzumachen und dabei Wirtshäuser zu besuchen, wurde untersagt. Je nach dem Umfang der Verfehlung sollten die Sünder durch Arrest, Prügelstrafe oder sechs Jahre Militärdienst büßen. Außerdem konnte ein Arbeitsunwilliger in ein Arbeitshaus zur Erziehung zur Arbeit eingewiesen werden. Überschritten die Dienstherren oder die Wirte die Verordnung Karl Theodors, hatten sie zwei bis vier Reichstaler Strafe zu zahlen.

Karl Theodor schützt die Arbeit an aufgehobenen Feiertagen

Wie wenig die Taglöhner- und Ehehaltenordnung von 1781 durchgeführt werden konnte, geht aus ihrer Aufhebung am 14. Januar 1785 hervor. Die neue Verordnung spricht von „Personen, die den diesfalls ergangenen gemeinnützigen Verordnungen pflichtgemäß gehorchen wollten, von der Arbeit theils mit Schimpfworten und Bedrohungen, theils aber durch die strafbarsten Thathandlungen abgehalten" würden. Da Geistliche offenbar an diesen Tagen weiterhin die Altäre schmückten, Hochämter, Messen, Litaneien, Opfergänge, Predigten und Andachten „zu der an Werktagen ungewöhnlichen Zeit" abhielten, wurde solchen Priestern Geldstrafe oder Temporaliensperre angedroht. Noch wollte Karl Theodor durch eine umsichtigere und nachdrückliche Verordnung das Ziel erreichen, daß an den sogenannten abgewürdigten Feiertagen gearbeitet würde. Er bedrohte die „Verächter der landesherrlichen Gebothe" mit Strafen, die ihrer gesellschaftlich-rechtlichen Stellung Einbuße taten. Beamte der Landstände oder Wirte, die im Dienst ihrer Hofmarksherren tätig waren, wurden mit Bürgerarrest bedroht, taugliche Handwerker mit sechs Jahren Militärdienst. Wer dazu nicht fähig war, sollte auf ein Vierteljahr in ein Erziehungshaus (Zuchthaus) kommen. „Hausväter", die ihren Dienstboten kein erbauliches Beispiel gaben, sollten in Arrest genommen werden oder eine „öffentliche Vorstellung auf Schrägen" auf sich nehmen. Wenn „Obrigkeiten und Geistliche Vorsteher" die Verordnung verletzten, hatten sie zehn Reichstaler zu zahlen. Der Bauer mußte durch amtliche Zeugnisse nachweisen, daß er an den aufgehobenen Feiertagen gearbeitet hatte. Sonst blieb ihm der Steuer- und Abgaben-Nachlaß versagt, der ihm bei „Mißwuchs" und „Schauerschlag" gewährt wurde. Nur der kirchlich angeordnete Bittgang am Markustag (25. April) und die Bittgänge der Kreuzwoche vor Christi Himmelfahrt durften weiterhin unter der Woche abgehalten werden. Die übrigen Bittgänge hatten am Sonntag stattzufinden und zwar so, „daß hierdurch den pfärrlichen Verrichtungen und dem christlichen Unterricht kein Abbruch geschehe".

Bereits am 11. Mai 1785 wies der Kurfürst die von ihm zur Regierung und Verwaltung des Kurfürstentums Bayern eingesetzte Obere Landesregierung an, „Sorge zu tragen, daß die Beamte unter dem Vorwande der Feiertags-Verordnung die Unterthanen nicht, wie es bisher geschehen, ohne Ursache ... drücken, und besonders mit keiner Geldstrafe belegen".

Weder der beliebte Kurfürst Max III. noch sein in Bayern nicht beliebter Nachfolger vermochten den Widerstand gegen die Abschaffung der Feiertage durch die bisher gewürdigten Maßnahmen zu brechen. Am Karfreitag, dem 13. April 1786 kam es in Straubing zu einem „ungehorsamen Auflauf", da der Landrichter Gundelfinger ein geschmücktes Kreuz, das in feierlichem Zug auf dem Markt zur Verehrung aufgestellt wurde, entfernen wollte. Bisher war es schon am Palmsonntag aus der Pfarrkirche Sankt Peter im feierlichen Zug auf den Markt gebracht worden. In Hinblick auf die Verordnung von 1785 hatte es der Stadtpfarrer aber 1786 erst am Karfreitag um 12.30 Uhr zu diesem Zweck zur Verfügung gestellt. Am 18. April berichtete der Militärkommandant in Straubing Oberst de Gavillet dem Kurfürsten, das sei schon „von jeher" von der Straubinger Bürgerschaft so gehalten worden. Magistrat und Bürgerschaft hätten sich trotz der Verordnung von 1785 an den Stadtpfarrer von Sankt Peter gewandt. Hätte dieser abgelehnt, so wollte man das Kreuz aus der Spitalkirche verwenden. Es sei dem Stadtpfarrer nahegelegt worden, durch sein Verhalten „dergleichen religionswidrige Mißbräuche jedoch nur successive, um keinen *Aufstand* unter dem Publico zu erregen, abzuschaffen". Dem Pfarrer wurde freigestellt, von dem Stadtkommandanten im Fall des Bedarfes ein Kommando anzufordern. Das war schon dadurch begründet, daß sich die Bewohner aus den umliegenden Orten mit den Bürgern Straubings zu dieser Kreuzprozession versammelten. Die vor allem auf dem Markt versammelten Menschen waren so aufgebracht, daß sich der Pfarrer auf die Hauptwache flüchtete und dort Unterstützung durch eine Patrouille forderte. Als diese erschien, baten die Vorsteher der Zünfte den Stadtkommandanten, das Kreuz bis zum Abschluß der Prozession an seinem Platz zu lassen. Der Militärkommandant war klüger als der Landrichter und befahl der von dem aufgebrachten Volk umringten Patrouille den Rückzug zur Hauptwache. Die Männer, die vorher das heilige Grab getragen hatten, brachten das Kreuz nach der Prozession zum Rathaussaal. Der gesamte Magistrat und die Prozessionsteilnehmer begleiteten dann das Kreuz zur Pfarrkirche Sankt Peter zurück. Kurfürst Karl Theodor erlaubte aufgrund der ihm gemeldeten Vorfälle, daß die Straubinger Bürgerschaft den Brauch der Kreuzesprozession auf dem Marktplatz weiterhin beibehalte.

Er war aber auch zu der Erkenntnis gekommen, daß der bisher verfolgte Weg geändert werden mußte. Er verordnete deshalb am 22. August 1786, niemand solle mehr an den aufgehobenen Feiertagen zur Arbeit gezwungen werden. Bestraft sollte nur derjenige werden, der Arbeitswillige behinderte. Zu den überlieferten kirchlichen Gedenktagen durften wieder Prozessionen und Kreuzgänge stattfinden; als wesentlich wurde empfunden, daß Bittgänge um gutes Erntewetter wieder stattfinden konnten. Im Anschluß an die von Max III. erwirkte päpstliche „Bulle" (in Wirklichkeit ein Breve) vom 16. Mai 1772 betonte der Kurfürst, nicht die den Heiligen gewidmeten Gottesdienste und Messen seien aufgehoben, sondern nur die Pflicht, die Messe „zu hören". Da diejenigen Geistlichen, die die kurfürstliche Verordnung der Einschränkung der Feiertage begrüßt hatten, jetzt ablehnten, die Gottesdienste zu vermehren, verordnete Karl Theodor am 24. November 1786, die Pfarrer sollten die Gottesdienste in der nunmehr notwendigen Zahl und Art abhalten, sonst sperre er ihnen die Temporalien[312a]. Erst Kurfürst Max IV. Joseph begab sich durch seine Verordnung vom 4. Dezember 1801 wieder auf den Weg des Kurfürsten Max III.

Max IV. Joseph betonte in der Einleitung zu seiner Verordnung den Zusammenhang seiner Bemühungen mit denen Max III. und hob Karl Theodors Verordnung vom 22. August 1786 auf.

Bedeutung der Nuntiatur und des Hofbistums in München für Ehedispensen

Das Kurfürstentum Bayern machte Karl Theodor durch die Errichtung einer Nuntiatur 1785 unabhängig von der Bereichen der Nuntien in Wien, Köln und Brüssel. Vergeblich bemühte er sich freilich um die Ernennung von Generalvikaren in *den* Bereichen des bayerischen Staates, wo ein Fürstbischof als Bischof die kirchlichen Entscheidungen traf. Die kurfürstlichen Konkordate mit den Fürstbischöfen waren unvollkommen; eigene Bistümer *in* Bayern bei den kirchlichen und weltlichen Instanzen durchzusetzen war unmöglich. In Anknüpfung an das päpstliche Breve für Max Emanuel für die Errichtung eines Hofbistums in München vom 15. Dezember 1719 konnte ihm über den Nuntius vom Papst 1789 *ein Hofbistum* eingerichtet werden. Es wurde für Untertanen und Landeseinwohner in Bayern *die Instanz*, an die sich die Untertanen in allen Fällen der Ehedispens und anderer kirchlicher Rechtsbereiche zu wenden hatten anstatt an die Nuntiaturen in Wien, Köln oder Brüssel. Er schränkte dadurch die Rechte der neun für Bayern zuständigen Fürstbischöfe ein[312b]. Hofbischof wurde der am 23. September 1787 zum Titularbischof der Chersones des Metropoliten von Gortyna/Kreta ernannte Kasimir Haeffelin, der 1765 in Heidelberg zum Doktor der Theologie promoviert, 1767 zum Priester geweiht worden war und 1770 kurpfälzischer Geistlicher Rat wurde. Er war mit dem Lothringer Nicolas Maillot de la Treille (1725–1794) befreundet, der in Paris Theologie studiert hatte und 1770 kurpfälzischer Wirklicher Geheimer Rat geworden war. Haeffelin erwies sich schon als Hofkaplan Karl Theodors und als Mitglied der Mannheimer Akademie als eine vielseitig begabte Persönlichkeit. Er stand Karl Theodor sowohl als Kabinettsantiquarius wie als Bibliothekar seiner Bücherschätze nahe.

1790 installierte der Kurfürst einen Groß-Elemosinar. Er hatte die christlich erfaßten Aufgaben des Kurfürsten und seines Hofes in wirtschaftlicher, sozialer und religöser Beziehung zu bewältigen.

Durch die von ihm veranlaßte Gründung der Bayerischen Zunge des Malteserordens betreibt Karl Theodor unter anderem auch Versorgungspolitik

Ein allzu persönlich bedinger Schritt war es, daß der Kurfürst mit Hilfe Kasimir Haeffelins 1780 in Rom auf die Errichtung einer bayerischen Zunge des Malteserordens (des katholischen Johanniterordens) drang. Denn er verfolgte damit unter anderem den Zweck, die Güter des aufgelösten Jesuitenordens, die sein Vorgänger für das Schulwesen in Bayern verwendet hatte, jenem Orden zuzuwenden und gleichzeitig die Prälaten zu der Übernahme der höheren Schulen in Bayern zu veranlassen – wozu sie auch bereit waren. Ein besonderes Ziel war es dabei für Karl Theodor, dadurch auch seinen illegitimen Sohn, den 1769 geborenen Grafen Karl August von Heydeck zu versorgen, der ebenso wie seine drei Schwestern 1774 in den Reichsgrafenstand, 1789 in den Reichsfürstenstand erhoben wurde. Der begabte Knabe wurde Reichsgraf von Bretzenheim (am Hunsrück) und Großprior der 1781 gegründeten bayerischen Zunge dieses Malteserordens. Auch nachgeborene Söhne aus dem bayerischen Adel wurden aus Versorgungszwecken in den Orden aufgenommen. Bretzenheims Kanzler war 1782 bis 1785 Geheimrat Eisenreich, der dem Kurfürsten sehr nützlich wurde, als er die immer größeren politischen Ansprüche der bayerischen Landstände bekämpfte. Bretzenheims Stellvertreter als Großprior des neuen bayerischen Priorats – mit dem Recht der Nachfolge – wurde der betriebsame Freiherr, später Marchese, Johann Baptist von Flachslanden[313]. Dieser fürchtete mit Grund, daß die in den Orden nicht aufgenommenen Zweibrücker Agnaten bei Übernahme der Regierung in Bayern die Gründung nicht anerkennen würden. Bretzenheim sollte deshalb seinen Vater um rechtliche und finanzielle Schritte bitten. Als 1797 der Großmeister des Ordens selbst, Emanuel de Rohan starb, wurde Nachfolger als Großmeister der Bruder des Ministers Hompesch. Das geschah vor allem auf Betreiben Haeffelins, des Generalvikars des bayerischen Malteser-Großpriorats, der 1783 Vizepräsident des Geistlichen Rates und Geheimer Referendar in geistlichen Sachen geworden war. 1798 wurde aber der neue russische Kaiser Paul I., also ein orthodoxer Christ, durch *seine* Initiative Großmeister des Ordens, Ferdinand von Hompesch resignierte am 6. Juli 1799. Für den Kurfürsten von Bayern war in dem russischen Zaren ein wichtiger politischer Anknüpfungspunkt gegeben, auf den Karl Theodors Nachfolger politische Rücksicht nahm.

Karl Theodor hatte nach der Zustimmung des Papstes Pius VI. vom 15. Juli 1781 noch am 14. Dezember dieses Jahres das bayerische Großpriorat des Ordens begründet und ihm am 5. August 1782 alle ehemaligen Jesuitengüter in Kurbayern, in Pfalz-Neuburg und Pfalz-Sulzbach übereignet. Sein gewandter Unterhändler Haeffelin hatte außerdem darauf hingearbeitet, daß die Benediktiner, die Zisterzienser, die Prämonstratenser und die Augustiner-Chorherren die bisher aus den Jesuitengütern bestrittenen Kosten für das bayerische Schulwesen, aber auch die personelle Verantwortung dafür übernehmen sollten. Obwohl Kreittmayr 1777 die Unterstellung des Schulwesens unter den landesherrlichen Polizeirat statt unter den Geistlichen Rat vorgeschlagen und das der vormalige Benediktiner Heinrich Braun, der bayerische Schulreformator, für die Schulordnung ausgearbeitet hatte, ging hier Karl Theodor neue Wege. Er genehmigte zwar am 8. August 1778 Brauns Schulordnung, erklärte aber in Entschließungen vom 31. August 1778, daß er den obersten Schutz und die Fürsorge für die höheren Studien in eigener Person an sich gezogen habe. Der ihm nahestehende Fürstbischof Joseph Konrad von Freising erreichte aber, daß Karl Theodor 1790 das Schulwesen nur gemeinschaftlich mit dem Bischof behandeln wollte. Die Bestimmungen über die aus Weltlichen und Geistlichen gemischt geführte Schulaufsicht vom 5. Februar 1771 und seine eigenen Funktionen darin vom 8. August 1778 änderte er am 17. Juli 1790 ab. Geistliche wurden durch die Wahl der Landkapitel als Schulinspektoren bestellt. Das begründete die ausschließlich geistliche Schulaufsicht[314] für Volksschulen bis 1918.

Karl Theodor genehmigt 1778 Heinrich Brauns Schulordnung und übernimmt selbst den Schutz und die Fürsorge für die höheren Studien

Nicht diese Schritte, sondern die allgemeinen zweifellos reformerischen Schritte in den Entscheidungen Karl Theodors stießen auf den Widerstand der bayerischen Landschaft, also der Prälaten, des durch ihren Grundbesitz mächtigsten Landstandes, aber auch der Ritter und der Städte und Märkte. Ihr Ausschuß, die sogenannte Verordnung, war von den altbayerischen Kurfürsten jedes Jahr zur Bestimmung der Höhe der Zahlungen herangezogen worden, die die Landschaft der Regierung des Landesherrn leistete. Die Landstände erhoben von ihren Hintersassen die Steuern in einer nicht vom Landesherrn kontrollierten Höhe und besaßen in der Landschaftskasse Summen, über die die Kurfürsten und ihre Minister stets in Unkenntnis gehalten wurden. Karl Theodor, der in der Kurpfalz keine Landstände kannte, glaubte, ohne dieses Verfahren in Kurbayern regieren zu können. Das führte dazu, daß ihm am 14. September 1786 durch die Landschaftsverordnung eine

Widerstand des Ausschusses der bayerischen Landstände gegen Karl Theodors Einsparungen

Beschwerde der Landschaft vorgetragen wurde[315]. Die Auseinandersetzung des Kurfürsten mit den Beschwerdeführern am Vorabend der Französischen Revolution wurde in der neueren Literatur nicht beachtet, charakterisiert aber Persönlichkeit und Regierungsgeschichte Karl Theodors außerordentlich.

Er hatte der Hofkammer 1779 eine neue Ordnung gegeben und ihr zehn selbständige Deputationen untergeordnet, darunter die 1779 neu gegründete Forstdeputation. Der Ausschuß der Landschaft warf ihm nun vor, daß bei der Hofkammer und z. T. auch bei der Geheimen Ratskanzlei ein solcher Überfluß an Personal herrsche, daß kaum ein Drittel davon wirklich erforderlich sei. Das beschwere nicht nur das Aerar, sondern die Geschäftsführung der Dienststellen verliere dadurch an Einigkeit und Energie. Unruhige Köpfe würden Neuerungen als Projekte vorschlagen, durch die sie benötigt würden. Der Kurfürst forderte dafür Nachweise. Überflüssiges Personal lasse sich mit stärkeren Gründen im Kreis der Bediensteten der Landschaft nachweisen, die für die Erhebung der Steuern und Aufschläge im Herzogtum Bayern tätig seien. Ihr Bereich sei nicht die Oberpfalz, nicht Pfalz-Neuburg, nicht Pfalz-Sulzbach und nicht die in der Oberpfalz und in Schwaben gelegenen reichsunmittelbaren Herrschaften im Besitz des Kurfürsten[316]. Die Landschaft beschäftige neben einem Kanzler einen Archivar, eine Menge Landsteuerer, Kassierer, Sekretäre, Expeditoren, Registratoren, Rechnungs-Justifikanten, Landaufschlags-Einnehmer, Kanzlisten, Akzessisten, Konsulenten, Kanzleiboten; sie habe sogar Ärzte, Wundärzte und Hebammen angestellt. Sie bezahle diese gut, *„einige selbst überflüssig"*. Tatsächlich gab es z. B. solches medizinisches Personal im Dienste der bayerischen Landschaft.

Die Landschaft ihrerseits warf dem Kurfürsten weiter vor, die zu vielen Bediensteten würden zu gering oder gar nicht bezahlt und veranlaßten daher Reiseaufträge für sich in das Land hinein und ließen sich aus ihrer Notlage heraus auch bestechen. Der Kurfürst räumte in seiner Antwort ein, daß die Hälfte der Kollegialräte nur die Hälfte der fixierten Besoldung beziehe, oft nur ein Wartegeld oder gar nichts. Doch seien die davon Betroffenen solche Personen, die von Haus aus Vermögen hätten oder Gutsbesitzer seien, also ihr Einrücken in den vollen Gehalt abwarten und sich während der Wartezeit auf den Staatsdienst vorbereiten würden. Besonders ärgerte Karl Theodor die Bezichtigung, die betreffenen Bediensteten würden unnötige Kommissionen veranlassen, um Geld zu erhalten und Diäten zu beziehen, ja sogar sich bestechen lassen. Er forderte die Vorlage spezifizierter Einzelfälle, um der Sache auf den Grund zu gehen, die Justiz walten zu lassen und solche Fälle abzustellen.

Widerstand der Landstände gegen Karl Theodors Obere Landesregierung und deren Reformen

Dabei ging es dem Kurfürsten nicht nur um das grundsätzliche Verfahren, sondern um Reformen. Die Landstände warfen ihm bezeichnenderweise die Einrichtung der Oberen (Obersten) Landesregierung und anderer neuer Dienststellen vor. Die neue Oberste Dienststelle für Bayern, aus Männern der Reform zusammengesetzt, war den Kollegialbehörden Bayerns außerordentlich unerwünscht, vor allem aber Karl Theodors Versuch, mit einer Ministerialverfassung statt der Kollegialbehörden zu regieren. Der Kurfürst entgegnete, er habe allein die Obere Landesregierung eingerichtet, ihr Wirkungskreis erstrecke sich auch auf die Oberpfalz, auf Pfalz-Neuburg und Pfalz-Sulzbach sowie die in Schwaben liegenden kurfürstlichen „*Besitzungen*". Daher werde sie von allen diesen „*Ländern*" miterhalten und zwar aus Gründen, welche z. Zt. ihrer Entstehung der Ausschuß der Landschaft selbst für gut befunden habe. Im Einzelnen weist Karl Theodor darauf hin, daß er bei seinem Regierungsantritt das Kommerzienkollegium, die Bücher-Zensur und die Organisation für das Bergwerkwesen und für die Sanitätsangelegenheiten schon angetroffen, aber einige nötige Verbesserungen angeordnet habe. Er unterstrich: Die Schul-Kuratel, die Forstkommission und die Direktion für die Seidenzucht haben nun ihre eigenen Fonds. Er wolle durch die Seidenzucht einen neuen Erwerbszweig in Bayern organisieren. Er erwiderte ausführlich, um zu überzeugen. Denn er wußte, daß er ohne das von den Landständen zu zahlende Geld nicht regieren konnte. Er hob in seiner Erwiderung aber hervor, daß sich etwa die Direktion für die Seidenzucht auch auf seine Länder nördlich der Donau erstrecke. Außerdem gab er der Erwartung Ausdruck, daß die Landschaftsverordnung von Ober- und Niederbayern nicht verkennen werde, daß die getroffenen Forstordnungen für die Waldungen und die Erträge daraus vorteilhaft seien, daß der durch die Kieferraupe entstandene Fraß, der 1783/84 bei Amberg, Regensburg, Deggendorf, Straubing, Vilshofen usw. große Wälder zugrundegerichtet habe, abgestellt werden müsse. Er arbeite daraufhin, daß eine Forstschule in Bayern und eine für die Territorien nördlich der Donau errichtet werde, um tüchtige Forstmänner heranzubilden und das Forstwesen zu verbessern. Er kündigte in seiner Entgegnung auch die Errichtung einer eigenen Forstkammer an. Tatsächlich trat die 1786 angeordnete Forstschule mit acht Lernkursen im Winter sowie im Sommer erst 1789 in

Karl Theodors Reformen im Forstwesen

München ins Leben. Die von ihm 1779 geschaffene Forstdeputation wurde 1795 nach Überwindung vieler Widerstände zur Forstkammer. Die Forstschule besetzte er mit Georg Grünberger als Kommissär und zwei Mitgliedern der bayerischen Akademie als Professoren[317]. Es ging Karl Theodor dabei um den Wald, nicht etwa um die Hofjagd.

Karl Theodor geht Vorwürfen der Landstände genau nach

Dem Vorwurf der Landschaft, amtliche Stellen würden erschlichen oder Anstellungen bestimmter Personen begünstigt, und der Androhung einer Beschwerde durch die Landschaft stellte der Kurfürst entgegen, daß ein Bewerber vorher beim Hofrat, einer der Äußeren Regierungen in Amberg, Burghausen, Landshut, Neuburg, Straubing oder Sulzbach oder auch bei der Hofkammer selbst, je nach Umständen bei einem Justiz- und einem „Kammeralkollegium" eine Prüfung abzulegen habe. Erst wenn die Berichte der betreffenden Stellen, die Zeugnisse der Studien- oder technischen Anstalten usw. günstig für den Bewerber sprechen würden und wenn er sich über seinen „christlichen und moralischen Lebenswandel genügend ausgewiesen" hätte, werde er vom Kurfürsten angestellt. Er verlangte in einer Antwort ausdrücklich, daß ihm die Verordneten der Landschaft möglichst bald detaillierte Einzelfälle schriftlich melden sollten, damit „er gehörig einschreiten und abhelfen" könne.

In einer geradezu modern anmutenden Weise setzte sich der Kurfürst 1786 nicht nur gegen Verunglimpfung seiner Maßnahmen und damit seiner Person zu Wehr, sondern zeigte, wie er aus unmittelbarem Anlaß eingreife. Er sagte: Die Fabriken und Manufakturen zur Herstellung von Kotton, Leder, von Strümpfen und türkischem Garn usw. in der Vorstadt Au und an anderen Orten, dann die Seidenmanufaktur in Lechhausen hätten bisher ihrem Zweck entsprochen und „*seit der kurzen Zeit ihrer Entstehung vielen Menschen Arbeit und Unterhalt verschafft*". Er verlangte von der Landschaftsverordnung ausführliche und belegte Angaben, daß die von ihr genannten Fabrikanten und Manufakturisten das inländische „*Publikum*" übervorteilt oder gar bedrückt hätten oder noch bedrücken, vor allem aber darüber, daß diese dem Lande „*großen Schaden zufügten, und daß der Hofkammer-Referent hierin eingenmächtig gehandelt habe.*" Da die von ihm mit den Unternehmern abgeschlossenen Verträge bald zu Ende gehen würden, wolle er sich darüber benehmen, zugleich aber der Sache auf den Grund gehen, damit allenfalls auch durch die Gerichte wegen der erforderlichen Einschreitungen nach den Vorschriften der Gesetze vorgegangen werden könne.

Zweifellos dem Eigeninteresse an dem von den einzelnen Hofmarksherren selbst gebrauten Bier war es zuzuschreiben, daß die Vertretung der Landschaft das Bräuwesen des Landesherrn als sehr schlecht hinstellte. Schon Max Emanuel hatte 1723 durch ein Mandat die Freiheit fixiert, daß jeder sein Bier auch außerhalb der Brauerei seines Hofmarksherrn bestellen könne. Doch hatten die Landstände schon 1726 dieses Mandat wieder umgeworfen. Karl Theodor bemerkte, daß die Bräuhäuser des Landesherrn *„vor vielen hofmärkischen oder landständischen Brauereien“* in der Öffentlichkeit den Vorzug hätten und das durch zahlreichen Zuspruch erwiesen sei. Die *Zwang- oder Notwirte* der Hofmarksherren müßten dagegen den Absatz ihres Bieres zum großen Teil *„sichern und erzielen“*. Eindeutig wehrte der Kurfürst den Vorwurf ab, die Landkrämereien, die Schänken, die öffentlichen Spiel-, Tanz- und allgemeinen Lustbarkeiten würden täglich vermehrt, die Dienstbotenordnung würde schlecht befolgt und übermäßige Kleiderpracht würde betrieben. Karl Theodor wies darauf hin, daß Landkrämereien, Schänken und Veranstaltung von Lustbarkeiten *mit Vernehmung und auch Begutachtung der Magistrate und übrigen Ortsbehörden, zum Teil sogar selbst auf Bitte oder Befürwortung geistlicher und weltlicher Hofmarksbesitzer und anderer Gutsbesitzer zustande gekommen und bewilligt* worden seien. Der Landesherr Karl Theodor wünschte detaillierte und motivierte Anzeige durch die Landschaftsverordnung darüber, wo zu viele Schänken bestünden, *„um gehörige Abstellung und Verminderung für die Zukunft anbefehlen zu können“*. Zum Vorwurf wegen der Mißachtung der Gesindeordnung und zu der Behauptung einer Unmoral bei dem Landvolk und den Domestiken, zum Vorwurf, er dulde Kleiderluxus, erhebt Karl Theodor die Gegenforderung, daß *„Dienstherren und Dienstfrauen“* mit einem guten Beispiel hervorleuchten sollen, daß die Beamten der Landschaft seine Verordnung vom 3. März und 2. Mai 1780 pünktlicher befolgen sollen, als *„das bisher geschehen ist“*. Mit Nachdruck sollen die Dorfsführer, Ob- und Hauptleute in ihren Amtsverrichtungen nach seiner Instruktion vom 19. Mai 1784 §28 gegen verschwenderischen Luxus bei Gastereien, Gelagen und Hochzeiten vorgehen.

Das Bräuwesen des Landesherrn im Unterschied zu dem der Hofmarksherren

Karl Theodor fordert zur Durchführung der Gesindeverordnung das gute Beispiel der „Dienstherren und Dienstfrauen“

Förderung der Salinen

Erst durch die Forschungen Eckart Schremmers[318] wissen wir, daß Karl Theodor durch seine Maßnahmen fertigbrachte, daß zwischen 1786 und 1798 mit Hilfe von je einem Kubikmeter Holz aus den Reichenhaller Salinen über vier Zentner Salz erzeugt wurden, während es durch denselben Energieaufwand bis 1782 nur drei Zentner waren. Die Baukosten für die Salinen Reichenhall und Traunstein, das jetzt den

Vorrang erreichte, beanspruchten 1782 bis 1798 1.155 Millionen Gulden. Es war deshalb ein, nur vom eigenen Vorteilsdenken geborener Vorwurf der Landstände, wenn deren Ausschuß dem Kurfürsten eine Benachteiligung des Staatsärars vorwarf, indem er zulasse und fördere, daß die Einnahmen stiegen, die nunmehr besonders die Patrizier in den Städten und Märkten erzielten. Die Patrizier waren selbst keine Landstände, aber nur aus ihnen etwa Gewählte konnten eine Stadt bei den Landständen repräsentieren. Der Kurfürst, der laut Schremmer hier einen „*hervorragenden Erfolg*" erzielte, entgegnete, seine Erneuerung der Salzverträge mit dem Fürsterzbischof von Salzburg in Bezug auf Hallein sei zum Vorteil des bayerischen Salzhandels überhaupt vorgenommen worden. Seine Vorgänger hätten nicht umsonst schon vor mehr als zweihundert Jahren den Salzhandel zugunsten des Ärars selbst übernommen. Den bürgerlichen Salzstößlern sei der Kleinverkauf (Minuto-Verkauf) des Salzes überlassen. Die Arbeitskraft der Landleute werde durch die bezahlten Salzfuhren nicht überlastet, denn diese erfolgten zu einer Zeit, in der die Landleute auf dem Felde keine Arbeit hätten. Wenn sie die Salzfuhren nicht hätten, müßten sie ihr Zugvieh, ohne Einnahmen zu haben, in ihren Stallungen füttern. Schon die Ausführlichkeit, mit der Karl Theodor hier auf die Frage eingeht, verrät, daß er sich bei seinen Maßnahmen um alle im Lande kümmerte.

Karl Theodor siedelt bei der Moorkultivierung nachgeborene Pfälzer Bauernsöhne an

Sowohl die Prälaten wie die Ritter der Landschaft lebten wesentlich von den Einnahmen aus ihren Hofmarken. Sie wünschten nicht Neugewinn des Bodens durch die kurfürstliche Moorkultivierung und Verteilung des Bodens an einfache Leute, seit den neunziger Jahren auch nicht durch von Karl Theodor angesiedelte nachgeborene Pfälzer Bauernsöhne, die sich infolge der Kleinheit der Pfälzer Bauernhöfe und der französischen Truppenbewegungen nicht mehr ernähren konnten. Die Verordnung der Landschaft forderte deswegen, daß, wenn der Kurfürst verödete Güter in Zukunft zu kultivieren plane, er den Landständen diese Pläne und Vorschläge für seine Bodenkolonisation vor seiner Genehmigung zur Erinnerung vorlege. Karl Theodor wunderte sich in seiner Entgegnung, daß die Landschaftsverordnung nunmehr in ihrem Bericht vom 14. September 1786 „*auf Kultur*" (Kultivierung verödeter Gründe) antrage, da doch sie selbst im Jahre 1780 das bei der kurfürstlichen Hofkammer in München zum Vortrag gekommene und gutgeheißene Projekt wegen der Besetzung des Bodens mit Bauern vereitelt und hintertrieben habe. Zur Bitte um Vorlage der Pläne zur Landeskultivierung wegen einer „*Erinnerung dagegen*" wies sie der Kurfürst auf das Landeskulturmandat seines Vorgängers von 1762 hin, wozu ihr Gutachten einvernommen worden sei. Jetzt würden sie sich gegen die Durchführung dieses Mandats sträuben[319].

Die Verordnung der Landschaft wandte sich auch gegen das Lotto, das ungetreue Beamte, arme Familien und liederliche Leute hervorbringe, vor allem aber gegen die Teuerung. Ihr Satz klang sehr plausibel: „*Wenn die Preise der nothwendigsten und ersten Lebensmittel*" zu teuer werden, so habe dies den „*schädlichsten Einfluß auf das Ganze und nur für die Wucherer Gewinn*". Karl Theodor konnte darauf nur entgegnen, der Feldbau würde darniederliegen, aller Handel verschwinden, wenn die Getreidefrüchte und andere Erzeugnisse nicht einen verhältnismäßig hohen Preis erreichen würden und der Überschuß in das Ausland verkauft würde. Vieh- und Getreidesperren „*waren nie oder nur höchst selten von gedeihlicher Wirkung und lediglich meistens dem Wucherer willkommen*". Im Endergebnis der Überlegungen stimmten Kurfürst und Landstände hier überein. Das Lotto wollte er nicht abstellen, da es in allen Nachbarstaaten betrieben werde, und die Aufhebung des Lottospiels in Bayern zur Folge hätte, daß seine Bewohner in ausländische Lotterien setzten und das Geld außerhalb des Landes gebracht würde. Es würde übrigens in kleinen Städten, Märkten und Dörfern nicht geduldet und sei deswegen ohnehin genug beschränkt.

Kritik der Landstände an Lotto und Teuerung

Karl Theodor hält an einem gewinnbringenden Getreidepreis und am Lotto in Bayern fest, um das Spielen in ausländischen Lotterien zu vermeiden

Karl Theodor kannte den Gruppenegoismus auch in Bayern gut genug, um dagegen gelegentlich mit Schärfe vorzugehen. So verfügte er 1783 ausdrücklich Strafen für diejenigen, die eine uneheliche Mutter verstoßen oder ihr die Aufnahme versagen[320]. Bei geringen Straftaten setzte er sich gelegentlich stark für die Rehabilitation des Täters ein. In der Au bei München und in dem Dorf Haidhausen sowie in anderen Orten in Münchens Umgebung gestattete er den Handwerksleuten, in der Stadt zu arbeiten und dahin Brot, Fleisch usw. zum Verkauf zu bringen. Er wollte damit diesem Personenkreis Arbeit und Verdienst verschaffen. Der Arbeitslohn, der in München bezahlt wurde, und die Lebensmittelpreise dort erschienen ihm übertrieben, aber die Zünfte der Residenzstadt sahen sich dadurch gekränkt und in ihrem Erwerb beschränkt. „*Ein allgemeines Gemurmel erhob sich dagegen*"[321]. Der Stadtmagistrat ließ sich über diese Beschwerden der Zunftgenossen am 26. September 1788 ausführlichen Vortrag erstatten, verfaßte zusammen mit der Bürgerschaft ein Schreiben und beschloß zugunsten der Vorrechte der Zünfte eine Deputation, an deren Spitze der Bürgermeister und Stadtkämmerer Ludwig von Reindl stand. Karl Theodor empfing

Problem des Gruppenegoismus in Städten und Vorstädten und am Lande

bereits am 27. September abends die Deputation der Stadt. Reindl sprach davon, daß der Person des Kurfürsten „*nicht das mindeste Unliebe begegnen werde*“, aber auch von der Gefahr, daß der Stadtrat in Zukunft dafür nicht gutstehen könne, daß denen, welche die Bürgerschaft so außerordentlich kränken und beeinträchtigen, bei Gelegenheit keine Unannehmlichkeiten widerfahren würden. Das klang für Karl Theodor nicht ohne Grund wie eine Drohung. Er antwortete jedoch ruhig und gelassen, er wolle die vorgebrachten Klagen erwägen. Nie sei es sein Wille gewesen, jemanden in seinen Rechten zu kränken.

Karl Theodor sorgt für die einfachen Handwerker

Einen Tag, bevor er eine Untersuchung der Beschwerden an ihn verfügte, am 3. Oktober 1788, bestimmte er durch ein Reskript an die Obere Landesregierung[322], daß „*die Handwerksunterthanen*“, also diejenigen Handwerker, die ihm unmittelbar unterstanden, da sie ohne Zwischeninstanz eines Hofmarksherrn unmittelbare Untertanen des Landesherrn in einem Landgericht waren, in Städten und Märkten nicht ohne eine Zugehörigkeit zu einer Zunft arbeiten sollten. Denn sie seien, wenn sie keiner Zunft angehörten, im Nachteil gegenüber dem Dorfhandwerker und müßten gar „*auf dem teueren Pflaster der Stadt*“ arbeiten. Handwerker, die nicht den vier Ehaften (Ehehaften) Gewerben angehörten (Schmiede, Bäcker usw.), sollten nicht auf dem „*Theueren Pflaster der Stadt*“ ausgenützt werden. Vor allem aber sollten nicht die Kreise der Pfuscher und der Bettler durch solche aus den Dörfern gekommene Handwerker in Städten und Märkten vermehrt werden.

Der Kurfürst wußte, daß ein Dorfhandwerker nicht gegen den Willen eines Zunftgenossen einer Zunft in der Stadt aufgenommen werden konnte, und schärfte deshalb den Dorfhandwerkern ein, daß dies nur durch Zugehörigkeit zu einer Zunft gehe. Ausdrücklich aber verfügte er, daß ein Dorfhandwerker nicht zu einem Eintritt in eine solche Zunft gezwungen werden dürfe. Trotz der Auseinandersetzung mit den Vertretern der Interessen der Hauptstadt ging er durch diese Entscheidung den Weg weiter, den ihm sein Sinn für soziale Gerechtigkeit wies.

Am 4. Oktober ordnete er eine Untersuchung an. Natürlich war es eine Aufforderung im Interesse der von ihm geförderten einfachen Kreise in den Orten vor der Stadt München, daß er sich von der Münchner Bürgerschaft „*versehe*“, daß diese das Publikum mit gutem Bier, Brot und Fleisch bediene und daß weder eine Übertreibung des Arbeitslohns und der Lebensmittelpreise noch eine unverhältnismäßige Steigerung der Hausmiete stattfinden werde. Er selbst war überzeugt, daß es Illuminaten waren, die bei dem Ausschuß der Landschaft und beim Magistrat die Beschwerden gegen ihn in Gang gebracht hätten. Tatsächlich gab es in diesen Kreisen noch solche.

Karl Theodor reist im Oktober 1788 nach Mannheim, Heidelberg und Oggersheim

Gegen den Egoismus der Zünfte der Residenz- und Hauptstadt tat er einen für sie empfindlichen Schlag. Er reiste am 9. Oktober morgens vier Uhr von München ab, „*begleitet von tausend Segenswünschen*" aus einer nicht näher bezeichneten Öffentlichkeit. Die Vorbereitungen zur Abreise hatte er so eingerichtet, daß sie nicht bemerkt werden konnten. Dadurch, daß er am 28. September von München aus zur Jagd in die Grafschaft Haag in Niederbayern gefahren, dann im Oktober in Landshut gewesen war, konnten sich viele die neue Reise des Landesherrn nicht zurechtlegen. Als er am 10. Oktober in Mannheim, seinem Reiseziel, eintraf, begann sich in München die Furcht zu regen, er werde nie mehr zurückkehren. Einige beschuldigten die Pfälzer „*Höflinge*", unter ihnen besonders den kurpfälzischen Hofpfarrer und Beichtvater Karl Theodors, Pater Ignatius Frank (gestorben 26. Janaur 1795), einen Exjesuiten, er habe den Kurfürsten zu dieser Abreise überredet Der Kurfürst hatte 1774 seine Intrigen zugunsten einer Lehrtätigkeit der Exjesuiten und zur Verhinderung eines von den fürstlichen Diözesanbischöfen nicht kontrollierbaren Hofbistums in Mannheim scharf bekämpft, in München aber in dieser Frage nur mit Mühe ausgeschaltet, als er auch hier ein solches Hofbistum erstrebte. Cun(t)zmann hatte Frank in Mannheim unterstützt. Da Frank auch nach verschiedenen Auffassungen Karl Theodor zu einer Vertauschung Bayerns geraten haben sollte, wurde durch solche Redereien die Angst in München noch größer. Verschiedene behaupteten, Magistrat und Bürger, vor allem der Bürgermeister, hätten sich zu hitzig, unbescheiden und ohne Ehrfurcht benommen, als sie dem Landesherrn ihre Beschwerde vortrugen. Karl Theodor bestimmte, nachdem er am 10. Oktober in Mannheim eingetroffen war, neun Tage später den dort bisher die Regierungsgeschäfte leitenden Minister Freiherrn von Oberndorff, die Regierungsgeschäfte in München zu besorgen. Wahrscheinlich entschloß sich der Kurfürst also erst in Mannheim zu dieser auch mit anderen Notwendigkeiten begründbaren, nun für länger geplanten Abwesenheit von München. Der Kreis um Pater Frank[323)] bekam zu hören, Karl Theodor sei aus Furcht vor Revolution und Attentaten und wegen der Unzufriedenheit derer abgereist, die an ihn vergebens ihre Reformwünsche herangetragen hätten[324)]. Als Anlaß ließ der Kurfürst seine Versöhnung mit den Agnaten verlautbaren[325)]. Am 29. Oktober bezog der bisher als Regierungsbeauftragter in Mannheim wirkende Minister Freiherr von Oberndorff, ausgestattet mit fast unbeschränkten Vollmachten für die Leitung der Geschäfte, in München das Haus des Generalkapitäns der Hartschiere, des Generalleutnants Graf Karl von Minucci an der Salvatorstraße, damals Kühestraße. Die Hartschiere selbst, die Trabanten und Hofdiener hatten nach Mannheim abzureisen. Karl Theodor leitete seinen Auftrag an Oberndorff mit den Worten ein: „*Indem Wir Uns allergnädigst entschloßen haben einigen Aufenthalt in unseren hieruntigen Kur- und Fürstentümern zu pflegen, beauftragen wir Sie die Direktion der Regierungsgeschäfte in unseren herobigen Landen zu führen...*"

Karl Theodor kritisiert aus Mannheim durch die Münchner Zeitung 1789 unbegründetes Geschwätz über ihn in München

Wie die Münchner Zeitung am 10. April 1789 meldete, hatte Karl Theodor am 30. März in Mannheim mitgeteilt: „*Seitdem Wir es für gut befunden haben, Unser Hoflager für einige Zeit hierher zu verlegen, vernehmen Wir zu Unserem höchsten Mißfallen, daß verschiedenes ungegründetes Geschwätz sich wiederholtermaßen und neuerdings in Bayern verbreitet habe, welches allem Anschein nach in der höchst verwerflichen Absicht geschieht, Mißtrauen, Mißmut und Unruhe im Land zu stiften – um Uns die Liebe und das Zutrauen Unserer getreuen Untertanen zu entziehen.*" Karl Theodor erklärt es als Beweis seiner landesväterlichen Liebe, daß er dergleichen Geschwätz, welchen Namen es auch immer haben möge, nicht allein für falsch und grundlos bezeichne. Er versicherte vielmehr „*seine lieben und getreuen Untertanen in Bayern, daß Wir weit entfernt sie zu verlassen oder gegen ihr Schicksal gleichgültig zu sein, vielmehr fest entschlossen sind, alles Mögliche anzuwenden, was das allgemeine Wohl, die Sicherheit und Glückseligkeit der Nation herzustellen*" vermöge. „*Dieser Unserer landesväterlichen Entschließung zufolge*" fordert er die Landstände in Bayern und alle diejenigen auf, „*welche ihre Dienste aus warmem Patriotismus*" dem Vaterland gewidmet hätten, daß sie Zutrauen dazu haben, daß er in heilsamsten Absichten handle. Sie sollten dabei nach allen Kräften mitwirken. Er sagte also offen einer Fehlinterpretation seiner Reformen den Kampf an. Er warnte deshalb, den ordentlichen Gang der Geschäfte zu hemmen. Er wolle nicht eher ruhen, als bis in seinen sämtlichen Landen und Erbstaaten allgemeine Ruhe und Sicherheit, „*Ordnung und Polizei*", sowohl in Städten als auf dem Lande hergestellt sei, Mißbräuche abgestellt, Sitten verbessert, die Verdienste in wahres Licht gestellt wären. Das Militär[326] soll auf einen brauchbaren und für das allgemeine Wohl nützlichen Fuß gesetzt werden. Er unterstreicht also seine Umsicht und Tätigkeit in seinen verschiedenen Landen, nicht weniger die Notwendigkeit einer praktischen Herstellung der Ordnung überall. „*Was zur Beförderung der allgemeinen Sicherheit, Glückseligkeit und zum Ruhm und Ansehen Unserer sämtlichen Lande und Erbstaaten geschehen kann, soll auf einen festen und dauerhaften Fuß gesetzt werden.*"

Seine Soldaten haben imWinter den Bauern zu helfen, wenn sie benötigt werden

Schon bald nach dieser Proklamation, am 15. April, ordnete er an, daß wegen des schlimmen und langen Winters die Soldaten nicht zum Exerzieren einberufen, sondern auf Verlangen in der Landarbeit eingesetzt werden. „*Wer nicht vom Landmann benötigt wird, hat aber bei seinem Regiment wieder einzutreffen.*"

Die Münchner fürchteten jetzt katastrophale Nachteile für sich. Sie schickten deshalb eine Deputation nach Mannheim, um für sich und für die „*ungebührliche und unbesonnene Rede*" des Stadtkämmerers Verzeihung, aber auch Rückkehr des Kurfürsten nach München zu „*erflehen.*" Als der Kurfürst sie empfing, sagte er, der Vorgang in München habe ihm sehr wehe getan, da er seine Bayern wie seine Pfälzer liebe und für ihr Wohl besorgt sei. Doch versprach er Erfüllung ihrer Bitte um seine Rückkehr, ohne jedoch einen Zeitpunkt zu bestimmen. Er verbrachte den Winter und das Frühjahr in der Pfalz. Er weihte 1789 in Frankenthal den von ihm veranlaßten Kanal der Stadt zum Rhein ein, auch die Brücke über den Neckar in Heidelberg, und besuchte die von seiner Gattin in Oggersheim mit einem klassizistischen Überbau 1774 bis 1777 durch P. A. Verschaffelt überwölbte Kirche, die ihr Vater 1729 bis 1733 als Kapelle zur Verehrung des in Loreto (Provinz Ancona) verehrten Hauses Marias in Nazareth erbaut hatte.

Karl Theodor kehrt am 16. Juni 1789 nach München zurück und gibt den Münchnern ein Fest

Am 16. Juni 1789[327] kehrte Karl Theodor zur Freude der Münchner unter ihrem laut geäußerten Jubel in die Residenzstadt an der Isar zurück. Eine Abteilung Bürgerkavallerie hatte ihn bereits in der Nähe des Marktes Dachau empfangen. An der Landstraße standen Menschen aus allen Kreisen. Alle Glocken läuteten. In der Residenz wurde er von den Staats- und Konferenz-Ministern, den Vorständen und Räten der Kollegien, aber auch von der Verordnung der Landschaft willkommen geheißen. Natürlich hatte sich auch der Stadtrat eingefunden, die Geistlichkeit, Offiziere und Adel. Am Abend gab es Lustbarkeiten und Tänze. Die Menschen drückten einander die Hand: „*Gottlob! Daß der Kurfürst wieder bei uns ist, daß wir den Vater wiederhaben*"[328]. Der Sturm auf die Bastille in Paris am 14. Juli fand in München keinen Widerhall. Am 10. August gab der Kurfürst im Hofgarten auf seine Kosten ein großes Fest[329]. Die damals dort stehende Reitschule wurde in einen Feen-Palast verwandelt, ein besonderer Saal wurde prächtig für das Tanzen hergerichtet und mit einer Tribüne ausgestattet, auf der Karl Theodor zusammen mit Kurfürst Klemens Wenzeslaus von Trier und Fürstbischof von Augsburg und dessen Schwester, der bayerischen Kurfürstin-Witwe Maria Anna Sophie, Platz nehmen sollte. Allen Teilnehmern wurden köstliche Speisen, aber auch Erfrischungen und Weine gereicht. Im Hofgarten wurde die gesamte Bevölkerung, soweit sie sich einfand, mit Braten, Zungen, Schinken, aber auch kalten Pasteten, Würsten, mit Käse und Brot bewirtet. Aus vier Fontänen sprang roter und weißer Wein. Die Feststimmung kannte bald keine Grenzen mehr. Freilich waren zur Aufrechterhaltung der Ordnung eine Kompanie des Leibregiments um das Festgebäude herum und zwei Kompanien im Hofgarten aufgestellt worden, eine vierte Kompanie am Schwabinger Tor, zumal sich in dessen unmittelbarer Nähe die Gemäldegalerie befand. Vierzig Mann des neuerrichteten zweiten Chevauxlegers-Regiments standen an den beiden Aufgängen zu den breiten Treppen der Tribüne. Seine höheren Offiziere hatten dem Feldwebel die Aufsicht übertragen und kamen etwas später. Die Soldaten gestatteten verschiedenen ihrer Bekannten und Verwandten den Zugang zur Tribüne. Als Karl Theodor mit Klemens Wenzeslaus und dessen Schwester und dem Gefolge sowie die Minister um neun Uhr abends eintrafen, umdrängte sie das z. T. bereits „*betrunkene Volk*". Dabei kam es jedoch nicht zu dem von Lorenz von Westenrieder in seinen Beiträgen zur vaterländischen Historie erzählten Begebenheiten, wie ein Chevauxlegersoffizier, der dabei war, Lipowsky gegenüber berichtete[330)].

Pfalzgraf Max Joseph urteilt kritisch über Karl Theodor und seine Mitarbeiter, verkennt freilich Stubenrauch

Es war selbst für unabhängige Persönlichkeiten wie einen Westenrieder schwierig, das wahre Bild des Kurfürsten und der hervortretenden Persönlichkeiten und der Vorgänge zu erfassen. Das ging auch Max Joseph, dem Nachfolger und späteren König so, obwohl er ein angeborenes politisches und menschliches Fingerspitzengefühl besaß und durch seinen Vetter und Schwager Wilhelm, der in Landshut saß, Informationen gewinnen konnte. Als am 11. November 1787 der Pfälzer Kasimir Haeffelin zum Hofbischof ernannt worden war, schrieb dieser durch den Tod seines Neffen 1784 als Erbe heranstehende jüngere Zweibrücker, der seit 1786 einen eigenen Sohn hatte, für den Minister Freiherrn Ludwig von Esebeck, der bei seinem in Zweibrücken regierenden Bruder eine außerordentliche Vertrauensstellung besaß, eine Charakteristik Karl Theodors[331)] und einiger Persönlichkeiten in dessen Dienst nieder. Max Josephs eigenhändiger französischer Entwurf dazu ist erhalten, leider aber in der Biographie des späteren Königs in Bezug auf Karl Theodor nicht richtig übersetzt worden.

„le caractère indéfinissable de l'Electeur Palatin et la corruption quasi totale du ministère de ce Prince...“

heißt: Der undefinierbare Charakter des Pfälzer Kurfürsten und die gleichsam totale Korruption des Ministeriums dieses Fürsten...

Karl Theodor selbst wird mit diesen Worten als undefinierbar, aber nicht selbst als korrupt hingestellt. Von diesem undefinierbaren Charakter Karl Theodors ist in dem ganzen Schriftstück nicht mehr die Rede. Auf ihn negativ einzugehen, wäre natürlich auch für einen Nachfolger unklug gewesen.

Max Joseph schrieb, es sei aus den beiden für ihn erscheinenden Gegebenheiten heraus fast undurchführbar, in das einzudringen, was sich in Karl Theodors Konferenzen und *„dans son interieur“* begab. Dieser französische Ausdruck heißt: *„und in seiner Innenpolitik“*. Wer nicht an der Konferenz teilnahm oder die Protokolle einsah, erfuhr nur aus den auf Karl Theodors Veranlassung gedruckten Generalmandaten, was entschieden wurde. Sie wurden seit 1784 in Fortsetzung der seit 1771 auf Befehl Max' III. gedruckten Generalien veröffentlicht und bekannt; da die Behörden diese Generaliensammlungen erhielten, war die Öffentlichkeit garantiert[332].

Der Zweibrücker erzählte dem Minister des Bruders, die Mätresse des Kurfürsten sei die Schwiegertochter des eben ernannten Finanzministers Graf Törring-Seefeld, der zu den Verhandlungen 1779 nach Teschen entsandt worden sei. Der das lesende Minister Esebeck war selbst mit der Jugendfreundin seines Herzogs verheiratet. Da die Gräfin, eine geborene Minucci („Minuzzi“) eine geschworene Feindin des österreichischen Gesandten Lehrbach in München war, konnte sich der Zweibrücker durchaus mit ihr ins Gespräch setzen. Max Joseph war fünf Jahre aus München ferngehalten worden, stellte deshalb fest, seine Nachrichten könnten nicht immer zutreffen. Dies war eine kluge Einschränkung des vorher Niedergeschriebenen. Darin wird selbst einer der Mitbegründer der Akademie der Wissenschaften und verdienstvoller Organisator des General-Mautdirektoriums von 1765 Franz Xaver Anton von Stubenrauch, der 1779 die Führung der Geschäfte im General-Mautdirektorium niederlegte, aber 1783 Vizedirektor der Hofkammer wurde, zum größten *„fripon“*, den es gebe, also zum Betrüger größten Ausmaßes. Er hatte freilich die Listen mit den Einnahmen Bayerns seit 1774 Karl Theodor übergeben[333], 1784 die Thurn und Taxissche Reichspost unter der Kontrolle des Landesherrn in Bayern eingerichtet und in diesem Sinn dem Landestauschprojekt vorgearbeitet. Lehrbach empfahl Karl Theodor, Kreittmayr und Stubenrauch zu vertrauen. Der neue Finanzminister ließ sich, wie Max Joseph herausfindet, geradezu von Stubenrauch regieren (*gouverner*). Peinlich bleibt die Behauptung des Zweibrückers, die Triebkräfte (*mobiles*) aller „*Aktionen*" Karl Theodors seien seine unehelichen Kinder. Hatte das die kinderlose Mätresse des Kurfürsten eingeflüstert? Am schwersten beschuldigt Max Joseph den Pfälzer General Belderbusch: *le plus grand fourbe des hommes* – den pflichtvergessenen größten Schurken unter den Menschen. Den Vizepräsidenten der „*Régence*", Graf Seinheim, nennt aber der Zweibrücker einen guten Patrioten, seinen eigenen Freund, der ihn anhalte, zum Guten beizutragen. Unter der Regierungsstelle Régence ist die von Karl Theodor für Bayern eingesetzte Oberste Landesregierung zu verstehen.

Benjamin Thompsons Berufung 1788 den Karl Theodor 1792 zum Grafen Rumford erhebt

Sicher gelang es Karl Theodor nicht immer, den richtigen Mann an die richtige Stelle zu setzen, etwa, als er den Pfälzer Generalleutnant Freiherrn von Belderbusch 1779 zum Chef des Geheimen Kriegsbureaus in München gemacht hatte. Als er schließlich den Fehlgriff gewahrte, ersetzte er ihn 1788 durch den in einem der späteren amerikanischen Staaten geborenen Benjamin Thompson[334], der Physik und Medizin studiert, 1776–1782 für England gegen die Amerikaner gekämpft hatte und inzwischen 1779 auch Mitglied der Royal Society geworden war. Nach seiner Rückkehr nach England lud ihn Karl Theodor durch seinen Gesandten in London, Haslang, nach München ein. Er wurde zunächst Reisebegleiter seines Sohnes Bretzenheim. Doch dieser zog den Reisen die Heirat mit der Prinzessin Walburga von Oettingen-Spielberg vor, und Karl Theodor machte den in England zum Chevalier Erhobenen 1785 zum Kämmerer und Leibadjutanten, die Münchner Akademie zum Mitglied ihrer physikalischen Klasse. Da er schon 1784 kurbayerischer Oberst geworden war und sich auch militärisch sehr gut auswies, ernannte ihn der Kurfürst 1787 zum Geheimen Staatsrat und ließ ihn, 1788 zum Generalmajor befördert, an der Stelle Belderbuschs die kurpfalz-bayerische Armee reorganisieren. In der Regierung arbeitete er als Leiter des Militärwesens. In dieser Eigenschaft prüfte er bis ins Einzelne die Verhältnisse und die verwendeten Persönlichkeiten. Schon in der Denkschrift vom 7. Februar 1788[335] hatte er aufgrund seiner Erfahrungen in verschiedenen Armeen den gemeinen Mann als die Grundlage jeder Armee bezeichnet und auf ihn jede militärische Einrichtung und Berechnung bezogen. In Gegenwart des Kurfürsten wurden seine Angaben untersucht und für richtig befunden. Karl Theodor ließ ihn als Chef des Geheimen Kriegsbureaus die Armee ohne Über-

Errichtung der Militärakademie und Neuorganisation des pfalz-bayerischen Militärwesens

schreitung des bisherigen Etats von 2.7 Millionen Gulden reformieren. Auf seinen Antrag machte er die bayerische Militärakademie, die durch ihn mit der 1776 gegründeten Mannheimer Hauptkriegsschule verbunden worden war, zu einer besonderen Ausbildungsstätte, ernannte ihn zu deren „*Gouverneur*“ und genehmigte am 23. September 1789 deren Lehr- und Erziehungsplan sowie die einschlägigen Vorschriften. Die Oberaufsicht führte der Hofkriegsrat.

Unter den Lehrern war der spätere Verfasser der Biographie Karl Theodors von 1828 als Lehrer der Geschichte, der Rechtsgeschichte, des Staatsrechts, der Kriegskunde und des „*Geschäftsstils*“ tätig. Dieser F. J. Lipowsky war zugleich „*Lieutenant und Auditor*“ des 2. Chevauxlegers-Regiments.

Der Professor der Religion Simon Schmid war auch als Lehrer der lateinischen Sprache und Literatur sowie der Physik tätig, neben ihm freilich für letztere Fächer auch der Hofkammersekretär Korbinian Badhauser, der zugleich deutsche Literatur und Poesie vortrug. Der Artillerie-Oberleutnant J. B. Neumann gab höhere Mathematik. Franz Xaver Kefer war Lehrer der Geographie und Repetitor der lateinischen Sprache. Natürlich wurde auch Musik, Fechtkunst und Tanzkunst gelehrt. Außerdem waren zwei Ärzte für die drei Gruppen der seit ihrem 13. Lebensjahr am Unterricht teilnehmenden Knaben angestellt. In einer von ihnen wurden jeweils 136 Söhne von rechtschaffenen Bürgern und Landleuten aufgenommen und erhielten für gewisse militärische Dienstverrichtungen ihre Verpflegung, Kleidung und Wäsche. Die beiden anderen Gruppen waren für je 32 Knaben vorgesehen. Für die eine von ihnen übernahm der Kurfürst alle Kosten für Verpflegung, Kleidung und Wäsche, da in sie auch Söhne von unbemittelten Adelsfamilien oder Mittelstandsfamilien aufgenommen wurden[336].

Das Militärwesen unter der Regierung Karl Theodors gewann immer wieder verzweigte Bedeutung. Der Einsatz von militärischen Einheiten, gekleidet in eindrucksvolle Uniformen, bei Festen im Lande zeigt das ebenso wie der zur Aufrechterhaltung der Ordnung im Lande und an seinen Grenzen. Da der Kurfürst von München aus zu regieren hatte, regelte er schon von seinem im Juni begonnenen befristeten Mannheimer Aufenthalt aus am 18. August 1778 den Geschäftsgang des Hofkriegsrates und vereinigte von München aus am 5.November 1779 den Mannheimer Hofkriegsrat mit dem in München. Er unterstellte beide der Geheimen Kriegskanzlei, die ihm selbst unterstand. Die bei der Hofkammer und dem Hofzahlamt eingerichteten Zahlstellen, die zivilrechtliche Zuständigkeit des Hofrats für Militärpersonen erforderten Kompetenzen des Hofkriegsrats, die über die Geheime Kriegskanzlei vom Kurfürsten selbst kontrolliert oder geregelt wurden.

Die Mitglieder des vereinigten Hofkriegsrats berichteten dem Kurfürsten, führten über die Kriegskanzlei die einschlägigen Korrespondenzen des Landesherrn mit Stellen innerhalb seiner Regierungsbereiche. Der Hofkriegsrat war dadurch für Rekrutierungen, Werbungen, aber auch für Aburteilungen von Straftaten zuständig, wenn sie Militärangehörige begangen hatten. Doch unterstellte Karl Theodor ab „sofort" die zivilrechtlichen Streitigkeiten von Militärpersonen dem Hofrat, das verkehrstechnisch schwierige und kostspielige Marschwesen ließ er Hofkriegsrat und Hofkammer gemeinsam bearbeiten. Obwohl er das bisherige Verfahren noch 1781 bestätigt hatte, bestimmte er am 30. Mai 1787, daß eine bestimmte Stelle für Zivilstreitigkeiten von Militärangehörigen in Bayern und in Neuburg-Sulzbach zuständig sein sollte. In der Kurpfalz und in den Herzogtümern Jülich und Berg blieb es bei dem bisherigen Verfahren.

Am 26. April 1785 vereinfachte er den Geschäftsgang des überlasteten Hofkriegsrats durch eine Verordnung: Bestimmte Entscheidungen wurden auf der Ebene eines Regiments getroffen, eine Reihe von Fällen hatte der Hofkriegsrat nun allein und selbständig zu entscheiden.

Die Probleme des Jahres 1788 veranlaßten den Kurfürsten, den vereinigten Hofkriegsrat der neugeschaffenen Geheimen Kriegskonferenz zu unterstellen. Aufgrund der Hofkriegsratsordnung vom 21. Juli 1788 führte er selbst den Vorsitz in dieser Geheimen Kriegskonferenz. Alle Staats- und Konferenzminister, der Präsident und der Vizepräsident des Hofkriegsrats, vier Generäle oder Obersten hatten als wirkliche Kriegsräte zusammen mit anderen Generälen daran teilzunehmen. Alle Entscheidungen, die der Kurfürst selbst traf, fielen auf der Grundlage der Protokolle, die der Hofkriegsrat vorzulegen hatte.

Die Koalitionskriege gegen das revolutionäre Frankreich und die Aufgabe Karl Theodors als Reichsverweser 1792 verursachten, daß er abermals eine neue Hofkriegsratsordnung ausarbeiten ließ, am 21. Mai 1792 genehmigte und am 27. April 1793, als der neue Kaiser Franz den Reichskrieg gegen Frankreich zuwege brachte, auch der Öffentlichkeit bekanntmachte.

Der Papst unterstützt die von Karl Theodor erstrebte Unabhängigkeit des Kurbayerischen Staatsgebiets von den Fürstbischöfen als Diözesanbischöfen

Am 10. Februar 1792, ungefähr ein Jahr, bevor der erste Koalitionskrieg gegen das revolutionäre Frankreich begann, begründete Karl

Theodor auf Antrag Thompsons einen Generalstab für seine Truppen. Er bestand aus der Abteilung der Flügel- und Brigade-Adjutanten, Ordonnanzoffiziere und Brigademajore und aus einer zweiten Abteilung, nämlich der Abteilung des Generalquartiermeisters, dem außer Quartiermeisteroffizieren auch die Ingenieure, der Generalkommissär, der Generalwagenmeister, der Oberauditor, der Stabsmedicus und die Stabschirurgen angehörten. Nach der Instruktion vom 1. Mai 1792 für sämtliche Generalstabsoffiziere hatte der Generalstab alle Aufträge des Kurfürsten, des Hofkriegsrates und des Chefs des Generalstabs auszuführen. Die Adjutanten hatten den Schriftverkehr durchzuführen, das Tagebuch des Heeres zu führen, den Hauptrapport zu erstellen und für das militärische Nachrichtenwesen und für Verpflegung und Munition des Hauptquartiers zu sorgen.

Der Generalquartiermeister entschied über die Truppenführung und militärische Sicherheit und sorgte für die Verpflegung und Ausrüstung[337].

Prüfung der Offiziersanwärter und Schulen für die Soldatenkinder

Dieses von einem mitwirkenden Zeitgenossen geschilderte Bild wird dadurch charakterisiert, daß jedes Jahr „*zu Anfang des Herbstmonats eine drei Tage dauernde öffentliche Prüfung*“ stattfand, zu welcher am ersten Tag zwischen neun und zwölf Uhr vormittags der Kurfürst selbst erschien. Wenn einer der heranwachsenden Offiziersanwärter „*zum Civil übertreten wollte*“ und sonst von Haus aus nicht bemittelt war, stattete ihn Karl Theodor mit einem Stipendium zum Studium an den Universitäten Ingolstadt oder Heidelberg aus. Für die Erziehung von Soldatenkindern beiderlei Geschlechts erließ Karl Theodor am 20. Mai 1789 ein eigenes Mandat. Für diese Kinder wurde „*eine weibliche und eine männliche Militär-Schule*“ in allen Städten errichtet, in denen ein Infanterieregiment in Garnison stand (München, Mannheim, Düsseldorf, Amberg, Burghausen, Jülich, Ingolstadt, Landsberg am Lech, Landshut, Neuburg an der Donau, Straubing). Die besten der Schulkinder wurden am Ende eines jeden Schuljahrs vom Regimentskommandeur mit Büchern beschenkt.

1790 Veterinärschule im Englischen Garten

Karl Theodor errichtete am 26. März 1790 auch eine Veterinärschule. Sie wurde im Englischen Garten errichtet, an dessen Rand sie heute noch steht. Er baute 1789 die Hirschau zu diesem Naturpark aus und bestimmte ihn „*zur Belustigung und zu Spaziergängen des Publikums*“. Er verknüpfte mit ihm auch eine Schweizerei mit einem ziemlich großen Feldbau und begründete eine Schule für Viehzucht und Feldbau. Am 6. Juli 1790 ließ sich Karl Theodor mittags das Schweizer Vieh nämlich sechs sehr schöne Melkkühe und einen *„ungemein schönen"* großen zweijährigen Springstier in dieser Schweizerei vorführen. Durch die Anlage des Englischen Gartens weckte Karl Theodor eine allgemeine Neigung zum Gartenbau[338]. Die Münchner legten am Schönfeld, an das die Schönfeldstraße heute noch erinnert, Gärten an. Es waren Personen aller Stände, die sich da Wohnhäuser und Treibhäuser erbauten. Karl Theodor hielt München nicht als Festung für geeignet und legte deshalb seit 1789 die Festungswerke nieder. Einen Umbau begann er 1790 an dem Neuhauser Tor, das seitdem seinen Namen „Karlstor" trägt. Er ließ es von zwei Flügelgebäuden flankieren und einen großen Platz, den Karlsplatz, davor anlegen. Im Interesse des freien Verkehrs hob er schließlich am 18. April 1798 auch das Sperrgeld auf, das bisher von späten Passanten nach Läuten der Sperrglocke und nach nachts 10 Uhr in doppelter Höhe entrichtet werden mußte.

München, seit 1789 keine Festung mehr, 1790 durch das Karlstor offene Stadt

Geistige Bewegungsfreiheit in der Gesellschaftskrise, die sich in den sehr verschiedenen Charakteren der führenden Gruppen widerspiegelte, gewährte der Kurfürst nicht weniger als den freien Verkehr der Münchner mit ihrer gesellschaftlichen Umwelt außerhalb der Stadt und das Eindringen dieser (in der Stadt nicht immer erwünschten) Umwelt in den Kreis der auf ihre Rechte pochenden Bürger der Hauptstadt. Als Vorstand seiner kurfürstlichen Bibliotheken ließ er Haeffelins Freund Nicolas Maillot de la Treille wirken. Dieser war auch der Vertrauensmann der Kurie und ihrer Nuntien; am 18. Dezember 1789 machte er die Schätze seiner Hofbibliothek allen Untertanen ohne Unterschied des Standes zugänglich[339]. Eine unendliche Fülle von erfahrbarem Wissen erschloß er damit allen. Er wünschte zwar so wenig wie sein Vorgänger Lese-Gesellschaften, da er darin verkappte Logen fürchtete, und verbot diese am 23. April 1794 sogar allgemein. Aber er unterstützte als Herzog von Pfalz-Sulzbach in dessen Hauptstadt seit 1780 Johann Esaias Seidel (1758 – 1827) und die von ihm geleitete *Evangelische Verlagsanstalt* dort als Zentrum friedlichen Christentums. Er bewog Seidel sogar zur Errichtung einer Zweigstelle in München. Dabei störte ihn nicht, daß Seidel in seiner Verlagsanstalt alle Strömungen vom Rationalismus und Jansenismus bis zur Mystik und Erweckungsbewegung einbezog[340]. In dieser Verlagsanstalt erschien seit 1793 das *„Oberpfälzische statistische Wochenblatt"*, das gesellschaftspolitische und wirtschaftspolitische Tatsachen veröffentlichte und sich sehr wohl mit dem *„Churbayerischen Intelligenzblatt"* vergleichen läßt, das seit 1766 der Hofkammerrat Franz Seraph (von) Kohlbrenner herausgab, nach dessen Tode

Die Hofbibliothek wird für alle geöffnet

Karl Theodor unterstützt die Evangelische Verlagsanstalt in Sulzbach

1783 Peter Paul Finauer, der sich mehr als Historiker denn als Redakteur erwies. Westenrieder[340a] wirkte seit 1787 durch seine „*Geschichte von Baiern für die Jugend und das Volk*" in die Breite der Gesellschaft, seit 1785 alljährlich durch seinen „*Historischen Kalender*", seit 1788 durch seine „*Beyträge zur vaterländischen Historie...*". Das Eigenbewußtsein in Bayern, auch in Sulzbach, blieben unter Karl Theodor selbständige Faktoren. Karl Theodor respektierte sie. In seiner persönlichen Toleranz setzte er die Tradition seines Ahnherrn Christian August von Sulzbach fort. In seiner Verpflichtung aufgrund des Hausvertrages von 1771 bewahrte er Bayern als katholischen Staat und oktroyierte ihm nicht sein Toleranzedikt für die Kurpfalz vom Februar 1766 auf.

Karl Theodor 1790 Reichsvikar (Reichsverweser)

Am 20. Februar 1790 starb Kaiser Joseph II. Bis zur Wahl seines Bruders Leopold zum Nachfolger am 30. September 1790 hatte *Karl Theodor* deshalb als *Reichsvikar* zu walten. Die Aufgabe war unangenehm genug. Denn das Reichskammergericht hatte 1789 ein Eingreifen gegen die Rebellen gegen den Fürstbischof von Lüttich gefordert, der 1734 ein wenig soziales Edikt erlassen, es zwar zurückgenommen, aber nach seiner Flucht eben durch das Reichskammergericht wieder rechtskräftig gemacht hatte. Schon an der *Reichs*exekution von 1789 hätte sich Karl Theodor mit pfalz-bayerischen Truppen und Truppen aus Jülich beteiligen müssen. Als Reichsverweser konnte er nun nicht umhin, einen Oberkommandanten zu bestellen. Er bestimmte dazu den Generalmajor Fürst Moritz von Isenburg[341]. Er stand ihm dadurch nahe, daß dieser eine seiner Töchter Parkstein-Bretzenheim geheiratet hatte. Auch eine außergewöhnliche militärische Persönlichkeit hätte die hier gestellte Aufgabe schwer lösen können. Denn es gärte im österreichischen Belgien und auch in diesem Fürstbistum. Die Wallonen hatten eine kleine Revolution gemacht[342]. Friedrich Wilhelm II. von Preußen und seine Regierung schenkten den Klagen der Lütticher Gehör; ein Bevollmächtigter prüfte an Ort und Stelle die Sachlage. Preußen war nicht nur mit England-Hannover, sondern auch mit Holland und im Osten mit der Türkei und dem Rest-Königreich Polen verbündet. Karl Theodor vermochte so nicht, den 1789 geflohenen Fürstbischof Konstantin Franz Hoensbroeck wieder einzusetzen.

Karl Theodor schreitet als Reichsvikar 1790 gegen Unruhen im Fürstbistum Lüttich ein

Erste Einwirkungen der Französischen Revolution

Als er die Entmachtung Ludwigs XVI. und die Forderungen der französischen Generalstände erlebte, die sich aus den privilegierten Landständen zusammengeschlossen hatten, handelte er entschlossener und zielsicherer als der französische König. Sein Geheimrat *Eisenreich* kam am 7. Juli 1790 auf das zwischen Kurfürst und Landständen vereinbarte gemeinsame Schuldenabledigungswerk, um von dieser Dienststelle die „*Quittung*" für den Konferenzminister von Vieregg zu übernehmen. Eisenreich bemerkte dabei, der Untertan könne nicht mehr tun, als er leiste, und wenn er es auch könnte, müßte man denselben doch vorzüglich schonen[343]. Das sei gerade jetzt der Fall, wo die Landschaft auf der Stelle mitwirken solle und der Geistliche Rat die Kirchengelder zu verwenden habe, anstatt daß man solche, wie erst neulich an einen Grafen von Lodron und an ein verschuldetes Kloster Baumburg „*hinaushänge*". Eisenreich kritisierte gegenüber dem Registrator der Landschaft, daß niemand etwas für den Untertan tue und die Landstände ihre Einkünfte geradezu verschwendeten... „*Keine Freiheit geht über denjenigen, der sie verdient, hinaus. Es muß Veränderung werden, oder es muß anders werden. Oder sollten wohl solche Kerls wie ein Baron Mandl, voll Schulden und Ränk', ein Baron G., der bloß reitet, fährt und hurt, englische Wagen und Pferde kauft, Freyheiten ihrer Vorältern genüssen? Aber jetzt ist alles gleich.*" Als der über diese Worte empörte Landschaftsregistrator von Eisenreich angefahren wurde, ob er ein Spitzbube oder ein ehrlicher Kerl sei, antwortete er dem Geheimrat: „*Dies ist ja französische Sprach.*" Geheimrat Eisenreich erwiderte: „*Wir brauchen kein Frankreich, es giebt sich selbst. Über all diese Dinge muß man hinausgehen, wenn man hiedurch dem Ganzen nützen kann.*" Und was tat der Kurfürst auf die Anzeige des Registrators der Landschaft? Er schlug die Anklage gegen Eisenreich nieder und teilte der Landschaft mit, er habe Eisenreich zum Beweis seines höchsten Wohlwollens und Zutrauens in den Adelsstand erhoben. Da Kaiser Joseph II. gestorben war, war Karl Theodor nämlich Reichsverweser geworden und konnte als solcher ohne Einschränkung Adelserhebungen vornehmen. Karl Theodor rühmte, daß Eisenreich stets auf die Beförderung „*seiner landesväterlichen Wünsche für die Wohlfahrt*" des gesamten Staates und aller Stände „*Unserer getreuen und lieben Untertanen*" bedacht gewesen sein. Der Kurfürst warf der Landschaft Denunziation vor. Seine Stellungnahme für Eisenreich war sein Bekenntnis zu einer überparteilichen Lösung der Fragen, die von einzelnen Gruppen im Staat aufgeworfen worden waren. In verschiedenen Kreisen fielen damals böse Worte über den Landesherrn. Ob die Hetze gegen Karl Theodor von den Illuminaten ausging, von denen keiner eingesperrt, geschweige denn hingerichtet worden war, ließ sich schon damals mehr vermuten als erweisen.

„Wir brauchen kein Frankreich, es giebt sich selbst"

Ein sachlich zutreffendes Bild läßt sich nur gewinnen, wenn man erforscht, in welcher Weise er bei seiner Regierungsarbeit verfuhr. In

Regierungsarbeit im Kabinett und in der Geheimen Staatskonferenz

der großen *Staatskonferenz* hatte der Kurfürst ein Verfahren entwickelt, das uns ein Teilnehmer, Lipowsky, in seiner handschriftlichen Autobiographie[344] erzählt. War der Landesherr an der Teilnahme verhindert, so wurde unter dem Vorsitz eines Ministers eine sogenannte Ministerialkonferenz abgehalten. In den neunziger Jahren kam es infolge der Kriege des revolutionären Frankreich auch zu rein militärischen Konferenzen, an denen Lipowsky durch seine Stellung im Hofkriegsrat bezw. der kurfürstlichen Kriegsdeputation teilnahm, und zu sogenannten vermischten Staatskonferenzen, denen er auch beizuwohnen hatte.

In einer Staatskonferenz saß der Kurfürst in voller Uniform in einem Armsessel (Fauteuil) oben am Tisch. Seine Funktion als oberster Wahrer des Friedens nach innen und außen symbolisierte er dadurch, daß er auch Stock und Degen mitbrachte. Auf Stühlen mit hohen Lehnen saßen links und rechts von ihm die Staatsminister, auf Stühlen mit nur bis an den halben Rücken reichenden Lehnen die Präsidenten der Kollegien und die Geheimen Räte, auf Stühlen ohne Lehnen, also auf sogenannten Tamboureten die zu dieser Sitzung besonders aufgeforderten Räte aus den Kollegien. Der Konferenzsekretär saß auf einer solchen Tambourete am untersten Platz des Tisches. Da es Karl Theodor 1779 nicht gelungen war, eine Ministerialverfassung in seinem Sinn einzuführen, richtete er sich nach den Rangstufen der Kollegien und ließ diese auch durch die Sitzgelegenheiten zum Ausdruck bringen. Es ist bis jetzt nicht geklärt, seit wann dieses symbolische Verfahren eingeführt war. In den Protokollen über die Sitzungen findet sich naturgemäß nichts darüber. Von dem Sitzungsteilnehmer Lipowsky wissen wir auch genau das Verfahren in der Sitzung: Der Kurfürst hatte die Konferenzgegenstände geschrieben vor sich liegen und benannte den vorzutragenden Gegenstand. Darauf erhob sich der betreffende Referent von seinem Stuhle, machte eine tiefe Verbeugung gegen den Kurfürsten und fing stehend an vorzutragen. Dabei begann er mit der Anrede „*Euere Kurfürstliche Durchlaucht.*" Sobald der Kurfürst mit der Hand winkte, ließ sich der Referent auf seinen Stuhl nieder und proponierte sitzend fort. Hatte der Referent seinen Vortrag geendet, so fragte der Kurfürst die Mitglieder der Konferenz nach der sie treffenden Ordnung um ihre Meinung. Als sie sich geäußert hatten, äußerte er gegebenenfalls seine Bedenken oder machte Einwürfe, „*um gründlich den Gegenstand zu erwägen*", wie Lipowsky sagt. Er stellte auch an den Referenten Fragen, machte demselben Einwürfe und ließ Produkte aus den Akten oder

„sonst" (sonstigem Material) vorlegen. Dann stellte er wieder Umfragen und gab sich alle Mühe, die Sache zu erschöpfen und gründlich zu erwägen. Endlich sprach er: *„So will ich's haben!"* und sprach seine Entschließung bestimmt und umständlich aus. Sowohl der Konferenzsekretär als auch der Referent notierten seine Entschließungen sogleich wörtlich. Sie hatten ihre Niederschriften miteinander zu vergleichen, damit der Wille des Kurfürsten richtig in das Protokoll eingetragen werde. Manchmal, besonders in sehr wichtigen Staatsangelegenheiten, entschied der Kurfürst nicht auf der Stelle, sondern befahl: *„Den Akt in mein Kabinett! Die Entschließung wird folgen"*. Der Referent ordnete dann die Akten, band sie zusammen und legte sie auf einen hierfür bestimmten Seitentisch.

Karl Theodor, Thompson und Kreittmayr

Viel kam darauf an, welche Männer Karl Theodor zur Information oder zur Mitarbeit heranzog. In München hatte er dazu auch eine außergewöhnliche Persönlichkeit, Benjamin Thompson, zur Verfügung. Da die Bürger und die ohne Bürgerrecht als Einwohner in München lebenden Menschen in ihm den Mitarbeiter an vielen Reformen des Landesherrn sahen, verschiedene auch als Urheber unerwünschter Reformen fürchteten, wurde er auch für die Münchner Mittelpunkt verschiedener Überlegungen. Als der Handelsmann Franz Xaver von Sauer eine Adresse des Dankes für die Wohltaten des Kurfürsten mitbearbeitete, der Stadtmagistrat dieses ihm unbekannte Vorhaben aufgriff, war bereits im Januar 1790 Thompson von mehreren Bürgern gebeten worden, Karl Theodors Erlaubnis zur Überreichung dieser Dankadresse zu erwirken. Im Juli kam es über der vom Magistrat aufgegriffenen Dankadresse zum Streit. Der Magistrat fand die Dankadresse unzeitig und voreilig, die Art, *„wie sie ausgeführt werden soll"* für *„unzulässig und gefährlich"*, die Mittel, *„wodurch sie erzielt wurde, für herabsetzend für den Regenten und den Bürger"*. Da der Magistrat am 28. Juli eine *„abgedrungene Aufklärung für die Bürgerschaft und das Publikum..."* drucken ließ, forderte Karl Theodor in einem von Kreittmayr mit dem Sicht-Vermerk (Vidit-Vermerk) gegengezeichnetem Schreiben am 31. Juli über die beigegebene Vorstellung schriftliche Antwort auf seine Fragen über das Votum des Magistrats. Karl Theodors Gestaltung der Militärakademie zum allgemeinen Nationalwohl wurde darin zwar anerkannt, doch wurden *Beschwerden wegen der Steuer, der Dienstleistungen*, unter anderem auch durch *Naturalquartiere* vorgebracht. Vor allem aber richtete sich geradezu ein Haß der Handwerksmeister gegen die Hofschutzverwandten, darunter diejenigen *Hof-Handwerker*, die zwar keine Gesellen halten durften,

Stimmung in Bayern

aber wegen ihrer Leistungen sehr begehrt waren. In der Beschwerdeschrift werden solche freilich als Pfuschereien abgetan. Die vom Kurfürsten zugelassenen Verehelichungen der *„gemeinen Soldaten"* und ihre Sprößlinge würden eine übergroße Zahl ausmachen. Die Hofschutzverwandten sollten zu den allgemeinen Lasten beitragen. (Wer unter der Jurisdiktion des Hofes stand, war ja nicht auf eine Wohnung in der Stadt angewiesen und konnte von ihr nicht besteuert werden). Außerdem gäbe es in München wenigstens *60 Kaffeeschänken und ungleich mehr Bierschänken*, die nicht von der Stadt besteuert werden könnten. Freilich schloß die Beschwerde mit einer Versicherung der Loyalität: *„Wenngleich in der merkwürdigen Epoche dieses Jahrhunderts ganze Nationen mit aufrührerischer Hand ihre Verfassung erschüttern und sich mit dem teuern Blut ihrer Mitbürger neue Gesetze, neue Regierungen zu erkaufen suchen, so wird doch der Baier, gewöhnt, nicht mit Despotismus, sondern mit väterlicher Hand beherrscht und geleitet zu werden, immer für seinen Regenten aufrecht stehen, die über die Regierungsart ihm aufstoßenden Beschwerden zwar mit biederer Offenherzigkeit rügen, niemal aber eigenmächtig sich Recht verschaffen."*

Nicht nur Karl Theodor, auch Thompson war verschiedenen Mitgliedern des Münchner Magistrats und mehreren Landschafts-Verordneten unerwünscht. Es wurde sogar behauptet, die Beschwerde an den Kurfürsten habe den Zweck, den General Thompson zu stürzen[345]. 1790/91 zeigte sich auch, daß bei Karl Theodor die Vorstellung vom Untertanengehorsam stärker entwickelt war, als man bei seiner Einstellung erwarten möchte. Im allgemeinen kam er von sich aus gerne auch nicht geäußerten Bedürfnissen entgegen und scheute sich vor harten, aber in der Zeit üblichen Maßnahmen wie Todesurteilen. Bei Zitierung etwa des Gesetzes gegen Jagdfrevel muß an *Akten* etwaiger Einzelfälle geprüft werden, inwieweit seine Bestimmungen angewendet wurden. Thompsons Zusammenwirken mit Karl Theodor zur Behebung sozialer Not und zur Stabilisierung einer innerlich mitgetragenen Ordnung muß in Zusammenhang mit der Deputation für das *Armeninstitut* gesehen werden, das Karl Theodor durch Reskript vom 1. Dezember 1789 ins Leben gerufen hatte. Diese neue Behörde setzte der Landesherr *aus den drei Präsidenten von Spitzenbehörden* zusammen, nämlich dem Präsidenten des Hofkriegsrates, der wie die Geheime Konferenz allen Landesregierungen in München, Mannheim usw. übergeordnet war, aus dem Präsidenten der für Bayern bestimmten Oberen Landesregierung und dem des Geistlichen Rates. Dieser Armeninstituts-Deputation wurden Räte und Assessoren aus geistlichem und weltlichem Stande und

Das Armeninstitut, gebildet aus drei Präsidenten von Spitzenbehörden

ein Sekretär und Rechnungsführer und zwei Kanzlisten beigegeben. Alle Mitglieder der Deputation bezogen für ihre Dienste *kein Gehalt* oder irgend eine Remuneration. Der Sekretär und die beiden Kanzlisten bezogen ihr Monatsgehalt vom Hofkriegszahlamt[346].

Armenpflege

Der Landesherr Karl Theodor hatte als Stadtherr für die *Armenpflege* zu sorgen[347] und ging hier weiter, als es dem Magistrat und den Zünften erwünscht war. Denn er ließ mit Hilfe seiner militärischen und zivilen Exekutive am 1. Januar 1790 alle Personen, die als Bettler und als Arbeitsfähige ohne Arbeit angetroffen worden waren, sogenannte Müßiggänger, *„mit aller Artigkeit"* nach dem städtischen Rathaus bringen und vor eine Kommission stellen, welche diese Personen je nach ihrer Lebenslage *„beauftragte"*, sich durch Arbeit mit den Händen in einem militärischen Arbeitshaus „ehrlich zu ernähren" oder, wenn es um Personen von hohem Alter oder mit Gebrechen ging, diesen sogleich ein sogenanntes halbes oder ganzes Almosen zuzuweisen. Diese waren bestimmte Geldbeträge, deren Verteilung Karl Theodor schon durch Dekret vom 26. Januar 1781 mit Hilfe seiner Oberen Landesregierung, des Geistlichen Rates, der Hofkammer, aber auch des Stadtmagistrats geordnet hatte[348]. Er hatte auch damals bereits angeordnet, daß vor allem auf jene Armen Bedacht genommen werde, welche infolge ihres Alters oder durch Krankheit oder durch einen sonstigen Umstand nichts erwerben können. Schon damals hatte er auch befohlen, daß dagegen jene, welche durch Handarbeit *„oder sonst noch einigen Zufluß haben"*, mit geringerem Almosen und einem bloßen Nahrungsbetrag zufriedengestellt werden sollten. Wie seine Vorgänger hatte er auch 1781 erneut bestimmt, daß Fremde, d. h. Nicht-Bayern, nach den bisherigen Mandaten behandelt werden mußten. Sie sollten aus Bayern in ihre Heimat weggeschafft werden. Die Quellen der Unterstützung bestanden nach Karl Theodors Feststellungen im Dekret von 1781 in dem, was sein Hof-Elemosinar aus dem *„gemeinen Almosen-Quantum"* zur Verfügung stellen konnte, ferner, was verschiedene christliche Institute gaben wie der *„Liebesbund"*, das *„Armen-Säckel"*, das *„Reiche Almosen"*. Schon 1781 hatte er bestimmt, daß in wichtigen Fällen oder solchen, die Bedenken hervorriefen, bei ihm selbst mit Hilfe eines Gutachtens angefragt werden solle. Die neugeschaffene Obere Landesregierung sollte stets und sogleich von kurzer Hand vorgetragene Fälle der Armen-Deputation zuweisen, und zwar durch ihre eigene Kanzlei, da Karl Theodor offenbar Verschleppung durch andere Kanzleien fürchtete. Die Almosen-Deputation war 1781 längst vor der Armeninstituts-Deputation vom Kurfürsten eingesetzt worden. Er kümmerte sich in diesem Zusammenhang auch um das sogenannte große oder kleine Bürgerrecht[349].

Militärische Arbeitshäuser in München, Mannheim und Düsseldorf

Militärische Arbeitshäuser hatte Karl Theodor in *München, Mannheim und Düsseldorf*. Die dort beschäftigten Personen hatten für die Soldaten leinene Hemden, Ausstattung mit Leder, überhaupt Monturstücke, Patronentaschen usw. herzustellen. Es waren also keine Anstalten, in denen militärischer Dienst zu leisten war. Mit der Tätigkeit dort Beauftragte hatten auch für die Verpflegung der in der Nachbarschaft liegenden Truppen zu sorgen. Das besondere Ziel war, daß jedermann, vorzüglich *arme Bürger durch Arbeit* aller Art *einen Verdienst* hatten. *Arme Kinder* konnten dort durch Zupfen und Sortieren von Wolle oder andere ihnen angemessene Arbeiten täglich drei bis fünf Kreuzer erwerben und wurden dort unentgeltlich im Lesen und Schreiben, im Rechnen, Stricken, Spinnen und Nähen unterrichtet. Arme und kranke Personen wurden in den Militärarbeitshäusern unentgeltlich gespeist, die Arbeiter selbst erhielten gegen eine sehr geringe Zahlung täglich *„eine nahrhafte und gesunde Kost“*[350]. Dem Kurfürsten kam es darauf an, gerade die Kreise, die wirklich arm waren, unter Umständen Hunger litten, zu erfassen. Thompson (1792 Graf Rumford) schrieb ihm für dieses Ziel die Abhandlung „*Über die Auswahl und Zubereitung von Speisen, insbesondere für die Armen.*“ Die aufgrund dieser Vorschläge hergestellte „*Rumfordsuppe*“ bestand aus Perlgraupen, Erbsen, Kartoffeln, Weizenbrot, Salz, Bieressig und Wasser[351].

Karl Theodor besucht Militärische Arbeitshäuser, Fabriken, Spinnereien, Webereien

Als *der Kurfürst* mit 15 000 Gulden das militärische Arbeitshaus in der Au bei München instand gesetzt und mit den nötigen Maschinen, Werkstühlen, dem Handwerkszeug eingerichtet hatte, *besichtigte* er es selbst in Begleitung seines Oberststallmeisters und Ministers Grafen (seit 1790) Matthäus von Vieregg, also einer ihm seit der Jugend wohlvertrauten Persönlichkeit, und einiger Kavaliere. Als er ankam, wurde er nicht nur von den Kommissaren des Hauses wie dem Hofkriegsrat und Oberst Freiherrn Jakob von Thiboust usw., sondern auch von den Arbeitern und den dort verpflegten Armen begrüßt. Er *ehrte die Arbeit dort*, indem er, natürlich zugleich auch aus eigenem Interesse daran, in dem ganzen *„Fabrikgebäude“* herumging, sich die Flachs- und Wollspinnereien, die Tuchwebereien usw., die Leinenweberei, die Färberei, die Sattel- und die Lederkammer usw. besah und darauf auch immer wieder seine Zufriedenheit zum Ausdruck brachte.

Er veranlaßte auch, daß zur Aufsicht über die getroffenen Einrichtungen und zur Unterstützung der armen und kranken Personen

Ärztliche Soforthilfe in den Stadtvierteln Münchens und außerhalb

sowohl *in den Münchner Stadtvierteln* wie in den Bezirken außerhalb *eine ärztliche Soforthilfe* eingerichtet wurde, beauftragte Kommissare mit der Durchführung und gab den Ärzten und Apothekern am 11. März 1790 eine besondere, auch im Druck erreichbare Instruktion.

Der neue Kaiser Leopold II., eine schon in der Toskana als klug und umsichtig bewährte Herrscherpersönlichkeit, und König Friedrich Wilhelm II. von Preußen verstanden von der politischen Psychologie weniger als Karl Theodor, der weder den Verlust seiner Rechte im Elsaß 1789 tragisch nahm noch auf bloße militärische Erfolge gegen die französischen Revolutionstruppen vertraute. Als der Kaiser und der König von Preußen erklärten, daß die Herstellung der Ordnung und der Monarchie ganz Europa interessiere, und alle Mächte zur gemeinsamen moralischen Einwirkung auf Frankreich einluden, falls Frankreich aber das nicht beachte, die anderen Mächte zu einem aktiven Eingreifen aufforderten, blieb Karl Theodor neutral. Er wahrte aber Festigkeit und Würde, als die französische Nationalversammlung strittige Rechte im Pfälzer Oberamt Germersheim finanziell ablösen wollte. Das lehnte er ab. Freilich entschied sich der Reichstag in Regensburg am 23. Februar 1792 zugunsten Frankreichs. Karl Theodor *nahm französische Emigranten in seinen Staaten* auf, verbot ihnen aber Herausforderungen ihres Heimatstaates. Das Ansinnen der französischen Nationalversammlung, sie des Landes zu verweisen, aber lehnte er eindeutig ab. Der Tod Leopolds II. schon am 1. März 1792 lud dem Kurfürsten von Pfalz-Bayern erneut die Aufgabe des *Reichsverwesers* bis zur Wahl des Kaisers Franz II. am 5. Juli 1792 auf. Nach außen schien sie ihm nur durch Abwarten lösbar. Er sah nämlich in der Revolution in Frankreich aus der geographischen Lage seiner Staaten den Ausbruch eines feuerspeienden Berges – und versuchte abzuwarten, bis die Lava erkaltete. An den Grenzen seines Gebietes ließ er Tafeln errichten „*Pfälzisch-neutrales Gebiet*". Doch nicht immer kümmerten sich die französischen Haufen darum[352)].

Karl Theodor 1792 abermals Reichsvikar (Reichsverweser)–Das von ihm entwickelte Reichsvikariatsgericht

Wie 1790 hatte Karl Theodor das *Reichsvikariatsgericht* einzurichten, das die Gerichtsbarkeit des erloschenen Reichshofrats fortsetzte. Die institutionell entstehende Rivalität zwischen seinem Präsidenten des Reichsvikariats-Hofgerichts und seinem Reichsvizekanzler, der seit 1660 vom Kurfürsten von Mainz als Reichskanzler ernannt worden war[353)], führte den Reichsvikar Karl Theodor zu der Überlegung, einen *Kanzler* auch für sich als Reichsvikar zu bestellen. Das wünschte aber sein Präsident des Reichsvikariats-Hofgerichts nicht[354)], der dann lieber selbst zugleich als Reichsvizekanzler fungierte. 1792 zog Karl Theodor auch einen Fiskal zum Reichsvikariats-Hofgericht zu. Der Präsident des Reichsvikariats-Hofgerichts mußte aber nun auch als Reichsvizekanzler tätig werden. Er leitete und beaufsichtigte in seiner Person das Reichsvikariats-Hofgericht und beanspruchte von seinen Untergebenen Gehorsam.

Karl Theodor erließ am 19. Juli 1792 auch eine Instruktion für diese Instanzen, obwohl Franz II. bereits am 5. Juli 1792 gewählt worden war. Sämtliche Angehörige des Reichsvikariatsgerichts wurden 1792 von der bayerischen Hofkammer über das Hofzahlamt mit ihren Gehältern ausgestattet.

Karl Theodor ließ sich 1790 und 1792 vom Reichsvikariatsgerichtskanzler, der zugleich sein bayerischer Staatskanzler und Konferenzminister war, die vorbereiteten Fälle der Staatsangelegenheiten und der Gnadensachen unter Vorlage des Aktenvorganges unterbreiten und entschied sie persönlich. Sein Entscheid war durch eine Notiz festgehalten, wurde von der Kanzlei als Konzept niedergeschrieben und von einem Beamten kollationiert, der durch einen Vermerk bestätigte, daß er das Schriftstück durchgelesen habe. Die so zu Papier gebrachte Entscheidung des Reichsverwesers las der mit seinem Namen unterzeichnende Kanzler durch, bevor Karl Theodor als Reichsvikar unterschrieb. Auch die wichtigen Reichs-Lehensachen und Justizsachen entschied er selbst.

Karl Theodors Vikariatssiegel war nur mehr wie das Pfälzer Wappen durch eine Spitze dreigeteilt, enthielt wie dieses heraldisch rechts den Pfälzer Löwen, heraldisch links die bayerischen Rauten, in der Spitze aber statt der Kurpfälzer Damaszierung den kurbayerischen Reichsapfel[355].

Der Kurfürst machte auch 1792 von seinem Recht als Reichsverweser durch Erhebungen in den Adel Gebrauch, erhob u. a. Thompson zum Grafen von Rumford. Dessen Reformen brachten diesen zum Leidwesen Karl Theodors in Konflikte mit der Stadt München, so daß er 1795/96 nach England und Irland ging. Trotz zweifellos weitgehender innerer Reformpolitik auch in Kurbayern hatte Karl Theodor gegen den Gruppen-Egoismus nicht immer Erfolg. *Gegen den Stadtrat* von München ging er deshalb 1791 mit der *Strafe des Kniefalls vor seinem Bilde* vor, die es im Prinzip auch noch im früheren 19. Jahrhundert gab[356] und aus ihrer Anwendung heraus noch zu dieser Zeit zu beurteilen ist. Karl Theodor war am Tage der Bestrafung nicht in München. Der Kniefall

Karl Theodor bestraft den Gruppenegoismus im Münchener Stadtrat

vor dem Bild wurde von ihm selbst als Strafe für Majestätsbeleidigung und Hochverrat angesehen[357].

1792 stand an der Spitze seines Ministeriums Graf Franz A. L. von Oberndorff, Kanzler und Minister war Freiherr Friedrich von Hertling, Staatsräte und Geheime Referendare Freiherr Johann Georg von Stenzel, Freiherr Johann Caspar von „Cunzmann", der auch kurpfälzischer Lehenprobst war und an der Spitze der Regierung in Neuburg als deren „Vizekanzler" stand. In Sulzbach war Graf Karl Theodor von Bettschart Geheimer Konferenzreferendar (zugleich in Neuburg) und Landrichter, sein Gerichtsadministrator Johann Michael Bedall, zugleich Vorstand der Simultanischen Religions- und Kirchendeputation.

Fünfzigjähriges Regierungsjubiläum Karl Theodors 1792

Ende des Jahres 1792 feierten alle Städte, Märkte und Dörfer in Karl Theodors Landen dessen *fünfzigjähriges Regierungsjubiläum.* In den Kirchen wurden Gottesdienste gehalten und um Segen für ihn gebetet. Sein voraussichtlicher Nachfolger, Karl II. August von Zweibrücken, erschien in München, um persönlich zu gratulieren und wurde von ihm sehr liebevoll aufgenommen[358]. Im Hoftheater wurde ein allegorisches Ballett „Die Ankunft des Jupiter im Olymp" aufgeführt. Karl Theodor hatte noch in diesem Jahre *Bayern etwas vergrößert: Er kaufte 1792 Stadt und Herrschaft Parsberg* von Graf Eugen Erwein von Schönborn und erwarb dazu die dabei gelegene *Reichsherrschaft Breitenbrunn,* die Allodialrechte der *Herrschaft Breitenegg* vom Freiherrn von Gumppenberg, die als Reichslehen schon 1724 erworben worden war. Er ergänzte dadurch seine 1782/85 gelungene *endgültige Erwerbung der Stadt Donauwörth.* Es war noch im Frieden, daß vor allem die Kurpfälzer Bevölkerung das Regierungsjubiläum beging, das in der Hauptstadt Mannheim besonders gefeiert wurde. Er hat auch für seine Bibliothek dort, die öffentlich zugänglich war, immer weitere Schätze erworben. Dazu kam, daß schon damals viele Klöster aus Angst vor einer Säkularisation ihre Bücher verkauften. Karl Theodor erwarb seit 1779 immer größere Mengen von Handschriften, da sich das für ihn und andere Interessenten damals immer mehr ergab[359].

Vergrößerung Bayerns

Der Kurfürst selbst arbeitete zusammen mit Rumford an der *Behebung sozialer Nöte weiter.* Es war Rumford, der einen Sparofen erfand, den Anbau von Kartoffeln verbreitete und für Arme auch daraus eine nahrhafte Suppe (Rumfordsuppe) bereiten ließ (s. oben S. 295).

Agrarreformen

Am 28. September 1793 ermunterte Karl Theodor durch Belohnungen zum *Anbau von Klee und Futterkräutern auf Brachfeldern* und bemühte sich weiter um die *Hebung der Bienenzucht*[360].

Pfälzer Bauernsöhne in Karlsfeld, Karlskron und Stengelheim

In diese Jahre fällt auch seine verstärkte Bemühung zur *Trockenlegung des Donaumooses und zur Ansiedlung von nachgeborenen Pfälzer Bauernsöhnen etwa in Karlsfeld, Karlskron und Stengelheim* (nach Stephan von Stengel benannt)[361] (s. auch oben S. 276).

Die Hof- und Kammerordnung von 1794

Die von bestimmten Gesellschaftskreisen betonten Grenzen zwischen Hof und Bevölkerung baute er dadurch ab, daß er auch den Nymphenburger Park der Öffentlichkeit zugänglich machte, vor allem aber am *6. Juni 1794 eine kurpfalz-bayerische Hof- und Kammer-Ordnung* erließ und mehrmals im Druck verbreitete. Er begründete sie damit, daß trotz der Verordnungen seines Vorgängers vom 2. Januar 1769 mit einem Nachtrag vom 7. März 1771 bei Hof sich eine derartige *„widrige Ordnung“* eingeschlichen habe, daß dadurch das Ansehen des Hofes sehr beträchtlich herabgesetzt würde.

Karl Theodor hatte *Hof- und Behördenpersonal* von Mannheim nach München mitgenommen. Er konnte sich bei seinen Reformen darauf stützen, daß Max III. die Instruktion vom 1. Januar 1596 für den Hofmarschall[362] wesentlich eingeschränkt hatte. Denn dort hatte es geheißen: Wer vom Hofgesinde eine Straftat begehe, die kein Malefiz-Verbrechen sei, also keine Tat, die ein Todesurteil erforderte, sei der Jurisdiktion des Obersten Hofmarschalls unterworfen. Bei einem Malefiz-Verbrechen sollte der Täter vom Obersthofmarschall dem Obersthofmeister zur Verhörung namhaft gemacht werden. Max III. beschränkte am 9. April 1745 den Obersthofmarschall auf die Niedergerichtsbarkeit ohne die Pflicht, dem Obersthofmeister Malefiztäter zum Verhör zu melden, 1769 minderte er seine Funktion gegenüber dem Oberstküchenmeister aus dem Adel. Karl Theodor unterstellte, da er grundsätzlich zur Regierung von München aus verpflichtet war, dem Obersthofmarschall in München auch das Personal des Mannheimer Hofmarschalls. Eine systematische aktenkundliche Untersuchung der Protokolle der Geheimen Konferenzen und der Hofstabsakten, vor allem unter Max III. und Karl Theodor, ist noch nicht versucht worden. Deshalb kann z. Zt. nur an einzelnen Vorfällen geklärt werden, was beide Kurfürsten zu einer gerechteren Gestaltung der Lebensverhältnisse ihrer Untertanen in all diesen Bereichen taten. Die Probleme der Hofstäbe durchschaute Karl Theodor kritisch.

Seine erneuerte Hofordnung wurde durch den 1797 erschienenen Band der von Karl Meyr und Kreittmayr veranstalteten Generaliensammlung[363] allen Behörden und der Öffentlichkeit auch in der Weise mitgeteilt, daß sich alle darauf jederzeit beziehen konnten.

Die Funktion der Hofstäbe in Karl Theodors Vorzimmern, bei Audienzen, Hoffesten in der Stadt; die Tätigkeit der Kammer- und Edelknaben

Der 1794 siebzigjährige Landesherr wußte, daß nach dem Mord an dem König von Frankreich und seit den blutigen Terrorwellen der Jakobiner es erneut darum ging, echte Not und gefährliche Intrigen durch durchdachte Maßnahmen abzustellen. Sein Alter hinderte ihn, auf Dienstleistungen zu verzichten, an die er sich ein Leben lang gewöhnt hatte. So schärfte er ein, daß der *Oberstkämmerer* die vorgesetzte Obrigkeit für alle Bediensteten sein sollte, daß sich niemand in seinem Kabinett und Schlafzimmer aufhalten dürfe, sondern in dem daran anstoßenden nächsten Vorzimmer zu warten habe, bis er rufe oder ein Zeichen gebe. Nur die Dienste bei seinem An- und Auskleiden hatten so verrichtet zu werden, daß er nicht eigens rufen mußte. Entsprechend sollten sonstige Diensterfordernisse erfüllt werden. *In den Vorzimmern* des von ihm bewohnten Appartements durften sich nur auswärtige Fürsten oder Fürsten und Prinzen in seinem eigenen Dienst sowie die (Hof-) Stabs- und Konferenzminister, außerdem die bei ihm beglaubigten Diplomaten und der Obersthofmeister und Oberststallmeister der Kurfürstin aufhalten. Beim Eintritt in die kurfürstliche Antekammer hatten Reichsgrafen aus regierenden Häusern, kaiserliche Geheimräte und kurfürstliche Geheimräte den Vortritt vor Generalen. Ähnlich war die Reihenfolge bei der Einfahrt in die kurfürstliche Residenz geregelt. Die gründlich ausgearbeitete Liste der übrigen Personen umfaßte auch den Großalmosenier, die Intendanten für Musik und Hoffeste, die Präsidenten und Vizepräsidenten der höchsten Gerichtsstellen und Kollegien, die Spitzenbeamten der kurfürstlichen Regierungen in Landshut usw., die Statthalter von Amberg und Ingolstadt, die „*Gouverneurs*" von Mannheim und Düsseldorf, erst nach ihnen den Generalfeldmarschall und die Generäte. Nur die beiden Kapitäne der kurfürstlichen Leibgarde, ihre Leutnants, ihr Kornett und Fähnrich hatten unmittelbar nach dem Obersthofmeister und Oberststallmeister der Kurfürstin Zutritt. Die Ordnung wurde deshalb so sehr fixiert, damit nicht Kämmerer oder Kammerdiener fremde Memoralien annähmen und dem Kurfürsten übergaben oder die Fürsprache für andere übernähmen. Doch bleibe unverwehrt, den Kurfürsten wegen *mühselig bedrängter Personen oder sonstiger drängender Umstände wegen* zu erinnern. Nur bei Gefahr im Verzug dürfe außer den Ministern und Räten, die zum Referieren kamen, jemand vorgelassen werden. Alle, die eine *Audienz* erbitten wollten, hatten sich an den Oberstkämmerer zu wenden, der dann die im Wochendienst stehenden Kämmerer anweisen werde. Wenn der *Kurfürst aber in offizieller Begleitung in der Stadt* sei oder über einen Rundgang zu einer Veranstaltung gehe, sollten die dazu bestimmten Personen des Gefolges erscheinen. Begebe sich der Kurfürst öffentlich bei einem *Hoffest in die Straßen der Stadt*, so haben alle Minister, Kämmerer, Geheimräte, Truchsessen und Räte usw. zu erscheinen. Besonders wendet sich Karl Theodor gegen die große Unehrerbietigkeit bei den *Gottesdiensten in der kurfürstlichen Hofkapelle*. Zwei Hartschiere haben darauf zu sehen, *„daß alles ohne Geschwätz“* mit gebührender Andacht und Ehrerbietung abgehe und haben nicht zur Hofkapelle während des Gottesdienstes zugelassene Personen abzuhalten. Ähnliche Bestimmungen traf der Kurfürst für die sogenannten *Schönen Zimmer*, wenn die kurfürstliche Familie darin das *Spielzimmer* benütze. Der Kammerportier hat für die Spieltische, Karten und für die Beleuchtung zu sorgen. Kammer- und Edelknaben reichen den *„höchsten Herrschaften“* die Erfrischungen. Dagegen hatten zu den Hofakademien alle *„distinquierten“* Personen Zutritt. Beim Betreten des *Akademiesaales* galten bezüglich der Kleidung entsprechende Vorschriften. Das Tragen von Sporen bei solchen Gelegenheiten war Offizieren nur der Kavallerie-, nicht der Infanterieregimenter gestattet und auf Stabsoffiziere und Generalstab und einige andere beschränkt – wohl im Hinblick auch auf die dabei entstehenden *Geräusche* und *die notwendige Bodenpflege*. Wenn der Kurfürst ausdrücklich anordnete, daß die diensttuenden Kämmerer und diejenigen, die Kirchendienste tun oder Speisen tragen, in Schuhen und Strümpfen ihre Arbeit zu verrichten haben, läßt das darauf schließen, daß zu dieser Vorschrift ein Anlaß gegeben war.

Das Personal an seinen Höfen in München, Neuburg, Sulzbach, Mannheim und Düsseldorf darf man nicht nur zusammenzählen, wie das W. Schreiber[364)] anhand der Hofkalender von 1783 an tat, sondern muß es *in seiner gesellschaftlich-staatlichen Funktion* dieser Residenzstädte werten. Karl Theodor selbst ließ vor 1790 und in diesem Jahr Verzeichnisse des Personals aufstellen, das unter dem Obersthofmeister, dem Obersthofmarschall, dem Oberststallmeister und unter dem Oberstjägermeister stand[365)]. Ebenso ließ er das dem Obersthofmeister in der Residenz Nymphenburg, in Schloß Schleißheim, in Schloß Fürstenried unterstellte Personal verzeichnen, außerdem das diesem Stab untergebene Personal der Hautelissemanufaktur, das Personal des landesherrlichen Bauamtes, der Hofkapelle, des Herzogspitals, des Josephsspitals und des Hofkrankenhauses. Die Akten über die Hofmusik- und Theaterintendanz seines Vorgängers, auch über die geistliche Musik in der Hofkapelle ließ er bis mindestens 1797 fortführen. Durch ein Promemoria wurde er über Art und Inhalt der Urteile des Hofgerichts gegen Untergebene des kurfürstlichen Hofstaates in der kritischen Zeit von 1794/95 orientiert. Auch im Rahmen des Hofpfarrsprengels ließ er sich Listen über den Hofstaat 1790 bis 1794 aufstellen. Denn es war ihm sehr daran gelegen, daß eben damals der Boden der kirchlichen Grundsätze nicht verlassen wurde.

Beseitigung der Vorrechte der Altmünchner Bürgerfamilien

Die schon (S. 259, 261) erwähnte Errichtung eines Hofbistums und Einsetzung eines Großelemosinars standen im Zusammenhang damit, daß er 1795 die Vorrechte der Altmünchner Bürgerfamilien[365a)] vor den Vorstädten durch eine gewaltsame Änderung der *Stadtverfassung* beseitigte und im Jahr 1794 die neue Hofordnung (s. S. 299ff.) gab.

Die *Problematik von Hof und Staat* aus dem 16. Jahrhundert war zweifellos in der Zeit Karl Theodors größer geworden. Wenn sich auch die Höfe von West- und Mitteleuropa seit dem Ausgang des Mittelalters an dem glänzenden Vorbild des Hofes der Burgunder Herzoge orientiert hatten, so waren doch auch bereits im 16. Jahrhundert dem Herzog Wilhelm V. dem Frommen von Bayern die seit seinem Großvater Wilhelm IV. einsetzende Vergrößerung des Hofes und die verschiedene Qualität der auftretenden Personen aus einer ihm von seinem späteren Hofmeister Ottheinrich von Schwarzenberg angeführten Tatsache ersichtlich: Es wurden Leute *„ohne Ansehen ihrer Fähigkeiten am Hofe"* angestellt. Daher kommen nach Schwarzenbergs Ansicht alle Unordnungen und Konfusionen, *„so an allen, sonderlich unseren Teutschen Höfen im Schwange"* gehen. Doch konnte bereits Schwarzenberg auch eine gegenläufige Entwicklung feststellen, die sich später in der Geheimen Konferenz förmlich seit 1726 ausdrückte und von Max III. und Karl Theodor durch Protokolle der Geheimen Konferenzen festgehalten wurde: Schwarzenberg führte dem Herzog Wilhelm V. aus, daß der *oberste Hofmeister* das rechte Faktotum und der Regierer all dessen sein solle, was geschehe. Deshalb solle er auch Geheimer *„und intimus"* Rat heißen und im *Geheimen Rat des Herzogs* dirigieren und anordnen. Natürlich übertrieb dabei Schwarzenberg seine eigene Bedeutung gegenüber dem ängstlich werdenden Herzog.

Hof und Staat in den Ländern Karl Theodors

Die vier bis sechs Räte der Geheimen Konferenz in Kurbayern zwischen 1726 und 1799 arbeiteten und entschieden nur im Zusammenwirken mit Karl Albrecht, Max III. und Karl Theodor. Eine Abwesenheit des Landesherrn wurde stets im Protokoll der bayerischen Geheimen Konferenz festgehalten. Ein Geheimer Konferenzrat war sowohl Minister wie Hofbeamter. Der Vertreter des abwesenden Landesherrn war unter Max III. oft der Geheime Ratskanzler von Kreittmayr. Das hing natürlich vor allem mit dessen außerordentlicher Persönlichkeit zusammen, die stets auf alle praktisch erreichbaren Ziele eingestellt war. Das Verfahren seines Nachfolgers ist noch weniger erforscht als die Epoche Max's III. So unsinnig wie die Addition der Personen, die „nur" am Hof tätig waren, mit denjenigen ist, die Hof- und Staatsdienste leisteten, um ein bloßes Hofpersonal zu errechnen, so falsch ist methodisch auch jeder Versuch, die Ausgaben für den Hof auf ein Sechstel der Staatseinnahmen zu beziffern, da ein großer Teil davon zur Finanzierung der „Hof- und Staatsdienste" diente[366].

Bild 54
Kurfürst Karl Theodor

Bild 55
Benjamin Thompson Graf Rumford 1753–1814, Geheimer Staatsrat 1787, Generalmajor 1788

Bild 56
Karlsplatz mit Karlstor in München

Bild 57
Chinesischer Turm im neuen Park (Englischer Garten) in München 1791

IX

Karl Theodors Länder in den Wirren der Revolutionskriege 1792–1797

Karl Theodor und Pfalzgraf Max Joseph von Zweibrücken kennen die geistigen Zeitströmungen

Nicht von ungefähr hatte der Kurfürst von Pfalz-Bayern 1790 und 1792 als Reichsvikar die allgemeinen *Probleme* mit durchdacht, die *durch die Französische Revolution* entstanden waren und 1793 zur Hinrichtung des französischen Königspaares geführt hatten. Aus seiner Korrespondenz mit Voltaire wußte er längst über die neuen Strömungen Bescheid, ähnlich wie aus der mit der russischen Kaiserin Katharina II.[367] Seit der Französischen Revolution nahm sein Briefwechsel mit Katharina noch an thematischem Gewicht zu. *Auch Max Joseph von Zweibrücken* hatte für sich und seine Gattin die bändereiche Ausgabe der *Werke Voltaires* abonniert und wußte infolgedessen auf diesem Gebiete sehr gut Bescheid. Er machte zugleich die Bände zum Geschenk an Wilhelmine Auguste, die sich für die zeitkritische Diskussion mehr interessierte als man bisher wußte. Beide sahen auch *Goethe* 1792 bei sich[368]. Schiller las ihr aus seinen Werken vor.

1793 Reichskrieg gegen Frankreich

Als das revolutionäre Frankreich nach dem Tode Leopolds II. das Reich zwingen wollte, die Bündnisse gegen das neue Frankreich aufzugeben, und das nicht erreichte, erklärte es am 20. April 1792 dem neuen Kaiser Franz II. und dem Reich den Krieg. Franz II. erwiderte darauf im März 1793 mit dem Reichskrieg. Karl Theodor hielt einen solchen für aussichtslos und wollte nicht mittun, zumal die Österreicher seit 1792 die Auslieferung der Festung Jülich verlangten[369]. Außerdem versuchten die Österreicher noch zu Beginn des Feldzuges gegen Frankreich einen Anschlag auf Bayern. Unabhängig von den Maßnahmen aus Wien entschloß sich Karl Theodor 1793 aber auch zum Kampf und betonte in einem Aufruf „*Umsturz der Altäre Gottes und Vernichtung der friedlichen Verfassungen und Rechte ist die Absicht der französischen Nation* ...“. Denn der Nationalkonvent in Paris hatte verschiedene Kurpfälzer Ortschaften in seine Republik aufgenommen. In Erlenbach hatten französische Soldaten und Ortseinwohner die Kurpfälzer Truppen vertrieben. Karl Theodor folgerte daraus in seinem Aufruf, es sei „*edle deutsche Entschlossenheit aller Stände*“ zu freiwilligen, auch zu finanziellen Opfern notwendig. Er stellte sich jetzt auf die Notwendigkeit der militärischen Zusammenarbeit mit dem Kaiser ein[370]; pfalz-bayerische Truppen wirkten 1793 entscheidend mit, Mainz zurückzuerobern, und beteiligten sich an der Erstürmung der Weißenburger Linien und am Gefecht bei Fröschweiler. Im Januar 1794 wies Karl Theodor seinen pfalz-bayerischen Gesandten von Lerchenfeld an, trotz der von seinem Gouverneur Graf Oberndorff in Mannheim geäußerten Bedenken beim *Oberrheinischen Reichskreis* den Antrag zu stellen, angesichts der französischen Mas-

Aufgabe der pfalzbayerischen Neutralitätspolitik

senerhebung alle waffenfähigen Männer vom 16. bis zum 60. Lebensjahr zu den Waffen zu rufen.

Die Ordnung nach außen und nach innen, die ein im Erbgang regierender Fürst zu wahren hat, erfordert, daß er auf sie auch in seinem Testament Rücksicht nimmt. Über ein Testament Karl Theodors läßt sich infolge der Verluste des Geheimen Hausarchivs 1944 nichts mehr sagen.

Die Testamente der Kurfürstin Elisabeth Auguste

Elisabeth Auguste hatte bereits im Sommer 1778 in französischer Sprache eigenhändig ein Testament und ein Kodizill dazu gemacht[371]. Mit ihrem Gatten war sie sich in der Liebe zu den Pfälzern einig. Sie kehrte 1781 aus München nach Mannheim zurück und residierte in Mannheim und in Oggersheim als Pfälzer Landesmutter. Für Bayern wünschte sie, daß Karl August, wenn dort Nachfolger, Lori zum Minister mache. Das geht nur aus einem undatierten Schriftstück hervor, das in einem Teil des Nachlasses des 1786 verstorbenen Freiherrn von Lori lag, der in die Akademie der Wissenschaften in München kam. Demnach hätte Elisabeth Auguste 1781 abermals ein Testament gemacht, in dem sie Karl August zum Erben aller ihrer Güter machte, jedoch forderte, daß er bei einer Regierungsübernahme in München Lori zum Minister mache. Dem späteren König Ludwig I. erzählte eine vormalige Hofdame der Kurfürstin, daß Karl Theodor dieses Testament unterschlagen habe. Das 1936 noch erhalten gewesene Schriftstück trug weder Datum noch Unterschrift, aber die Aufschrift „Inter Vos". Die Aussage der Hofdame macht möglich, daß die Kurfürstin 1781 ein neues Testament machte, ohne das von 1778 zu vernichten. Der seine Frau überlebende Kurfürst konnte ein ihm unerwünschtes Testament von 1781 verbrennen. Natürlich wäre das auch ihr selbst nach Loris Tod möglich gewesen. Dagegen steht aber die Aussage ihrer Hofdame. Elisabeth Augustes Tapferkeit und Energie verließen sie in ihrem nicht gerade glücklichen Leben nie.

Zu ihrem Leidwesen hatte Herzog Christian IV. von Zweibrücken, der morganatisch verheiratet war, nicht zugelassen, daß sie den kleinen Max Joseph, also dessen Neffen, bei sich aufzog. Sein Vater war schon 1767 gestorben, seine Mutter, also Elisabeth Augustes andere Schwester[371a], mußte wegen eines Ehebruchs in einem Kloster in Sulzbach leben. Elisabeth Auguste trat hinter die Rechte des regierenden Herzogs zurück, der seinen möglichen Nachfolger nach seinen Intentionen erziehen lassen wollte. Doch erfüllte sie ihre Pflicht als Gattin eines in sieben Ländern regierenden Fürsten, und zwar mit besonderem Interesse an der Kurpfalz und an den Herzogtümern Jülich und Berg ungeachtet der Tatsache, daß ihr Gatte in früheren Jahren mit anderen Frauen Ehebruch begangen hatte, und verargte ihm nicht seine Fürsorge für deren Kinder. Seit 1768 zog sie sich häufig nach Oggersheim zurück, wo ihr Vater das einst von den Franzosen zerstörte Schloß wiederaufgebaut hatte. Ihr Schwager Friedrich Michael hatte es 1765 von Karl Theodor als Geschenk erhalten, lebte dort aber nur mehr zwei Jahre bis zu seinem Tode. *Elisabeth Auguste* ließ in Oggersheim eine bereits klassizistisch angehauchte Wallfahrtskirche erbauen und durch Paul Egell mit Statuen ausschmücken. 1792 besuchte sie *Max Joseph* (der auch seine nach Sulzbach verbannte Mutter gelegentlich aufsuchte und) ihr auch seinen sechsjährigen Sohn *Ludwig* mitbrachte, der sich später liebevoll an sie erinnerte. An dem Kriegsrat in Mannheim unter Rumford[372] beteiligte sich neben den Generalen die dreiundsiebzigjährige *Kurfürstin Elisabeth Auguste.* Sie war über die Plünderung Oggersheims, ihres Lieblingssitzes, bis zu Tränen erschüttert worden und beklagte auch die nunmehrige finanzielle Not des Zweibrückers Max Joseph. Sie riet ihm, doch bei ihrem Gatten in München, seinem Onkel, noch einmal zu versuchen, finanzielle Unterstützung zu erhalten. Doch dieser kannte die Abneigung Karl Theodors gegen ihn und klagte nur Utzschneider, daß er seit fünf Jahren nichts mehr aus seinem Herrschaftsbereich einnähme. Er hoffe auf die Liebe und das Zutrauen der bayerischen Nation.

Elisabeth Auguste sieht die Familie Max Josephs bei sich, auch dessen sechsjährigen Sohn Ludwig, den späteren König Ludwig I.

Am Geburtstag der Kurfürstin, am 17. Januar 1794, traf er sich mit ihr, ohne daß – zum Bedauern beider – seine hessische Gattin mitkommen konnte. Elisabeth Auguste und Max erwogen alles, um den Untertanen in der Kurpfalz und in Zweibrücken zu helfen. Am 17. August starb die tapfere und ihrer politischen Pflichten stets bewußte mehrfache Landesherrin in Weinheim an der Bergstraße. Sie wurde ohne Zeremoniell in der Karmeliterkirche in Heidelberg beigesetzt. Der Kurfürst, ihr Universalerbe, war sehr niedergeschlagen und weinte ohne Unterlaß. Noch nie hatten ihn seine ältesten Diener vor anderen Tränen vergießen sehen. Immer wieder sagte er: *„Mein Gott, hätte ich sie vor Ihrem Tod nur noch sehen und sprechen können“*[373], doch beseitigte er offenbar ihr Testament von 1781, wie wenigstens ihre Hofdame Gräfin Lodron am 12. November 1832 dem König Ludwig erzählte. Sie formulierte sogar, er habe es unterschlagen. Gräfin Lodron behauptete, die Kurfürstin habe jährlich 1 Million Gulden eingenommen und sehr sparsam gelebt. Außerdem hätte sie sehr viel Glück gehabt, wenn sie vor der Tafel das

Die Kurfürstin Elisabeth Auguste stirbt am 17. August 1794 in Weinheim an der Bergstraße

Das linke Rheinufer 1799

Karl Theodor wünscht keine Feiern zu seinem 70. Geburtstag am 11. Dezember 1794

Spiel Pharao unter Geldeinsatz spielte. Das Testament von 1781 kann jedenfalls heute nicht festgestellt werden.

Die Reichstruppen, die unter General Fürst von Hohenlohe-Ingelfingen unter Deckung ihrer Flanken durch pfalz-bayerische Truppen den Rhein 1794 überschritten, errangen bei Kaiserslautern zusammen mit den übrigen vom Reich aufgebotenen Truppen noch einmal am 20. September 1794 Erfolge. Es waren die letzten auf dem linken Rheinufer bis 1814. Karl Theodor wurde am 11. Dezember 1794 siebzig Jahre alt. Er verzichtete auf besondere Feiern, die sonst an diesem Geburtstag stattgefunden hätten. Zutiefst bewegte ihn das Kriegsschicksal seiner Lande, besonders Mannheims.

Karl Theodor erlebt mit Schmerz das Kriegsschicksal und den treuen Einsatz seiner geliebten Mannheimer

Die französischen Revolutionstruppen hatten die Aufnahme österreichischer Truppen in Mannheim 1793 zum Vorwand genommen, um die linksrheinische Pfalz auszuplündern. Damit begann aber auch für Karl Theodors geliebte Residenz am Rhein eine Tragödie. Oberndorff überzeugte ihn in München, daß es unmöglich sei, die Mannheimer Festungswerke instand zu setzen. So entschloß sich der Kurfürst im September 1794 die auf dem linken Ufer gelegene Rheinschanze den Franzosen zu übergeben. In rührender Aufopferung für ihren Landesherrn boten die Mannheimer Schiffer alles auf und retteten die kostbare Artillerie des Kurfürsten zu einem rechtzeitigen Abzug, wiewohl bereits die Brücke zerstört war.

In Jülich und Berg übertrug Karl Theodor am 30. Oktober 1794 das „Provinzialkommando" Zedtwitz. Dieser vermochte damals die Unruhen in Elberfeld so glücklich zu beendigen, daß die Bevölkerung rief: „Vivat General Graf Zedtwitz". Er reorganisierte auch die dortigen Truppen und sorgte rechtzeitig vor der Übergabe für Neutralität.

Karl Theodor heiratet am 16. Februar 1795 Erzherzogin Marie Leopoldine

Seit 17. September 1794 korrespondierten der Hofstabs- und Konferenzminister Graf von Vieregg sowie der Reichserbtruchseß Graf von Zeil und Trauchburg mit dem Beauftragten des in Mailand residierenden Erzherzogs Ferdinand wegen der Vermählung von dessen zweiter Tochter Marie Leopoldine[374], die im Dezember 1776 in Mailand geboren worden war. Ihr Vater war ein Bruder der Kaiser Joseph II. und Leopold II. und hatte selbst durch seine Ehe mit der Tochter des Herzog Herkules III. von Modena dieses Herzogtum erheiratet. Nachweisbar hatte der österreichische Gesandte Ludwig von Lehrbach in München, der einstige Sondergesandte dort, im Auftrag Wiens mit Karl Theodor darüber gesprochen, daß er nach dem Tode seiner drei Jahre älteren Gattin eine neue Ehe eingehen solle[375]. Bei der Ehe mit einer Erzherzogin konnte Wien ein Erbrecht vor den Wittelsbacher Seitenverwandten geltend zu machen versuchen und verstärkt mit der Behauptung des Heimfalls des Reichslehens Bayern an den Kaiser operieren.

Die haus- und staatsrechtliche Lage der Staaten Karl Theodors wurde nicht nur durch Joseph II., sondern auch durch seine Nachfolger erschwert. Sie tendierten stets zu einer Annexion Bayerns. Der Hausvertrag von 1774[376] zwischen Max III. und Karl Theodor hatte nur allgemein den in den beiden anderen Verträgen eingeschlossenen Hausagnaten die Erbfolge eingeräumt, ohne Linien oder Namen zu nennen Joseph II. und seine Nachfolger hatten den Beitritt des Zweibrückers von 1778 nie reichsrechtlich bestätigt. Kaiser Franz II. bevollmächtigte[377] am 28. Januar 1795 den Grafen Ludwig von Lehrbach zur Unterzeichnung der Verträge über *die Ehe Karl Theodors* mit der Tochter des die österreichische Lombardei in Mailand regierenden Erzherzogs Ferdinand. Der Münchner Hofbischof bestimmte schon am 20. Januar, daß diese Ehe von einem beliebigen Priester und an einem beliebigen Ort eingesegnet werden könnte[378]. Am 5. Februar stellte Marie Leopoldine[379] den für Prinzessinnen üblichen Verzicht unter Zustimmung ihres Vaters aus. Die Eheverträge selbst wurden am 1. Februar geschlossen, der Heiratsbrief an diesem Tag unterzeichnet[330] und von Erzherzog Ferdinand, dem Bruder des Kaisers, in Innsbruck am 14. Februar ratifiziert. Die Hochzeit fand dort am 16. Februar statt.

Auf der Rückreise von Innsbruck über Benediktbeuern in die Residenzstadt hatten die Münchner aus eigener Initiative die Häuser der Straßen beleuchtet, durch die das kurfürstliche Paar kam. Karl Theodor stellte der Gattin als Obersthofmeister den Kämmerer, Geheimen Rat und Generalleutnant Philipp Alexander Reichsgrafen von Vieregg, als Obersthofmeisterin die verwitwete Reichsgräfin Elisabeth von Pappenheim, eine geborene Reichsgräfin von Leiningen-Westerburg und neun Dames du Palais zur Verfügung. Die erste dieser Palastdamen war die Reichsfürstin Walburga von Bretzenheim, eine geborene Prinzessin von Oettingen-Spielberg, die Gattin des zum Fürsten erhobenen Sohnes des Kurfürsten; dessen Schwester Eleonore hatte den Grafen von Leiningen-Billigheim geheiratet. Die junge Kurfürstin stand damit im Kreis der persönlichsten Beziehungen ihres Gatten. Zu ihrer Ehre gab der Generalleutnant der Artillerie, Reichsgraf von Rumford, *ein herrliches Fest im Englischen Garten*. Dazu wurden Lustfahrten auf dem See bei Kleinhesselohe, ein Tanz der neun Musen im Apollo-Tempel und andere Lustbarkeiten veranstaltet. Darunter war eine sogenannte Bauern-

Generalleutnant Rumford gibt für die neue Kurfürstin in München ein Fest im Englischen Garten, den Karl Theodor für die Bevölkerung angelegt hatte

hochzeit, also eine von verschiedenen Personen aus hohen Kreisen fingierte ländliche Hochzeit. Auch ein „*Wettrennen zu Fuß*" wurde geboten. Schließlich wurde am Abend der ganze Englische Garten beleuchtet. Der damals sogenannte Englische Turm wurde mit farbigen Glasglocken in einem derartigen Farbenspiel illuminiert, daß ein damals in München weilender Chinese in seinem Nationalkostüm das kurfürstliche Paar in seiner Muttersprache ansprach, wie Lipowsky[381)] erzählt. Denn er hielt das für ein Fest im Stil seiner Heimat, die damals durch Porzellan und Bauten in Europa sehr beliebt wurde. Das von vielen miterlebte Erscheinen des Chinesen führte zur Benennung des Turmes als Chinesischen Turm. Die Landstände präsentierten ein entsprechendes Geschenk und ließen eine Medaille mit den Brustbildern des Paares prägen[382)]. Karl Theodor hoffte durch seine zweite Ehe zu einem Regierungsnachfolger zu kommen und dadurch die Zweibrücker auszuschließen.

Die französischen Revolutionstruppen verheeren das Herzogtum Zweibrücken und vernichten das von Karl August erbaute Schloß Karlsberg

Der aus Zweibrücken von den Revolutionstruppen vertriebene Herzog *Karl August* wäre bei einem französischen Überfall auf sein Schloß Karlsberg[383)] fast selbst in Kriegsgefangenschaft geraten. Er bezog nun Rohrbach, dann *Mannheim* als Sitz. Er und Max Joseph baten den König Friedrich Wilhelm II. von Preußen um Hilfe. Da Max Josephs hessische Schwiegermutter ihre Enkelin Prinzessin Luise von Mecklenburg-Strelitz mit dem künftigen König Wilhelm III. von Preußen verlobte, versuchte Herzog Karl August, den König Friedrich Wilhelm II. zur Befreiung der Zweibrücker Lande zu bewegen. Max Joseph trat unter solchen Gesichtspunkten nun in preußische Militärdienste. Die französischen Revolutionstruppen, die Mainz nicht halten konnten, brannten jetzt aber Schloß Karlsberg nieder, wo der Herzog schon bei seiner Abreise rechtzeitig den zu einem erheblichen Teil auch 1793 durch J. Chr. Mannlich gelungenen Abtransport und Schutz der geistigen und künstlerischen Schätze, seiner Bücher und Kunstwerke also, angeordnet hatte. Karl August brachte in Mannheim einen Kriegsrat zustande. Konnte aber die Stadt als Festung ohne Österreicher gehalten werden?

Tod Herzog Karls II. August von Zweibrücken in Mannheim am 1. April 1795, sein Nachfolger Max Joseph

Karl August bat im März 1795 durch den preußischen Minister von Hardenberg den König Friedrich Wilhelm II., in einem Friedensvertrag zwischen Preußen und Frankreich auch Zweibrücken aufzunehmen. Mitten in diesen Bemühungen *starb* er am *1. April 1795 in Mannheim.* Sein Bruder Max Joseph war sein Nachfolger. Karl Theodors Statthalter in Mannheim hatte gegen die Aufnahme der Österreicher Bedenken gehabt, weil sich Karl Theodor nicht selbst im Krieg mit Frankreich befand, sondern nur sein Pflichtkontingent für den erklärten Reichskrieg zur Verfügung gestellt hatte. Es stand aber auch das Problem Kurpfalz und Kurbayern heran.

Der *neue Herzog Max Joseph von Zweibrücken* übernahm am 1. April 1795 Spitzenbeamte und den Minister Salabert, zumal dieser sein Religionslehrer gewesen war. Abbé Pierre de Salabert war von Haus aus ein Franzose mit Geschmack und Lebenslust. Seinem Schüler hatte er empfohlen, die Untertanen mit Geduld und Liebe zu regieren. Max Joseph hielt zwar politisch keine Stücke auf ihn, sondern mehr auf den 1787 als Illuminat aus München geflohenen dortigen Hofrat in dem Bücherzensurkollegium Freiherrn Maximilian von *Montgelas*, den Sohn eines bayerischen Generals.

Max Joseph, 1795 Herzog von Zweibrücken, zieht Montgelas heran

Er ernannte ihn am 11. Juni 1795 zum Regierungsrat, vermied aber, sich durch ihn zu kompromittieren, da ihn der ehrgeizige Salabert als Jakobiner hinstellte und damit brandmarkte. Max hielt ihn an seinem Hof in Mannheim, verwandte ihn aber damals nicht zu höheren Staatsgeschäften.

Kurfürst Karl Theodor hatte notgedrungen dem Einmarsch der österreichischen Truppen in seiner Pfälzer Residenz zugestimmt. Ohne daß es der Kurfürst und der neue Zweibrücker Herzog wußten, hatte Salabert auf den Brief des französischen Kommissars Antoine Christophe Merlin de Thionville hin die Neutralisierung und Räumung Mannheims vorgeschlagen.

Er hatte hinzugefügt, daß er sofort einen Kurier an Karl Theodor abfertigen wolle. Merlin möge bis zu dessen Rückkehr Feindseligkeiten unterlassen und sich näher über seine Absichten erklären[384)].

Salabert belastete dadurch sich als Zweibrücker Minister, aber auch seinen Herzog und den Landesherrn Mannheims schwer. Denn er konnte nicht ohne Einverständnis des Kommandeurs der in Mannheim stehenden Truppen des Kaisers, der einen Reichskrieg führte, von sich aus mit dem französischen Kommissar verhandeln; jedenfalls setzte er sich als Minister und seinen Herzog sowie den Landesherrn Karl Theodor bei dem Kommandeur der kaiserlichen Besatzungstruppen in den Verdacht des Hochverrats.

Noch bevor Max Joseph am 1. April in die Rechte seines Bruders eintrat und Salabert über Mannheim Entscheidungen traf, hatte Karl Theodor seine im Februar bevorstehende Hochzeit zwar am 1. Januar 1795 den Bürgern Mannheims verkünden[385)], *nicht* aber Max Joseph und dessen Gattin Wilhelmine Auguste ansagen lassen. Doch hatte Herzog Karl August vorgehabt, mit Max Joseph und seiner Gattin noch im März nach München zu reisen. Da starb am 1. April Karl August, am 5. schloß Preußen mit Frankreich einen Sonderfrieden.

Max Josephs Verhältnis zu Karl Theodor

Max Joseph, sein Nachfolger, und dessen Gattin sowie Salabert und Gravenreuth eilten nach München, der neue Herzog wollte dort seinen Antrittsbesuch machen. Er lernte dabei auch die neue und noch so junge Kurfürstin kennen und verstand sich mit ihr so ausgezeichnet, daß er seitdem an ihr in München geradezu eine Stütze hatte.

Schon am 29. April beginnt die Rückreise. Denn Auguste steht vor einer für den Juli zu erwartenden Entbindung. Als sie am 7. Juli in Mannheim einem zweiten Sohn das Leben schenkt, übernimmt der alte Kurfürst die Patenschaft. Der *Prinz* wird auf die Namen *Karl Theodor Maximilian August* getauft. Der Leiter des Kurpfälzer Ministeriums Graf Oberndorff vertritt in Anwesenheit der pfalz-bayerischen Generale und Obristen, darunter des später bekannten Generals von Deroy, des entscheidenden Reformators der bayerischen Infanterie, den Paten Karl Theodor. Es war wie ein Vorzeichen der künftigen Lebensbahn des Täuflings, daß Generale an seiner Wiege standen, denn er sollte, ohne daß dies jemand wissen konnte, sich später selbst dem Dienst in der bayerischen Armee widmen, sie im Schicksalsjahr 1866 führen und 1875 durch einen Sturz vom Pferd sein Leben beenden. Der glückliche Vater von 1795 überhäufte die Mutter mit liebenswürdigen kleinen Aufmerksamkeiten. Zu dieser Zeit trauert in München die junge Kurfürstin, weil ihre Aussichten auf ein Kind Karl Theodors verrinnen[386)]. Sie schenkt aber der glücklichen Auguste ein prachtvolles Collier.

Salabert traf nach einer schwierigen Fahrt durch die österreichischen Truppen am 21. August in Basel ein und wurde durch den preußischen Minister Graf Hardenberg in die Verhandlungen dort eingeführt. Er glaubte erreicht zu haben, daß Zweibrücken zwar während des Krieges besetzt bleibe, dann aber das Herzogtum durch einen Geheimvertrag zurückgegeben werde. Er ließ den Freiherrn Anton von Cetto als Zweibrücker Diplomaten zurück.

Mannheims und Düsseldorfs Übergabe an die Franzosen

Karl Theodor erwog damals mit Württemberg zusammen, ob nicht für seine Staaten und den Nachbarn nach Preußens Beispiel ein Sonderfriede zu erreichen sei[387)]. Zugleich versuchte er einen Neutralitätsvertrag für beide Rheinufer zu gewinnen und eine *süddeutsche Zollunion zusammen mit* dem Herzog von *Württemberg* zusammenzubringen. Beides *mißlang*. Im Notfall war er mit einer *Kapitulation Mannheims* einverstanden. *So übergab Oberndorff am 20. September 1796 die Pfälzer Residenzstadt den Franzosen.* Aber Kaiser Franz II. ließ Oberndorff und Salabert verhaften, behielt den Letzteren sogar für zwei Jahre in Gewahrsam und befahl, Mannheim zurückzuerobern. Dies gelang seinem General Dagobert Siegmund von Wurmser. Mannheim war nun in österreichischem Besitz. Die wirtschaftliche Lage war so drückend geworden, daß Karl Theodor bei Johann Wilhelm von Schmaltz und dem Juden Aron Elias Seligmann eine Anleihe von sechs Millionen Gulden aufnahm, die aus den Landeseinnahmen zurückgezahlt werden sollten. Um diesen Betrag richtig einzustufen, muß man wissen, daß bis 1795 der bayerische Staatshaushalt etwa vier Millionen, in den nächsten Jahren fünf bis sechs Millionen Gulden umfaßte[388].

Wurmser erobert Mannheim

Die Übergabe Mannheims war militärpolitisch durch das Schicksal Düsseldorfs mitverursacht worden, wo sich die österreichischen Soldaten sehr schlecht benommen hatten. Die Franzosen hatten durch Überschreitung des Rheins erzwungen, daß Generalmajor Graf Franz Borgias Julius von Zedtwitz diese Stadt am 6. September 1795 diesen übergab. Das war durch Mißgriffe schon seines Vorgängers de la Motte verursacht worden[389a]. Das von Karl Theodor am 26. Dezember eingesetzte Kriegsgericht verurteilte den Generalleutnant de la Motte, so daß dessen Vermögen nun zu Gunsten der Kriegskasse eingezogen wurde. Er hatte als Vorgänger von Zedtwitz unüberlegt und fahrlässig gehandelt und laut des gerichtlichen Urteils den Staatsschatz geschädigt. Außerdem hatte er für die Untersuchungskosten mit 2 000 Gulden aufzukommen, und wurde mit Arrest belegt. Auch andere Offiziere wurden verurteilt.

Für Karl Theodor waren die Pläne äußerst unerwünscht, die der landlose Herzog Max Joseph von Zweibrücken durch seinen nunmehrigen Minister Montgelas im Sommer 1797 entwickelte. Der Minister legte bereits im Juni seine politischen Vorstellungen in einem „*Mémoire instructif sur les intérêts de la Maison Palatine à la pacification générale*“ nieder. Dies enthielt drei Hypothesen. Sehr merkwürdig war die dritte, wonach die gesamten linksrheinischen Besitzungen, über die Max Joseph verfügen würde, an Frankreich fallen sollten[389]. Falls dieser ganze linksrheinische Besitz an Frankreich übergehe, sollte der künftige Landesherr von Pfalz und Bayern dafür entschädigt werden mit den Fürstbistümern Regensburg, Eichstätt, Augsburg und Freising, mit der zu diesem Fürstbistum gehörenden Grafschaft Werdenfels, mit dem Fürstbistum Passau einschließlich der Rechte, die die Stadt für sich geltend machen konnte, und dann mit einem Teil des Fürsterzbistums Salzburg. Dieser sollte

Max Joseph und Montgelas planen 1797 eine Vergrößerung Bayerns und machen sie auf dem Kongreß in Rastatt geltend

in dem Teil diesseits der Salzach, einschließlich der Salinen von Hallein bestehen. Ferner sollten alle Enklaven in Bayern, die der Fürsterzbischof von Salzburg und der Fürstbischof von Passau in dem vom Kurfürstentum Bayern umschlossenen Gebiet besaßen, an Max Joseph kommen. Das war vor allem Mühldorf. Ebenso sollte die Fürstpropstei Berchtesgaden mit ihren wertvollen Salinen und Wäldern an den künftigen Landesherrn kommen. Er sollte auch die Reichsabteien Kempten, Kaisheim, Ottobeuren, Irsee und Sankt Ulrich und Afra in Augsburg bekommen. Ebenso beanspruchte Montgelas in dem Plan die Grafschaften Ortenburg und Neuburg (am Inn) sowie die Markgrafschaft Burgau. Schließlich wünschte er auch die Reichsstädte Augsburg, Memmingen und Kaufbeuren. Natürlich betonte Montgelas, Salzburg und Berchtesgaden müßten unbedingt vor einem Zugriff aus Wien gesichert werden. Er unterstrich ihre besondere Bedeutung für den für Bayern überhaupt wichtigen Salzhandel.

Als zum Kongreß für einen Reichsfrieden in Rastatt eingeladen wurde, instruierte Max Joseph bzw. Montgelas den Gesandten Graf Aloys von Rechberg, dieser solle neben den in dem Mémoire instructif genannten Gebieten auch einen Anspruch auf die Fürstbistümer Würzburg und Bamberg sowie die Reichsstadt Nürnberg erheben. Da die beiden fränkischen Fürstbistümer in dem geheimen Vertrag Preußens mit Frankreich vom 5. August 1796 zur Entschädigung für das Haus Oranien in Erwägung gezogen waren, das durch die Gründung der Batavischen Republik sein Gebiet verloren hatte, war es sehr zweckmäßig, dagegen sobald als möglich einen Anspruch für den künftigen Kurfürsten von Bayern zu erheben. Montgelas dachte daran, das Haus Oranien im Rheingebiet entschädigen zu lassen.

Wenn Rechberg mit seinen Ansprüchen auf das Gebiet zwischen Inn und Salzach mit den wichtigen Salinen nicht zum Ziel komme, sollte er das ganze Habsburger Schwaben mit Vorarlberg und dem Fürstbistum Konstanz für seinen Herrn fordern. Der Gesandte sollte auf eine allgemeine und vollständige Säkularisation hinarbeiten. Ein geschlossenes Gebiet, von dem nur noch nicht die hohenzollernschen, nun preußischen Markgrafschaften erwähnt wurden, war das Ziel, das Max Joseph und Montgelas erstrebten. Ihre künftige Regierung und die damit zu verknüpfenden Reformen schienen beiden nur in einem größeren und geschlossenen Staatsgebiet möglich. Der Zweibrücker Gesandte von Cetto[390] überreichte schon 1797 in Paris verschiedene Denkschriften des Ministers Montgelas und erreichte dadurch ein Interesse des französischen Außenministers an der Unabhängigkeit und Entschädigung Bayerns. Montgelas wollte den Absichten des Kaisers auf Kurbayern mit Hilfe von Frankreich, Preußen und Rußland Widerstand leisten und bejahte offen die Säkularisation und den Verlust des linken Rheinufers.

Kurfürst Karl Theodor und Kaiser Franz II. bekämpften die Pläne von Montgelas[391]. Wegen der bis heute wirkenden Folgen der Pläne Montgelas' vor 1799 sei hier auf die ersten Entscheidungen nach 1799 kurz eingegangen. 1801 erwogen die preußischen Minister Tauschpläne auch am Niederrhein. Erst am 15. September 1801 gab Haugwitz den offiziellen Verzicht Preußens auf einen Gewinn der Fürstbistümer Würzburg und Bamberg bekannt. Preußen hoffte jetzt auf sogenannte Entschädigungen in Westfalen, denn Würzburg und Bamberg waren nun endgültig für Bayern im Gespräch. Am 24. August 1801 schloß der nunmehrige Kurfürst Max IV. Joseph von Pfalz-Bayern mit Frankreich einen Vertrag, dessen Artikel 3 eine „*möglichst wohl gelegene*" Entschädigung für Bayern vorsah[392]. Gerrit Peter Thielen schreibt: „*Zeitweise schien es, als sollten die niederrheinischen Territorien der Wittelsbacher gegen Ansbach-Bayreuth ausgetauscht werden; dann wieder erklärte Haugwitz sich bereit, Ansbach gegen Bamberg auszuwechseln, sprach Hardenberg von einer komplizierten Teilung der betroffenen Gebiete*"; Hardenberg dachte daran, der Kurfürst von Bayern könne einen Tausch der ihm zugedachten preußischen Besitzungen in Franken gegen Gebiete am Niederrhein bevorzugen. Dagegen wollte er eine andere Lösung der Frage überlegen: Würzburg und Bamberg mit der Markgrafschaft Bayreuth zu einem geschlossenen Territorium für die Hohenzollern zu machen, dagegen den ganzen Süden Frankens mit der Markgrafschaft Ansbach an Bayern zu geben. Friedrich Wilhelm III. wollte aber nicht seine fränkischen Untertanen vertauschen. Später, im Herbst 1801, versuchte die neue Regierung in München, mit Preußen einen Tausch zuwege zu bringen. François Gabriel de Bray, Bayerns bisheriger Gesandter in St. Petersburg, wurde Gesandter in Berlin und versuchte den König von Preußen, wenn auch vergeblich, für einen Austausch seiner fränkischen Besitzungen zu gewinnen. Da die Verträge mit Frankreich die Fürstbistümer Würzburg und Bamberg an Bayern gaben und Preußen in Westfalen entschädigten, wenn Bayern und Preußen in diesem Punkt einig wären, würde der Weg für eine Grenzvereinbarung mit Bayern frei. Im August 1802 verhandelte Hardenberg selbst in München mit Montgelas und seinen Kommissären wegen der Landesgrenze zwischen Preußen, das ja In-

Preußische Tauschpläne

haber der Markgrafschaften Bayreuth und Ansbach war, und Bayern. Hardenberg wünschte Bamberg und einige bayerische und eichstättische Enklaven für Preußen, Bayern sollte dafür das markgräfliche Gebiet von Ansbach, das an die Oberpfalz grenzte, erhalten. Obwohl der Kaiser die Gespräche störte, einigten sich am 22. November 1802 Bayern und Preußen. Doch nützte das nichts, denn Frankreich sicherte dem bisherigen Großherzog von Toskana das Bayern zugesprochene Eichstätt zu. Erst am 30. Juni 1803 unterzeichneten Bayern und Preußen ihren Haupt- und Landesvergleich[393)]. Die bayerischen Landstände hatten Max Joseph kurz vorher eine Million Gulden bewilligt; die bayerische Regierung rechnete außerdem mit Einnahmen aus den Entschädigungsobjekten; Montgelas[393a)] sagte rückblickend: Preußen habe hauptsächlich das bekommen, „*was es theils schon besaß, theils jede Stunde in Besitz nehmen konnte*".

Der Herzog und seine Berater waren in Zweibrücken immer das Zentrum gegen eine Vertauschung Bayerns an Österreich unter Karl Theodor gewesen[394)] und gewannen schon vor 1799 in der von Karl Theodor bestimmten außenpolitischen Situation seiner Länder eine Position, die ihnen nach seinem Tod von Bayern aus eine neue politische Linie ermöglichte, die zu einem neuen Staat führte.

Unmittelbarer als die schnellen außenpolitischen Wechselfälle ging den regierenden Kurfürsten die Not durch den Mangel an Lebensmitteln an.

Schwere Wirtschaftsprobleme

Durch die unterschiedliche *Wirtschaftslage* auf dem Lande und in der Stadt entstanden auf dem Gebiet der Lebensmittel einander entgegengesetzte Interessen. Schon Max III. hatte durch Mandate und Instruktionen in den Kriegsjahren 1757 und 1758 angeordnet, daß der Beamte am Getreidekasten, der Kastner eines Ortes, nicht durch einen etwa parteiischen Kontrollkommissar behindert werde und den letzteren für Fehler und Schäden haftbar gemacht, die durch seine Schuld entstanden. Er hatte sämtliche Ausstände an Getreide und Geld, die als Steuern abgeliefert wurden, zu liquidieren. Karl Theodor hatte zusätzlich befohlen, daß über den Akt der Kontrolle zur Klarstellung Protokoll geführt und dieses vom Kastner und vom Kommissar unterschrieben werde. Dieses hatte Ende Dezember eines Jahres, spätestens bis zum 14. Januar des darauffolgenden an die Hofkammer eingesandt zu werden[395)]. Da aber diese die Zuständigkeit der schon 1779 von Karl Theodor als bayerischer Spitzenbehörde eingesetzten *Oberen Landesregierung* nach Möglichkeit sabotierte, mußte er am 1. August 1788 deren

Zuständigkeit in Handels- und Konfiskationssachen besonders regeln[396]. Denn er hatte nicht nur seit 1779 eine Bauernbefreiung versucht, sondern den Bauern 1780 auch eine günstige Getreideausfuhr eingerichtet. Aber die Getreidehändler in München, die dieses aufkauften und sehr gewinnbringend weiterverkauften und die übrigen Münchener Bürger von sich abhängig machten, wünschten die Getreideausfuhr gesperrt. Durch wirtschaftliche Schwierigkeiten gezwungen, sperrte der Kurfürst tatsächlich vom 8. April 1785 an auf mehrere Wochen die Ausfuhr, natürlich befristet, da er auch weiterhin den Bauern helfen wollte. Das Problem wurde in der Zeit des Krieges gegen das revolutionäre Frankreich besonders kompliziert.

Wie der preußische Legationssekretär Schulz[397] in München am 19. Juli 1795 nach Berlin berichtete, versuchte Karl Theodor lange Zeit vergeblich, die weit verbreiteten, sehr bitteren Klagen in ganz Bayern über die „*procedures et iniquités*" der *Regierung in Landshut* zu prüfen, die sich diese zuschulden kommen ließ. Schon die Erzählung darüber ließ den preußischen Berichterstatter geradezu erschaudern. Dadurch, daß die leitenden Mitglieder der Landshuter Regierungsstelle von Personen des Hofes in München protegiert wurden, blieben dem Kurfürsten lange die Möglichkeiten der Überprüfung versperrt. Er kam aber 1795 der Landshuter Regierung hinter die Schliche. In seinem Kassationsreskript, über das Schulz nach Berlin berichtete, ist zur Begründung des landesherrlichen Vorgehens angeführt, diese Regierungsstelle habe ungerechte Todesurteile gefällt, die Folter in ungesetzlicher Weise angewandt und Akten gefälscht. Karl Theodor begründete darin sein Vorgehen auch mit dem Vorwurf der Korruption und Erpressung. Er entließ alle Mitglieder dieser Dienststelle und leitete gerichtliche Verfahren ein. Da seine Regierungsgeschichte noch nicht systematisch an den Akten erforscht ist, muß auch hier gesagt werden, daß wir sein Verfahren über unser Wissen über das Kassationsreskript hinaus noch nicht kennen[398]. Von den Verurteilten war der Freiherr von Lerchenfeld Mitglied der Freimaurerloge in Frankfurt. Karl Theodor bestrafte ihn mit sechs Jahren Festungsarrest. Da die Öffentlichkeit in Bayern die Handlungen der Verurteilten auf Motive der persönlichen Rache und Intrige zurückführte und für sie nun merkwürdigerweise geradezu Partei ergriff[399], milderte der Kurfürst die Strafe zu Schloßarrest auf der Trausnitz. Der kurfürstliche Kämmerer Freiherr von Berchem kam dort nur für einen Monat in Schloßarrest. Der Kammerschreiber Lerchenfelds, der „*revolutionären Freiheitssinn*" geäußert hatte, büßte durch acht

Karl Theodor bestraft ungerechte Gerichtsurteile der Regierung Landshut

Tage Arrest bei Wasser und Brot. Dem Kaufmann Koidl, der ebenfalls mit Bürgerarrest bestraft wurde, wurde für künftige derartige Handlungen eine schärfere Strafe angedroht.

Schon 1794 hatte der Regierungsrat beim Rentamt Burghausen als Regierungskommissar bei der Ratswahl in Neu-Ötting, wie zwei Tage vorher als Kommissar des Landesherrn bei der Ratswahl in „Krayburg", über einen gegen Religion und Gehorsam gerichteten Freiheitssinn berichtet. Dabei hatte er auch einen vermögenden Bürger und Bäcker genannt, der auf Bierbänken französische Piecen vorgelesen habe. Er *„zeigte seinen Saufbrüdern das Licht, welches nach seiner Behauptung er wünscht, [daß] die Franzosen [es] einmal anzünden"*.

Umstrittener Freiheitssinn, Verachtung und Verspottung der Religion, Sittenlosigkeit in Bayern

Karl Theodor hatte in einem Reskript vom 29. März 1794 diesen Regierungsrat und Regierungskommissar daraufhin beauftragt, in geheimen Untersuchungen diesen Erscheinungen nachzuspüren. Er sprach in dem Reskript dabei davon, *„daß in verschiedenen Orten"* seiner Kurlande *„ein unerlaubter und zum Teil höchst strafbarer Freiheitssinn, die ärgerliche Sittenlosigkeit sowohl bei einigen geistlich- als weltlichen Personen Verachtung und Verspottung der Religion und überhaupt die heutige Afterphilosophie Wurzel gefaßt habe."*

Karl Theodor wollte durch Gegenmaßnahmen verhindern, daß sich jene *„greulichen Übel"* noch mehr und noch schneller ausbreiteten. In Deggendorf wurde nach dem Bericht des sächsischen Gesandten in München am 5. Oktober 1794[400)] ein Gastwirt, der in Gegenwart mehrerer Personen die empörendsten Äußerungen gemacht und nicht nur den hingerichteten König von Frankreich, sondern auch andere Fürsten, darunter Karl Theodor, scharf angegriffen hatte, zum Pranger und zu zehn Jahren Zuchthaus verurteilt. Der Unterschied im Ausmaß der Strafen für die Übeltäter in Deggendorf und in Landshut fällt auf. Wenn er zutrifft, läßt er sich wohl durch die verschärfte Lage im Jahr 1795 erklären.

Die freie Getreideausfuhr der Bauern verteuert das Getreide in der Stadt

Schon im Frühjahr 1795, als der Kurfürst der tragischen Situation in Mannheim abzuhelfen bemüht war, sah er sich in München der großen Unzufriedenheit gegenüber, die seine Entscheidungen über die freie Getreideausfuhr durch die Bauern bei den Städtern verursachte. Aufkäufer des Getreides, die damit die Truppen der Verbündeten gegen Frankreich versorgten oder ohne Gewissen mit Frankreich damit über die Schweiz Handel trieben[401)], trieben ihre Geschäfte in einem derartigen Umfang, daß in München die Getreidepreise stiegen und die Einwohner nicht mehr zufriedengestellt werden konnten. Der im Geheimen Rat für die Finanzen tätige Freiherr Stephan von Stengel vertrat weiterhin stark das Prinzip der freien Getreideausfuhr, vermochte aber nicht, durch entsprechende Maßnahmen der Teuerung und überhaupt dem Mangel an Getreide in der Hauptstadt zu begegnen. Wie der sächsische Geschäftsträger Beigel an seine Regierung in Dresden berichtete[402], begab sich am 12. März eine Deputation des Magistrats und der Bürger Münchens unmittelbar zum Kurfürsten. Sie wollte ihm ihre Beschwerden vortragen und ihn bitten, *„sein Ohr nicht den schlechten Ratschlägen seiner Minister zu leihen, die aus Ehrgeiz und Eigennutz nicht aufhören würden, das Volk zu tyrannisieren und die guten Absichten zu durchkreuzen, die der Kurfürst für das Glück seiner Untertanen haben könnte“*. In der folgenden Nacht wurden an mehreren Stellen der Stadt Zettel angeheftet, die offen zur Empörung aufforderten und den Baron Stengel an den Galgen wünschten.

Forderung eines Ausfuhrverbots für Getreide — Unruhen in München

Die Entscheidung war schwierig. Karl Theodor beriet in Ministerkonferenzen tagelang über einen Mittelweg zwischen einem Verbot der Getreideausfuhr schlechthin und dem, was bisher praktiziert wurde. Auch hier stützt sich unsere Erkenntnis bis jetzt nur auf die Berichte der preußischen und der sächsischen Gesandtschaft in München an ihre Regierungen. Der preußische Legationssekretär hielt zunächst diesen Mittelweg für sehr wahrscheinlich. Wenn auch die freie Getreideausfuhr dem Landesherrn selbst wenigstens 200 000 Gulden im Jahr einbrachte, wie behauptet wurde, so entschied doch der von Stengel vorgebrachte Gesichtspunkt, ein Beispiel der Festigkeit zu geben, das auf die Mäßigung folgen solle, die die Regierung bei den im letzten Dezember durch starrsinnige Handwerksgesellen in München hervorgerufenen Unruhen gezeigt habe. Am 16. März 1795 entschied sich der Kurfürst für weitere freie Getreideausfuhr und gegen die in der Münchner Bürgerschaft geforderte Getreidesperre. Nach der „Deutschen Zeitung“[403] gingen nun Gerüchte um, die Regierung erstrebe, die Löhne herabzusetzen und wolle sogar durch Gesetz bestimmen, *„was und wie viel und oft die Einwohner essen und trinken sollten“*[404].

Trotz einer reichen Ernte gab es weiterhin in München Getreidemangel und Verteuerung. Nicht nur die Gesellen, die kein Bürgerrecht besaßen, sondern die Bürger selbst erschienen vor dem Rathaus. Sie trafen den Magistrat nicht an, denn dieser suchte jedesmal, wenn in diesen Tagen eine solche Menge erschien, schleunigst das Weite. Der Gesandte des Kurfürsten von Sachsen in München, Graf Karl Heinrich von Schlitz, genannt von Goertz (1752–1826) – der nicht verwechselt werden darf mit dem preußischen Gesandten am Reichstag in Regensburg und auf dem Friedenskongreß in Rastatt Graf Johann Eustach von Schlitz, genannt von Goertz – berichtete über die Vorgänge am 23. September, einige hundert Personen hätten sich auf dem Rathaus versammelt und später auch den Vizepräsidenten der Oberen Landesregierung, Freiherrn von Weichs, genötigt, mit ihnen zum Kurfürsten zu gehen, während Lipowsky nicht diesen, sondern den Präsidenten des Hofkriegsrats nennt, der dazu veranlaßt worden sei. Wurden *beide* mehr oder minder gezwungen? Jedenfalls wartete vor der Residenz eine Menge, der von einem Balkon aus dann die Entscheidungen Karl Theodors mitgeteilt wurden.

Unruhen und Verhaftungen auch in Landshut, Straubing und Amberg

Da es in diesen Wochen zu Auseinandersetzungen der Bürgerschaften in Landshut, Straubing und vor allem Amberg mit den kurfürstlichen Behörden wegen der Lebensmittelausfuhr kam, ergänzte Karl Theodor sein Mandat vom 24. September nun gegen Getreideausfuhr bereits am 30. und verzichtete darauf, sein Ausfuhrverbot zeitlich zu begrenzen.

Zur Untersuchung der Vorgänge setzte er eine Kommission ein und beteiligte daran auf dessen Bitte auch den Magistrat von München. Bürgermeister und Räte dankten darauf am 9. Dezember 1795 dem Kurfürsten für seine bekannte Großmut und Gnade und baten, das Vergangene zu vergessen. Die Verhafteten wurden, ohne daß ein Urteil gesprochen wurde, am 8. Januar 1796 wieder freigelassen. Doch waren diese damit nicht zufrieden und beschwerten sich bei dem neugebildeten Gemeindeausschuß, daß ihnen durch die Verhaftung Unrecht geschehen sei. Sie erbaten die Nennung derer, die sie denunziert hatten, denn sie wollten diese gerichtlich belangen. Für die ausgestandene Pein verlangten sie angemessene Entschädigung. Der Gemeindeausschuß leitete die Beschwerde dem Magistrat zu und dieser am 20. Juni 1796 dem Kurfürsten. Karl Theodor lehnte die Forderungen am 19. August ab. Drei Bürger beschwerten sich darauf bei der Landschaft. Ihr Fall war dadurch kompliziert worden, daß ein Münchner Franziskanermönch dem Präsidenten des Hofkriegsrats, Fürst Isenburg, berichtete, er habe im Beichtstuhl von einer weit ausgebreiteten Verschwörung gegen das Leben des Kurfürsten und die Ruhe des Staates erfahren. Der das nach Berlin berichtende preußische Legationssekretär behauptete aber, der ganze Franziskanerkonvent habe diese Angabe frei erfunden. Die Entlassung der Bürger aus der Haft, ohne daß ein Urteil gefällt wurde, hing natürlich mit der Behauptung aus dem Franziskanerkonvent und der Pflicht eines Beichtvaters zusammen, das Beichtgeheimnis zu wahren. Eine andere Schwierigkeit entstand dadurch, daß ein Teil der Bauern, der durch die freie Getreideausfuhr sehr gut verdiente, da die Armeen das Getreide gut bezahlten, den Kurfürsten durch Eingaben baten, die freie Getreideausfuhr wiederherzustellen. Ihre Sperre[405]) drücke den größten Teil der (bayerischen) Nation zugunsten des Kleineren.

Der Kurfürst versuchte sich dadurch zu helfen, daß er die in München und anderswo stehenden altbayerischen Truppen gegen Pfälzer und Oberpfälzer austauschte. Die Mannheimer Soldaten waren aber an ihren neuen Standorten sehr unzufrieden und gaben die Schuld an ihrer Dislozierung dem Geheimen Ratskanzler sowie dem Baron von Stengel[406]). Durch die Auseinandersetzungen der Bevölkerung in den Städten mit ihren Magistraten vermehrte sich die Unruhe im Lande. Als 1796 die französischen Truppen in Bayern einmarschierten, wollte die Bevölkerung den Kurfürsten keineswegs absetzen, aber durch alle denkbaren Mittel veranlassen, das verhaßte Bündnis mit Österreich durch das mit Frankreich zu vertauschen[407]).

So vordergründig die Auseinandersetzungen um Lebensnotwendigkeiten in den Notjahren des Koalitionskrieges gegen das revolutionäre Frankreich wurden, es gab in München und an größeren Orten zwar nicht wenige, die auf Karl Theodor und seine Regierung schimpften, aber nur einen einzigen einheimischen Revolutionär: Frey. Den wahren Namen und die nachweisbare Herkunft dieses Mannes kennen wir nicht. Er warb unter Bauern und Bürgern und sah sich als einen Missionar der Revolution aus Frankreich. Viele der deutschen Flugschriften in den Ländern Karl Theodors, namentlich in Bayern, kritisieren echte und angebliche Mißstände, aber verkünden keine konkreten Verfassungsprinzipien. Das in München herumgereichte „*Gebet, welches alle guten Bayern in dieser Zeit der Not und der Bedrängnis fleißig beten sollen*“[408]), war ein Flugblatt, das zwischen 1793 und 1796, vielleicht auch erst 1797 entstanden war, als Karl Theodor verschiedene bewährte engste Mitarbeiter entließ oder in andere Tätigkeitsbereiche versetzte. Es wurde angeblich bei der schmerzhaften und wundertätigen Muttergottes im Herzogspital zu München gefunden, zu der der beliebte Kurfürst Max III. so oft und gerne um Fürbitte gebetet hatte. Gott wird in diesem Flugblatt-Gebet daran erinnert, daß er durch seinen Sohn Jesus Christus die Menschen vom Teufel erlöst habe, aber jetzt seine Augen auf viele tausende von Satanen wenden solle, die „*über uns ge-*

Ein pseudonymer Missionar der Revolution aus Frankreich, in München wird ein Flugblatt gegen Tyrannen gefunden

kommen" sind, „*nämlich die Tyrannen, so sich Könige und Fürsten nennen, ihre schurkischen Minister, Mätressen, Priester, Beichtväter und ungerechte Beamte, die uns mit Füßen treten, unser Blut aussaugen und uns alle ihre erschrecklichen Sünden aufbürden und entgelten lassen*". Die im Flugblatt-Gebet genannten Blutegel heißen (Minister Graf Wilhelm Karl von) *Leiningen*(-Guntersblum, 1737–1809), (Minister Graf Matthäus Karolus von) *Vieregg*, (Minister und Hofkanzler Freiherr Johann Friedrich von) *Hertling*, (Regierungsrat und Kabinettsekretär Johann Kaspar von) *Lippert* (1724 – 1800), (Regierungsrat in der Oberen Landesregierung Franz Georg von) *Dietrich* (Ditterich), (Geheimrat Franz Xaver Freiherr von) *Schneider* (1757 –1827), (Minister und Obersthofmeister Graf Joseph Ferdinand von) *Tattenbach* (gestorben 1802). „*Ja, o Herr, sogar ein spitzbübischer Fremdling, ein Rumford, erfrecht sich, unsere Ketten noch enger zu schmieden*". Vier von ihnen wurden von verschiedenen Kreisen als die Inquisitoren, Lippert als Großinquisitor gegen die Träger von Gedanken der Illuminaten beschimpft. Doch begannen die Bluttaten der Französischen Revolution in allen deutschen Ländern, nicht zuletzt in den Ländern auch Karl Theodors, abzuschrecken. Der nach München im Jahr 1796 vorgedrungene französische General Moreau sagte zu dem Kommandanten der Bürgerwehr in der bayerischen Hauptstadt auf dessen Fragen: „*Mein Gott! Man weiß nicht was man will! Eine Republik*[409)] *kostet viel Blut, wir haben sie!*"[409a)]

Der Verlauf der Münchner Unruhen vom September 1795 und die Reaktionen Karl Theodors

Am 23. September 1795 abends um 6 Uhr versammelte sich eine große Menge zunächst vor dem Haus des Geheimen Kanzlers von Hertling und zwang ihn zu Fuß in ihre Mitte. Einige von ihr Beauftragte baten ihn, mit ihnen zum Kurfürsten zu gehen, um die von ihnen so sehr gewünschte Lebensmittelsperre zu erbitten. Denn die 1780 zu Gunsten der Bauern eingeführte *Getreideausfuhr*[410)] führte dazu, daß Getreidekäufer Getreide aus München nach außerhalb Bayerns verfrachteten. Dadurch entstanden Preissteigerungen und Lebensmittelnot. Einige unruhige Köpfe machten am Haus auch des Präsidenten des Hofkriegsrats halt, des Fürsten von Isenburg, der eine Tochter des Kurfürsten zur Frau hatte. Er wurde „*eingeladen*", sich mit ihnen zum Kurfürsten zu begeben und dort ihren Fürsprecher zu machen. Einige Abgeordnete aus der Menge traten bei ihm ein und baten ihn, sich ihrem Zug in die Residenz anzuschließen. Karl Theodor selbst befand sich gerade im Theater, ging aber sofort[411)] in die Residenz zurück, als er die Nachricht von diesem Auflauf erhielt. Fürst Isenburg und der Geheime Kanzler wurden von Karl Theodor zu einer Besprechung vorgelassen. Die Abgeordneten mit dem Stadtoberrichter an der Spitze hielten sich inzwischen im damaligen Herkulessaal auf, das übrige Volk im Kapellenhof und am Eingang der Residenz. Da wir über diese Vorgänge schon durch Lipowsky[412)] wissen, der eben in diesem Jahr zu wichtigen Sitzungen zugezogen wurde, also sehr wohl Bescheid wissen konnte, darf seine Erzählung nicht übergangen werden, wenn der Vorgang auch schon bei Karl Theodors Entscheidung gegen die Getreideausfuhr im September 1795 (s. S. 324) erwähnt wurde.

Der Kurfürst, aufgebracht über das tumultuarische Betragen, befahl dem Präsidenten des Hofkriegsrats, sogleich die Schloß-, Haupt- und Torwachen zu verstärken, die Besatzung ohne Verzug unter das Gewehr treten zu lassen und, wenn es nötig sein sollte, die Regimenter aus den nächstgelegenen Städten in Eilmärschen nach München zu berufen. Weiterhin befahl Karl Theodor, die in der Nähe auf Kordon liegenden Chevauxlegers heranzuziehen („*einzuziehen*"), die Artillerie in Bereitschaft zu halten, durch Patrouillen die zusammengerotteten Haufen auf den Straßen zu zerstreuen und nach den sich ergebenden Umständen zu behandeln und die Aufwiegler und Sprecher zu arretieren. Dem Kanzler – es war nicht mehr Kreittmayr, wie Lipowsky 1828 irrtümlich meint – befahl der Kurfürst aber, er solle dem Stadtoberrichter und den versammelten Bürgern sagen: „*Ruhe sei des Bürgers erste Pflicht, und zur Pflicht zurückzukehren erheische der Gehorsam*". Der Befehl und ernste Wille des Regenten sei es, daß die in die Residenz vorgedrungenen Personen diese auf der Stelle verließen und sich ruhig nach Hause begäben. Sonst sei er gezwungen, mit Gewalt der Waffen die Trotzigen zur Pflicht und zum Gehorsam zurückzuführen und die Aufwiegler dem Kriminalgericht zu übergeben, um über die Schuldigen nach Standrecht erkennen zu lassen. Hätten die Münchner Bürger eine Bitte oder Beschwerde anzubringen, so müsse dies mit der von ihnen zu beweisenden Ehrfurcht ruhig und auf dem „*verfassungsmäßigen*" Wege geschehen. Darauf werde er selbst die Sache untersuchen und „*nach Umständen abhelfen oder beschließen*".

Österreichische Hilfsangebote, Karl Theodor lehnt sie ab

Noch während der Kurfürst diese Befehle gab, trat der Gesandte des Kaisers ein und bot Karl Theodor dessen Beistand an. Es bedürfe nur eines Winkes und sogleich stände ihm österreichisches Militär aus den benachbarten Garnisonen zu Gebote. Doch dankte der Kurfürst dem Gesandten „*für diese Aufmerksamkeit*" und lehnte das Anerbieten ab: „*Es seien nicht die Bayern, nicht die Münchner Bürger, die diesen Frevel wagen, sondern nur einige aufgereizte Menschen aus der niedern Volksklasse, die er mit seinem Militär und selbst zusammen mit dem ungleich größeren Teil der gutgesinnten und ihm treu ergebenen Bürger zu bändigen wohl imstande sei*". Im selben Augenblick erschien der Stadtkommandant mit der Meldung: Er habe in der Hoffnung auf gnädigste Genehmigung alle Wachen in und um die Stadt verstärkt und die Tore einstweilen schließen und die Straßen durch berittene Patrouillen durchstreifen lassen. In den Häusern und auf den öffentlichen Plätzen sei alles ruhig, die Gutgesinnten „*selbst aus dem Bürgerstande*" bezeugen allgemein und laut ihr Mißfallen über die gewagte Tat, meldet der Stadtkommandant; die Menschenmenge innerhalb und außerhalb der Residenz, in der sich viele nur aus Neugierde befänden, vermindere sich allmählich, der Volkshaufen verlaufe sich wieder und betrage sich nicht mehr so ungestüm und lärmend wie vorher.

Der Historiker unserer Tage kann nicht umhin, diese Vorgänge mit denen am 7. November 1918 zu vergleichen. Der gezielte Befehl an die Inhaber der militärischen Spitzenstellen und ihre eigene Initiative und ihr Gehorsam verhinderten 1795, daß die unberechenbare Masse zu unberechenbaren Taten wie am 7. November 1918 vor der Residenz erschien. Die Abgeordneten, welche mit dem Stadtoberrichter 1795 im Herkulessaal auf eine Audienz gewartet hatten, waren, wie Lipowsky formuliert, indessen mehr zur Besonnenheit gekommen, mehreren unter ihnen „*bangte vor dem Erfolg*". Da fiel plötzlich dem Uhrmacher Dobler ein, die Fürbitte der Kurfürstin-Witwe Maria Anna Sophie zu erbitten („*zu erflehen*"). Da die meisten Abgeordneten das begrüßten, setzten sie den Stadtoberrichter davon in Kenntnis. Er ging mit zwei Bürgern zu Maria Anna Sophie und bat „*in tiefster Ehrfurcht um deren mächtige Fürsprache beim Landesherrn*". Die Kurfürstin-Witwe erfüllte die Bitte und begab sich sofort in das Kabinett Karl Theodors. „*Hier flehte sie um Gnade für die verirrten Münchner Bürger, und erhielt sie, jedoch mit dem Beisatze, daß die Urheber dieses Auflaufes zwar nicht mit peinlicher Strafe nach der Schärfe des Gesetzes, doch mit einem Polizei-Arrest zu ihrer und anderer Warnung belegt werden sollten*". Der Kurfürst beauftragte dann den Geheimen Kanzler, dem Stadtoberrichter (Sedelmayr) zu bedeuten, er lasse auf Fürbitte der Kurfürstin-Witwe zwar diesmal Gnade für Recht ergehen, er gestatte jedoch nur auf unbestimmte Zeit, daß der Abtransport von Getreide, Mehl, Butter, Schmalz und Eiern aus München gesperrt werde. Das Mandat wurde noch am 24. September 1795 ausgefertigt[413]. Der Stadtoberrichter dankte für die Zusage der der Bürgerschaft bezeigten Gnade. Sämtliche Bürger gingen ruhig und gelassen auseinander. Alle

Karl Theodors gerichtliche Entscheidungen und Begnadigungen in München

bis auf fünf blieben von aller Strafe frei. Die Fünf, welche in der (gerichtlichen) Untersuchung als Aufwiegler erkannt wurden, wurden mit einer Haft von 38 Tagen bestraft.

Anlage von Getreidemagazinen

1796 ließ Karl Theodor für alle Münchner Bürger in der Stadt selbst ein Getreidemagazin errichten, wo sie *„zu allen Zeiten"* das Getreide am billigsten einkaufen konnten.

Er betonte damals überhaupt die Wohltat des freien Getreidehandels für das Land und wünschte, man solle sich sowohl in Städten und Märkten als auf dem Lande entschließen, Getreidemagazine zu errichten[414].

Durch die Anlage von Getreidemagazinen 1796 trug Karl Theodor aber auch der Lebensnotwendigkeit an kleineren Orten Rechnung. Sein Verfahren war mehr als Taktik: Es stand in Verbindung mit seinem Versuch, mit Württemberg eine Zollunion herbeizuführen.

Das Strafgerichtsverfahren gegen den Grafen von Bettschart

Den Vorgängen und Entscheidungen vom September 1795 stellt Lipowsky[415] Karl Theodors Vorgehen gegen den Grafen Karl von Bettschart gegenüber, einen Geheimrat, der Referendar in den Regierungsangelegenheiten der *„Herzogtümer"* Oberpfalz und Neuburg war. Schon der 1742 während des Reichsvikariats zum Reichsgrafen erhobene Freiherr Johann von Bettschart war Hofrat und Landrichter in Sulzbach gewesen. Seine Familie stammte aus einem Adelsgeschlecht des Kantons Schwyz und hatte 1716 durch Aufnahme in den erbländischen österreichischen Adel das Prädikat *„von und zu Immenfeld"* (in der Halden) erhalten. Graf Johann von Bettschart ist in Sulzbach 1750 und 1759 nachweisbar. Das Gerichtsverfahren Karl Theodors gegen Graf Karl von Bettschart wurde durch dessen Lebensführung kompliziert.

Geheiratet hatte Graf Karl von Bettschart Freiin Elisabeth von Schenk-Castell, die nach der Behauptung von Eduard Vehse[416] in seiner „Geschichte der Höfe Baiern, Baden, Würtemberg und Hessen" von Karl Theodor ein Kind erwartete. Als Bettschart 1788 wegen seiner Verfehlungen als Landrichter in Sulzbach abgesetzt und zum Tode verurteilt worden war, soll er diese Ehe geschlossen haben[417]. Lipowsky erzählt, ohne die Heiratsangelegenheit zu erwähnen, er sei einer der *„Günstlinge"* Karl Theodors gewesen, habe sich aber zur *„Unehre des Landesherren"* und zum Nachteil *„der beiden Länder"* in einen Mißbrauch seiner Amtsgewalt eingelassen, Rechtsverletzungen begangen. Außerdem habe er sich der Bestechungen aller Art, der Verkäufe staatlicher Dienststellen, schuldig gemacht, Betrügereien und niedrige Kunstgriffe angewandt. *Jedenfalls hatte ihn der Kurfürst der Kriminalgerichtsbarkeit überantwortet.* Laut Lipowsky hatten als Untersuchungskommissare der Obere Landesregierungsrat Max von „Dreeren"[418] (= Dreern) und die Hofräte Graf Karl von Arco und Emanuel Maria von Delling die Untersuchung durchzuführen. Lipowsky erzählt, das Kriminalgericht hätte Bettschart *„diesen Staatsverbrecher"* zum Tode verurteilt. Der Kurfürst, der stets Todesstrafen vermeiden wollte, wandelte die Strafe auf dem Gnadenweg in lebenslängliches Gefängnis um. Karl Theodor wurde seit langem nachgesagt, sein Widerwille gegen die Todesstrafe sei so groß gewesen, daß er lieber noch einen schnellen Strafvollzug in Kauf genommen habe, da er nicht alle Gnadengesuche genehmigen konnte. Im Fall Bettschart wurde behauptet, dieser habe sich durch seine Heirat von der Todesstrafe befreit. Als aber nach seiner Verurteilung seine Frau 1793 den Grafen Chamisso heiratete, sei das Rechtsverfahren gegen Bettschart noch einmal in Gang gesetzt worden. Bettschart sei den Österreichern übergeben und von diesen nach Kufstein und dann nach Ungarn verbracht, aber im Gewahrsam gehalten worden. Wenn er nach Karl Theodors Tod wieder freigegeben worden wäre, wie behauptet wurde, lag die Schuldfrage noch komplizierter.

Lipowsky rühmte[419] Karl Theodors Urteil über Bettschart als *Akt der Gerechtigkeit.* Zu diesen zählt der Jurist Lipowsky auch, daß der Kurfürst in besonderen Fragen Münchner Bürger einander gegenüberstellte, um ihre Aussagen zu konfrontieren. Er habe dabei energisch und folgerichtig gehandelt. In der Verwaltung habe er soziale Gerechtigkeit gezeigt, etwa am 24. September 1795 und im nächsten Jahr behördliche Ausfuhrpässe für Lebensmittel angeordnet und Magazine für Getreide und Mehl errichtet, um für alle Münchner zu billigsten Preisen die Möglichkeiten für Brotgewinnung zu gestalten.

Ein anderer Schritt enthob ihn des Verdachts, daß er mit äußerer Gewalt die Beschwerde von Ehrenmännern bei ihm unterbinde. Bettschart hatte für die als Herzogtümer bezeichneten Gebiete der Oberpfalz, für Neuburg und für Sulzbach zu deren *„Konsolidierung und im Rahmen von Vereinfachungs- und Einsparungsmaßnahmen"*, natürlich zur Einschüchterung der Bevölkerung, auf eigene Faust aus Förstern und Jägern ein Oberpfälzisches Schützenkorps gebildet. Er wollte damit aber nur eine bewaffnete Macht in der Hand haben und verhindern, daß einer gegen seinen Willen beim Kurfürsten Beschwerde führe. Deshalb befahl dieser 1795 dem Hofkriegsrat und Oberst Freiherrn Silvius von Hohenhausen, das Korps aufzulösen. Das Fürstentum Neuburg erhielt aufgrund seiner alten Verfassung sein eigenes Regierungskollegium nebst Hofkammer wieder[420]. Grundsätzlich aber unterstützte Karl Theodor Schützengesellschaften und bewilligte so der von München am 10. Mai 1796 sogar eine eigene Uniform. In einer Schützengesellschaft hatten sich ein Oberer Landesregierungsrat und Hofoberrichter, andererseits der Bürgermeister und Stadtoberrichter, ein Hofkammerrat, ein Hofmusikus und ein bürgerlicher Buchhändler sowie ein bürgerlicher Schneidermeister usw. zusammengefunden.

Karl Theodor ehrt Schützengesellschaften

Bei der Einstellung Karl Theodors zu den revolutionären Massenbewegungen und deren Armeen aus Frankreich und angesichts der durch seinen Ehe-Entschluß wachsenden Abhängigkeit von Kaiser und Regierung in Wien wurde es immer schwerer für ihn, die *Außenpolitik* geschickt zu steuern. Das beweist u. a., daß er die militärische Übergabe von Mannheim durch Minister Graf Franz Albert von Oberndorff und von Düsseldorf durch den kurpfalz-bayerischen Generalgouverneur, Generalleutnant Alexander de la Mot(t)e nun als übereilt verurteilte und die beiden Hauptverantwortlichen in Ungnade fielen, die *Offiziere und Soldaten* aber, die sich beim Rheinübergang unweit Speyer und in den Gefechten von Kaiserslautern und Frankenthal, dann bei der Belagerung von Mainz bewährt hatten, durch ein weißemailliertes Johanniterordenskreuz *auszeichnete.* Lipowsky, der das berichtet[421], beantragte damals vergeblich, der Kurfürst solle nach dem Beispiel anderer Mächte einen Militärorden mit Dotierung errichten. Die sichtbare Ungnade und die nach außen hervortretenden Auszeichnungen sollten aber auch dem Kaiser beweisen, daß der Kurfürst militärisch noch Herr im eigenen Lande war. Franz II. schlug Karl Theodor vor, in Ingolstadt eine kaiserliche Besatzung unter einem kaiserlichen Kommandanten einrücken zu lassen. Das lehnte Karl Theodor aber eindeutig ab. Denn der Kaiser hätte sonst Bayern militärisch geradezu in der Hand gehabt. Der Ärger des Kaisers über Oberndorff und Salabert und deren Verhaftung durch die Österreicher war eine weithin sichtbare Verurteilung der militärischen Entscheidungen des Kurfürsten im Kriege.

Karl Theodors militärische und außenpolitische Entscheidungen

Kaiser Franz II. will österreichische Truppen in Ingolstadt

Sie müssen daran gemessen werden, daß Preußen bereits am 5. April 1795 in Basel mit der französischen Republik einen Frieden abgeschlossen hatte. Karl Theodor war ein solcher nicht gelungen, auch als andere süddeutsche Staaten das mit ihm zusammen versuchten. Für einen Schlag der französischen Revolutionstruppen gegen Wien war ein neutrales Preußen erwünscht, ein Durchmarsch durch Süddeutschland aber, wenn es aus neutralen Staaten bestand, nur schwer durchführbar.

Außerdem: Konnte die Kritik an Gesellschaft und Staat in Süddeutschland nicht auch zu Umwälzungen führen?

Karl Theodor verlor 1795 tatsächlich, aber nicht rechtlich das Marquisat Bergen op Zoom, da französische Truppen dort einmarschierten. Erst 1801 verzichtete sein Zweibrücker Nachfolger auf das Markgrafentum.

Aufklärerische Zeitkritik und Zensur

Im Markt Hofkirchen war es 1794 zwar zu Unruhen gekommen[422], im Markt Trostberg zu Schmähungen und einer Pasquille gegen den Bürgermeister, aber keineswegs zu allgemeineren Erschütterungen. Als der Buchdrucker Zangl 1795 eine Broschüre „*Patriotische aber ehrfurchtsvolle Bemerkungen*" verbreitete, wurde das nur mit kritischer Aufmerksamkeit festgestellt[423], Schmähungen gegen gekrönte Häupter 1795[424] nicht durch besondere Verfolgung hochgespielt. Die infolge der Französischen Revolution und sicher auf Anstiften von Pariser Revolutionären erscheinenden „*aufrührerischen Druckschriften*" durften natürlich nicht eingeführt werden, ihr Verbot führte zu einem Schleichhandel bildlicher Darstellungen mit solchen Tendenzen in den Jahren 1791 bis 1795[425]. Das historisch politische Bild, das aus der Geschichte entwikkelte Geschichtsbewußtsein wurde von Xaver Geiger als „*die goldene Legende der Geschichte*" 1793 bis 1794 abgetan[426]. Zweifellos gab es Pasquille und anstößige Lieder, besonders in der Zeit *vor* 1800, als Karl Theodor regierte[427]. Schon vor 1790 gab es ein Gedicht gegen das Regiment des Kurfürsten Karl Theodor und seiner Räte[428]. Aber solche Kritik an der Obrigkeit gab es auch vor dem Regierungsantritt des Kurfürsten 1778. In einer italienischen Zeitung vom Mai 1772 wurde ein articolo di Roma inseriert, der ein großes Spottgemälde über den Papst sowie über hohe geistliche und weltliche Fürsten und über kaiserliche Personen enthielt[429]. Aus einem von 1715 bis 1804 geführten Akt[430] stellen wir ein Verbot der gegen Staaten und Individuen anzüglichen Drucke und Handschriften, Gesänge, Schmähschriften und Pasquillen fest; ein solches erfolgte schon 1581. Wie ein zwischen 1767 und 1808 geführter Akt[431] beweist, wurden in diesem Zeitraum in Bayern sogenannte Volksschriften und auch Drucke festgestellt, die gegen den Staat, die guten Sitten und die Religion ihre Spitze richteten. Außerordentliche Not wie das Hungerjahr 1771/72 verursachte aber auch überhaupt Äußerungen in der Öffentlichkeit[432] wie die von „*einem aufrechten Patrioten*" verfaßten „*Wohlmeinenden Grundsätze über Ursachen und Verhütung der gegenwärtigen Teuerung und Hungersnot in Bayern*". Ein Blick auf die in München, aber auch sonst in Bayern und im Ausland erscheinenden Intelligenzblätter und Journale 1772–1802[433] beweist aber auch das immer reger werdene Interesse der Öffentlichkeit in und außerhalb Bayerns an der Tätigkeit der Fürsten und an den Verhältnissen in Gesellschaft und Staat. Da es in dem seit 1769 wieder bestehenden Bücherzensurkollegium auch Zeitkritiker gab, die ihre Ziele nicht im Sinn des Landesherrn begriffen, erließ noch Max III. 1775 eine Verordnung über die Ausübung der Bücherzensur. Karl Theodor, der die 1776 als Orden erscheinenden Illuminaten kennenlernte, ließ 1784 ein Mandat gegen Pasquille und alle verdächtigen Druckschriften ergehen[434]. Seit 1795 bemühte sich Karl Theodor, aber dann auch noch sein Nachfolger bis 1805 um den Entwurf eines Gesetzes über Büchernachdruck und die in Bayern bestehende Buchhändlerfreiheit. Karl Theodor, der selbst eine evangelische Buchhandlung aus Sulzbach zur Tätigkeit in München ermuntert hatte, versuchte sogenannte ausländische bzw. ehemals ausländische Buchhändler und inländische dabei der Rechtslage gemäß zu erfassen. Er hatte selbst einst die Rechte studiert und bemühte sich, nach dem Recht vorzugehen. Ein solches Rechtsverfahren führte schließlich z. B. gegen die von einem Mann namens Blumenschön fingierte geistliche Bulle wegen „*Aufhebung der Mönche*“ und zu dessen Bestrafung in den Jahren 1787 bis 1789[435].

Die *Auseinandersetzung der Gesellschaft mit Zeitfragen*, wenn sie das von Karl Theodor großzügig geförderte Theater versuchte, muß auch in diesem Zusammenhang um so mehr gewürdigt werden, als es damals für jedermann möglich war, *das Theater* zu besuchen. Denn es mußten dazu keine Eintrittskarten gekauft werden. Karl Theodor wußte, wie stark die Aufführungen französischer Theaterstücke in deutscher Sprache gewirkt hatten. Er hatte in Mannheim seit 1770 statt französischer Schauspieler deutsche am Hof wirken lassen und 1775–77 im ehemaligen Zeughaus ein neues Komödien- und Redoutenhaus gebaut und unter der Hoftheater-Intendanz des Grafen Savioli ein kurfürstliches Hof- und Nationaltheater proklamiert. Am 6. Mai 1777 hatte er den „Entrepreneur“ Theobald Marchand zum Hoftheaterdirektor an seiner neuen kurfürstlichen deutschen Schaubühne ernannt[436]. Ein großer Erfolg wurde schon der erste Versuch einer deutschen Oper, als am 5. Januar 1777 in Mannheim das „Singspiel“ „Günther von Schwarzburg“ aufgeführt wurde, zumal die *Kurpfalz* an der historischen Episode maßgebend beteiligt gewesen war. Günther war von den Söhnen Ludwigs des Bayern gegen den 1346 gegen den Kaiser gewählten Böhmen Karl IV. aufgestellt worden. Der Komponist Ignaz Holzbauer hatte

Im Theater hören die Zuschauer ohne Eintrittskarten Zeitkritik! Schillers Räuber 1782 in Mannheim, den Idomineo 1781 in München, zu dem Karl Theodor Mozart 1780 beauftragt hatte, dann Schauspiele wie J. M. Babos „Das Fräulein Wohlerzogen"

seine Komposition dem Kurfürsten gewidmet. Auf dieser breiten Grundlage wirkte Karl Theodor auch in München, also aus der Ferne für eine *zeitkritische* Auseinandersetzung in Mannheim weiter. Er bestellte 1778 den Freiherrn Wolfgang Heribert von Dalberg, seinen Hofkammervizepräsidenten, auch zum Intendanten des Mannheimer Nationaltheaters. So kam am 13. Januar 1782 Schillers „*Trauerspiel in sieben Handlungen*", „*Die Räuber*", in Mannheim zur Uraufführung. Da der Text bereits bekannt war, strömten zu dieser zweifellos auch politisch kritischen Auseinandersetzung aus der ganzen Umgegend und bis aus Darmstadt, Frankfurt, Mainz, Worms und Speyer die Besucher. Sein Untertitel verriet ein historisches und politische Sehnsuchtsziel: „*Das Stück spielt in Deutschland im Jahre, als Kaiser Maximilian den ewigen Landfrieden für Deutschland stiftete*". – „*Das Theater glich einem Irrenhause, rollende Augen, geballte Fäuste, heisere Aufschreie im Zuschauerraum. Fremde Menschen fielen einander schluchzend in die Arme, Frauen wankten, einer Ohnmacht nahe, zur Türe Es war eine allgemeine Auflösung wie im Chaos, aus dessen Nebeln eine neue Schöpfung bricht*", erzählt Schillers Jugendfreund Andreas Streicher. Ein Jahr vorher hatte Karl Theodor in der Münchner Opernsaison des Karneval 1781 Idomeneus (Idomeneo) aufführen lassen, das er selbst 1780 Mozart in Auftrag gegeben hatte. Der Kurfürst besuchte die erste Orchesterprobe. Nach dem ersten Akt sagte er zu Mozart überlaut „*Bravo*". Als der Komponist zu ihm ging, um ihm die Hand zu küssen, sagte er ihm voraus, er werde von dem Stück Ehre haben. Zu verschiedenen Personen sagte er, es habe ihm noch keine Musik einen solchen Eindruck gemacht. Er setzte deshalb auch später Mozarts deutsche Oper auf seinen Hofbühnen durch und hatte gegen den Inhalt des Idomeneo, worin der Freimaurerorden in sehr günstigem Licht erscheint, keinerlei politische Bedenken. Denn er verwechselte ihn nicht mit den Illuminaten. Er setzte deshalb eine Aufführung später gegen sein eigenes Zensurkollegium durch[437].

Sei 1779 erschien in München der zeitkritische „*Zuschauer in Bayern*"[438]. Die veröffentlichten Schauspiele wie das von J. M. Babo verfaßte Lustspiel „*Das Fräulein Wohlerzogen*" (München 1783) warfen erschrekkende Streiflichter auf die bayerischen Beamten; deren tatsächliches Verhalten, erst recht ihre Tätigkeit können aber erst durch behördengeschichtliche Forschungen erfaßt werden. Das 1784 in München erschienene Lustspiel „*Die geistliche Braut als weltliche Hochzeiterin*" warf den weiblichen Orden in Bayern vor, für Christus nur reiche Himmelsbräute anzunehmen[439]. Wenn das Schauspiel „*Der Teutsche Haus-*

vater" 1780 hohe Ideale verkündete, so bediente sich doch sein Verfasser der Praktiken der Zeit und ging den Kurfürsten für seine beiden zweifellos tüchtigen Söhne um die Stellen eine Majors und eines Rates an[440]. Die Zeitschrift „*Der bayerisch-oekonomische Hausvater*" kritisierte, man könne ohne Legitimation infolge unehelicher Geburt wohl ein Graf oder Freiherr, keineswegs aber ein Schuster oder Schneider werden. Denn die rechtlichen Forderungen der Zünfte standen dem entgegen[441]. Die in Burghausen erscheinende Zeitschrift wurde von der Landwirtschaftlichen Gesellschaft zu Burghausen „*mittels Abnehmern auf Aerarialkosten*" herausgegeben und von dem Hofkammerrat A. Fr. W. Hillesheim überprüft[442]. Auch jetzt aber sprach für die zentrale geistig-gesellschaftliche Stellung Karl Theodors wie auch seiner Vorgänger, daß ihnen eine riesige Zahl vor allem gelehrter Werke und Druckschriften gewidmet wurde. Natürlich spielten da materielle Absichten der Verfasser mit. Freilich konnte es nicht erwünscht sein, daß dem Landesherrn unzulängliche Werke gewidmet wurden. So wurde ein Verfahren ausgearbeitet, das schließlich darin gipfelte, daß vom Landesherrn die Erlaubnis erbeten werden mußte, daß ihm ein Autor eine Schrift widmete[443].

Von öffentlichem Interesse war, ob und wofür der Landesherr oder die Landstände etwas bezahlten. Unmittelbar in die rechtliche und gesellschaftliche Beziehung zum Landesherrn und zum Archiveigentümer, den Landständen und damit in die Politik schlug ein, *wenn ein Hofrat Rechnungen der Landstände*, etwa über eingenommene Rittersteuern und über Anlagen einsehen wollte. Das wurde 1795 ein besonderer Fall[444]. Denn die Einsicht in wirtschaftlich wichtige Akten erforderte besondere Rücksicht auf die Verfassung Kurbayerns.

Die ererbte Stellung des Landesherrn im Mittelpunkt des Staates bedeutete in der Zeit innerer und äußerer Krisen die Selbstbehauptung dieser Staaten nach außen wie nach innen. Der Reichstag in Regensburg war schon vor der offiziellen Mitteilung des preußischen *Sonderfriedens in Basel*[445], die freilich auch nicht sofort erfolgte, am 18. April durch das preußische Ministerium dahin informiert worden: Der Krone Preußens sei es zwar nicht gelungen, dem gesamten Reiche einen unmittelbaren und förmlichen Frieden zu vermitteln, doch habe man die Bedingung erlangt, daß auch allen den Reichsständen, welche sich binnen drei Monaten an Frankreich wenden würden, die Wohltat des Friedens zuteil werden solle. Karl Theodor hatte darüber hinaus auch zu berücksichtigen gehabt, daß der Kaiser den Krieg als Reichskrieg

Nach Preußens Sonderfrieden 1795 in Basel marschierten französische Truppen 1796 in der Oberpfalz, Altbayern und Oberitalien ein

weiterführte. Die französische Republik setzte ihre Außenpolitik 1796 mit einem Krieg in Süddeutschland und Oberitalien fort. *Jourdan marschierte über Franken in die Oberpfalz, Moreau nach Altbayern,* während der junge Bonaparte in Italien einrückte. Das pfalz-bayerische Reichskontingent wurde auf dem Rückzug am 10. Juli trotz Isenburgs Einspruch von dem kaiserlichen Kommandeur auch in drei Gruppen gegliedert. Erzherzog Karl wich vor Moreau von Pforzheim an die schwäbische Donau zurück. Dabei marschierten die kurbayerischen Soldaten mit frischem Mut in die Nähe ihres Heimatlandes, während die Kurpfälzer den Rückzug aus ihrem Heimatstaat innerlich ablehnten und deshalb in Massen desertierten. Nach der unentschiedenen Schlacht von Neresheim ging Erzherzog Karl auf das südliche Donauufer zurück. Karl Theodor versuchte nun durch den Oberst von Reibeld mit den Franzosen zu unterhandeln und deshalb sein pfalz-bayerisches Kontingent vorher vom Erzherzog loszulösen[446]. Dieser aber verhaftete Reibeld nach einer Weile. Während Moreau Augsburg nahm, fand der Erzherzog München verschlossen. Karl Theodor selbst war über Amberg nach dem kursächsischen Schloß Pillnitz an der Elbe abgereist und hatte einer Regierungskommission aus dem Kanzler von Hertling, dem Hofkammerpräsidenten von Törring-Gronsfeld und dem Oberlandesregierungsvizepräsidenten von Weichs die Führung der Regierung übergeben, der Landschaft aber, die seit 1790 immer mehr auf ihre mitwirkende Rolle pochte, die Vollmacht erteilt, in Verbindung mit den Regierungskommissären mit den Franzosen zu unterhandeln. Die Landschaftsverordneten schlossen nun im Vollgefühl ihrer Macht am 7. September 1796 in Pfaffenhofen einen Waffenstillstand und willigten dabei in die Kriegskontribution von nicht weniger als 16 Millionen Gulden. Das war das Drei- bis Vierfache des bayerischen Staatshaushalts eines ganzen Jahres. Der Erzherzog aber ging unter Besetzung Ingolstadts über die Donau vor. Da die kurbayerischen Truppen unabhängig von der Entscheidung der Landschaft handeln konnten, nahmen sie unter dem Kommando des Fürsten von Liechtenstein an den Kämpfen des Erzherzogs bei Amberg und Würzburg teil. Seine Erfolge veranlaßten Moreau zum Rückzug aus Bayern. Obwohl der Erzherzog seinen Sieg nicht ausnützte und Karl Theodor noch nichts von Moreaus Rückzug wußte, verweigerte er aber die Ratifikation des von den Landständen geschlossenen Waffenstillstandes, denn auch seine Regierungskommissare waren dazu nicht herangezogen worden. Nun spielte er der machtsüchtigen Landschaftsverordnung einen empfindlichen Streich: Am 5.

Oktober 1796 erschien er wieder in München, erkannte aber die Zahlungsverpflichtungen nicht an, die die Landschaft eingegangen war, und erntete dadurch im ganzen Lande Anerkennung. *Mannheim* erhielt er 1797 von den Österreichern zurück. Um es vor künftigen Kriegsschicksalen zu bewahren, ließ er seine Festungswerke schleifen.

Bild 58
Kurfürst Karl Theordor

Bild 59
Kurfürstin Elisabeth Auguste

X

Letzte Regierungsjahre und Tod 1797–1799

Berufung von Lipperts, Entlassung Stephan von Stengels

Im März 1797 setzte Karl Theodor – auch unter dem Druck des österreichischen Gesandten in München – anstelle des noch erneut bei der Kolonisierung des Donaumooses bewährten Kabinettssekretärs Stephan von Stengel den früheren Professor der Rechte in Ingolstadt, Geheimrat Johann Kaspar von Lippert ein. Ein Anlaß dazu war wohl auch, daß Stengel aus München Vorwürfe gemacht wurden, er würde auf der freien Getreideausfuhr ohne Einschränkung bestehen[447]. Zweifellos handelte der Kurfürst in den ersten Monaten des Jahres 1797 unter dem Druck verschiedener Kräfte, die ihn selbst auf einen von ihm nicht vorgesehenen Weg führten. Lippert berief er unter dem Einfluß der Kreise um den österreichischen Gesandten in München[448]. Er machte Stengel aber zum Oberlandesregierungsvizekanzler. Lippert, vielseitig und hart, zeitweise Universitätsrektor, hatte sich früher sehr aufgeschlossen gegenüber den Reformen der gemäßigten Aufklärung gezeigt[449]. Westenrieder kritisierte Lippert alsbald[450].

Die seelische Kraft Karl Theodors wurde durch seinen Kampf gegen revolutionäre Kräfte auf eine harte Probe gestellt. Das kann schon daraus ermessen werden, daß Stephan von Stengel ein Mann seines persönlichen Vertrauens war, dessen Stiefvater er als einen der Begleiter nach München in der Sylvesternacht 1777/78 mitgenommen hatte. Stephan hatte ihn auf seinen beiden Italienreisen begleitet. Er entließ in Stephan von Stengel als Kabinettssekretär seinen bewährten eigenen Sohn. Denn Johann Georg von Stengel hatte in der Freiin Christine von Hauer aus Düsseldorf (1734–12. Juli 1792) eine Frau geheiratet, die von Karl Theodor ein Kind erwartete[451].

Als Karl Theodor 1790 und 1792 Reichsverweser wurde, standen die einzelnen Staaten Europas, vor allem aber das Reich, vor der Notwendigkeit, ihre Existenz gegenüber dem revolutionären Frankreich zu behaupten. Dieses hatte bereits am 20. April 1792 dem Habsburger König Franz von Ungarn und Böhmen den Krieg erklärt, bevor er im Juli zum Kaiser gewählt wurde. Es kostete den nunmehrigen Kaiser Franz II. einige Mühe, bis er am 22. März 1793 den Reichskrieg gegen Frankreich zustande brachte. Obwohl er sich mit Spanien, Holland und England verbündete, eroberten die in der levée en masse zusammengetrommelten französischen Truppen 1794 sogar Reichsgebiete auf dem linken Rheinufer und bewirkten, daß im Januar 1795 in Holland die von Frankreich natürlich abhängige Batavische Republik ausgerufen wurde. Der Habsburger Großherzog von Toskana fürchtete ähnliche Vorgänge in seinem Land und zog sich aus dem ersten Koalitionskriege zurück. König Friedrich Wilhelm II. von Preußen schloß am 5. April 1795 mit Frankreich einen Separatfrieden. Er überließ ihm in Artikel V des öffentlichen Vertrages bis zu einem endgültigen Friedensschluß zwischen dem Reich und Frankreich Preußens linksrheinische Gebiete. In einem Geheimvertag Artikel 2 garantierte ihm dafür Frankreich eine territoriale Entschädigung auf dem Reichsgebiet rechts des Rheins. Inwieweit oder seit wann Karl Theodor von dieser Abmachung wußte, läßt sich zwar nach dem heutigen Stand der Forschung nicht sagen, wohl aber, daß er besser als der Kaiser oder der König von Preußen die Ideologie aus dem revolutionären Frankreich begriff und die Revolution für den Ausbruch eines Vulkans hielt. Der in Paris verkündete Wille zur Befreiung unterdrückter Völker ging, wie Walter Bußmann[452] sagt, nahtlos über in eine nationalistische und imperialistische Politik. Brissot sprach davon, „*ganz Europa*" in Brand zu setzen, und Chaumette prophezeihte: „*Das Gebiet zwischen Paris, Petersburg und Moskau wird bald französisiert, munizipalisiert und jakobinisiert sein*". Befreiungsideologie, traditionelle Hegemonialpolitik und Ausbeutungspolitik gehörten schon zusammen, bevor Napoleon zu seinen großen Eroberungszügen ansetzte. Indem sich Frankreich mit einer Reihe von ihm abhängiger Tochterrepubliken umgab und über das Ziel der „*natürlichen Grenzen*" hinaus seinen Machtbereich ausdehnte, verletzte es das von ihm verheißene Prinzip der demokratischen Selbstbestimmung. Es nahm auf den Staatswillen in den kleineren Staaten Norddeutschlands keine Rücksicht, als es Preußen eine territoriale Entschädigung versprach. Am 17. Mai 1795 legte es in einer Zusatzkonvention mit Preußen die „*Neutralität*" dieser kleineren norddeutschen Staaten fest und erweiterte diesen Vertrag bereits am 5. August 1796, als es eine Demarkationslinie festlegte, wie sie Preußen wünschte. Ein Geheimabkommen vom selben Tag mit Preußen sprach den Grundsatz der Säkularisation aus, mit deren Hilfe man die Entschädigungen gestalten wollte[453].

Karl Theodor lehnt Entschädigung für Gebietsverluste auf dem linken Rheinufer durch Gebiete säkularisierter geistlicher Fürsten auf dem rechten Rheinufer ab

Karl Theodor wollte von Entschädigungen aufgrund von Säkularisationen im Prinzip nichts wissen. Nicht er, sondern andere Staaten schieden zunächst aus dem ersten Koalitionskrieg gegen das revolutionäre Frankreich aus: Außer Preußen tat das am 28. August 1795 Hessen-Kassel, am 7. August 1796 Württemberg, am 22. August 1796 Baden.

In den ersten Monaten des Jahres 1797 drückte das Problem Krieg oder Frieden Karl Theodor sehr nieder. Er traf Entscheidungen, die ihn auf Wege führten, die er nicht mehr überblicken konnte. Dazu kam, daß der frühere Professor der Rechte in Ingolstadt, der nunmehrige

Geheimrat Johann Kaspar von Lippert, die Gefahren einer Revolution niederzuhalten versprach. Das klang in den Ohren Karl Theodors um so glaubwürdiger, als Lippert früher kein Scharfmacher gewesen war, als Mitglied der Akademie und seit 1768 Direktor ihrer historischen Klasse Ansehen hatte, durch sein Eintreten für gemäßigte Aufklärung und Reformen die Empfehlung zu verdienen schien, die ihm Karl Theodors 1795 verstorbener Beichtvater *Frank* hatte zuteil werden lassen. Freilich muß für die Vorgänge auch in Rechnung gestellt werden, daß dieser Beichtvater geradezu Macht über Karl Theodor gewonnen hatte.

Die Gefahr einer Revolution in den Augen Karl Theodors, seines Beichtvaters Frank und seines Kabinettssekretärs Lippert

Lippert ging bei der Abwehr revolutionärer Kräfte außerordentlich scharf vor. Westenrieder schrieb, Lippert könne der bayerische Robespierre genannt werden. Er sei beim Aufspüren revolutionärer Kräfte mit Methoden der Inquisition vorgegangen[454]. Was Karl Theodor selbst dachte, würdigte schon Karl Theodor (von) Heigel in der Allgemeinen Deutschen Biographie XV (1882) S. 250 bis 258. Er kannte die Widersprüche in der Diskussion, auch die Aussagen des 1784 von Karl Theodor als Schuldirektorialrat nach München geholten vormaligen Jesuiten Anton von Bucher[455].

Der Frieden des Kaisers mit Frankreich in Campo Formio 1797

Am 17. Oktober 1797 schloß Kaiser Franz II. in Campo Formio mit Frankreich einen Frieden, der aber nur für Österreich Geltung hatte. Er trat die Habsburger Niederlande an Frankreich ab und versprach, dem seit 1780 regierenden Herzog Herkules III. Rinaldo von Modena, der im Oktober 1796 sein Land an die Franzosen verloren hatte, den Habsburger Breisgau zu überlassen. Das konnte Kaiser Franz um so leichter tun, als Herzog Herkules der letzte männliche Sproß des Hauses Este war und 1771 seine Tochter Maria Beatrix mit Erzherzog Ferdinand von Österreich, einem Sohn der Kaiserin Maria Theresia und damit seinem Onkel vermählt hatte. In einem geheimen Zusatzabkommen verpflichtete sich die französische Republik, ihre guten Dienste anzubieten, damit der Kaiser in Deutschland das Fürsterzbistum Salzburg und *den* Teil des bayerischen Reichskreises erwerben könne, der zwischen dem Fürsterzbistum, dem Inn und der Salzach sowie Tirol liege und die Stadt Wasserburg auf dem rechten Innufer zur Aufrundung seines Gebietes erwerbe. Das verletzte bereits eindeutig die Rechte des Landesherrn Karl Theodor, da Wasserburg im Kurfürstentum Bayern lag[456].

Zum „Reichsfriedenskongreß" in Rastatt 1797 entsendet Karl Theodor Einzelbeauftragte für Kurbayern, Kurpfalz, Jülich und Berg

Der Kaiser lud schließlich Ende 1797 zu dem am 9. Dezember 1797 in Rastatt in Baden tagenden Kongreß für einen Reichsfrieden ein. Er brachte dabei zum Ausdruck, daß die Verhandlungen auf der

Grundlage der Reichsintegrität stattfinden sollten. Das widersprach dem in Campo Formio abgeschlossenen Geheimabkommen über die Abtretung bayerischer Gebiete an Österreich und die Säkularisation Salzburgs. Der nunmehrige französische Außenminister Talleyrand betonte denn auch gleich zu Beginn des Kongresses, daß es im Interesse der französischen Republik unbedingt notwendig sei, alle geistlichen Reichsstände zu säkularisieren. Denn die Säkularisation sei das einzige Mittel, die weltlichen Reichsstände zu entschädigen, die auf dem linken Rheinufer ihr Gebiet ganz oder teilweise verloren hatten. Der französische Minister glaubte, daß dadurch die Reichsverfassung positiv verändert werde, die französischen Gesandten aber forderten schon am 9. Dezember 1797, daß die auf dem linken Rheinufer gelegenen Gebiete des Reichs an Frankreich abgetreten werden sollten.

Als Karl Theodor 1797 auf dem Friedenskongreß mitzuverhandeln hatte, entsandte er als mehrfacher Landesherr mehrere Vertreter, in seiner Eigenschaft als „*Herzog*“ von Bayern, wie ihn die Münchner Zeitung 1797[457)] bezeichnet, den Grafen Maximilian von Preysing. Er reiste als bevollmächtigter Minister am 17. November morgens von München auf den „*Reichsfriedenskongreß*“ nach Rastatt ab. Der Kurfürst gab ihm den Revisionsrat „*von Branka*“ (Branca) bei. Als Kurfürst von der Pfalz entsandte er seinen Kurpfälzer Regierungs- und Oberappellationsgerichtsrat von Reichert, außerdem den Kurpfälzer Regierungsrat und Professor des Staatsrechts an der Universität Heidelberg, Friedrich Zentner, ferner den Kurpfälzer Hofgerichtsrat von Schlemmer. Als Herzog von Jülich und Berg gesellte Karl Theodor seinem Minister Graf Preysing den in Düsseldorf als Geheimer Rat wirkenden Freiherrn von Hompesch bei. Den Grafen Preysing, einen Vertreter zugleich des landsässigen Ritterstandes in Bayern, ersetzte Karl Theodor im Februar 1798 durch den an der Spitze der Reformbehörde Bayerns, der Oberen Landesregierung als deren erster Präsident sehr bewährten Grafen Johann Theodor Heinrich Topor Morawitzky (s. oben S. 207). Obwohl er seit 1791, nicht mehr einverstanden mit Karl Theodors Innenpolitik, von seinen Ämtern zurückgetreten war, holte ihn Karl Theodor jetzt wieder hervor. Wer Kritik an den Entscheidungen des alten Kurfürsten in diesen Jahren übt, muß sich auch vergegenwärtigen, daß er in Morawitzky und Zentner Männer berief, die unter seinem Nachfolger wesentlich dazu beitrugen, ein neues Bayern aufzubauen. Auch Freiherr Franz Karl von Hompesch-Bollheim, der in Jülich und Berg noch als Kanzler Karl Theodors seine Fähigkeiten bewiesen, dann in München als sein sehr vertrauter Berater und Mitarbeiter Reformen mitgestaltet hatte, wirkte nach 1799 mit Montgelas entscheidend zusammen. Freilich hatten er und Morawitzky schon vor 1799 auch ihre Kontakte mit Montgelas entwickelt. Hompesch wollte von dem französischen Gesandten in München Aquier wissen, ob Frankreich in Geheimartikeln in Campo Formio dem Kaiser Salzburg und Berchtesgaden zugesprochen habe, da er für Bayern vor allem auf Salzburg Wert legte. Die Fürstbistümer Freising, Regensburg, Eichstätt und auch Augsburg waren dem Kurfürsten von Bayern von den Großmächten, sogar von Österreich zugesprochen worden. Karl Theodor war über diesen Wandel der Rechtsvorstellungen der Zeit so betroffen, daß er mit Hompesch darüber nur unter vier Augen reden wollte. Würde von dem Thema etwas bekannt, so müsse Hompesch alles auf sich selbst nehmen. Dieser dürfe auch im Rat der Minister nicht darüber sprechen, da der österreichische Gesandte Seilern so etwas nach wenigen Stunden erfahre. Die Angst vor Österreich war offenbar auch in Karl Theodor größer als seine oft betonte Verbundenheit. Sicherlich erschien ihm aber Wien als die letzte Zuflucht.

Gebietspläne von Montgelas und Zentner

Sein Minister *Hompesch* legte dem französischen Gesandten einen Entschädigungsplan für Bayern und die Kurpfalz vor, der solche Pläne von Montgelas und von Zentner zusammenfaßt, aber deren Akzente streicht: *Montgelas* hatte vor allem an Kurbayern gedacht und hätte durch Vertauschung der Kurpfalz und des Herzogtums Berg gegebenenfalls Bayern gerne aufgerundet. *Zentner* wollte die Kurpfalz vergrößern und hatte eine Landbrücke zwischen Bayern und der Kurpfalz gefordert[458].

Bis in die letzten Monate seines Lebens arbeitete Karl Theodor an entscheidenden Verbesserungen im Leben seiner Untertanen. Generalleutnant Rumford unterstützte zwar seit Jahren den Kurfürsten in seinen *sozialen Reformen*, verwickelte ihn dabei aber auch in Konflikte, etwa mit dem Magistrat und den Bürgern Münchens. Die Münchner Zeitung brachte am 26. Februar 1798 auf ihren ersten beiden Seiten ein aufrüttelndes Promemoria Rumfords über die Probleme des Zuchthauses. War es schon unter Max III. vorgekommen, daß die Ausnutzung von Kindern in einer Erziehungsanstalt (Hepberg) zu ungemessenen Arbeiten nicht bekannt wurde, so stand es ähnlich mindestens in der Zeit Karl Theodors um die Zuchthäuser, wo zu viele Menschen an einem Ort untergebracht waren und die Unreinlichkeit und der Mangel an frischer Luft 1798 zu einer in der Münchner Zeitung veröffentlichten

Beobachtung Rumfords führte: Es seien in den vorausgegangenen siebzehn Monaten von 114 Personen 30 gestorben. Rumford behauptete, keiner lebe in einem Zuchthaus länger als fünf Jahre. Karl Theodor stand mit Rumford auf dem Standpunkt, daß auch die *„Züchtlinge" Menschen* waren. Er unternahm Reformen (s. S. 348). Im März veranlaßte der Kurfürst Verbesserungen für die Behandlung der Taubstummen und schärfte die unentgeltliche Behandlung von Nachlassenschaften ein. Das lag im Interesse gerade der schwächeren Kreise der Gesellschaft. Karl Theodors Münchner Zeitung mahnte in ihrem Wochenblatt am 14. März aber auch durch *„Betrachtungen über einige nicht unbedeutende politische Wahrheiten"*: *„Es genügt nicht, Recht zu haben"*. Man müsse das auch *„überzeugend"* vortragen. Diese Wahrheit könne zur Aufklärung *„höchst wichtiger Ereignisse in der politischen und moralischen Welt"* dienen. Faulheit und Schlemmerei aber seien oft die wahren Quellen von Armut und Müßiggang in der Gesellschaft. Straßenbettlern soll deswegen kein Almosen gegeben werden.

Letzte Reformen im Sozialwesen

Karl Theodor hatte es schon infolge seiner weitgehenden Ablehnung von Zwangsmaßnahmen schwer, seine oft an entscheidenden Punkten einsetzenden Reformen durchzuführen. Außerdem gerieten viele landesherrliche Verordnungen trotz ihrer Veröffentlichung im Druck durch ihre Anzahl und Vielseitigkeit immer mehr in die Gefahr, Kompetenzkonflikte zu verursachen. Als er am 28. Januar 1798 durch Reskript dem Generalleutnant Rumford verschiedene sozial wichtige Geschäfte, darunter eine Reform der Polizei und den Entwurf eines Buches über die Polizeigesetzgebung übertrug, hatte er die vorher eingerichtete Oberpolizeidirektion wieder aufgehoben[459].

Er mußte deshalb am 6. März 1798 seine oberste Dienststelle für Bayern, die Obere Landesregierung anweisen, ihm selbst im Konfliktfall die Angelegenheit zu unterbreiten. Auch jetzt noch zeigt sich in ihm der Jura-Student von einst, aber auch der Konflikt dieser Reformbehörde mit den alteingesessenen Kollegien, die Karl Theodors Versuch einer Ministerialverfassung von 1779 zum Scheitern gebracht hatten. Der Kurfürst verordnet: Da es sich ereignen könne und werde, daß Rumfords Verfügungen mit den Polizeieinrichtungen oder der Ordnung der Polizei und Sicherheit oder mit bisherigen Verfügungen in Widerspruch stehen, soll die Obere Landesregierung *„bei Befürchtung von wirklicher Gefahr oder üblen Folgen"* dem Kurfürsten selbst berichten und seine Entschließung abwarten. In einem konkreten Fall griff er durch die Verordnung vom 30. April ein und machte das auch am 9. Mai im

Münchener Wochenblatt bekannt; es ging um das „*Armeninstitut*" und sein Verhältnis zum „*Militärarmenhaus*". Rumford hatte ihm mündlich über das Problem Vortrag erstattet und Karl Theodor hatte Lösungen mit ihm besprochen, die ihn als Kurfürsten freilich unbeliebt machen konnten. Denn er ließ ihn die von ihm entworfene „*Familienbeschreibung*" verwirklichen, die viele persönliche Verhältnisse aufdeckte. Aufgrund der Familienbeschreibungen sollte eine vollständige „*Conscription*" erfolgen. Sie konnte natürlich Steuerverpflichtungen und militärische Verpflichtungen klären. Alle Münchener Zentralbehörden des Landesherrn und der Stadtmagistrat bekamen diese Verordnung des Kurfürsten zur Befolgung mitgeteilt. Wer die Schwierigkeiten der Steuerveranlagung von 1593 und der erst 1721 ihr folgenden kennt, kann den Unwillen ermessen, den Karl Theodor durch seine Verordnung auslöste. Er hatte zwar durch eine behutsame und kluge Ausgleichspolitik bis 1794 mit den Landständen, wenn auch nicht ohne Spannungen, zusammengearbeitet und ihnen im August 1781 das im Juni 1778 ihnen entwundene Steuerbewilligungsrecht wiedergegeben, da sie gedroht hatten, das Gericht des Reichshofrats in Wien anzurufen. Die Wege des Kurfürsten und der Landstände aber gingen mehr und mehr auseinander. Diese hatten zwar zu den Friedensverhandlungen in Basel eigene Delegierte entsenden können, hatten sich aber durch die Gewährung der Geldforderungen der nach München vorgerückten Franzosen blamiert, da der Kurfürst nach seiner Rückkehr zur Freude der Öffentlichkeit diese landständische Bewilligung nicht anerkannt hatte. In der aufkommenden Verfassungsbewegung, aus der zwischen 1797 und 1804 über 60 meist anonyme Schriften hervorgingen[460], überwogen die gemäßigt bis entschieden liberalen, „*reformständischen*" Kreise. Nur wenige waren republikanische Demokraten jakobinischer Herkunft. Die meisten Reformer verlangten, daß die freien Bauern in die Ständevertretung einbezogen würden. Die Politik, die Karl Theodor gegenüber den Bauern und den einfachen Kreisen seit langem eingeleitet hatte, sein Versuch einer Bauernbefreiung von 1779, leistete einer Entwicklung Vorschub, die sein Zweibrücker Regierungsnachfolger mit Hilfe seines Ministers, des späteren Grafen von Montgelas 1808 durch die Gleichstellung aller vor dem Gesetz vollendete. Die Konstitution von 1808 und noch mehr die Verfassung von 1818 verwirklichten das Ziel einer geschriebenen Verfassung, das schon diese Bewegung erstrebte. Max III. und Karl Theodor hatten zwar eine Revision der Stadtverfassung Münchens erstrebt, in der es mehr oder minder zu einer Gleichstellung aller Bürger

Flugschriften der Verfassungsbewegung verlangen Einbeziehung der freien Bauern in die Landständevertretung

gekommen wäre, waren aber an dem Kastengeist der bevorrechtigten Bürgergruppen gescheitert. Eine geschriebene Verfassung des gesamten Staates lag wohl nicht im Blickfeld der beiden Kurfürsten, denen es um praktische soziale Reformen ging.

Das 1682 von Max Emanuel in München gegründete Arbeits- und Zuchthaus und die Verschickung von Verurteilten seit 1695 auf die Galeeren der Republik Venedig hatte zu einer Praxis im Strafrecht geführt, die nicht mit dem Wortlaut des Strafgesetzes verwechselt werden darf und bis heute nur teilweise erforscht ist, aber doch zur Beurteilung der Gedanken und der Taten Karl Theodors angeführt werden muß. Seit im 16. Jahrhundert die freiwilligen Galeerenruderer zu teuer wurden und durch die kostenlose Arbeitskraft von Sträflingen ersetzt worden waren, seit im Rahmen des gültigen Strafrechts schon seit 1511 die Galeerenstrafe auch auf der päpstlichen Flotte praktiziert worden war, wurde sie in sehr verschiedenen Staaten, in der Schweiz, in der Reichsstadt Augsburg und auch in Kurbayern verhängt. Die Todesrate unter den Sträflingen war hoch. Kurfürst Max III. von Bayern entschied sich am 20. Juli 1748 für einen „gelinderen Weg", das heißt für die Verbringung zum Festungsbau oder in das Arbeits- und Zuchthaus[461]. Die erst von Rumford festgestellte Todesrate im Zuchthaus veranlaßte jedenfalls 1798 aber Karl Theodor, sofort einzugreifen und Aufträge an die „innere Polizei" zu geben.

Fürsorge für Strafgefangene 1798

Herzog Max Joseph von Zweibrücken und Montgelas

Im September 1796 macht *Herzog Max von Zweibrücken* in dem damals preußischen Ansbach Montgelas zum Leiter seiner politischen Geschäfte. Karl Theodor liebte beide nicht. Dagegen hofften auf den Zweibrücker immer mehr Kreise der Bevölkerung in Bayern, sogar die Landstände. Max Joseph war der heranstehende Erbe und bekannte sich durch jeden seiner politischen Schritte dazu. Das war besonders wichtig, da Frankreich das linke Rheinufer möglichst ganz für sich erstrebte und der Kurfürst der Pfalz und Bayerns damit den größten Teil der Kurpfalz verlor; Max Joseph hatte bereits sein Herzogtum Zweibrücken verloren. Es kam nun darauf an, wie die Wittelsbacher Landesherren entschädigt werden würden. Schon in den Präliminarien in Leoben am 18. April 1797, wo Bonaparte verhandelte, war das sichtbar. Karl Theodor aber wünschte auch jetzt seine Kurpfalz nicht abzutreten und sah in Paris und Wien zwei Übel, von denen Wien das geringere schien. Auf die von Max Joseph und Montgelas entworfenen realen Pläne für die Verluste am linken Rheinufer ging er nicht ein. Er hoffte über Rumford als seinen Gesandten in London das Spiel gegen

Karl Theodor will zur Rettung der linksrheinischen Kurpfalz durch Rumford in London gegen Napoleon in Paris wirken

Bonaparte zu gewinnen. Er hatte in England sicher die Macht erkannt, an der eine uferlose Politik Frankreichs auf dem Kontinent scheitern mußte. Aber die englische Regierung nahm Rumford als Gesandten nicht an, da er, in der Zeit der englischen Herrschaft in Amerika geboren, Engländer sei.

Karl Theodor[462] sah schon in den ersten Positionen, die die französischen Minister für den Friedensvertrag darlegten, die Grundlage für die Vernichtung des Friedens im Reich. Aber der russische Kaiser Paul, Sohn Peters III. und Katharinas und deren Nachfolger[463], mit dessen badischer Schwägerin Max Joseph von Zweibrücken seit dem Frühjahr 1797 verheiratet war, garantierte Bayerns Erhaltung schon wegen dieser Beziehung. Österreich schloß am 17. Oktober 1797 mit Frankreich den Frieden von Campo Formio. Kaiser Franz II. versprach in Geheimartikeln eine entscheidende Veränderung des Reiches, nämlich, sich bei den *Friedensunterhandlungen* zwischen dem Reich und Frankreich dafür einzusetzen, daß das linke Rheinufer von Basel bis Andernach an Frankreich abgetreten werde, Frankreich aber verpflichtete sich andererseits dafür, daß Österreich das Erzbistum Salzburg und von Bayern das Land östlich vom Inn mit seinen wirtschaftlichen so wertvollen Salinen erhalte. Max Joseph hatte zwar durch seinen Gesandten in München erreicht, daß dieser dem Staatskanzler Hertling die Gefahren des bevorstehenden Friedensschlusses für Karl Theodor durch Vorlesen einer von Montgelas verfaßten Depesche vorführte. Dieser selbst aber hoffte auf die am 9. Dezember 1797 in Rastatt beginnenden Verhandlungen über Ordnung der deutschen Reichsangelegenheiten und Entschädigung der Reichsfürsten für das auf dem linken Rheinufer verlorene Gebiet. Der Kongreß dauerte länger, als Karl Theodor lebte.

Karl Theodors neue Gesandte in Wien Graf Topor Morawitzky und Graf Hompesch

Zu Beginn des Jahres 1798 wurde das Gerücht verbreitet, die Franzosen wollten den Kongreß von Rastatt sprengen. Das schreibt Max Joseph aus Karlsruhe an *Wilhelm* am 26. Januar 1798. Darauf ersetzte Karl Theodor seinen bisherigen Gesandten dort, den auch mit den bayerischen Landständen durch sein eigenes Interesse als Hofmarksbesitzer und durch ihre Tendenzen verknüpften Grafen Preysing durch den erprobten Präsidenten der Oberen Landesregierung, Graf Topor Morawitzky, gab ihm aber den Grafen Hompesch bei, der die Interessen der Herzogtümer Jülich und Berg durch seine Tätigkeit dort gut kannte und deshalb auch als gründlicher Interessenwahrer auf dem Kongreß auftreten konnte. Karl Theodor betonte ja gerne die Interessen der

Untertanen in seinen verschiedenen Ländern. In der großen Politik ging es um Bayern als Nachbarn Österreichs, aber auch um Jülich und Berg sowie die Kurpfalz als Nachbarn an den Grenzen des Reiches, die die französischen Truppen da und dort mit einschneidenden Folgen überschritten hatten. In den Verhandlungen, nicht nur in Rastatt, sondern auch in Wien, ging es damals darum, ob sich das 1795 durch den Sonderfrieden von Basel aus dem Koalitionskrieg ausgeschiedene Preußen mit Österreich verständigen werde. Es war sich nämlich nicht ohne weiteres mit Wien einig, wo Cobenzl, trotz der Kaltstellung von 1793 ein wieder aufsteigender Berater des Kaisers, den in München wirkenden österreichischen Gesandten Lehrbach für die Möglichkeiten einschaltete, Bayern zu annektieren. Das war der Punkt, in den sich die Kurfürstin Marie Leopoldine, wiewohl eine geborene Erzherzogin, für die Erhaltung Bayerns einschaltete. Sie warnte den Herzog Wilhelm in Landshut, ihr Gatte wolle Bayern an Österreich abtreten. Natürlich verständigte Wilhelm sofort seinen Vetter und Schwager Max Joseph von Zweibrücken. Doch erwies sich Karl Theodor nicht so abhängig vom Kaiser und der Wiener Politik, wie die Zweibrücker Agnaten fürchteten. Der alte Kurfürst wollte sich tatsächlich auf seinen Positionen als Landesherr behaupten und trieb deshalb ein mehrfaches Spiel, das man mit seinem Verhalten von 1778 vergleichen könnte. Infolge der Warnung Marie Leopoldines an Wilhelm und Max Joseph reisten diese nach München. Sie bezogen von März bis Mai Quartier in der Residenz und führten Gespräche mit Karl Theodor.

Weitere Versuche des Kaisers Franz II. in Wien, Bayern zu annektieren

Sie hatten das Ergebnis, daß der Kurfürst seinen Gesandten, den Grafen Joseph von Tattenbach, einen überzeugten Verfechter der Zweibrücker Erbfolge in München, nach Wien sandte und auch Wilhelm dorthin reiste. Karl Theodor hatte schon Ende Februar in die Kaiserstadt den Grafen Goldstein, den Vizekanzler der Jülich-Bergischen Hofkammer, geschickt. Er sollte die Liquidation der den kaiserlichen Truppen in Bayern gemachten Lieferungen regeln und erwirken, daß die die bayerische Bevölkerung drückenden Belastungen durch die österreichischen Truppen erleichtert würden. Während die Zweibrücker Agnaten sogar eine testamentarische Verfügung Karl Theodors zugunsten des Kaisers in Wien fürchteten, ließ dieser seinem Gesandten dort am 21. Mai die Kopie einer Denkschrift mitteilen, was er seit Kriegsbeginn gegen Frankreich getan habe, besonders 1796, als er seine Truppen nicht mit den österreichischen vereinigte. An dieser Linie hielt er auch jetzt im Grunde fest. Als am 18. Mai der russische Gesandte in

Berlin drängte, daß Friedrich Wilhelm III. in den Krieg gegen das revolutionäre Frankreich wieder eintrete, hatte der Kurfürst am 27. Mai in München zusammen mit dem Geheimen Rat Generalmajor der Kavallerie Graf Franz Borgias Julius von Zedtwitz eine Konferenz mit dem österreichischen Gesandten, Graf Joseph Johann August von Seilern. Es ging darum, daß Karl Theodor eine den Landeskräften angemessene selbständige militärische Macht zur inneren und äußeren Landesverteidigung plante und Zedtwitz an die Spitze eines zu organisierenden Korps von 20–25000 Mann stellen wollte. Seilern sollte offenbar Cobenzl den Wunsch Karl Theodors wissen lassen, daß dieser zu einer Besprechung nach München komme. Dieser traf am 12. Juli für einige Stunden in München ein. In der Unterredung mit Minister Vieregg versicherte er, soweit es von ihm abhänge, werde er die österreichische Regierung für die bayerischen Belange interessieren. Karl Theodor ließ nur diesen knappen Sachverhalt seinen Beauftragten in Wien, dem Herzog Wilhelm und dem Gesandten Graf Tattenbach, mitteilen. Minister Graf Hompesch hielt die Maßnahme für verfrüht und ergänzte die Instruktion für Tattenbach dahin, daß dieses Armeekorps nur der Landesverteidigung diene, niemals anderen Truppen einverleibt und unter ein fremdes Kommando gestellt werden dürfe. Karl Theodor selbst suchte durch eine pessimistische Äußerung seinen Entschluß zu begründen und zugleich die österreichische Regierung zu beruhigen: „*Ich werde alle meine Länder verlieren und als Bettler sterben,* [aber] *ich werde mich niemals vom Hause Österreich trennen*". Der Wortlaut der Äußerung ist nicht verbürgt. Karl Theodor erreichte keine Zusage aus Wien, daß der ihm entstehende Schaden ersetzt werde. Zu seinen beiden Abgesandten in der Kaiserstadt hatte er kein Vertrauen mehr. Am 27. Juli ließ er Tattenbach zurückrufen. Der Kurfürst hatte den Mißerfolg dadurch mit verursacht, daß er Tattenbach ausdrücklich jeden zuvorkommenden Schritt untersagt hatte. Die Wiener Regierung ließ sich auf keinen einzigen Punkt seiner Instruktionen ein. Herzog Wilhelm blieb in Wien. Das entsprach dem Wunsch Max Josephs und seines Beraters Montgelas. Wilhelm fragte nun selbst bei dem Kurfürsten in München an, ob er seinen Aufenthalt zu Verhandlungen in Wien ausdehnen solle, und dieser stellte ihm die Rückreise frei. Nach ergebnislosen Abschiedsaudienzen trat er am 30. August die Abreise an. Für die besorgten Agnaten hatte er eine schwerwiegende Mitteilung: Der Kurfürst hatte keineswegs, wie die Agnaten fürchteten, ein größeres Kapital (2 Millionen Gulden?) in Wien investiert. Ihre Sorge erwies

Der zweite Koalitionskrieg. Geheimrat Generalmajor der Kavallerie Franz Borgias Julius von Zedtwitz soll 20–25000 Mann aufstellen

Unterschiedliche politische Ziele Karl Theodors und der Zweibrücker Agnaten; Pfalzgraf Wilhelm von Zweibrücken-Birkenfeld-Gelnhausen bleibt in Wien

sich hier als unberechtigt. Wilhelm hatte ermitteln können, daß es sich um höchstens 200 000 Gulden handle, die auf der Bank lagen, und 100 000 Dukaten in Gold, die der Kurfürst dem Kaiser geliehen hatte. Herzog Wilhelm hatte ermittelt, daß die Abhängigkeit Karl Theodors von Wien keinesfalls so stark war, wie die Agnaten befürchtet hatten. Wenn Wien auch weiter auf eine weitgehende Abhängigkeit Karl Theodors und Bayerns von sich hinarbeitete, war diese doch geringer, als dort erstrebt, und einem Nachfolger Karl Theodors konnten von dort die Hände nicht gebunden werden. Wilhelm übertrieb rückschauend, wenn er seine Versuche in Wien als bloßen Mißerfolg abstempelte. Das hing aber auch damit zusammen, daß Karl Theodors Ziele etwas anders aussahen, als sich die Agnaten vorgestellt hatten.

Österreich, das sich inzwischen mit Rußland zu einer neuen Koalition gegen die französische Republik zusammengeschlossen hatte, löste den Kongreß am 28. April 1799 auf. Karl Theodors neuer Gesandter für Bayern dort, Morawitzky, arbeitete mit dem von Anfang an für die Kurpfalz beauftragten Zentner, einem gebürtigen Kurpfälzer Bauernsohn und hochbegabten Juristen, in der Frage der Entschädigung durch Säkularisationen zusammen. Zentners Entschädigungsplan für die pfalzbayerischen Staaten von 14. Mätz 1798 beruhte auf der Kenntnis des Entschädigungsplans, den Montgelas im Juni 1797 verfaßt hatte, und auf Gesprächen mit diesem: Kurbayern solle durch die geistlichen Staaten und die Reichsstädte auf altbayerischem Gebiet und durch Würzburg und Bamberg sowie durch die Reichsstädte Nürnberg und Augsburg entschädigt werden. Zentner, damals Professor der Rechte in Heidelberg, versuchte auch die Verluste der Pfälzer Staaten an Einkünften auf linksrheinischem Gebiet durch Einnahmen aus rechtsrheinischen Stiften auszugleichen. Dem Kurfürsten Karl Theodor setzte er mit offener Kritik am 28. Februar 1798 auseinander[464], daß es nicht um das Warten auf glücklichere Zeiten, sondern um Entschädigungen gehe. Wenn Karl Theodor nicht selbst Abtretungen anderer Länder an sich wolle, weil er die Beraubung seiner Mit-Reichsstände vermeide, so müsse er doch damit rechnen, daß das Reich selbst zur Erhaltung des Ganzen Abtretungen beschließen werde und der Kurfürst durch sein Verhalten zum ewigen Nachteil seines Hauses auf wohlbegründete Rechte verzichte.

Im Vorfeld des Reichsdeputationshauptschlusses. Karl Theodor ist gegen die „Beraubung der Mitreichsstände“

Intrigen der jungen Kurfürstin Marie Leopoldine

Die junge Kurfürstin veranlaßte, daß Max Joseph von März bis Mai 1798 in München in der Residenz abstieg und sich mit Wilhelm aus Landshut treffen konnte, der auch Ende des Jahres wieder eine

Zeitlang in München war. Denn Marie Leopoldine hatte dem Pfalzgrafen Wilhelm in Landshut den Hinweis gegeben, daß Karl Theodor Bayern nunmehr an Österreich abtreten wolle[465].

Die Kurfürstin hatte damals ein Verhältnis mit dem Grafen Karl von Arco, dessen Bruder Ludwig sie 1804 heiratete. Karl Theodor hätte jeden von ihr geborenen Sohn als seinen Erben anerkannt, ließ andererseits ihre Briefe wie die Max Josephs überwachen.

Der Kurfürst schloß sich der Koalition gegen Frankreich an und stellte, obwohl er durch den Krieg in große Schulden geriet, durch den nunmehrigen Generalleutnant Graf Franz Borgias Julius von Zedtwitz in Bayern ein Heer auf[465 a]. Am 30. Oktober 1798 wurde in Schwabhausen mit dem Erzherzog Karl wegen Unterstellung der bayerischen Truppen unter ein österreichisches Kommando verhandelt[465 b]. Am 12. November 1798 schloß Karl Theodor in München, da er der neuen Koalition gegen Frankreich beigetreten war, einen Vertrag, der die bayerischen Truppen dem österreichischen Oberbefehl unterordnete und Bayern an die Österreicher militärisch auslieferte, wie Michael Doeberl[465 c] urteilt. Gerüchte über eine Flucht des Kurfürsten und eine provisorische Besetzung Bayerns verbreiteten sich.

Aber Karl Theodor floh weder, noch gab er Zedtwitz unbeschränkt nach. Das geht aus den Worten dieses von ihm in Bayern angetroffenen nunmehrigen Grafen hervor, die dieser 1801 vor dem Hofkriegsrat in Wien – aus Aktenstücken nachweisbar – sprach. Der Hofkriegsrat berichtete am 21. März 1801 dem Kaiser über *„seine geleistet sein sollenden Dienste“*[465 d]. Er hatte also nicht fertiggebracht, Bayern der Macht des Kaisers zu überstellen. Er legte dem Kaiser dar, er, der kurpfalz-bayerische Generalleutnant, habe die kurpfalz-bayerischen Dienste ganz verlassen. Er sei für seine dem Allerhöchsten Erzhaus gezeigte Anhänglichkeit *„gestraft“* und würde immer vor der Welt als ein *„zweideutiger Mann“* erscheinen, wenn ihn der Kaiser nicht auf irgendeine Art zu Diensten verwende. Er bat ihn daher, ihm einstweilen den Charakter eines kaiserlich königlichen Feldmarschall-Leutnants – jedoch ohne Gage – zu verleihen. Der Hofkriegsrat empfahl dem Kaiser nur die Erfüllung dieser Bitte, ohne ihn zu einer Tätigkeit zu verwenden. Kaiser Franz II. ernannte den nunmehrigen k. k. Geheimen Rat und Kämmerer Zedtwitz am 8. Mai 1801 zum k. k. Feldmarschall-Leutnant ad honores.

Es ist unwahrscheinlich, daß Karl Theodor von dem Hausvertrag zwischen Max Joseph und Wilhelm wußte, den diese im Frühjahr 1797 in Rohrbach schlossen, aber auf den Namenstag Max Josephs im Jahr 1796 und auf den Ort Ansbach zurückdatierten, wo sich Max Joseph oft aufgehalten hatte. Es war das Reformprogramm für Pfalz-Bayern, namentlich auf den Linien der inneren Entwicklung und des Staatsneubaues und legte Säkularisationen fest. Wilhelm begrenzte sie freilich. Montgelas hatte den Vertrag mitgestaltet.

Offene Überlegungen der Zweibrücker für die Zeit nach Karl Theodor. Der rückdatierte Rohrbacher Vertrag

Hat Karl Theodor seit 1797 außenpolitisch versagt[466]? Der Kaiser hatte dem Pfalzgrafen Wilhelm versichert, er werde keine Pläne hinsichtlich der Zukunft Bayerns machen, solange der Kurfürst lebe. Dieser hatte erneut nach Wien Geld überwiesen, obwohl sein Militäretat nicht einmal mehr den Zinsendienst wahrnehmen konnte. Wie Wilhelm am 2. März 1798 Max gegenüber außerdem behauptete, erwog Karl Theodor, nach Wien zu flüchten, da er eine Verschwörung der Agnaten Max und Wilhelm, aber auch seiner eigenen jungen Gemahlin und der bayerischen Landstände fürchtete: Diese würden seit 1796 erstreben, ihn zugunsten Max Josephs zu entthronen, und hätten dazu die Hilfe Frankreichs und Preußens[467]. Max Josephs Gesandter berichtete aus München, Karl Theodor wolle auf eine Entschädigung für das linke Rheinufer verzichten, wenn er dafür eine einmalige Zahlung von 2 Millionen Gulden erhielte[468]. Reichspatriotische und legitimistische Beweggründe, sich nicht durch Territorien von Reichsfürsten rechts des Rheins entschädigen zu lassen, erfüllten den Kurfürsten bei diesen Entschlüssen nur in gewissem Umfang. Zum überragenden Motiv wurden seine Angst vor den Staatsauffassungen seines Erben Max Joseph und seine Sorge um den Fortbestand des Malteserordens, durch den verschiedene seiner unehelichen Kinder versorgt wurden. Er wies seine Gesandten in Wien und St. Petersburg an, sie sollten sich für den Fortbestand dieses Ordens auch nach seinem Tod in Bayern mit allen Mitteln verwenden.

Neutralitätsvertrag zwischen Max Joseph und Frankreich?

Montgelas[469] schrieb im September 1798 an Max Joseph, dieser könne es sich leisten, mit Frankreich einen Neutralitätsvertrag oder sogar ein Bündnis abzuschließen, um so die Rheinpfalz seinem Hause zu retten und um sich Entschädigungen durch Säkularisationen zu sichern. Karl Theodor sei an Österreich gekettet. Der Gedanke von Montgelas kam nicht zur Ausführung. Andererseits entwickelte Minister Freiherr Franz Karl von Hompesch seinem Kurfürsten den Vorschlag, an Max an Stelle oder neben der Pfalz das Herzogtum Berg abzutreten. Karl Theodor lehnte das ab und versuchte, dem Gewicht des neuen Frankreich entgegenzuwirken, desses Regierung einen Gesandten für

München ernannt hatte. Der Kurfürst ernannte im Herbst Rumford zu seinem Gesandten in London. Das schien ihm außenpolitisch gegenüber Wien und Paris nützlich, hatte freilich zur Nebenursache, daß Rumford infolge seiner radikalen Reformen in Konflikt mit den bayerischen Landständen geraten war. Die englische Regierung akzeptierte Rumford als Gesandten nicht, da er, zur Zeit der englischen Herrschaft in Amerika geboren, ein Engländer sei.

Pius VI. bewilligt, daß der Klerus in der Pfalz und Bayern für Karl Theodors Staatsbedürfnisse 15 Millionen Gulden zahlen soll

Immerhin brachte Karl Theodor damals noch einen finanziellen Erfolg für seine Staaten zuwege: Der von Rom nach Florenz geflohene Papst Pius VI. gestand dem Kurfürsten am 7. September 1798 in einem Apostolischen Schreiben[470] zu, daß der pfalz-bayerische Klerus 15 Millionen Gulden für alle Notwendigkeiten zahle, die nun durch die Not verursacht waren.

Doch sollte der Kurfürst vorläufig (interim) nur 5 Millionen Gulden erhalten, wie der aushilfsweise auch für München als Nuntius tätige Annibale della Genga (der spätere Papst Leo XII., 1823–1829) am 31. Dez. 1798 in der Urkunde („*Instrument*") mitteilte, durch die das apostolische Schreiben veröffentlicht wurde. Das hatte klugerweise Karl Theodor selbst in einer geheimen Abmachung mit dem Papst vereinbart[471]. Die Zahlung wurde durch die Prälaten erst am 20. Mai 1799 Karl Theodors Nachfolger Max Joseph zugeeignet[472]. Doch auch dieser nur relative finanzpolitische Erfolg schlägt noch für Karl Theodor zu Buch.

Die bayerische Festung Ingolstadt

Zur Bewältigung der militärischen Probleme sandte der Kurfürst den Hofkriegsrat und infolge seiner juristischen Bildung auch zur Mitarbeit in der Geheimen Konferenz gelegentlich herangezogenen Felix Joseph Lipowsky in die Festung Ingolstadt, um diese durch verschiedene Maßnahmen für Jahr und Tag zu verproviantieren. Truppen der drei geistlichen Kurfürsten und des Fürstbischofs von Würzburg sollten zusammen mit den bayerischen die Festung besetzen. Im Februar 1799 lag ein Reskript zur Unterschrift[473] vor, durch das der Kurfürst 150 Bergarbeiter durch sein Oberstbergmeister-Amt zu einer Mineur-Kompagnie ausbilden lassen wollte. Wenn der Kaiser den Friedenskongreß verließ, um erneut zusammen nun mit Rußland gegen Frankreich Krieg zu führen, mußte Bayern geeignete Truppen zur Verfügung haben.

Karl Theodor wird am 12. Februar 1799 vom Schlag getroffen

Als Karl Theodor am Abend des 12. Februar mit seinem Oberstjägermeister Reichsgraf Theodor von Waldkirch und seinem kurfürstlichen Generaladjudanten, Freiherrn Niklas Kasimir von Herding l'Hombre spielte, traf ihn der Schlag. Die Leibärzte vermochten nicht mehr zu helfen. Nach den viel später erfolgten Erzählungen der damaligen jungen Kurfürstin Marie Leopoldine gegenüber dem späteren König Ludwig I. warteten der österreichische Gesandte von Seilern und einige Minister auf lichte Augenblicke des Sterbenden, um ihn einen Vertrag über den Landestausch mit Österreich unterzeichnen zu lassen. Neben Karl Theodors Schwiegersohn Fürst von Leiningen[474] seien für den Tausch gewesen: der Jülich-Bergische Geheimrat und Landeskommissar von 1779 Graf Ludwig von Goltstein (Goldstein), der bayerische Obersthofmeister Graf Joseph von Tattenbach, der Kabinettsekretär Johann Kaspar von Lippert, ein besonders seit 1797 rücksichtsloser Verfolger von Personen, die zur Revolution zu drängen schienen, der Karl Theodor durch seinen 1795 verstorbenen Beichtvater Frank empfohlen worden war, und Franz Borgias Julius von Zedtwitz, der gleich den anderen nach der Übernahme der Regierung durch Max Joseph von seinen Ämtern zurücktrat. Die Kurfürstin hielt den österreichischen Gesandten vom Krankenbett ihres Mannes fern. Pfalzgraf Wilhelm[475] war aus Landshut eingetroffen und wurde, als er gerade bei der Kurfürstin speiste, durch einen Kammerfourier an das Krankenbett geholt. Versehen mit den Sakramenten der Buße, Kommunion und Letzten Ölung, starb Karl Theodor am 16. Februar nachmittags 3/4 3 Uhr.

Karl Theodor stirbt am 16. Februar

In seinem letzten Kampf standen ihm[476] mit Tröstungen der Religion der Nuntius und sein Beichtvater, Pater Cyprian, Guardian der Kapuziner in München, bei. Am Sterbebett standen die Kurfürstin, sein Sohn Fürst Bretzenheim, sein Schwiegersohn Fürst Isenburg und die Minister Graf Matthäus von Vieregg und Graf Josef Ferdinand zu Rheinstein und Tattenbach sowie Graf Wilhelm zu Leiningen-Guntersblum und der Geheime Staatskanzler Freiherr von Hertling, außerdem der Generalleutnant Minister Graf Franz Borgius Julius von Zedtwitz, Geheimrat Graf Max von Preysing, Geheimrat und Kabinettsekretär Kaspar von Lippert und schließlich der Stadtkommandant und Generalmajor Graf Maximilian Topor Morawitzky, der Hofkriegsrat Lipowsky, die Leib- und Hofärzte, der Kammerfurier Menrad von Vorwaltern und drei Kammerdiener, von denen zwei von ihm geadelt worden waren.

Max Joseph trifft unter dem Jubel des Volkes in München ein

Karl Theodor wurde, angetan mit dem Gewand des Hubertusordens und mit dem goldenen Vlies, im Audienzzimmer bis 18. Februar aufgebahrt, dann in die Residenz-Hofkapelle gebracht und am 19. Februar in der Theatinerkirche bestattet. Sein Nachfolger, der Zweibrücker Max Joseph, war am Vortag unter dem Jubel des Volkes, eingeholt von seinem bereits in München eingetroffenen Schwager Wilhelm von Zweibrücken-Birkenfeld-Gelnhausen und dem juristischen Mitarbeiter Käser in München, eingezogen und nahm an dem sehr feierlichen Leichenbegängnis teil. Die erste Trauerrede hielt der Weltpriester Johann Baptist Gailer. Er würdigte den Toten als vorsichtigen und klugen Regenten, als einen gottesfürchtigen und für die Religion wirkenden Fürsten. Ähnlich sprach der Hofprediger und Franziskanerpater Helladius Meck. Die dritte Trauerrede hielt Propst Ertl von St. Kajetan. Er sagte: „*Karl Theodor unser höchstseliger Landesvater entschlief und ging zu seinen Vätern; segnen wir also aus kindlicher Dankbarkeit seine Asche, verbessern [!] wir unsere Urrteile, geben wir einer Kritik, die sich zu viel erlaubt, kein Gehör, und flehen wir den Allerhöchsten um ewige Ruhe für seine Seele an. Dies fordert der Geist unserer Religion; dies fordert das Gefühl der Dankbarkeit; dies fordert endlich die Ehrerbietung, die man den Großen auch nach dem Tode schuldig ist.*" Es kennzeichnet die Überlegungen des Nachfolgers und seiner Berater, daß diese Trauerreden ungedruckt blieben. Lipowsky schloß erst 1820 in seiner Biographie Karl Theodors mit den hier wiedergegebenen Worten des Stiftpropstes. Karl Theodors Minister traten nach seinem Tode zurück.

Die Exequien für Karl Theodor

Die größte Anklage gegen Karl Theodor schien der Jubel zu sein, mit dem sein Nachfolger Max Joseph bei seinem Einzug in München begrüßt wurde. Denn er entsprach der nachweisbaren Erwartung weiter Kreise der Bevölkerung nicht nur der Hauptstadt an ihn. Das war durch seine offene humanitäre Einstellung bedingt, in der er sofort auch Erleichterungen schuf und etwa den Bierzwang aufhob, den die privilegierten Stände 1726 von dem jungen Kurfürsten Karl Albrecht ertrotzt hatten. Der Jubel über den Regierungsantritt des Zweibrückers erklärt sich vor allem aus dem bayerischen Patriotismus, dessen dynastische Exponenten Herzogin Maria Anna von Bayern und der Zweibrücker Max Joseph besonders seit seiner Vermählung geworden waren. Wenn auch Karl Theodor seine Reformen niemand aufzwang und dadurch mehr als einmal diese nicht durchführte, hatte er doch den Ärger der privilegierten Landstände und der durch ihre Zunftrechte anderen Kreisen überlegenen Münchner Bürger verursacht. Mancher Zorn gegen ihn wurde zur Freude über seinen Tod. Dazu kam, daß von Max Joseph Schritte zur politischen und militärischen Behauptung Bayerns gegen die mehr als einmal offensichtlichen österreichischen Annexionsgelüste erwartet werden konnten. Karl Theodor wurde trotz seiner Versuche von 1797, etwa Rumford als Diplomaten in England zu verwenden,

Würdigung Karl Theodors

der politischen Lage nicht mehr Herr. Darüber darf aber nicht vergessen werden, daß er bis zuletzt vielen der Ärmsten der Gesellschaft in Bayern zu einem menschenwürdigeren Dasein verhalf, allen die Möglichkeiten geistiger Erkenntnis durch Öffnung seiner Hofbibliotheken öffnete und durch eine ausgedehnte Entfaltung der Kultur in München, Mannheim und Düsseldorf weitesten Kreisen geistige und künstlerische Freuden schenkte, Mozarts deutsche Oper zum Sieg führte, indem er sie vor seiner eigenen landesherrlichen Zensurbehörde schützte, wie schon 1895 Karl Theodor von Heigel erkannte.

Seine Wissenschaftspflege erstreckte sich nicht nur auf die Gebiete der Geschichte, aus denen das Bewußtsein, einem Staate anzugehören erwuchs, sondern auch auf medizinische und naturwissenschaftliche Fächer. Ärzte und Hebammen in seinen Hauptstädten, Förster in seinen Wäldern sind Zeugen dafür. An vielen Orten, besonders in Frankenthal, leitete er eine zeitgemäße Industrialisierung ein und ließ in dieser seiner dritten Kurpfälzer Hauptstadt sogar ein außerordentlich fortschrittliches Institut zur Erziehung der Mädchen entwickeln. Er erweist sich, soweit die Forschung das heute erkennen läßt, als ein mehr als einmal verkannter fortschrittlicher Landesherr, freilich oft ohne ausreichende Exekutive, und als geradezu ängstlicher Friedenspolitiker, eindeutig als europäischer Kulturfürst. Das wurde in Mannheim und überhaupt am Rhein früher und stärker erkannt als in München, wo sich heute aber auch eindeutig die neue Erkenntnis Bahn bricht.

Das „Gespräch im Reich der Toten zwischen Karl Theodor Kurfürsten von Pfalz-Baiern und Max Joseph seinem Regierungsvorfahrer“

In den Jubel über die Ankunft des neuen Landesherrn, des Herzogs Max Joseph von Zweibrücken, mischten sich Stimmen über die bisherige Zeit. Sie waren verschieden. Da griff ein Autor zur Feder, der vielleicht einmal den Illuminaten nähergestanden hatte.

Er schreibt ein „Gespräch im Reich der Todten“ *zwischen Karl Theodor Kurfürsten von Pfalz-Baiern und Max Joseph, seinem Regierungsvorfahrer.* Er läßt den Kurfürsten Max III. zu Karl Theodor sagen:

„*Mit Frankreichs Revolution kannst Du*
den Druck doch nicht entschuldigen, der lange
zuvor von Deinem Despotismus zeugte.
Gschall wurde zur Verzweiflung und zum Selbstmord
durch Deine Inquisition getrieben,
weil er von der mosaischen Geschichte
der Schöpfung dachte, was der wackre Eichhorn
und andere Gelehrte öffentlich
bekennen und auch lehren. Zaupser schwur

der Obern Landesregierung das Bekenntniß
des Glaubens an die christkatholische Kirche, weil er ein Buch vom
Fanatismus und der Inquisition geschrieben hatte ...
...
Wie viele wackre Männer endlich, Illuminaten
und
noch später unter dem erdachten Vorwand
des Illuminatismus Ehr' und Gut
verlohren, brauch' ich Dir nicht ins Gedächtniß
zurückzurufen. Wenn zum Theil die Schuld
auf Deine damals allvermögende
Geheime Räth' und ihren unglücksschwangern
Partheygeist und Personenhaß auch fällt,
so kann man doch Dich gänzlich nicht hierinn
entschuldigen. Genug, die Stimme Deutschlands
hat längst hierüber schon entschieden.

An späterer Stelle wirft der als Max III. sprechende Autor dem verstorbenen Kurfürsten vor:

das süsse ehrenvolle Band, das Fürsten
und Diener aneinander kettet, kanntest
Du nicht ...

Der Autor spielt an die merkwürdige Mischung von Sinnlichkeit und religiösem Gewissen in Karl Theodor an, wenn er übertreibend ausführt:

... Deine Kuppler haben
durch ihre glänzenden Versprechungen
Viel hundert Frauen und Mädchen wohl verführt,
Du hast durch deiner Buhlerinnen Lohn,
der immer auf des Landes Kosten in
Gehalten und in Dienstverleihungen
gegeben ward, dem Laster einen Schimmer
geliehen, der es reizend machte: Dein
Gewissen treffen dieser Thaten böse Folgen.

Allgemein interessierte den Leser von 1799 zweifellos der Vorwurf

... Deine sclavische Abhängigkeit
vom österreich'schen Kabinett.
Von allen

*Departements war keins so schlecht besetzt
als das Auswärtige. Du wußtest nicht,
was vorgieng, glaubtest durch Verstellung stäts
und durch Temporisiren durchzukommen.*

Das Urteil Felix Joseph Lipowskys

Dagegen veröffentlichte Felix Joseph Lipowsky, der königlich bayerische wirkliche Zentralrat und Archivar der Stände des Königreichs Bayern 1828 in Sulzbach ein 312 Seiten umfassendes Buch: „Karl Theodor, Churfürst von Pfalz-Bayern, Herzog zu Jülich und Berg ect. ect. – wie Er war und wie es wahr ist, oder dessen Leben und Thaten. Aus öffentlichen Verhandlungen u. hist. Quellen . .“. Er und der Bruder seines Vaters standen lange im Dienst Karl Theodors und kannten ihn, aber auch die verschiedenen Urteile, die sich über ihn in München und anderswo bildeten. Felix Joseph Lipowsky wurde spätestens seit 1794 von Karl Theodor nicht nur in persönliche Gespräche gezogen, sondern zeichnete solche auch auf. In seinem Vorwort führt er an, was Montesquieu in seinem Geist der Gesetze bemerkt hat: Jeder Fürst leidet an seiner Ehre, der das Unglück hat, von einer Partei unterdrückt zu werden, die nach ihm die herrschende wird. Die verantwortlichen Männer der neuen Regierung waren freilich keine Partei. Sonst wäre der Nachruf anders ausgefallen, den unter Zulassung durch den neuen Kurfürsten Max Joseph Karl Theodors Minister Hertling unter dem 16. Februar 1799 in der Münchner Zeitung veröffentlichte: „*Nach einer mit einhelligem Ruhm in den pfälzischen Staaten geführten Regierung ... gelangte unser teuerster Landesvater zur Regierung der bayerischen Staaten*“. Karl Theodor kam: „*Weisheit, Gerechtigkeit und Güte waren seine Begleitung. Durch diese Hilfsmittel allein hat er von allen seinen Staaten den verderbenden Krieg soviel wie möglich abgehalten und den segensvollen Frieden nach Kräften zu erhalten gewußt, die Bande der Unterwürfigkeit und Treue in seinen Erbstaaten befestigt, unzählbare Wohltaten ausgespendet, dem Wohlstand neue Quellen geöffnet, den Gemüthern Beruhigung zu verschaffen und die Ruhe seiner Staaten zu befestigen gesucht. Wer wird wohl mißkennen, was Pfalz-Baiern seinem besten Landesvater schuldig ist? Dem Landesvater, der sich während seiner glorreichen Regierung und besonders bei den in seinen letzten Zeiten so wenig günstigen Umständen so viele Denkmale der . . Verehrung, welche den Herzen aller seiner nun von ihm verlassenen Untertanen so tief eingeprägt ist, bei der Nachwelt errichtet hat*“.

Minister Hertling am 16. Februar 1799 über Karl Theodor

Es spricht natürlich für Karl Theodors Regierungsnachfolger, daß er zuließ, die Friedenspolitik und die gesellschaftlichen Reformen seines Vorgängers in derartiger Weise hervorzuheben. Karl Theodor hatte den Zweibrücker Max Joseph nicht gerade geliebt. Diesem befahl es aber die dynastische Pflicht, die guten Punkte des seit Jahren von vielen in Bayern und auch von ihm kritisierten Vorgängers in aller Offenheit festzuhalten.

Vom Standpunkt eines humanitären Rationalismus aus gab es in den durch Krieg und Kriegshärten bedingten Monaten des Jahres 1799 viel Anlaß, die Ursachen dafür in der Außenpolitk Karl Theodors zu suchen, ohne die allgemeinen Umstände zu berücksichtigen, unter denen dieser handelte. Der Zweibrücker Max Joseph, jahrelang Kommandeur eines Regiments, durch seine eigene Entscheidung, aber auch beraten durch die Vernunft und Umsicht eines Montgelas, bediente sich ohne Vorurteil auch tüchtiger Mitarbeiter seines Vorgängers. Karl Theodors Biograph gehört auch zu denen, die Max Joseph außerordentlich in sein Vertrauen zog, wie Lipowskys Niederschriften erweisen.

Wilhelm, seit 1799 Herzog in Bayern, 1829 über Karl Theodor

Ein Jahr, nachdem Lipowskys Buch erschienen war, schrieb ein anderer, der den Kurfürsten noch persönlich gut kannte, seine Eindrücke aus vergangenen Tagen nieder, Herzog Wilhelm in Bayern, der am 16. Februar 1799 vom neuen Landesherrn zu diesem Rang erhoben worden war, der bisherige Pfalzgraf von Zweibrücken-Birkenfeld-Gelnhausen. Es geschah in Wilhelms Selbstbiographie. Sie war nicht für die Veröffentlichung bestimmt, sondern für Wilhelms Nachkommen und stand unter einem kritischen Wort Plutarchs. Als Karl Theodor 1769 dem damals siebzehnjährigen lutherischen Wittelsbacher antrug, die katholische Religionslehre kennenzulernen, hatte er noch nicht den Hausvertrag von 1771 unterzeichnet, durch den er versprach, das Erbe an Bayern unter besonderen Bedingungen zugunsten dieses katholischen Kurfürstentums anzutreten. Der damals regierende Zweibrücker Christian IV. hatte keine zur Nachfolge berechtigten Erben. Dazu standen in Zweibrücken nur dessen noch unvermählter Neffe Karl August und der dreizehnjährige Max Joseph heran. Karl Theodor und die gebildeten Männer in seiner Umgebung wirkten „*vorteilhaft*" auf Wilhelms geistige Welt, der von sich niedergeschrieben hatte, er habe nichts gelernt; Wilhelm war tatsächlich aber in den Lehren und Grundsätzen der protestantischen Kirche so gut unterrichtet, daß es zwischen beiden Wittelsbachern zu „*Controvers*"-Konferenzen kam. Karl Theodor vermittelte dem Pfalzgrafen Wilhelm die Vorzüge des älteren Christentums. Dieser trat aus vollkommener Überzeugung zur katholischen Religion über, wie er seinen Nachkommen versicherte. Wilhelm vertauschte damals den holländischen Kriegsdienst mit dem kurpfälzischen – im holländischen hatte noch Johann, ein Bruder seines Vaters, als Gouverneur der Festung Namur gewirkt, die 1715 die Holländer besetzt hatten. Auch das war für Karl Theodor als Marquis von Bergen op Zoom einmal von Interesse gewesen. Nun überließen Wilhelms Eltern diesen Sohn der Fürsorge im Dienst Karl Theodors, der ihm Geld und Fourage zuwendete. Noch 1829 rühmte Wilhelm, wie beruhigend es für ihn gewesen sei, sich unter den Augen des weisen und gütigsten Karl Theodor zu wissen, der sich äußerst wohlwollend für ihn gezeigt habe. Er denkt zurück an die belehrenden Gespräche des weisen und gelehrten, auch witzigen Fürsten, an seine *„gütige Nachsicht“* mit der von ihm entwickelten Wißbegierde. Als der Kurfürst versuchte, Wilhelm mit einer Gräfin von Limburg-Styrum, Nichte des Fürstbischofs von Speyer, Erbin einer Grafschaft und von zwei Herrschaften in Böhmen zu verheiraten, scheiterte er noch mehr am Fürstbischof als an Kaiserin Maria Theresia, die Wilhelm in diesem Zusammenhang persönlich kennenlernte.

Bei seiner Rückschau 1829 kam Wilhelm auch auf den Kurfürsten der Jahre 1780 und 1785 zu sprechen; er war seit 1780 mit einer Zweibrücker Base, der Pfalzgräfin Maria Anna, Schwester Max Josephs, vermählt und bekam von Karl Theodor Landshut als Sitz zugewiesen.

„Die Gefahr für Bayern 1784/5 war abgewendet worden aber nicht die Besorgnis von der Wiederholung bei irgend einer anderen Gelegenheit, die dem unternehmden Kaiser günstig erscheinen mochte, um die Nachgiebigkeit Karl Theodors abermal zu benutzen“. Auch der dankbare Wilhelm zeichnet das Bild so. *„Allgemein war nach diesem Vorfall die Aufmerksamkeit auf die Wichtigkeit der Erhaltung des bayerischen Staates erweckt worden. Noch wachsamer mußten die [zu] erwartenden Nachfolger des Churfürsten auf dessen Cabinett seyn. Mich ersah man zum vertrauten … aus, auch zum Bevollmächtigten mit zwei Untergeordneten, um beim Absterben Carl Theodors für ihn die Besitzergreifung der heroberen Staaten schleunigst zu vollziehen und der mögliche Fall wurde überdacht, daß Österreich gewaltsam einschreiten würde, und zwecksame Maßregeln mit Preußen (notfalls auch mit Sachsen) beschlossen [= beschloß]. Der preußische Gesandte General Graf von Brühl brachte einige Täge in Landshut zu, um mir den entworfenen Plan, mit unseren sächsischen und den damals in den fränkischen Markgrafschaften liegenden preußischen Truppen Widerstand zu leisten. Später nach oder wegen wiederholten Versuchen des kaiserlichen Hofes hatte das Berliner Kabinett eine weitere Maßnahme ersonnen und gemeinschaftlich mit denen von Hannover und Dresden vollzogen“*. Für Wilhelm wurde im Juni 1785 der

Deutsche Fürstenbund *„zur ungeschmälerten Erhaltung Bayern(s) für unser Haus“* geschlossen.

Das Bild, das Wilhelm von Karl Theodor zeichnet, hatte 1829 zum Maßstab das Ziel, das er nach seinen eigenen Worten auch schon als Wachtposten in dem ihm oft langweiligen Landshut verfolgte. Ihm diente er auch 1797, als er mit dem Vetter und Schwager Max Joseph den sogenannten Ansbacher Hausvertrag mit seinem Reformprogramm für Bayern schloß. Mit Grund unterscheidet er den Kurfürsten von seinem *„Kabinett“*. Mit Erfolg ging er gegen Karl Theodors *„Nachgiebigkeit“* entscheidend 1797 bis 1799 vor. Der alte Kurfürst gab infolge gerade der Schritte Wilhelms 1797 bis 1799 nicht nach.

Professor Dr. theol. Johann Martin Heinrich Ernesti als „Philalethes“ in Coburg 1799 und Michael Ignaz Schmidt 1806 über Karl Theodor

1799 erschienen unter anderem zwei Schriften: das bereits hier sehr ausführlich gewürdigte *„Gespräch im Reich der Toten zwischen Karl Theodor Kurfürst von Pfalzbaiern und Max Joseph, seinem Regierungsvorfahrer“*, d. h. Max III. von Bayern, und unter dem Pseudonym Philalethes aus der Feder des evangelischen Theologieprofessors am akademischen Gymnasium in Coburg, Dr. theol. Johann Heinrich Martin *Ernesti* (1755–1836), die Schrift *„Der offene Spiegel“*. Karl Theodors Biograph Lipowsky zitierte daraus 1828 im Anschluß an das Bekenntnis Karl Theodors über seine Haltung 1778 die Ausführungen Ernestis über das *„große Werk“*, das König Friedrich II. von Preußen in den letzten beiden Jahrzehnten seines Lebens vollendet habe, *„das System und das Gleichgewicht in Deutschland und in Europa“*. Ernesti schrieb in einer Zeit, da die österreichische Regierung abermals Bayern zu annektieren hoffte und Rußland, nicht Preußen, dagegen auftrat. Das war zu Ende des 18. Jahrhunderts. Er weist ohne Nennung Karl Theodors darauf hin, daß 1778 *„der Wiener Hof“* Ansprüche auf die Erbfolge in Bayern und besonders auf Niederbayern erhob und sich damals Friedrich der Große den gewalttätigen Schritten vor allem Josephs II. widersetzt habe und zwar zugunsten der Häuser Pfalz und Sachsen. 1785 habe Friedrich erneut die österreichischen Pläne, Bayern „einzutauschen“ verhindert. Als Ernesti 1799 schrieb und Bayern an der Seite des Kaisers abermals gegen die Franzosen in den Krieg eintreten mußte, hatte dieser Autor in Coburg anonym, aber deutlich die Wiener Regierung angegriffen.

Was Lipowsky[477)] 1828 im Anschluß an Ernesti zitierte, ist der 1806 erschienene, die Jahre 1765 bis 1792 behandelnde 15. Band der neueren Geschichte der Deutschen, die Michael Ignaz Schmidt, der Direktor des Kaiserlichen und Königlichen Hausarchivs in Wien und Beisitzer in der Bücherzensurkommission, verfaßt und der an der bayerischen

Universität in Landshut wirkende Geistliche Rat Joseph Millbiller fortgesetzt hatte. Darin war 1806 (!) der „*Ungrund*" der österreichischen Ansprüche im Rahmen einer breiten Darstellung offen zugegeben. Auf der von Lipowsky zitierten Seite 41 ist aber auch Karl Theodors Lage geschildert, in der er an die Notwendigkeit glaubte, „*dem Verlangen des Wiener Hofes zu willfahren*". Diesen Zwangsgrund „*gab er in der Folge zu seiner Rechtfertigung selbst öffentlich an*".

Kronprinz Ludwig, der spätere König Ludwig I. von Bayern, 1815 über Karl Theodor

Als der spätere König Ludwig I. 1815 Mannheim, wo er 1796 als Zehnjähriger gewesen war, wiedersah, schrieb[478] er über Karl Theodor, dessen erste Gemahlin er noch als Sechsjähriger kennengelernt hatte, und notierte am 5. Juni zu seinem Tagebuch-Eintrag vom 2. Juni 1815 „*Die Lebensweise des Churfürsten Carl Theodors wird wohl in München nicht anders als zu Mannheim gewesen seyn, aber die Menschen waren es, die ihn* [hier] *liebend, dort ihm abgeneigt* [waren], *und so ist es freilich nicht zu* [ver]*wundern, auch* [von] *sein*[em] *Alter abgesehen,* [daß] *er gleichfalls anders war. Wie konnte* [er], *der Fremde, in Bildung so Verschiedene, dorten* [in München] *beliebt seyn nach dem vielgeliebten Maximilian Joseph III. Nicht danklos gegen seine treuen alten pfälzischen Diener zu scheinen, ohne die Bayern schreien zu machen, das war* [für Karl Theodor] *unmöglich*".

Ludwig I., der selbst die Heimat seiner Kindheit am Rhein nie vergaß, urteilt deshalb über Karl Theodor anders, als es in Bayern aus dem angestammten dynastischen bayerischen Staatsgefühl begreiflicherweise damals üblich geworden war.

In Jülich und Berg, die nach der Französischen Revolution und nach Napoleon bis 1945 zu Preußen gehörten, und in der Markgrafschaft Bergen op Zoom im Königreich der Niederlande werden keine Vorwürfe gegen ihn erhoben, zumal er ja im Rahmen seiner Möglichkeiten ihre Rechte und Interessen förderte. In der Kurpfalz und ihren Rechtsnachfolgern wird ihm bis heute seine Liebe und Fürsorge durch immer wieder erneute Pflege seines Andenkens vergolten, in Bayern wird nicht ohne Groll, aber nicht immer mit geschichtlichem Wissen, das Urteil über ihn von dem abhängig gemacht, was er 1778/79 und 1785 in bezug auf die bayerische Staatsexistenz tat oder zu tun schien.

Die Einheit von Staat und Dynastie war für den Zweibrücker Max Joseph und seine Mitarbeiter wie Montgelas eine eindeutig notwendige Kraft. Sie machten deshalb das vormalige Herzogtum Bayern bewußt zum Staatskern eines größeren Bayern. Da durch die Entscheidungen Napoleons nicht nur das linke Rheinufer, sondern auch die rechtsrheinische Pfalz mit Heidelberg und Mannheim aus dem bisherigen

Staatsverband herausgeschnitten worden waren, wurde diese Entwicklung erleichtert. In der Auseinandersetzung, ob Salzburg und die Pfalz mit dem Bayern des Jahres 1816 wieder vereinigt werden sollten, bejahte auch Kronprinz Ludwig beide Forderungen stark. Karl Theodors Schicksal aber bestand in der staatsrechtlichen Notwendigkeit, in verschiedenen Abschnitten seines Lebens in sieben Ländern die Regierung zu übernehmen und deren verschiedenen Interessen gerecht zu werden. Das wurde schließlich sein geradezu tragisches Schicksal. Das Urteil über ihn wird aber heute durch die Einsicht aufgehellt, daß er in jedem seiner Länder das ihm Mögliche unter genauer *Beachtung der verschiedenen Verfassungen* dieser Länder getan hat. Sein *Kultur*fürstentum erkannte schon Schiller an, Goethe aber sprach von einem Kurfürsten Karl Theodor, „der für die Künste und Wissenschaften so viel" getan, wie Hans Weckesser 1974 in seiner biographischen Skizze hervorhob, die er zu seinem 250. Geburtstag am 11. Dezember im „Mannheimer Morgen" schrieb.

Anmerkungen

Vorbemerkung über die *Quellen in den Archiven* und meine *Zitierweise der Bücher*.

In jedem der sieben Länder wurde durch die schriftliche Funktion der sieben Regierungen mindestens eine Registratur und damit ein Archiv entwickelt. In Bergen op Zoom, einem Markgrafentum (Marquisat), mit dem 1729 der fünfjährige Karl Theodor belehnt wurde, ist das Archiv zwar im Stadtarchiv konzentriert, der aus der Vormundschaft Entlassene zog aber zu seinen Regierungsentscheidungen zahlreiche, auch ältere Urkunden und Akten heran und hielt sich diese an seiner jeweiligen Residenz zur Verfügung. Als Landesherr in Sulzbach und Neuburg, in Mannheim, Düsseldorf und München verfuhr er in seinen Residenzen (1742–1777 Mannheim, 1777/78–1799 München) entsprechend.

In jedem der sieben Länder waren aber auch Archive der Kirchen und Gemeinden erwachsen, die zu Dienststellen für die innere und außenpolitische Regierungsarbeit nur in durch das Recht bestimmten Beziehungen standen. Karl Theodor hielt die Eigenständigkeit dieser Länder so stark aufrecht, daß er noch 1797 auf den Friedenskongreß nach Rastatt eigene Gesandte für Kurbayern und für Kurpfalz entsandte. Da das revolutionäre Frankreich die Gebiete links des Rheins an sich riß, bestand nicht für das Herzogtum Jülich, wohl aber für das Herzogtum Berg eine Regierung weiter. Nach seinem Tode ließ es der Erbe Max Joseph durch seine Beauftragten weiterregieren, 1803 bis 1806 durch seinen Vetter und Schwager Wilhelm, den er 1799 zum Herzog in Bayern erhoben hatte.

Da die Regierungsarbeit in höchster Instanz nur in der jeweiligen Residenz durchgeführt werden konnte, war es notwendig, zur Entscheidung benötigte Akten in der jeweiligen Residenz zur Verfügung zu haben. Das hatte zur Folge, daß sich in diesen Residenzen Archive mit Schriftstücken *verschiedener* Herkunft entwickelten. Darauf gehe ich in einigen Anmerkungen, z. B. 43, ein.

Niemand hat die Geschichte der Regierung Karl Theodors in seinen sieben Ländern bis jetzt nebeneinandergestellt, nicht einmal seine Besuche in ihnen systematisch festgestellt. Bei dieser Sachlage ist davor zu warnen, Berichte der auswärtigen Gesandten und Niederschriften von Zeitgenossen als erwiesene Behauptungen anzusehen.

In den folgenden Anmerkungen sind wiederholte Bezeichnungen desselben Archivs oder desselben Buches durch Abkürzungen aufgeführt und wird durch Hinweis auf die Anmerkung, wo das erste Zitat steht, die Möglichkeit geschaffen, die Abkürzung aufzulösen, z. B.:

E. Weis, (wie Anm. 311) 337[7] heißt: E. Weis, das in Anm. 311 zitierte Buch, Seite 337 Anm.7

L. Häusser, Deutsche Geschichte ..., Berlin 1861 I[3] heißt Band I, dritte Auflage

Seiner Kurfürstlichen Durchlaucht zu Pfalz etc. etc. *Hof- und Staatskalender* für das Schaltjahr *1780* – mit kurfl. gnädigsten Privilegium verlegt durch beyde kurfürstl. Kammerfouriers und gedruckt in München mit vötterischen Schriften
wird wie entsprechende Hof- und Staatskalender für andere Jahre wiedergegeben als *Hof- und Staatskalender 1780*. Nicht für jedes Jahr erschien ein solcher. Die genannten Personen und Behörden sind nach dem Stand oft mehr des vorausgehenden Jahres wiedergegeben.
BHStA = Bayerisches Hauptstaatsarchiv München

HU = Hausurkunde im BHStA Abt. Geheimes Hausarchiv

Andere Archive werden bei der ersten Erwähnung in der Anmerkung voll zitiert.

Karl Theodors *Minister* in seiner Pfälzer Zeit verzeichnet systematisch Stefan Mörz, Aufgeklärter Absolutismus in der Kurpfalz während der Mannheimer Regierungszeit des Kurfürsten Karl Theodor

(1742–1777), Stuttgart 1991, 141 f.; die Chefs der *Hofstäbe* und *Leiter der „Staatsbehörden"* 1743 bis 1777 verzeichnet Mörz 451; ein prosopographisches Register 459 ff. bringt die Laufbahnangaben. Die Jahreseinnahmen in Geld und Naturalleistungen eines Ministers usw. bringt Mörz 453 f, die Zunahme der Anzahl der Bediensteten in der Kurpfalz, in Jülich und Berg, in Pfalz-Sulzbach und Pfalz-Neuburg 1743 bis 1777 bringt Mörz 454.

Ich gebe meinem Werk eine Karte über die Kurpfalz 1777 und über die Lande der Pfälzischen Wittelsbacher im 18. Jahrhundert bei. Die Ortsnamen werden in meinem Buch in der heutigen Schreibweise wiedergegeben, soweit das möglich ist.

[1] Die regierenden und die vormals regierenden Familien stellen einen vom Adel, der anerkannt oder verliehen wurde, verschiedenen Personenkreis dar. Für die Zeit Karl Theodors ist auch heute besonders zuverlässig Christian Häutle, „Genealogie des erlauchten Stammhauses Wittelsbach von dessen Wiedereinsetzung in das Herzogthum Bayern (11. September 1180) bis herab auf unsere Tage", München 1870, 190; Hans und Marga Rall, Die Wittelsbacher in Lebensbildern 1986; seit 1763 erschien in Gotha der „Gothaische Hofkalender zum Nutzen und Vergnügen eingerichtet". Wenn auch Häutle als langjähriger Hausarchivar viele Quellen, auch die Hofpfarrbücher heranzog, so finden sich selbst bei ihm keine Quellenangaben

Vgl. allgemein: Wilhelm Karl Prinz von Isenburg, Stammtafeln zur Geschichte der europäischen Staaten, hg. von Frank Baron Freytag von Loringhoven, I Die deutschen Staaten, II Die außerdeutschen Staaten, berichtigter und ergänzter Abdruck Marburg 1956; Freytag von Loringhoven gab als Fortsetzung heraus unter dem Titel Europäische Stammtafeln Bd. 3, Marburg 1975, 3. Auflage; Bd. 4 Marburg 1957, Nachdruck 1975, 2. Auflage; Bd. 5, aus dem Nachlaß hg. von Detlev Schwennicke Marburg 1978; Bd. 6 und Bd. 7, hg. v. D. Schwennicke, Marburg 1978, 1979

D. Schwennicke brachte 1980 heraus: Europäische Stammtafeln, Neue Folge: 1. Frank Freytag von Loringhoven, Die deutschen Staaten, Marburg 1980; Brigitte Sokop, Stammtafeln europäischer Herrscherhäuser, Wien 1976;

H. Rall, Das geistige und politische Ringen des Pfalzgrafen *Christian August* bis zur Gründung des Fürstentums *Sulzbach* 1656, in: Festschrift für Andreas Kraus zum 60. Geburtstag, hg. von P. Fried und W. Ziegler. Kallmünz 1982 213–239; H. Rall, Christian August von Pfalz-Sulzbach als regierender Herzog (1656–1708) und als Familienvater, in: Land und Reich, Stamm und Nation, Festgabe für Max Spindler zum 90. Geburtstag, hg. von Andreas Kraus, München 1984 II 181–194; Stammtafel des herzoglichen Hauses *Arenberg* seit der Mitte des 16. Jahrhunderts und seine Abstammung von den Grafen von der Marck, Brüssel 1905, neu bearbeitet von Laloire 1940

2) Karl Hauck, Kurfürst Karl Ludwig von der Pfalz als Reichsfürst 1617–1680, Leipzig 1903; Peter Fuchs in: *N*eue *D*eutsche *B*iographie XI (1977) 246–249; Fuchs ebd. 252 – 258 über Karl Theodor; s. Gigl (Anm. 40)

3) Max Braubach, NDB (wie Anm. 2) X (1974) 516–518

4) *B*ayerisches *H*auptstaats*a*rchiv, Abt. III *G*eheimes *H*aus*a*rchiv *Korr*espondenz – Akt 304, 323: über Verhandlungen von 1715–1721

5) H. Rall, Kurbayern in der letzten Epoche der alten Reichsverfassung 1745–1801, München 1952, 159; GHA (wie Anm. 4) Pfalz-Neuburger – Archiv Nr. 304

6) GHA (wie Anm. 4), Korr. (wie Anm. 4) 304, 323, über Verhandlungen von 1715–1721; Korr. 1158 (Verhandlungen von 1717) Korr. 1159 (Verhandlungen von 1720); Korr. 1160 (Verhandlungen von 1721)

7) W. A. van Ham, Het Doorluchtig Huis van Bergen op Zoom, Zaltbommel 1977, 88; GHA (wie Anm. 4) Verzeichnis der „Urkunden und Akten betreffend das Marquisat Bergen op Zoom" aufgrund der Angaben in dem ehemaligen Archivalienbestand K(asten) 17, L(ade) 5 Nr. 3332 und 3333; alte Nummer des Verzeichnisses: No. 22

8) Ham (wie Anm. 7) 88; Verzeichnis (wie Anm. 7) darin Nr. 65

9) Verzeichnis (wie Anm. 7) darin Nr. 196; Ham (wie Anm. 7) 88

10) Ham (wie Anm. 7) 84

11) Louis Moreri, Le grand dictionnaire historique, ou le Mélange curieux de l'histoire sacrée et profane ... par Mre Louis Moreri ... Nouvelle édition, dans laquelle on a refondu les Supplements de M. l'abbé Goujet, le tout revu corriggé et augmenté par M. Drouet, Paris, les librairies associés 1759, 10 Bände, hier Band 10, S. 281; François-Alexandre Aubert de La Chesnaye Desbois, Dictionnaire de la noblesse, contenant les généalogies, l'histoire et la chronologie des familles nobles de France, l'explication des leurs armes et l'état des grandes terres du royaume ... par ..., 15 Bände Paris 1776 – 1786, 2. Auflage, Band

13 – 15 von Badier; hier benützt: 19 Bände, 1863 – 1877, 3. Auflage, frères Schlesinger (= Gebrüder Schlesinger), hier: Band 19, Spalte 61 – 62; Étienne Baluze, Histoire généalogique da la maison d'Auvergne, justifiée par chartes titres histoires anciennes et autres preuves authentiques par Monsieur Baluze, Paris, A. Dezallier 1708, 2 Bände, hier Band 2, S. 821 – 823; J. M. Bielawski, Histoire de la comté d'Auvergne et de la capitale Vic-le-Comte, Clermont-Ferrand 1868, S. 311 – 313, 315 – 316; Jean Pierre Labatut, Les ducs et pairs de France au XVIIe siècle, Étude sociale, Paris 1972, S. 352; Marcel Marion, Dictionnaire des institutions de la France aux XVIIe et XVIIIe siècles, Paris 1923, S. 455–56; Roger Doucet, Les Institutions de la France au XVIe siècle, Paris 1923, Band 2, S. 460–461.

12) Verzeichnis (wie Anm. 7) Nr. 206; das hier angegebene Datum ist selbst Ham (wie Anm. 7) nicht bekannt

13) GHA (wie Anm. 4) Karl Theodor von Traitteur (1756–1830), späterer Hofbibliothekar, schrieb eine Art Biographie Karl Theodors, die nicht gedruckt wurde; Stefan Mörz, Karl Theodor von Traitteur – der letzte kurpfälzische Hofbibliothekar, in: Stimme der Pfalz, Jahrgang 38, Heft 4, 4. Quartal, 1987, 10–13

14) Verzeichnis (wie Anm. 7) Nr. 89

15) Vgl. Anm. 1; der Hausarchivar Häutle gibt den 29. Mai, Isenburg den 25. Juni an

16) Verzeichnis (wie Anm. 7) Nr. 197 spricht von der Vollmacht vom 6. Oktober 1728 zur Verwaltung der Markgrafschaft Bergen op Zoom für den minderjährigen Karl Theodor durch seine Großmutter, die nicht als Witwe ihres 1710 verstorbenen Mannes Franz Egon de la Tour d'Auvergne, Markgraf von Bergen op Zoom bezeichnet wird, sondern nach ihrer Herkunft als Herzogin von Arenberg. Die Arenbergs hatte 1644 Kaiser Ferdinand III. im Rahmen seiner Politik mittels Standeserhebungen mit Herzogsrang ausgestattet.
Über die Belehnung des fünfjährigen Karl Theodor 1729 s. Ham (wie Anm. 7) 90

17) Friedrich Schmidt, Geschichte der Erziehung der pfälzischen Wittelsbacher, Berlin 1899 (Monumenta Germaniae Paedagocica, herausgegeben von Karl Kehrbach, Bd. XIX); derselbe Autor schrieb als Bd. XIV der genannten Reihe die Geschichte der Erziehung der bayerischen Wittelsbacher von den frühesten Zeiten bis 1750, Berlin 1892

18) GHA (wie Anm. 4) *H*aus*u*rkunde 3350; zu den 30000 (nicht 50000) Gulden Schulden s. Georg Christoph Gack, Geschichte des Herzogthums Sulzbach

nach seinen Staat- und Religions-Verhältnissen, als wesentlicher Beitrag zur bayerischen Geschichte, Leipzig 1847, 361

19) Schmidt, Erziehung (wie Anm. 17) S. CLXIV

20) Felix Joseph Lipowsky, Karl Theodor, Churfürst von Pfalz-Bayern, Herzog zu Jülich und Berg etc. etc. wie Er war, und wie es wahr ist, oder dessen Leben und Thaten. Aus öffentlichen Verhandlungen und historischen Quellen getreu dargestellt von ... Sulzbach 1828, 5; Das weitergefaßte Manuskript dazu liegt im Stadtarchiv München, Archiv des Historischen Vereins von Oberbayern

21) Ebenso Gack (wie Anm. 18) 359; Häutle (wie Anm. 1) 190 behauptet, ihr Herz ruhe in der Hofkirche in Neuburg an der Donau, ihre übrige Leiche in dem von ihr in Sulzbach gestifteten Kloster. Er bezieht sich dazu auf Johann Nepomuk Anton Freiherr von Reisach, Historisch-topographische Beschreibung des Herzogthums Neuburg, Regensburg (J. L. Montag) 1780 (mit Portraits und Wappen) 54

22) Fr. Schmidt, Erziehung (wie Anm. 17) 532 f.

23) Peter Fuchs, NDB (wie Anm. 2) XI (1977) 253

24) Fr. Schmidt, Erziehung (wie Anm. 17) CLXV; 1737 bis 1739 studierten an der damals sehr bedeutenden Universität Leiden auch zwei Zweibrücker Wittelsbacher: Herzog Christian IV, für den die Mutter die vormundschaftliche Regierung führte, und sein Bruder Friedrich (seit 1746 Friedrich Michael)

25) Karl Kreuter, Kurfürstin Elisabeth Auguste von Pfalz-Bayern, Oggersheim 1914, 17 ff.; (Briefe an Herzog Klemens: GHA (wie Anm. 4) Korrespondenzakt 820/XXVII; Carl Theodor und Elisabeth Auguste, höfische Kunst und Kultur in der Kurpfalz, Katalog zur Ausstellung des kurpfälzischen Museums der Stadt Heidelberg anläßlich seines 100jährigen Bestehens als städt. Kunstsammlung 1979, Heidelberg, darin S. 55–60, Elisabeth Eichner, Lebensbild des Kurfürstenpaares; Karl Lochner, Schloß und Garten Oggersheim 1720–1794, Veröffentlichungen der Pfälzischen Gesellschaft zur Förderung der Wissenschaften, 41, Speyer 1960; Johann Christian von Mannlich, Rokoko und Revolution, Lebenserinnerungen des Johann Christian von Mannlich 1741–1822, hg. v. F. Matthäsius, Stuttgart 1966; Friedrich Malter, Dr. Mai's Nachruf auf die Kurfürstin Elisabeth Auguste, Mannheimer Geschichtsblätter 21/1920, Sp. 37 ff.

26) Verzeichnis (wie Anm. 7) Nr. 210; die Zusammenstellung im Kurpfälzer Hofkalender von 1750 nennt nur drei Räte und „Offiziere" nämlich einen Haupteinnehmer und Lehenprobst, einen Drossard und zugleich Stift- und Lehenprobst und einen Steuereinnehmer der Seigneurie St. Michel. Das führt in die

Irre. Die niederländische Quelle sagt Genaueres; die Landesorganisation und Karl Theodors Interesse an ihr waren besser. Sein Generalkommissarius in den Niederlanden ist 1792 noch eindeutig nachweisbar

27) GHA (wie Anm. 4), Verzeichnis, das oben in Anm. 7 angegeben ist

28) GHA (wie Anm. 4) heute Verzeichnis 17 (früher 45) über die Allodialverlassenschaft des Kurfürsten Karl Theodor und seiner Gemahlinnen: I Allodialverlassenschaft Karl Theodor, II–III Allodialverlassenschaft Maria Elisabeth Auguste, IV Wittumsachen der Kurfürstin Marie Leopoldine 1799–1848, ich lernte die 1944 zugrundegegangenen Stücke noch kennen, da ich 1935 Archivreferendar wurde

29) Kreuter (wie Anm. 25) 20

30) Almanach Electoral Palatin année MDCCL S. 61

31) Lipowsky (wie Anm. 20) 271

32) Kreuter (wie Anm. 25) 20 f.

33) Kreuter (wie Anm. 25) 302

34) Die seit 1101 nachweisbare Grafschaft Berg wurde 1380 Herzogtum. Berg fiel 1348 an eine Nebenlinie der Herzoge von Jülich; Residenz wurde Düsseldorf. Vgl. Justus Hashagen, Bergische Geschichte, Remscheid 1958. Die Grafschaft Jülich war schon 1356 Herzogtum geworden. Jülich und Berg fielen 1614 an die Pfalz-Neuburger Wittelsbacher, was 1666 bestätigt wurde.
Grundlegend behandelt den Stand der Forschung über die Kurpfalz und „ihre Nebenlande" Volker Press in der von Kurt G. A. Jeserich, Hans Pohl und Georg-Christoph von Unruh herausgegebenen Deutschen Verwaltungsgeschichte, I Stuttgart 1982, 555ff., besonders 564ff.; über Bergen op Zoom s. Ham (wie Anm. 7)

35) Hermann Weber, Die Politik des Kurfürsten Karl Theodor von der Pfalz während des österreichischen Erbfolgekrieges (1742–1748), Bonn 1956, 222

36) Johann Goswin Widder, Versuch einer vollständigen geographisch historischen Beschreibung der kurfürstlichen Pfalz am Rhein, I Frankfurt und Leipzig 1786, 64; II erschien ebenfalls 1786, III 1787, IV 1788. Zu Karl Theodors Geheimen Staatskonferenzen s. BHStA Staatsverwaltung 864–901

37) Widder (wie Anm. 36) I 70

38) Hans Schmidt, Kurfürst Karl Philipp von der Pfalz als Reichsfürst, Mannheim 1963; Hans Schmidt, NDB (wie Anm. 2) XI (1977) 252; Hans Schmidt, Das Haus Pfalz-Neuburg in der europäischen Politik des 17. Jahrhunderts, in: Mannheimer Hefte 1992 (2), 106ff.

[39] Das in Anmerkung 28 angeführte Verzeichnis 17 (früher 45) im GHA (wie Anm. 4) läßt deutlich Karl Theodors konsequente Arbeit in seinen verschiedenen Regierungsbereichen anhand der umfangreichen Allodialverlassenschaft erkennen

[40] J. F. Knapp, Regenten- und Volksgeschichte der Länder Cleve, Mark, Jülich, Berg und Ravensberg, 768–1815, Elberfeld und Crefeld (Krefeld) 3 Bände, 1831–1836, hier: III (1836), 359; vgl. auch: Geschichtlicher Handatlas der Länder am Rhein, Köln und Lörrach 19.., Tafel 28 u. 31; J. Krisinger, Die Religionspolitik des Kurfürsten Johann Wilhelm von der Pfalz, in: Düsseldorfer Jahrbücher 47 (1955) 42–125; K. Rosendorn, Die rheinischen Simultankirchen bis zum Ende des 18. Jahrhunderts, Speyer 1958, 78ff.; vgl. meine Anm. 161 eine Darstellung aufgrund von Archivforschung für Karl Theodors Zeit 1742–1799 fehlt. Einen Ansatz bietet die Erforschung des von Kurfürst Johann Wilhelm (1690–1716) in Düsseldorf entwickelten Regierungssystems, in dem wie in den anderen Staaten Hof und Staat eine Einheit bildeten, vgl. Friedr. Lau, Regierungskollegien zu Düsseldorf und der Hofstaat zur Zeit Johann Wilhelms (1679 – Auftrag durch seinen Vater – bis 1716), in: Düsseldorfer Jahrbuch 39 (1937) 228–242, 40 (1939) 257–288; Kurt Erdmann, Der Jülich-Bergische Hofrat bis zum Tode Johann Wilhelms (1716), in: Düsseldorfer Jahrbuch 41 (1939) 1–121; Hans Schmidt (wie Anm. 38) zeigt Karl Philipps Fortsetzung dieses Regierungssystems. Entscheidend war, daß Johann Wilhelm zur Findung seiner Entscheidungen nach Wiener Vorbild 1704 eine Geheime Konferenz einrichtete; in einer solchen arbeitete Karl Theodor regelmäßig. Eine solche gab es seit 1726 auch in München; vgl. Stefan Fischer, Der Geheime Rat und die Geheime Konferenz unter Kurfürst Karl Albrecht von Bayern 1726–1745, Diss. München 1983 (Universitätsbibliothek München; verkürzt gedruckt München 1987 in der Schriftenreihe zur bayerischen Landesgeschichte, hg. von der Kommission für bayerische Landesgeschichte Bd. 86.); Caroline Gigl, Die Zentralbehörden des Kurfürsten von der Pfalz und von Bayern Karl Theodor Herzogs von Pfalz-Neuburg und von Pfalz-Neuburg-Sulzbach, Herzogs von Jülich und Berg, Markgrafen von Bergen op Zoom 1778–1799 in München, Diss. München 1993; über den Aufenthalt Karl Theodors 1785 in den Herzogtümern Jülich und Berg gibt es einen zeitgenössischen Bericht, gedruckt in der Zeitschrift des Düsseldorfer Geschichtsvereins 1882, Heft 6, S. 9ff. vgl. auch J. Hashagen, Bergische Geschichte, Remscheid 1958

[40a] Bei Dünckstühl (Dingstuhl = Gerichtsstuhl) handelt es sich nicht um einen Ort, sondern um den Begriff für ein Amt, also eine Verwaltungseinrichtung mit Gericht.

Das Amt hieß *1767 Pyr* (heute 52459 Inden, Kreis Düren) und Mercken (heute 57629 Merken, Kreis Düren). (Hof- und Staatskalender *1780*: Amt Düren, Pir und Merken) Wilhelmstein gehört heute zur Stadt Aachen.

52078 Schönforst gehört heute zur Stadt Aachen.

Tomberg (Tomburg) ist heute ein Teil der Stadt 53359 Rheinbach. Auskunft des Amtes für rheinische Landeskunde in Bonn, eingeholt durch Andreas von Majewski, München, ebenso Auskunft zu Anmerkung 40[b]).

[40b] Landsperg im ehemaligen Herzogtum Berg gehört heute als Schloß Landsberg zur Stadt Ratingen.

[41] GHA (wie Anm. 4) Verzeichnis 17 und Verzeichnis über die Urkunden und Akten über Bergen op Zoom (wie Anm. 7)

[42] Kreuter (wie Anm. 25) 23 f

[43] Die Reinschriften der Protokolle der Kurpfälzer Geheimen Konferenz liegen bereits für die Zeit von 1743–1778 im Bayerischen Hauptstaatsarchiv in München, Bestand: Staatsverwaltung 910–926; als Karl Theodor 1778 die Regierung in München anzutreten hatte, ließ er wahrscheinlich bald diese Protokolle nachkommen; die Protokolle der Kurpfälzer Geheimen Kanzlei von 1743–1802 liegen im Generallandesarchiv Karlsruhe (Nr. 61/8740–8806); denn nach Karl Theodors Abreise nach München waren diese für seinen Regierungsbeauftragen in Mannheim weiter notwendig und wurden durch dessen Tätigkeit dort weitergeführt; im Generallandesarchiv Karlsruhe liegen naturgemäß die der Geheimen Konferenz nachgeordneten Behörden und außerdem das sogenannte Kurpfälzer Archiv (Archivabteilung 77), das Ludwig Häusser, Geschichte der rheinischen Pfalz 1856, 2. Auflage, Nachdruck Pirmasens 1970, auch für die Karl-Theodor-Zeit öfter zitiert. Doch lassen sie sich nur mit einiger Mühe verifizieren. Die Geschichte der Regierung Karl Theodors und damit die seiner Persönlichkeit läßt sich erst nach aktenkundiger Erforschung seiner Tätigkeit in der Geheimen Konferenz schreiben. Dazu ist freilich auch unerläßlich, daß Ordnungsarbeiten in den Archiven in München und in Karlsruhe über den gegenwärtigen Stand hinaus geführt werden. Ich bin mir in diesem Wunsch mit den Archivkollegen in Karlsruhe einig. Doch können nur wissenschaftliche Archivare in München und in Karlsruhe eine solche Arbeit durchführen. Leider gibt es für sie bis jetzt zuwenig Planstellen. Das Interesse an aktenkundiger Erforschung der Regierungsgeschichte überhaupt ist bei der jüngeren Generation wach; vgl. Stefan Fischer (s. oben Anm. 40), Der Geheime

Rat und die Geheime Konferenz unter Kurfürst Karl Albrecht von Bayern 1726 bis 1745, verkürzt gedruckt München 1987; Stefan Mörz, Kurfürst Karl Theodor: Persönlichkeit und Regierungsweise, die Pfälzer Zeit (1742–1777), Diss. Mainz 1987 unter dem mißverständlichen Titel gedruckt als „Aufgeklärter Absolutismus in der Kurpfalz während der Mannheimer Regierungszeit des Kurfürsten Karl Theodor (1742–1777)", Stuttgart 1991; die beigegebenen Karten sind sehr zu begrüßen; in der Tafel über weibliche Beziehungen fehlt Christine von Hauer, die 1750 Mutter des Freiherrn Stephan von Stengel wurde; Stefan Mörz, Verwaltungsstruktur der Kurpfalz zum Zeitpunkt des Bayerischen Erbfalls, in: Mitteilungen des Historischen Vereins der Pfalz Bd. 84, 1986, S. 403–465

44) Ludwig Maenner, Bayern vor und während der Französischen Revolution, Berlin u. Leipzig 1927, 100 (nach den Aufzeichnungen des 1750 geborenen Freiherrn Stephan von Stengel)

45) Kreuter (wie Anm. 25) 23

46) nach Kreuter (wie Anm. 25) 23 kehrte er damals in seine Heimat Piemont zurück

47) Aufzeichnungen Stephan von Stengels im Archiv der Freiherren von Stengel im GHA (wie Anm. 4); Susanne Vetter, Kurfürst Karl Theodor von Pfalz-Bayern und seine Regierung im Spiegel der Erinnerungen seines Kabinettssekretärs Stephan von Stengel und des Herzogs Wilhelm von Birkenfeld-Gelnhausen, Zulassungsarbeit zur wissensch. Prüfung an den Gymnasien in Bayern, München Frühjahr 1982

48) Kreuter (wie Anm. 25) 24 f.

49) Kreuter (wie Anm. 25) 26 f.

50) wie ich an den Protokollen und Konzepten der Protokolle der Geheimen Konferenz feststellte

51) Hermann Weber, Die Politik des Kurfürsten Karl Theodor von der Pfalz während des österreichischen Erbfolgekrieges (1742–1748), Bonn 1956, 24

52) Weber (wie Anm. 51) 37

53) Weber (wie Anm. 51) 37

54) Weber (wie Anm. 51) 41

55) Weber (wie Anm. 51) 46

56) Peter Claus Hartmann, Karl Albrecht – Karl VII, Glücklicher Kurfürst, unglücklicher Kaiser, Regensburg 1985, 282, 284, 287

57) Weber (wie Anm. 51)83

[58] Vgl. Traitteur (wie Anm. 13)

[59] Weber (wie Anm. 51) 30, 43

[60] Ludwig Häusser, Geschichte der Rheinischen Pfalz nach ihren politischen, kirchlichen und literarischen Verhältnissen, 1856 2. Auflage II 914

[61] GHA (wie Anm. 4 u. 18) HU 3362 und 3363 (Hausvertrag zwischen Kurbayern, Kurköln und Kurpfalz; HU 3364 Separatartikel dazu; HU 3365 Geheimartikel über Truppenstellungen; HU3366 Bestätigung des Hausvertrages durch Max III. von Bayern; HU 3367; HU 3369 weitere Geheimartikel; HU 3360 Bestätigung durch Max III. durch Bayern; HU 3371 Bestätigung durch Klemens August von Köln; HU 3373 und 3374 Originale des Hausvertrags und der Separatartikel

[62] Hans Schmidt (wie Anm. 38) 322 (Register)

[63] Vgl. die Kurpfälzischen Hof- und Staatskalender der Zeit

[64] Günther Ebersold, Rokoko, Reform und Revolution, Ein politisches Lebensbild des Kurfürsten Karl Theodor, Frankfurt/Main 1985, 57

[65] BHStA Staatsverwaltung 910; Rall, Kreittmayr, Persönlichkeit, Werk und Einwirkung, in Zeitschrift für bayerische Landesgeschichte (42) 1979, Heft 1 (Bd 42) 47–73

[66] Vgl. Anm. 13

[67] Susanne Vetter (wie Anm. 47) 36 Anm. 59

[68] H. Rall, Die Hausverträge der Wittelsbacher: Grundlagen der Erbfälle 1777 und 1799, in Wittelsbach und Bayern III, 1, Krone und Verfassung, König Max I. Joseph und der neue Staat, Beiträge zur Bayerischen Kunst, München, Zürich 1980, 28

[69] Michael Doeberl, Entwicklungsgeschichte Bayerns II 1928, 3. Auflage, 339

[70] Elisabeth Remak-Honeff, Karl Theodors Mannheimer Bibliotheca Palatina, in: Stimme der Pfalz Jahrgang 36, Heft 1 Erstes Quartal 1985, 2ff

[71] Häusser (wie Anm. 60) 921

[72] Häusser (wie Anm. 60) 929, der sich beruft auf das Pfälzer Archiv (seiner Zeit), Acciswesen

[73] Häusser (wie Anm. 60) 928

[74] Häusser (wie Anm. 60) 939f

[75] Mörz, gedruckte Diss. (wie Anm. 43) 393ff.; s.a. F. Janson, Kurpfälzische Verordnungen in 2 Bänden 1768 und 1793

[76] Ebersold (wie Anm. 64) 391

[77] Häusser (wie Anm. 60) 923; Carmen Letzelter, Einst Lustschlößchen, heute Weingut – Der Carl-Theodor-Hof in Neustadt-Gimmeldingen, in: Stimme der Pfalz, 1990, 17 f.; Klaus-Peter Westrich, Neustadt an der Weinstraße, Beiträge zur Geschichte einer pfälzischen Stadt, 1975; Friedrich Jakob Dochnahl, fortgeführt von Karl Tavernier, Chronik von Neustadt an der Hardt nebst den umliegenden Orten und Burgen mit besonderer Berücksichtigung der Weinjahre, 1867, 210 f.

[78] Häusser (wie Anm. 60) II 924

[79] Anna Maus, Die Geschichte der Stadt Frankenthal und ihrer Vororte, Eigenverlag 1970, Pilger-Druckerei Speyer, 72f.

[80] Franz Schnabel, Festvortrag bei der Karl-Theodor-Feier des Mannheimer Altertums-Vereins am 19. Oktober 1924, Mannheimer Geschichtsblätter XXV, 12, Mannheim 1924, Nachdruck in den von Heinrich Lutz herausgegebenen Abhandlungen und Vorträgen Schnabels, Freiburg, Basel, Wien 1970, 63–80

[81] Oswald Zenker, Schwetzingen. Barockes Kleinod der Kurpfalz, Schwetzingen 1970[7] 18; Wilhelm Pültz, Konzert in Schwetzingen, 1961 Augsburg/Traunstein; Schloß Schwetzingen 1966, Programm der Schwetzinger Festspiele vom 18. Mai bis 17. Juni 1966 mit Hinweis auf die Festspiele von 1962 und 1952, leider ohne Hinweise, was von den angeführten Stücken Karl Theodor spielen ließ; das ergibt sich vielmehr aus Friedrich Walter, Mannheim in Geschichte und Gegenwart I, Geschichte Mannheims von den ersten Anfängen bis zum Übergang an Baden (1802), Mannheim 1907; Josef August Beringer, Kurpfälzische Kunst und Kultur im 18. Jahrhundert, Freiburg 1907

[82] Martin Frey, Die Kurpfälzische Hofbibliothek, in: Der Antikensaal in der Mannheimer Zeichnungsakademie 1769–1803, Mannheim 1984, 30f.; El. Remak-Honeff (wie Anm. 70)

[83] Henry Anthony Stavan, Kurfürst Karl Theodor und Voltaire, Mannheim 1978, 7

[84] Vgl. oben Anm. 81

[85] Hans Patze und Walter Schlesinger, Geschichte Thüringens V, 1. Teil, 1. Teilband, Köln/Wien 1983, 441

[86] Ludwig Frhr. von Pastor, Geschichte der Päpste seit dem Ausgang des Mittelalters XVI, 1, 1931, 145f. und XVI, 2, 1932, 407–409

[87] Friedrich II. sagte 1785: si ce animal de Theodor voulait crever ... vgl. Ernst F. S. Hanfstaengl, Amerika und Europa von Marlborough bis Mirabeau, München 1930, 132; vgl. meine Anm. 294

[88] vgl. unten meine Anm. 451; Gerhard Nebinger, Die Nachkommen des Kurfürsten Carl Theodor von der Pfalz und Bayern, (Pfalzbaiern), in: Blätter des Bayerischen Landesvereins für Familienkunde, herausgegeben vom Bayerischen Landesverein für Familienkunde e. V., Kallmünz, 1979, 42. Jg., XIII. Bd., Heft-Nr. 9/10, 352ff., hier 354; unter den Nachkommen wird Frh. Stephan von Stengel nicht genannt

[89] Lipowsky (wie Anm. 20) 85ff.; Häusser (wie Anm. 60) II 934 bezeichnet Eleonore Huber als spätere Gräfin Bergstein, die einen Fürsten von Isenburg (Ysenburg) geheiratet habe; Nebinger (wie Anm. 88) weist an Hand von K. F. von Frank, Standeserhebungen und Gnadenakte für das Deutsche Reich und die österreichischen Erblande, Senftenegg 1973, S. 35, und M. Gritzner Standes-Erhebungen und Gnaden-Acte Deutscher Landesfürsten, Görlitz 1880 nach, daß die Tochter aus einer anderen Verbindung Karl Theodors Gräfin Bergstein war und den Prinzen Wilhelm von Isenburg heiratete. Schon Weber (wie Anm. 51) 13 Anm. 31 zählt nicht mehr als fünf legitimierte Kinder Karl Theodors. Wilhelm Karl Prinz von Isenburg, Isenburg-Isenburg, Stammtafel des Geschlechts, Berlin 1941, Tafel 7 berichtigt Gritzner 166

[90] M. Huffschmid, in: Mannheimer Geschichtsblätter 1916, 33ff., 62 f; vgl. Mörz (wie Anm. 43) 57, 67; Kreuter (wie Anm. 25) 28

[91] Rall, Hausverträge, (wie Anm. 68) 18 Anm. 45

[92] Lipowsky (wie Anm. 20) 108f.

[93] Stavan (wie Anm. 83) 10, 15f. usw.; Cosimo Alessandro Collini, Précis de l'histoire Palatinat du Rhin depuis que la Maison Régnante le possède jusqu'á nos jours, Frankfurt und Leipzig 1763

[94] Weber (wie Anm. 51) 15f.

[95] Stavan (wie Anm. 83) 15; zu Voltaires Rußland unter Peter s. Günther Stökl, Russische Geschichte, 1965 ,2. Auflage, 331ff.

[96] Reiss-Museum Mannheim (Verzeichnis von Münzen und Medaillen): Mannheim und die Pfalz im Spiegel von Münzen und Medaillen, Erläuterungen zur Münzen-Schausammlung, ohne Jahr (1971?) bearbeitet von Rudolf Haas, Inge Gesche, Druckerei und Verlag „Mannheimer Morgen"

[97] Meinhard Olbrich, Die Politik des Kurfürsten Karl Theodor von der Pfalz zwischen den Kriegen (1748–1756), Bonner historische Forschungen 27, Bonn 1966, 83 usw.

[98] Peter Fuchs, Kurfürst Karl Theodor von Pfalz-Bayern (1724–1799) in: Pfälzer Lebensbilder III, hg. von Kurt Baumann, 1977, 83

[98a] Hans Ammerich, Landesherr und Landesverwaltung, Beiträge zur Regierung von Pfalz-Zweibrücken am Ende des Alten Reiches, Saarbrücken 1981, 215;

[98b] Peter Fuchs (wie Anm. 23) 254; er sei auch der treibende Teil zum Abschluß der Hausverträge bis 1771/74 gewesen

[99] Kreuter (wie Anm. 25) 123, Peter Fuchs in NDB (wie Anm. 2) XI (2) 254

[100] Verzeichnis (wie Anm. 7) Nr. 210, Nr. 292

[101] Ludwig Reiners. Friedrich, München 1952, 198

[102] Oskar Bezzel, Geschichte des Kurpfälzischen Heeres in den Kriegen zu Ende des 17. und im Laufe des 18. Jahrhunderts, Bd. IV (1. und 2. Teil) der Geschichte des Bayerischen Heeres, München 1925, 1928

[102a] Johann Samuel Ersch und Johann Gottfried Gruber, Allgemeine Encyclopädie der Wissenschaften und Künste in alphabetischer Folge von genannten Schriftstellern, bearbeitet und herausgegeben von J. S. Ersch und J. G. Gruber, Professoren zu Halle, 18. Theil, Leipzig 1928 = I 18 S. 58f.

[103] Rall, Hausverträge (wie Anm. 68) 29f., 48 Anm. 45

[104] Rall, Hausverträge (wie Anm. 68) 48

[105] Rall, Wittelsbacher Lebensbilder von Kaiser Ludwig bis zur Gegenwart, Führer durch die Münchner Fürstengrüfte (Herausgeber: Wittelsbacher Ausgleichsfonds, Schumannstr. 10, 8 München 80), 49ff.

[106] Anna Maus, Die Geschichte der Stadt Frankenthal (wie Anm. 79) 71

[107] Lipowsky (wie Anm. 20) 68

[108] Cosimo Alessandro Collini, Les Vicissitudes de l'Académie des sciences de Mannheim. Discours lu dans une séance de cet Institut Littéraire le 16 Avril 1799 à occasion de la mort de Charles Théodore, Electeur Palatin, fondateur de cette Académie, Mannheim 1799, Lipowsky (wie Anm. 20) 87ff.

[109] Peter Fuchs, Die historische Forschung an der kurpfälzischen Akademie der Wissenschaften zu Mannheim, Mannheimer Hefte 1960 I; vgl. die von der Gesellschaft der Freunde Mannheims und der ehemaligen Kurpfalz herausgegebenen Bände Palatinatus Illustratus – Die historische Forschung an der Kurpfälzischen Akademie der Wissenschaften zu Mannheim –, 1963; Peter Fuchs, Geschichte der Kurpfälzischen Akademie der Wissenschaften in Mannheim wurde als Bd. 1 vorgesehen. Kistners Buch ist der erste Band der Geschichte der kurpfälzischen Akademie der Wissenschaften in Mannheim, 1930, hg. vom Mannheimer Altertumsverein. Der Band als solcher ist nicht mit einem Verfasser ausgewiesen, wohl aber derselbe Band als A. Kistners Buch „Die Pflege der Naturwissenschaften in Mannheim". Kistner bringt auf Tafel X den „Festsitzungssaal" der Akademie, nämlich die Bibliothek Karl Theodors

im Schloß Karl Theodors, auf Tafel XI den „Sitzungssaal“ im Schloß. Adolf Kistner „Die Pflege der Naturwissenschaften in Mannheim z. Zt. Karl Theodors“, Selbstverlag des Mannheimer Altertumsvereins 1930 gibt zusammen mit den Veröffentlichungen der Gesellschaft von 1963 ein großes Bild; vgl. Andreas Kraus, Vernunft und Geschichte, Die Bedeutung der deutschen Akademien für die Entwicklung der Geschichtswissenschaft im späten 18. Jahrhundert, Freibrug i. B. 1963; Ludwig Hammermayer, Gründungs- und Frühgeschichte der bayerischen Akademie der Wissenschaften, Kallmünz Opf., 1959, 16f., 123, 153, 208, 212

110) Über Schöpflin und Lamey s. a. Andreas Lamey, Selbstbiographie nebst ungedruckten Briefen, hg. von Franz Schnabel, in Mannheimer Geschichtsblätter 1913, 4, 6, 7/8, 9; Jürgen Voss, J. D. Schöpflins Wirken und Werk. Eine Bestandsaufnahme anläßlich seines 200. Todestages in Zeitschrift für Geschichte des Oberrheins, 1971/2, 281–321

111) F. Hans, Die Kurpfälzer Religionsdeklaration von 1705, in: Quellen und Abhandlungen zur mittelrheinischen Kirchengeschichte 18, Mainz 1973

112) Bayerisches Hauptstaatsarchiv, Staatsverwaltung 921: Referate, kurz protokolliert, und Entscheidungen des Kurfürsten, die der Kanzler Reibeld damals mit seinem Lesevermerk „legit“ versieht. Der Kurfürst ließ seine Entscheidungen und Anordnungen 1768 und 1793 durch F. Janson, Churpfälzische Verordnungen in zwei Bänden, nach dem Datum der Entscheidungen veröffentlichen. Das Toleranzedikt wurde erst 1793 in Band II 309ff. abgedruckt

113) Georg Pfeilschifter-Baumeister, Der Salzburger Kongreß und seine Auswirkungen 1770–1777, 1929

114) Rall, Hausverträge (wie Anm. 68) 33

114a) Der Hausvertrag von 4. August 1329 wurde in zwei Fassungen abgeschlossen: die eine schlossen Rudolf II. und Ruprecht I., die Söhne des verstorbenen Rudolf I., mit dessen nunmehr zum Kaiser gewordenen Bruder Ludwig, die andere dieser Kaiser mit seinen eigenen Söhnen. Beide Verträge wurden erstmals nebeneinander ediert und kommentiert 1987 durch H. Rall und R. Heinrich in: H. Rall, Wittelsbacher Hausverträge des späten Mittelalters, die haus- und staatsrechtlichen Urkunden der Wittelsbacher von 1310, 1329, 1392/3, 1410 und 1472, München 1987, 64ff.

115) Bayerisches Hauptstaatsarchiv. Innenministerium 19642

116) Bayerisches Hauptstaatsarchiv, Finanzministerium 115661

117) Rall, Hausverträge (wie Anm. 68) 36

118) Lipowsky (wie Anm. 20) 69

119) B. Grotkamp-Schepers, Die Mannheimer Zeichnungsakademie (1756/69) bis 1803, Frankfurt 1980; Dieter Kuhrmann, Zeichnungen aus der Sammlung des Kurfürsten Karl Theodor, Einleitung zum Katalog der Ausstellung zum 225jährigen Bestehen der Staatlichen Graphischen Sammlung München, München 1984; Wolfgang Wegner, Kurfürst Carl Theodor von der Pfalz als Kunstsammler, Zur Entstehung und Gründungsgeschichte des Mannheimer Kupferstich- und Zeichnungskabinetts, Schriften der Gesellschaft der Freunde Mannheims und der ehemaligen Kurpfalz, Mannheimer Altertumsverein von 1859, Heft 9, Mannheim 1960, besonders S. 9–55, über die Verbringung des Kabinetts nach München 1794 S. 55 ff.

120) Kuhrmann (wie Anm. 119) 7, 141[1]

121) Mosbacher Fayencen 1770–1836 (mit einem Anhang Sulzbacher Fayencen), Katalog zur Ausstellung des städt. Reiss-Museums Mannheim, Mannheim 1970, Geleitwort von Herbert Meyer, Katalog v. Franz Swoboda; Franz Swoboda, Die keramischen Manufakturen in den Pfalz-Neuburger Landen, in: „475 Jahre Fürstentum Pfalz-Neuburg", Ausstellung im Schloß Grünau bei Neuburg an der Donau, 20. Juni 1980 – 19. Oktober 1980, 1980 S. 101 – 109

121a) Lipowsky (wie Anm. 20) 109

122) Johann Caspar Möller, Geschichte der vormaligen Grafschaft Bentheim, von den ältesten Zeiten bis auf unsere Tage, Lingen an der Ems, 1879

123) Stephan Reck, Geschichte der gräflichen und fürstlichen Häuser Isenburg, Runkel, Wied, verbunden mit der Geschichte des Rheinthals zwischen Koblenz und Andernach, von Julius Caesar bis auf die neueste Zeit (mit 10 Abbildungen von Stammruinen, Münzen, einer Charte, Geschlechtstafeln und Urkunden), Weimar 1825

124) Gerhard Wild, Das Fürstentum Leiningen vor und nach der Mediatisierung, Jur. Diss. Mainz 1954; Johann Georg Lehmann, Urkundliche Geschichte des gräflichen Hauses Leiningen-Hartenburg und Westerburg in dem ehemaligen Wormsgau, Kaiserslautern (1861), Neudruck Pirmasens 1969

125) Lipowsky (wie Anm. 20) 109

126) Hans Huth, Die Kunstdenkmäler des Stadtkreises Mannheim I/II, München 1982

127) Das geht aus den Kurpfälzer Hof- und Staatskalendern hervor

128) Über Cannabich: Karl Michael Komma, NDB (wie Anm. 2) III 1957, Nachdruck 1971, 125 f.; Lipowsky (wie Anm. 20) 94; über die Musikpflege Karl Theodors überhaupt: Friedrich Walter, Geschichte des Theaters und der Musik am kurpfälzischen Hofe, Leipzig 1898 (Forschungen zur Geschichte Mann-

heims und der Pfalz 1); Ernst Leopold Stahl, Das Mannheimer Nationaltheater, ein Jahrhundert deutscher Theaterkultur im Reich, 1929; Kurt Sommerfeld, Die Bühneneinrichtungen des Mannheimer Nationaltheaters unter Dalbergs Leitung, Berlin 1927 (Schriften der Gesellschaft für Theatergeschichte 36); Wilhelm Herrmann, ... „deutsch zu singen". Mozart und die Mannheimer, Mannheim 1956 (Bühnenblätter des NTM [Nationaltheater Mannheim], Sonderausgabe, Herbert Meyer, Das Nationaltheater Mannheim 1779–1970, Mannheim 1970, Adolf Sandberger, Aus der Korrespondenz des pfalzbayerischen Kurfürsten Karl Theodor mit seinem römischen Ministerresidenten, in: Gesammelte Aufsätze zur Musikgeschichte I München 1921, 218–223; Michael Plasch, Das Repertoire des Mannheimer Hof- und Nationaltheaters der Dalbergzeit, Dissertation Wien 1912, Robert Münster, Die Sinfonien Toeschis, Ein Beitrag zur Geschichte der Mannheimer Sinfonie, Dissertation München 1957; Fritz Alafberg, Wolfgang Heribert von Dalberg als Bühnenleiter und als Dramatiker, Dissertation Berlin 1907 (Berliner Beiträge zur germanischen und romanischen Philologie XXXII, Germanische Abteilung 19); Eugen Bodart, Komponisten der Mannheimer Schule, in: Mannheimer Hefte 1957 Heft 1, 36–40; Karl Freund, Das Theater an den churpfälzischen Höfen in Heidelberg, Mannheim und Schwetzingen 1500–1800, in: Zentralblatt der Bauverwaltung, herausgegeben im Preußischen Finanzministerium Nr. 101/102 (Seite 601–607), Nr. 103–104 (S. 616–619), Berlin 1923; Karl Freund, Kurpfälzisches Schloß- und Hoftheater (Heidelberg, Mannheim und Schwetzingen), Dissertation Karlsruhe 1924; Gustav Jacob, Das Theatermuseum der Stadt Mannheim, Mannheim 1936; Helmut Kreitz, Abbé Georg Josef Vogler als Musiktheoretiker, ein Beitrag zur Geschichte der Musiktheorie im 18. Jahrhundert, Dissertation Saarbrücken 1958; Felix von Lepel, Die italienischen Opern und Opernaufführungen am kurfürstlichen Hofe zu München 1654 bis 1787, Berlin 1953; Max Martersteig, Die Protokolle des Mannheimer Nationaltheaters unter Dalberg in den Jahren 1781–1789, Mannheim 1890; Günther Massenkeil, Ruhm und Nachruhm der Mannheimer Schule, zur Musikgeschichte Mannheims, in: Mannheimer Hefte 1965, Heft 3, 38–47; Dieter Mertz und Rolf Magin, Das Nationaltheater Mannheim 1879–1970, Mannheim 1970; Stephan Pflicht, Kurfürst Carl Theodor von der Pfalz und seine Bedeutung für die Entwicklung des deutschen Theaters, Die Begründung des Mannheimer und des Münchener Nationaltheaters im Zusammenhange wittelsbachischer Kultur- und Bildungspolitik im Zeitalter der Aufklärung, Reichling, Obb. 1976 – eine ausgezeichnete Arbeit mit umfassender Bibliographie, auf die ich hier zum Teil zurückgreife –; Roland Würz, Verzeichnis und Ikonographie der kurpfälzischen Hofmusiker zu Mannheim nebst darstellendem Theaterpersonal 1723–1803, Wilhelmshaven 1975, bringt S. 17f. als Quellen die „Churpfälzischen Staats-Stands-Calender ...“ Heidelberg 1734 und der Jahre 1748 bis 1778, 1780 bis 1790 und 1800 und 1802

129) Lipowsky (wie Anm. 20) 94f.

130) Lipowsky (wie Anm. 20) 95[2]

131) Rudolf Haas, Die Bewohner des Mannheimer Schlosses 1725 bis 1975, in: Mannheimer Hefte 1978 1, 23–29, hier 25

132) Adalbert Prinz von Bayern, Der Herzog und die Tänzerin, Neustadt/Weinstraße 1966, 15

133) Adalbert Prinz von Bayern (wie Anm. 132), 19

134) Haas (wie Anm. 131) 25

135) Lipowsky (wie Anm. 20) 100f.

136) Stephan Pflicht, Kurfürst Carl Theodor und das deutsche Theater, Reichling, Obb., 1976, 136f.

136a) Cornelia Schreiber, Klosteraufhebungen und Klosterpolitik Kurfürst Karl Theodors in Altbayern 1777–1784, Diss. München 1992, 158

136b) Oswald Warmuth, Aus dem Tagebuch der ersten Romreise des Kurfürsten Karl Theodor, in: Das Bayerland XIX, 45, München 1908, 538–539 und XIX, 46, 548–549

137) C. Schreiber (wie Anm. 136[a])) 18 Anm. 20

138) Bernhard Seuffert, Geschichte der Deutschen Gesellschaft, in: Zeitschrift für deutsches Altertum, Beilage: Anzeige für deutsches Altertum und Literatur 6, Berlin 1880; Elisabeth Liebler, Die Kurpfälzische Deutsche Gesellschaft, Diss. Freiburg im Breisgau 1921; Susanne Vetter (wie Anm. 47)

139) Abbildung des Kupferstiches bei Pflicht (wie Anm. 136) 120; vgl. Pflicht in seinem Text: 138; vgl. Huth (wie Anm. 126)

140) Pflicht (wie Anm. 136) 138

141) Pflicht (wie Anm. 136) 139

142) Pflicht (wie Anm. 136) 140

143) Pflicht (wie Anm. 136) 144

144) Peter Fuchs, NDB (wie Anm. 2) XI 1977, 257

145) Pflicht (wie Anm. 136) 148

146) Pflicht (wie Anm. 136) 135

147) Lipowsky (wie Anm. 20) 96

[148] Lipowsky (wie Anm. 20) 92; R. Fendler, Johann Casimir von Haeffelin (1737–1827), Historiker, Kirchenpolitiker, Diplomat, Kardinal, Mainz 1980; E. Krausen in: NDB (wie Anm. 2) VII (1965) 429

[149] Lipowsky (wie Anm. 20) 94

[150] Lipowsky (wie Anm. 20) 98

[151] Lipowsky (wie Anm. 20) 1033

[152] Lipowsky (wie Anm. 20) 104; Werner Schmidt, Die Mannheimer Chirurgenschule, eine militärische Unterrichtsanstalt des 18. Jahrhunderts, in: Mannheimer Hefte 1965 1, 33–39

[153] Lipowsky (wie Anm. 20) 104

[154] Häusser (wie Anm. 60) II 945; Adolf Kistner, Die Pflege der Naturwissenschaften in Mannheim zur Zeit Karl Theodors, Mannheim 1930; Friedrich Klemm, Die Naturwissenschaften in Mannheim zur Zeit Karl Theodors in: Die BASF (*B*adische *A*nilin- und *S*oda-*F*abrik), XIV 4, Ludwigshafen 1964, 209–218; Friedrich Peter Wundt, Entwurf einer allgemeinen Landesgeschichte der Rheinpfalz, Mannheim 1792 (Mannheim 1802, 2. Auflage); Wundt, Carl Theodors Verdienste um die Berichtigung und Erweiterung der rheinpfälzischen Landesgeschichte, Mannheim 1794 (Universitätsbibliothek München, Hist. 1782)

[155] Heinrich Webler, Die Kameral Hohe Schule in Lautern (1774 bis 1784). Speyer, 1927

[156] Häusser (wie Anm. 60) II 953

[157] L. Mohler, Heidelberg, in: Michael Buchberger, Lexikon für Theologie und Kirche, IV, 1932 (!), 874; die Simultane Theologische Fakultät enthielt eine katholische, eine lutherische und eine reformierte Fakultät

[158] Häusser (wie Anm. 60) II, 951

[159] Anna Maus, Vom Philanthropin zur Mädchenoberschule 1782–1957, Die Geschichte der Karolinenschule zu Frankenthal/Pfalz, Trautheim 1958

[160] Maus, Philanthropin (wie Anm. 159) 22f.

[161] Lipowsky (wie Anm. 20) 61; Otto Redlich, Karl Theodor und Düsseldorf in: Düsseldorfer Jahrbuch 31, Düsseldorf 1925, 1–12; Otto Redlich, Die Bedeutung des Kurfürsten Karl Theodor für Düsseldorf in: Düsseldorfer Heimatblätter VII, 4, Düsseldorf 1938, 74–81; Nicolas de Pigage, La Galérie des Tableaux, 2 Bände, Basel, Düsseldorf und Mannheim 1778, Exemplar im Zentralinstitut für Kunstgeschichte München, Bibliothek Signatur: 4°, Düsseldorf 215/1778; Eduard Alberts, Die ehemalige Düsseldorfer Gemäldegalerie, eine Untersuchung über die an ihr ehemals bestandenen Eigentumsverhältnisse mit einer

ausführlichen historischen Vorstudie, Düsseldorf 1961, über Karl Theodors Abzahlung der in Düsseldorf übernommenen Schulden 62ff, über die von ihm veranlaßte Neuordnung der Galerie 65ff, über seine Gründung der Kunstakademie in Düsseldorf 68f, über Karl Theodors Taten überhaupt für Düsseldorf 74; Heinz Peters, Schloß Benrath, Düsseldorf 1969, 6. Auflage; vgl. oben Anm. 40

162) Dieter Graf über Lambert Krahe NDB (wie Anm. 2) XII (1980) 957f.

163) S. Anm. 119

164) Vgl. Anm. 121

165) Peter Fuchs, Die historische Forschung ... (wie Anm. 103); Volker Press über Herzog Johann I. von Zweibrücken, NDB (wie Anm. 2) X (1974) 514

166) Adolf Unzer, Der Friede von Teschen, ein Beitrag zur Geschichte des bayerischen Erbfolgestreits, Kiel 1903, und über dasselbe Thema in den Mitteilungen des Instituts für österreichische Geschichtsforschung 1894, 68–113, wo er schon auf das Jahr 1772 zu sprechen kommt. Der österreichische Staatskanzler Fürst Wenzel Anton von Kaunitz-Rietberg fürchtete unabsehbare Verwicklungen und wollte vor einem Schritt des Kaisers Joseph die Zustimmung anderer Höfe ermitteln; er stimmte nur ungern den Beschlüssen zu. Er hob u. a. hervor, daß der französische Außenminister Vergennes die Notwendigkeit betonte, daß die Wittelsbacher Hausverträge reichsrechtlich bestätigt werden müßten, und damit das deutsche Reichslehenrecht unterstrich

167) Theodor Bitterauf, Die Wittelsbacher Hausunion von 1746/7, in: Festgabe Karl Theodor von Heigel zur Vollendung seines sechzigsten Lebensjahres, München 1903

168) Alfred Ritter von Arneth, Geschichte Maria Theresia I–X Wien 1863–1879, davon enthalten Band VII den 1. Band von *„Maria Theresia's letzte Regierungszeit 1763–1780"*, Wien 1876, Band VIII ist der 2. Band Wien 1877, Band IX ist der 3. Band Wien 1879, Band X ist der 4. Band Wien 1879, der diesem Thema gewidmet ist.

168a) Ebersold (wie Anm. 64) 252

169) Eberhard Weis, Frankreich von 1661 bis 1789, in: Handbuch der europäischen Geschichte, hg. von Theodor Schieder, IV, Stuttgart 1968, 246

170) Herta Mittelberger, Johann Christian Freiherr von Hofenfels 1744–1787, Münchner Historische Forschungen Abt. I, Heft 8, 1934, 14; Ida Rindfleisch, Die Tätigkeit des Freiherrn Johann Georg von Lori in der bayerischen Politik vom Ausgang des Siebenjährigen Krieges bis zum Teschener Frieden, (in der

Pilgerdruckerei in Speyer gedruckte) Inauguraldissertation, München 1936, 34

171) M.-R. Thomas jr., Karl Theodor and the Bavarian succession, Diss. Pennsylvania 1980, 78 ff.

172) Rall, Kreittmayr, Persönlichkeit, Werk und Fortwirkung, in: Zeitschrift für bayerische Landesgeschichte 1979 Heft 1 (Bd 42) 47–73; Rall, Kurbayern (wie Anm. 5) 462 f., 481

173) Lipowsky (wie Anm. 20) 128 ff.

173a) Adalbert Prinz von Bayern, Max I. Joseph von Bayern, Pfalzgraf, Kurfürst und König, München 1957, 96

174) Lipowsky (wie Anm. 20) 122 ff.

175) Rall, Kreittmayr (wie Anm. 65)

176) Arneth (wie Anm. 168); Arneth, Maria Theresia und Joseph II., ihre Korrespondenz, I–III, Wien 1867

177) Arneth (wie Anm. 168) X = 4. Band 797 f.

178) Adolf Erhard, Herzogin Maria Anna und der Teschener Friede, in: Oberbayerisches Archiv, Band 40, 1881/84, 1–36

179) Das Herzogtum der Oberen Pfalz mit der Regierung in Amberg zerfiel in 51 Bereiche mit Beamten für Gericht, Verwaltung und Abgaben (s. Hof- und Staatskalender 1780, 296 – 308)

180) Rall, Kreittmayr (wie Anm. 65) 63; Arneth (wie Anm. 168) X = 4. Band 797 f., zum folgenden s. Thomas (wie Anm. 171) 216 ff., 220 ff.

181) Arneth (wie Anm. 168) X = 4. Band 281 ff.

182) Lipowsky (wie Anm. 20) 124 f.

183) Erhard (wie Anm. 178) 18

184) Arneth (wie Anm. 168) X = 4. Band 283; X = 4. Band 312, 318; Erhard (wie Anm. 178) 7

185) Lipowsky (wie Anm. 20)

186) GHA (wie Anm. 4) Hausurkunde 1869 und 1870

187) Arneth (wie Anm. 168) X = 4. Band 320

188) Erhard (wie Anm. 178); K. Meisner, Die Herzogin Maria Anna und der preußische Reichstagsgesandte von Schwartzenau, 1778–1785, in: Festschrift des Gymnasiums Jauer (Schlesien), 1890, 1 – 34; E. Weis, Karl II. August, Pfalzgraf bei Rhein, Herzog von Zweibrücken (1775–1795) in: Neue deutsche Biographie XI, 1977, 258–260; Mittelberger (wie Anm. 170) 64 f.

[189] Ebersold (wie Anm. 64) 259

[190] Lipowsky (wie Anm. 20) 126

[191] Ebersold (wie Anm. 64) 262

[192] Erhard (wie Anm. 178) 4

[193] Max Spindler, Handbuch der bayerischen Geschichte II (1977) 187, 207ff. (Theo Straub)

[194] Spindler (wie Anm. 193) II 484 (Wilhelm Volkert)

[195] Lipowsky (wie Anm. 20) 124

[196] Spindler (wie Anm. 193) 1047 Anm. 1 (Ludwig Hammermayer)

[197] Spindler (wie Anm. 193) 1048 (Ludwig Hammermayer)

[198] Erhard (wie Anm. 178) 11

[199] Erhard (wie Anm. 178) 14

[200] Rindfleisch (wie Anm. 170) 10

[201] Rindfleisch (wie Anm. 170) 9

[202] Arneth (wie Anm. 168) X = 4. Band, 387, 803 Anm. 598

[203] Rindfleisch (wie Anm. 170) 36f. 44

[204] Erhard (wie Anm. 178) 14

[205] Erhard (wie Anm. 178) 4

[206] Arneth (wie Anm. 168) X = 4. Band 801 Anm. 564

[207] Arneth (wie Anm. 168) X = 4. Band 345 und 800 Anm. 551

[208] Erhard (wie Anm. 178) 16

[209] Erhard (wie Anm. 178) 4

[210] Rall Kurbayern (wie Anm. 5) 540

[211] Erhard (wie Anm. 178) 4; K. Meisner, Die Herzogin Maria Anna und der preußische Reichstagsgesandte von Schwartzenau 1778–1785, in: Festschrift des Gymnasiums Jauer 1890, 1–34; Spindler (wie Anm. 5) II 1080 Anm. 1 (L. Hammermayer)

[212] Lipowsky (wie Anm. 20) 159; BHStA München Generalregistratur des früheren Kreisarchivs München, Fasz. 1404/84

[213] Lipowsky (wie Anm. 20) 135

[214] Ebersold (wie Anm. 64) 286

[215] Lipowsky gibt im weiter gefaßten Manuskript zu seinem Buch, das im Stadtarchiv München verwahrt wird, den 22. November als Tag der Ankunft, den 24. als Tag des feierlichen Einzugs des Kurfürsten in München an, in seinem

gedruckten Buch (wie Anm. 20) nennt er als Tag des Einzugs den 9. Oktober, was mir auch wahrscheinlicher erscheint; vgl. Lipowsky 131; in seinem Buchmanuskript strich Lipowsky § 64 die Worte, daß Karl Theodor Anfang September 1778 (wohl von einem Ort am Rhein) nach Mannheim zurückgekehrt sei, „wo er einige Zeit verweilte". Zu den Demonstrationen kurz vor seiner Abreise nach München s. Maenner (wie Anm. 44) 95; Lipowsky zitiert zu den von ihm auf seinen Buchseiten 128–131 wiedergegebenen Worten Karl Theodors die Schrift „Der offene Spiegel" von Philalethes, Istambol und Monte Santo. Dieser Philalethes (Wahrheitsfreund) ist der Professor der evangelischen Theologie am akademischen Gymnasium in Coburg, Dr. theol. Johann Heinrich Martin Ernesti (1755–1836). Er war elf Jahre älter als Lipowsky und stand offenbar mit ihm in Beziehung. Lipowsky führt zur Lage auch Literatur dazu an: M. J. Schmidt, Geschichte der Deutschen, fortgesetzt von Milbiller XV, Ulm, 1806, 48; vgl. auch Lipowsky, Grundlinien der baierischen Geschichten zum Schulgebrauch, München 1817 § 179, S. 249; es ist durchaus glaubhaft, daß Karl Theodor selbst zu Vertrauten die von Philalethes angeführten Worte gesprochen hat. Lipowsky, der auch an seinem Sterbebett stand, stand ihm zweifellos außerordentlich nahe

216) Unzer (wie Anm. 166) 204ff.; J. G. Grot (Грот), Екатерина II. бъ переписиске бъ Гриммом (Katharina II. im Briefwechsel mit Grimm) St. Petersburg 1879, 124ff.

217) Lipowsky (wie Anm. 20) 128

218) Ebersold (wie Anm. 64) 264

219) GHA (wie Anm. 4), Archiv der Freiherren von Stengel, Stephan Frhr. von Stengel, Denkwürdigkeiten 6a 1/49, S. 115; Ebersold (wie Anm. 64) 264

220) Lipowsky (wie Anm. 20), weiter gefaßtes Buchmanuskript im Stadtarchiv München; Süddeutsche Zeitung 2. Mai 1985, S. 24

221) Spindler (wie Anm. 193) II 1049 (Ludw. Hammermayer); Rall, Kurbayern (wie Anm. 5) 562; Rall, Hausverträge (wie Anm. 68) 49

222) Lipowsky (wie Anm. 20) weiter gefaßtes Manuskript zu seinem Buch (Stadtarchiv München)

222a) S. Anm. 294

222b) Heinrich Mitteis – Heinz Lieberich, Deutsche Rechtsgeschichte, München 1992, 19. Auflage, 352 (Kapitel 41 Absatz 2)

223) Lipowsky (wie Anm. 20) 135

224) Münchner Intelligenzblatt Jahrgang 1795, S. 340

225) Lipowsky (wie Anm. 20) 133; Rindfleisch (wie Anm. 170) 64; die seit 1097 als liberi nachweisbaren Castell werden seit 1205 als Grafen bezeichnet, vgl. Gothaisches Taschenbuch der fürstlichen Häuser (Hofkalender) II. Abt. (Gotha 1942) 181; vgl. über Cun(t)zmann Gigl (wie Anm. 40), S. 114 Anm. 232

226) Die Protokolle der Geheimen Konferenz Karl Theodors für die Jahre 1778–1787, im ganzen 10 Bände, liegen im Generallandesarchiv in Karlsruhe unter der Nummer 61/8815–8821c. Da ein Protokollband für 1778 auch im Bayerischen Hauptstaatsarchiv, Staatsverwaltung Nr. 926 liegt, hat hier die vergleichende Forschung einzusetzen; die Bände Staatsverwaltung 927–931 umfassen dagegen erst die Jahre 1796–1799. Es ergibt sich daher die Frage nach Reinschrift, Konzept und Abschrift der Protokolle

227) Rall, Kurbayern (wie Anm. 5) 266

228) Morawitzky trat mit 53 Jahren 1791 aus Protest gegen die sich zunehmend verhärtende Innenpolitik Karl Theodors zurück, wurde von diesem aber im Februar 1798 als Nachfolger des Grafen Preysing auf den Friedenskongreß von Rastatt geschickt. Max IV. Josef machte ihn 1799 zum Geheimen Staats- und Konferenzminister und Leiter des Geistlichen Departments, wobei er sich große Verdienste um die Universität Ingolstadt und ihre Verlegung nach Landshut erwarb. 1806–1810 war er Geheimer Staats- und Konferenzminister des Departments der Justiz. Vergl. Hammermeyer wie Anm. 221 bei Spindler II, 1061, 1087; F. Zwerger, Graf Morawitzky, ein Förderer des bayerischen Schulwesens, Bayerische Zeitschrift für Realschulwesen 18, Hf. 10, 1910, S. 295 – 313; Heinrich Wanderwitz, Theodor Heinrich Graf Morawitzky (1735–1810) in: Zeitschrift für bayerische Landesgeschichte 1983, Bd 46, 139–155

229) Bayer. Hauptstaatsarchiv, Staatsverwaltung 2274, 90–105 (Resolutionen 1779–1798)

230) Generaliensammlung (wie Anm. 332) 1784 S. 394 § 4

231) Rall, Kurbayern (wie Anm. 5) 161

232) Spindler (wie Anm. 193) II 1066 Anm. 2 (Hammermayer)

233) Bayer. Hauptstaatsarchiv, Pfalz-Neuburger Akten Nr 1767

234) Spindler (wie Anm. 193) II 1066 Anm. 3 (Hammermayer)

235) Generallandesarchiv Karlsruhe, Pfalz Generalia 2699

236) Ludwig Ziehner, Der Kommerzialverband zwischen den Erbstaaten des Kurfürsten Karl Theodor von der Pfalz, in: Zeitschrift für Geschichte des Oberrheins Bd. 44 (Bd. 83 der ganzen Reihe) Neue Folge 1931, 562

237) Rall, Kurbayern (wie Anm. 5) 516

[238] Über Johann Wilhelm Freiherrn von Hompesch-Bollheim (gest. 1809) s. Eisenhart, ADB (wie Anm. 450) XIII (1881) 64–66

[239] Felix Josef Lipowsky, Leben und Thaten des Maximilian Joseph III. in: Ober- und Nieder-Bayern, auch der Oberpfalz Herzogs, Pfalzgrafens bei Rhein, des heiligen römischen Reichs Erztruchseß und Churfürsten, Landgrafens zu Leuchtenberg etc. etc. München 1833, 89, Anm. mit zwei Sternen

[240] Spindler (wie Anm. 193) II 1069 Anm. 3 (Hammermayer)

[241] Lipowsky (wie Anm. 20) 139

[242] Lipowsky (wie Anm. 20) 141

[243] Adalbert Prinz von Bayern, (wie Anm. 173a) 183

[244] Adalbert Prinz von Bayern (wie Anm. 173a) 119

[245] Lipowsky (wie Anm. 20) 142

[246] Alexander Brückner, Katharina die Zweite, Berlin 1883, 321ff; über neuere Werke über Katharina II. s. Stökl (wie Anm. 95) 807f.; sie gehen auf ihre Korrespondenz mit Karl Theodor fast nicht ein

[247] Lipowsky (wie Anm. 20) 134

[248] Lipowsky (wie Anm. 20) 195; Spindler (wie Anm. 193) II 1080[1] (Hammermayer)

[249] Spindler (wei Anm. 193) II 1070 (Hammermayer)

[250] Spindler (wie Anm. 193) II 1069 (Hammermayer)

[251] Rindfleisch (wie Anm. 170) 63f.

[252] Vgl. Anm. 168 und 178

[253] Verzeichnis (wie Anm. 7) 210; Seiner Churfürstlichen Durchlaucht zu Pfalzbaiern etc. Hof- und Staatskalender für das Jahr 1793 S. 417f.

[254] Lipowsky (wie Anm. 20) 159

[255] Lipowsky (wie Anm. 20) 157

[256] Doeberl II (wie Anm. 64) 353f.

[257] Ebersold (wie Anm. 64) 287

[258] Wilhelm Schreiber, Geschichte Bayerns in Verbindung mit der deutschen Geschichte, Freiburg i. Breisgau II 1891, 234

[259] Lipowsky (wie Anm. 20) 150; Georg Schwaiger, Pius VI. in München (1782) in: Münchner Theologische Zeitschrift, X, 2 München 1959, 123–136

[260] A. Faivre, Eckartshausen et la théosophie chrétienne, Paris 1969; vgl. Spindler (wie Anm. 193) II 994 Anm. 2 (Hammermayer)

[261] Schreiber (wie Anm. 258) II 235; Papst Pius VI. in München. Ausführliche Beschreibung des feierlichen Empfangs, Aufenthaltes und Abreise Sr. Heiligkeit in München 1782; H. Graßl, Aufbruch zur Romantik, Bayerns Beitrag zur deutschen Geistesgeschichte 1765–1785, 1968, 319–335 und die Angaben bei Hammermayer (wie Anm. 193) II 994, 1026 Anm. 4, 1101; Hans Graßl und Friedrich Merzbacher, Eckartshausen, in: Neue deutsche Biographie NDB (wie Anm. 2) IV 1959, Nachdruck 1971, 284f.

[261a] Lipowsky (wie Anm. 20) 170f.

[262] Tagebuch der zweiten Reise Seiner kurfürstlichen Durchlaucht durch Italien, Stengel-Archiv VI a 1 im BHStA, Abtlg. GHA; Theodor Hänlein, Carl Theodors erster Aufenthalt in Rom 1774/75, in: Mannheimer Geschichtsblätter XXXIV, 1/2, Mannheim 1933, 17–26 und XXXIV, 3, Mannheim 1933, 41–56; Theodor Hänlein, Carl Theodor auf der Rückreise von Rom 1774/75 in: Mannheimer Geschichtsblätter, XXXIV, 6/7, Mannheim 1933, 145–157; Oswald Warmuth, Aus dem Tagebuch der ersten Romreise des Kurfürsten Karl Theodor, in: Das Bayerland, XIX, 45, München 1908, 538–539 und XIX, 46, München 1908, 548–549

[263] Unzer (wie Anm. 166) 68

[264] Schreiber (wie Anm. 258) II 244

[265] Andreas Kraus, Geschichte Bayerns von den Anfängen bis zur Gegenwart, München 1983, 348

[266] Hans-Peter Sang, Joseph v. Utzschneider, Diss. München 1985

[267] Vgl. Anm. 168 und 178

[268] Schreiber (wie Anm. 258) II 247

[269] Ebersold (wie Anm. 64) 252

[270] Ludwig Häusser, Deutsche Geschichte vom Tode Friedrichs des Großen bis zur Gründung des deutschen Bundes, Berlin 1861 I^3 166

[271] Ebersold (wie Anm. 64) 271

[272] Ebersold (wie Anm. 64) 271; Ernst F. S. Hanfstaengl, Amerika und Europa von Marlborough bis Mirabeau, München 1930, 155

[273] Spindler (wie Anm. 193) II 1051 (Hammermayer)

[274] Spindler (wie Anm. 193) 1052 (Hammermayer)

[275] Ebersold (wie Anm. 64) 272

[276] Karl Otmar Frh. v. Aretin, Das Heilige Römische Reich 1776 bis 1806, Reichsverfassung und Reichssouverainität, zwei Bde, 1967 Bd I, 164–241; Eckehard Häberle, Franz Xaver von Stubenrauch und die Auseinandersetzung zwischen

Kurfürst und Landschaftsverordnung um die staatliche Wirtschaftspolitik Bayerns von 1765, in: Zeitschrift für bayerische Landesgeschichte 1974 Bd. 37, Heft 1, 49–92

[277] Gerhard Oestreich, Das Reich – Habsburgische Monarchie – Brandenburg-Preußen von 1648 bis 1803, in: Theodor Schieder, Handbuch der europäischen Geschichte Stuttgart 1968, IV 471

[278] Diese Tochter Marie Elisabeth Amalie heiratete 1808 den im Vorjahr zum souveränen Fürsten von Neuchâtel und Valangin erhobenen Ludwig Alexander Berthier, einen bewährten Feldherrn und Kriegsminister Napoleons I., der ihn bei seiner Kaiserkrönung zum Reichsmarschall ernannt hatte. 1809 erhob ihn Napoleon zum Fürsten von Wagram

[279] Adalbert Prinz von Bayern (wie Anm. 173a) 153

[280] Adalbert Prinz von Bayern (wie Anm. 173a) 150

[281] Häusser, Deutsche Geschichte (wie Anm. 270) I 166; Leopold von Ranke, Die deutschen Mächte und der Fürstenbund, Deutsche Geschichte von 1780–1790, Leipzig 1875, 2. Auflage, besonders 126ff.; seine These, daß Karl Theodor nur die gesamten Niederlande gegen seine bayerischen Besitzungen einzutauschen bereit gewesen sei, darauf jedoch Joseph II. nicht eingehen wollte, griff Karl Otmar Freiherr von Aretin wieder auf (Bayerns Weg zum souveränen Staat, Landstände und konstitutionelle Monarchie 1714–1818, 1976, 30ff., vergl. dazu Rall über Kreittmayr (wie Anm. 172) 63ff. Über die Gründung des Fürstenbundes vgl. Herta Mittelberger (wie Anm. 170)

[282] Carl August Rauscher, Die Außenpolitik Kaiser Josephs II. (1780–1790) und ihre internationalen Zusammenhänge im Spiegel der französischen Botschaftsberichte, Diss. Wien 1951 Seite VII

[283] Ebersold (wie Anm. 64) 267f.

[284] Ebersold (wie Anm. 64) 274ff.

[285] Münchner Zeitung 1785, 293

[286] Münchner Zeitung 1785, 293

[287] Münchner Zeitung 1785, 358, vgl. den in der Zeitschrift des Düsseldorfer Geschichtsvereins abgedruckten Bericht, 1882, Heft 6 S. 9ff.; Hans Martin Klinkenberg, Zeitschrift des Bergischen Geschichtsvereins, 1963, 43. Bd, 18ff.: Das politische Geschick des Bergischen Landes

[288] Ziehner (wie Anm. 236) 555

[289] Ziehner (wie Anm. 236) 565; vgl. Ziehner, Zur Geschichte des kurpfälzischen Wollgewerbes im 17. und 18. Jahrhundert. Ein Beitrag zur Geschichte des

Merkantilismus, Beiheft 22 zur Vierteljahresschrift für Sozial- und Wirtschaftsgeschichte 1931

290) Vgl. unten S. 249, 254f.

291) Münchner Zeitung 1785, 377

292) Klanke und Richter, Geschichte der Bergischen Unterherrschaft Broich und der Stadt Mühlheim an der Ruhr, Mühlheim 1891

293) Ebersold (wie Anm. 64) 268f.

294) Ebersold (wie Anm. 64) 266 Anm. 45; F. S. Haufstaengl (wie Anm. 87) 132; die Niederschrift des Pfalzgrafen Wilhelm liegt im Bayerischen Hauptstaatsarchiv, Fürstensachen 1314 1/2

295) Ebersold (wie Anm. 57) 269. Ob Ignaz Frank den Kurfürsten zugunsten des Ländertausches beeinflußte, wie Heigel, ADB (wie Anm. 450) VII, 1883, 252f. dartut, ist unbeweisbar

296) Münchner Zeitung 1785, 461

297) Sie hatte bereits eine Niederlassung in Livorno, was vielleicht mit den Italienreisen Karl Theodors zusammenhängt; vgl. oben Anm. 245

298) Häusser, Deutsche Geschichte (wie Anm. 270) I 166

298a) Oestreich in Schieder, Handbuch (wie Anm. 277) IV 467ff; die seit 1769 herauskommende Münchner Zeitung erschien 1780 bis 1799 mit dem Untertitel „Münchner staatsgelehrte und vermischte Nachrichten"

299) Rall, Kurbayern (wie Anm. 5) 381f.; Mittelberger (wie Anm. 170)

300) Adalbert Prinz von Bayern (wie Anm. 132) 171

300a) Adalbert Prinz von Bayern (wie Anm. 173a), 169ff

300b) C. Schreiber (wie Anm. 136a) 158, 162, 180; Rall, Kurbayern (wie Anm. 5) 283, 387

300c) C. Schreiber (wie Anm. 136a) 163 Anm. 28

300d) C. Schreiber (wie Anm. 136a) 351

301) Schreiber (wie Anm. 258) II 248; vgl. Anita Brittinger, Die bayerische Verwaltung und das volksfromme Brauchtum im Zeitalter der Aufklärung, Diss. München 1938 11f., 16, 21, 30f., 34, 44f., 54ff. (1785), 67, 71, 83

301a) Johann Caspar (seit 1775 von) Lippert (1729–1800) war nach dem Studium der Rechte in Ingolstadt dort 1758 Professor dieses Faches geworden, 1761 Mitglied der kurbayerischen Akademie der Wissenschaften, später Direktor der Historischen Klasse, aber schon 1762 als Rat im Revisorium tätig, später Bücherzensur-Rat; er wurde, von Pater Ignaz Frank protegiert, 1791 Oberlandesregierungsrat, 1792 Geheimer Referendär in geistlichen Sachen Vgl. C. Schreiber (wie Anm. 136a) 217f.; vgl. meine Anm. 450

302) Schreiber (wie Anm. 258) II 248f.

303) Maenner (wie Anm. 44) 83

304) Spindler (wie Anm. 193) II 1097 (Hammermayer)

305) Rall, Kurbayern (wie Anm. 5) 284 mit Zitaten

306) Richard Bauer, Der kurfürstliche Geistliche Rat und die bayerische Kirchenpolitik 1768–1892, Miscellanea Bavarica Monacensia Heft 32, München 1971, 256

307) R. Bauer (wie Anm. 306) 232

308) R. Bauer (wie Anm. 306) 266

309) R. Bauer (wie Anm. 306) 229 Anm. 56

310) R. Bauer (wie Anm. 306) 129

311) Eberhard Weis, Montgelas 1759–1799 zwischen Revolution und Reform, München 1971, 22

312) Scheel (wie Anm. 397); Matthias Serwo, Das Plazet Regium des bayerischen Landesherrn im Vergleich mit ähnlichen Bestimmungen und Konkordaten in katholischen romanischen Staaten 1740 bis 1825, Magisterarbeit, Philosophische Fakultät München 1968, 22

312a) Ordnung über die abgewürdigten Feiertage, „Chur-pfalz-baierisches Regierungs- und Intelligenzblatt" 51. Stück vom 19. Dez. 1801, Spalte 799–804

312b) Rall, Kurbayern (wie Anm. 5) 283

313) R. Bauer (wie Anm. 306) 151; Adolf Müller, Bayerische Politik und bayerische Diplomaten zur Zeit Karl Theodors und Max Josephs, München 1954, 24

314) Rall, Kurbayern (wie Anm. 5) 277

315) Lipowsky (wie Anm. 20) 175ff.; BHStA Landschaftsakten von Bayern 1786

316) Lipowsky (wie Anm. 20) 179f.

317) Lipowsky (wie Anm. 20) 181[1]; die Hofjagden bieten stets auch Gelegenheit zu vertraulichen Gesprächen mit den Eingeladenen. Diese werden aus verschiedenen Kreisen ausgewählt

318) Eckart Schremmer, Die Wirtschaft Bayerns vom hohen Mittelalter bis zum Beginn der Industrialisierung, Bergbau, Gewerbe, Handel. München 1970, 268f.; die Bestände des kurfürstlichen Salzmeieramtes im Bayerischen Hauptstaatsarchiv lassen erkennen, daß Karl Theodor durch den Pfälzer Craißl das Salzwesen verbesserte. Schweizer Abnehmer und andere bemängelten nämlich

Unreinheiten im Salz. Sie wurden nun behoben. Für den Hinweis danke ich Herrn Kollegen Ltd. Archivdirektor Professor Dr. H. J. Busley

319) Lipowsky (wie Anm. 20) 178, 184

320) Rall, Kurbayern (wie Anm. 5) 214

321) Lipowsky (wie Anm. 20) 186f.

322) Münchner Zeitung 1788, 641

323) Paula Fischer, Pater Frank, Diss. München 1944

324) Ebersold (wie Anm. 57) 305

325) P. Fischer (wie Anm. 323) 57

326) Hans Schmitt-Lermann, Beiträge zur bayerischen Sozialgeschichte, München 1969, 61ff.

327) Lipowsky (wie Anm. 20) 191; das im Gegensatz zu Lipowsky und Westenrieder von Ebersold 305 angegebene Rückkehrdatum 2. Juli 1789 stammt von dem österreichischen Gesandten Lehrbach, der es am 10. Juli an Kaunitz berichtete

328) Lipowsky (wie Anm. 20) 191

329) Ebersold (wie Anm. 64) 306 aufgrund des Berichtes des österreichischen Gesandten an Kaunitz

330) Lipowsky (wie Anm. 20) 194 Anm. 1

331) GHA (wie Anm. 4) Nachlaß König Max I., II B5/13; Adalbert Prinz von Bayern (wie Anm. 243) 182ff.; Emil Gamilscheg, Etymologisches Wörterbuch der französischen Sprache, Heidelberg 1928, 431, 435

332) Alle im Druck erschienenen allgemeinen Anordnungen sind zu finden in der „Sammlung der neuesten und merkwürdigsten Churbaierischen Generalien und Landesverordnungen", München 1771 und in der 1784 durch Anweisung Karl Theodors damit verknüpften „Sammlung der Kurpfalzbaierischen allgemeinen und besonderen Landesverordnungen", hg. von Karl Meyr, 6 Bde, München 1784–1799; die Sammlung wurde unter Max IV. Joseph fortgesetzt; zur Geschichte des pfälzischen und des bayerischen sowie des pfalz-bayerischen Heeres s. O. Bezzel, Geschichte des Kurpfalz-bayerischen Heeres, 1930; s. auch meine Anm. 389[a]

333) Rall, Kreittmayr (wie Anm. 65) 63

334) Zur Literatur über Thompson-Rumford s. Spindler (wie Anm. 193) II 1080 Anm. 2 (Hammermayer)

335) Lipowsky (wie Anm. 20) 196ff.

336) Lipowsky (wie Anm. 20) 197f.

[337] Othmar Hackl, Geschichte der bayerischen Kriegsakademie 1867–1914. München 1989, 1 ff.; Friedrich Teicher, Das Königlich Bayerische Kadetten-Corps von der Gründung bis zur Gegenwart, München 1900

[338] Lipowsky (wie Anm. 20) 217, 219; vgl. oben Anm. 312

[339] Spindler (wie Anm. 193) II 1027 (Hammermayer)

[340] Spindler (wie Anm. 193) II 996 (Hammermayer)

[340a] Lorenz von Westenrieders späteres Urteil (1799), Karl Theodor sei meist infolge seiner Ratgeber ein „schlechter" Regent gewesen, bezog sich auf seine Abhängigkeit von Österreich: Adalbert Prinz von Bayern (wie Anm. 173 a) 353

[341] G. L. Simon, Geschichte des reichsständischen Hauses Isenburg und Büdingen, 3 Bde, Frankfurt 1864/65

[342] Häusser, Deutsche Geschichte (wie Anm. 270) I 244

[343] Rall, Kurbayern (wie Anm. 5) 572 ff.

[344] Sie liegt im Archiv des Historischen Vereins von Oberbayern, das im Stadtarchiv München verwahrt wird: zu § 45 und 46

[345] Lipowsky (wie Anm. 20) 280 Anm. 2; Spindler (wie Anm. 182) II 1080 Anm. 2 (Hammermayer)

[346] Lipowsky (wie Anm. 20) 211

[347] Heinrich Mitteis und Heinz Lieberich, Deutsche Rechtsgeschichte 1992, 19. Aufl., S. 275 und 284

[348] Generaliensammlung (wie Anm. 332) 1788, Stichwort Almosen-Deputation

[349] Lipowsky (wie Anm. 20) 211

[350] Lipowsky (wie Anm. 20) 210

[351] Schmitt-Lermann (wie Anm. 326) 63

[352] Maenner (wie Anm. 44) 180

[353] Mitteis-Lieberich (wie Anm. 347) 356 f.; Rall, Kurbayern (wie Anm. 5) 180

[354] Rall, Kurbayern (wie Anm. 5) 81

[355] Rall, Kurbayern (wie Anm. 5) 79

[356] Michael Schattenhofer, Der Kniefall des Münchner Rats vor dem Bild des Kurfürsten Karl Theodor am 21. Mai 1791 in der Maxburg, ein Beitrag zur Geschichte des Münchner Rats in der 2. Hälfte des 18. Jahrhunderts, in: Zeitschrift für bayerische Landesgeschichte XXVII, München 1964, 302–339

[357] Ebersold (wie Anm. 64) 307

[358] Lipowsky (wie Anm. 20) 260

[359] Remak-Honnef (wie Anm. 70) 8

[360] Lipowsky (wie Anm. 20)

[361] Else Mayer-Strobel, Die Pfälzer Einwanderung nach Altbayern zu Beginn des 19. Jahrhunderts, Diss. München 1946 (Maschinenschrift): diese Arbeit gibt gute Rückblicke auf die Ansiedlung der Pfälzer auch durch Karl Theodor in Altbayern, die Stephan von Stengel sehr unterstützte

[362] GHA (wie Anm. 4) Korr. Akt 1712 E IV 84; Walter Prem, Organisation, Funktion und Bedeutung der Hofstäbe im Königreich Bayern, Diss. München 1988; St. Fischer (wie Anm. 40); Wolfgang Burgmair, Hofrat, Geheimer Rat und Geheime Konferenz unter Kurfürst Max III. Joseph von Bayern, Diss. München 1992

[363] Generaliensammlung (wie Anm. 332) 1797, S. 803 Nr. 104 und S. 293 Nr 119

[364] Schreiber (wie Anm. 258) II 220

[365] GHA (wie Anm. 4) Korr. Akt 1712 L

[365a] Rall, Kurbayern (wie Anm. 5) 497

[366] Ludwig Hoffmann, Geschichte der direkten Steuern in Bayern vom Ende des 18. zum Beginn des 19. Jahrhunderts, Leipzig 1883, 163; Hans Schmelzle, Der Staatshaushalt des Herzogtums Bayern im 18. Jahrhundert mit Berücksichtigung der wirtschaftlichen, politischen und sozialen Verhältnisse des Landes, München 1900, 21; Scheel (wie Anm. 397) Buch 10

[367] Karl Theodors Briefe an Kaiserin Katharina II. liegen in der „Öffentl. Staatsbibliothek" (bis 1917: Öffentliche Kaiserl. Staatsbibliothek) in St. Petersburg

[368] Rückblickende Notiz des Königs Ludwig I. von Bayern in seinem Tagebuch vgl. Anm. 478, Adalbert Prinz von Bayern (wie Anm. 173a) 160

[369] Ebersold (wie Anm. 64) 364

[370] Lipowsky (wie Anm. 20) 248f.: Truppenanzahl

[371] GHA (wie Anm. 4) HU 1878 und HU 1879

[371a] Maria Franziska Dorothea 1724–1794, vermählt 1746 in Mannheim

[372] Ebersold (wie Anm. 64) 333

[373] Adalbert Prinz von Bayern (wie Anm. 173a) 251

[374] GHA (wie Anm. 4) Korr. Akt 861

[375] E. Weis (wie Anm. 311) 371f.

[376] Rall, Hausverträge (wie Anm. 68) 37f.

[377] GHA (wie Anm. 6) HU 1881

[378] GHA (wie Anm. 6) HU 1880

[379] GHA (wie Anm. 6) HU 1884

[380] GHA (wie Anm. 6) HU 1883

[381] Lipowsky (wie Anm. 20) 274

[382] Lipowsky (wie Anm. 20) 274

[383] Wilhelm Weber, Schloß Karlsberg, die vergessene Residenz des Herzogs Karl II. August, München 1984 (Verlag Krüger, Dillingen/Saar), in der Reihe Bavaria Antiqua der Bayer. Vereinsbank, bringt S. 64 die Literatur über Karl August, den auch Adalbert Prinz von Bayern (wie Anm. 173a) wesentlich erfaßt (Erwähnungen aufgezählt im Register S. 880)

[384] Adalbert Prinz von Bayern (wie Anm. 173a) 265

[385] Adalbert Prinz von Bayern (wie Anm. 173a) 255

[386] Adalbert Prinz von Bayern (wie Anm. 173a) 262

[387] Hans Nusser, Kurbayerns Maut- und Zollpolitik im Spiegel der Gesetzgebung, Diss. München 1943 Maschinenschrift

[388] Adalbert Prinz von Bayern (wie Anm. 173a) 267, 272; Rall, Kurbayern (wie Anm. 5) über den Staatshaushalt (Stichwort im Register 635)

[389] E. Weis (wie Anm. 311) 349ff., 337 Anm. 7

[389a] Otto Redlich, Düsseldorf und das Herzogthum Berg nach dem Rückzug der Österreicher aus Belgien, zugleich ein Beitrag zur Geschichte des kurpfälzischen Heeres, Beiträge zur Geschichte des Niederrheins, Jahrbuch des Düsseldorfer Geschichtsvereins X, 1895

[390] Hans Ammerich, Landesherr und Landesverwaltung, Beiträge zur Regierung von Pfalz-Zweibrücken am Ende des alten Reiches, Saarbrücken 1981, über Cetto (Stichwort im Register 260)

[391] Juliane Krinninger-Babel, Studien zur Vorgeschichte des Reichsdeputationshauptschlusses von 1803, Magisterarbeit Universität München 1987, 28f.

[392] Krinninger-Babel (wie Anm. 391) 269 Anm. 217 und vorher und Anmerkungen 217 und 107

[393] Theodor Santelmann, Die Beziehungen zwischen Bayern und Preußen 1799–1805, Göttingen 1906, 80ff.

[393a] Denkwürdigkeiten des bayerischen Staatsministers Grafen Maximilian von Montgelas (1799–1817), im Auszug aus dem französischen Original übersetzt von Max Freiherrn von Freyberg-Eisenberg und herausgegeben von Ludwig Graf von Montgelas, Stuttgart 1887 S. 66

[394] Krinninger-Babel (wie Anm. 391) 114

[395] Generaliensammlung (wie Anm. 332) 1797, S. 50, 19–23

[396] Bayer. Hauptstaatsarchiv, Staatsverwaltung 989

[397] Heinrich Scheel, Jakobiner, Klassenkämpfe und republikanische Bestrebungen im deutschen Süden Ende des 18. Jahrhunderts, Vaduz 1980, 2. Auflage, Buch 27

[398] Scheel (wie Anm. 397) Buch 27

[399] Scheel (wie Anm. 397) Buch 28

[400] Scheel (wie Anm. 397) Buch 26

[401] Scheel (wie Anm. 397) Buch 29

[402] Scheel (wie Anm. 397) Buch 30 und Dokumente S. 118f.

[403] Deutsche Zeitung, Jahrgang 1795, 19. Stück, Spalte 306

[404] Scheel (wie Anm. 397) Buch 30

[405] Scheel (wie Anm. 397) Buch 34

[406] Scheel (wie Anm. 397) Buch 34

[407] Scheel (wie Anm. 397) Buch 34 und Dokumente S. 229

[408] Scheel (wie Anm. 397) Dokumente S. 220f.

[409] Zu einer Republik konnten naturgemäß nur Tumulte und Aufstände führen. Gab es solche in Kurbayern als auch juristisch erfaßbare Begriffe? 1786 gab es in Straubing einen „*Tumult*" der Handwerksgesellen, 1798 in München einen der Schuhmachergesellen. Karl Theodor überließ es den örtlichen Dienststellen, sie zu bewältigen und ihre Ursache, die Mißstände, zu beseitigen. Das Eingreifen eines Landesherrn zur Behebung von Mißständen hing nicht zuletzt davon ab, was er selbst etwa beim Besuch eines Zuchthauses feststellte oder was ihm berichtet wurde. Die Begriffe des *Berichterstatters* von Recht und Unrecht waren durch die kirchlichen Begriffe und die Vorstellungen des Naturrechts allgemein bedingt. Wie sollte er aber bestimmte Vorgänge und Ereignisse definieren oder charakterisieren? Handelte es sich um einen auffallenden Vorfall, eine Religions-Schwärmerei oder um einen Zusammenlauf? Kreittmayrs Strafrecht von 1751 beschränkte die Merkmale eines strafrechtlichen Tatbestandes auf wenige und definierte den Begriff Tumult nicht. Paul Johann Anselm Feuerbach ließ 1801 in Gießen das Lehrbuch des gemeinen in Deutschland geltenden peinlichen Rechts erscheinen und lehrte seit 1804 an der nach Landshut verlegten Universität. Er geht von klaren Beschreibungen des Tatbestandes aus und definiert in seinem Strafgesetzbuch für das Königreich Bayern 1813 in Artikel 309 den Tumult so: „*Wenn sich eine Menschenmenge von wenigstens zehn Personen öffentlich zusammengerottet hat, um einer Obrigkeit mit Gewalt zu widerstehen, um eine Verfügung oder die Zurücknahme einer erlassenen Verfügung von*

einer Obrigkeit zu erzwingen oder zu ertrotzen, oder um wegen einer Amtshandlung Rache an derselben zu verüben, so ist in folgenden Fällen das Verbrechen des Aufstandes oder Tumult vorhanden ..." Tumult im engeren Sinn ist für Feuerbach der Ungehorsam, der sich *ohne* Gewalttat behauptet. Um einen solchen *Tumult* handelte es sich 1786 in Straubing. Die Kommissäre der Straubinger Regierung entschieden bei dem Tumult am 24. April 1802, als über dreißig Handwerksgesellen demonstrativ das Brauhaus Neumayr besuchten, statt zu arbeiten, daß die nicht arbeitenden Handwerksgesellen arretiert werden sollten. Sie ließen sich ohne Gegenwehr abführen. Doch verweigerten sie die verordnungsgemäße Zahlung einer Strafe, des Arrestgeldes. Sie wollten im Arrest bleiben, bis man genötigt sein werde, sie „*gutwillig*" zu entlassen. Dieser Vorfall ist mit dem Verhalten der Schuhmachergesellen im September 1798 in München zu vergleichen, die nicht arbeiteten, um eine Lohnerhöhung durchzusetzen, da die Lebenshaltungskosten gestiegen waren. Die Meister hatten mit dem Wechsel vom Wochenlohn zum Stücklohn auch aufgehört, eine ganztägige Verpflegung zu gewähren, und berechneten auch die Wohnungskosten. Die Gesellen machten dagegen geltend, es sei nur zum Vorteil der Meister, die Arbeiten nach dem Stück zu bezahlen, wenn die Meister andererseits ihre Leistungen an die Gesellen so einschränkten. Zahlreiche Gesellen zogen aus der Stadt. Der Oberrichter der Stadt München eignete sich den Schlüssel der *Schuhmacher-Lade* an. Der Vorgang muß mit dem Verhalten der Schuhmachergesellen schon 1770 und in den folgenden Jahren verglichen werden. Die Meister versuchten damals, die Reichshandwerksordnung von 1731 für sich heranzuziehen. Als eine neue Satzung des Schuhmacherhandwerks verabschiedet wurde, verließen siebzig Gesellen geschlossen die Stadt. Als sie arretiert wurden und der Magistrat sie zum Ersatz der Kosten verurteilte, verweigerten die Gesellen die Zahlung und arbeiteten nicht. Schon 1775 hatte der Polizeidirektor in München die Aufhebung der Schuhmacher-Lade erklärt. Schließlich wollten aber sogar die Meister, daß diese Lade wiederhergestellt würde. Am 12. Juli 1776 verfügte Max III. die Wiedererrichtung der Lade, „*um die Ruhe wieder herzustellen*". 1798 kam es nicht zu einem Verbot der Lade, wohl aber versuchten die Meister 1799 eine Übereinkunft über freien Stücklohn einzuführen. Sie durchbrachen dadurch das gleiche Lohnniveau. Überdies erklärten sie, sie könnten diese Vereinbarung nicht durchsetzen, solange die Gesellenlade bestehe. Als Montgelas die Aufhebung der Gesellenladen in allen Handwerksbereichen befürwortete, unterzeichnete Max IV. Joseph einen entsprechenden Entwurf Stichaners am 2. September 1805, doch mit dem Vermerk „*beruhet für diesen Augenblick*". Durch die Neuregelung des Zunftwesens verschob sich das Problem, das unter Karl Theodor 1798 aktuell geworden war, noch einmal bis zum Gewerbegesetz von 1825. Es führte zur Organisation in Form des Vereins. Die Zusammenkünfte wurden durch die Gesellenbruderschaften fortgesetzt

409a) Scheel (wie Anm. 397) Dokumente S. 681

410) Maenner (wie Anm. 44) 174

411) Scheel (wie Anm. 397) Buch 31

412) Lipowsky (wie Anm. 20) 268

413) Generaliensammlung (wie Anm. 332) V. Nr. 62, S. 154, Nr. 67 S. 157

414) Generaliensammlung (wie Anm. 332) 1797 Nr. 144 S. 317

415) Lipowsky (wie Anm. 20) 271

416) Eduard Vehse, Geschichte der Höfe Baiern, Baden, Würtemberg und Hessen (Hamburg 1853), 23. Band (!) seiner Geschichte der deutschen Höfe seit der Reformation (!), 4. Abtheilung

417) Ebersold (wie Anm. 64) 110

418) Lipowsky (wie Anm. 20) 271 Anm. 2; Maximilian Edler von Dreern (1731–1817) war 1754 Regierungssekretär in Amberg geworden, 1764 Landrichter, 1772 Wirklicher Hofrat, 1775 Fundations-Güter-Rat, 1781 Oberlandesregierungsrat. Seine Tüchtigkeit geht daraus hervor, daß ihn der neue Kurfürst Max IV. Joseph zum Direktor der zweiten Deputation der kurfürstlichen Generallandesdirektion ernannte, 1808 zum Wirklichen Geheimen Rat; vgl. C. Schreiber (wie Anm. 136a) 215

419) Lipowsky (wie Anm. 20) 270

420) Lipowsky (wie Anm. 20) 272f. und 275 Anm. 2

421) Lipowsky (wie Anm. 20) 253f.

422) Bayer. Hauptstaatsarchiv, Rep. J. 18 S. 975; Innenmin. Nr. 15757

423) Krinninger-Babel (wie Anm. 391): Bayer. Hauptstaatsarchiv Innenministerium Nr. 15756

424) Krinninger-Babel (wie Anm. 391): Bayer. Hauptstaatsarchiv Innenministerium Nr. 15758

425) Krinninger-Babel (wie Anm. 391): Bayer. Hauptstaatsarchiv Generalregistratur fasz. 787/5

426) Krinninger-Babel (wie Anm. 391): Bayer. Hauptstaatsarchiv Innenministerium 15751

427) Krinninger-Babel (wie Anm. 391): Bayer. Hauptstaatsarchiv Innenministerium 15749

428) Krinninger-Babel (wie Anm. 391): Bayer. Hauptstaatsarchiv Fürstensachen, Akten, 826 a

[429] Krinninger-Babel (wie Anm. 391): Bayer. Hauptstaatsarchiv Staatsverwaltung 2796 (Jahre 1556–1783 umfassend)

[430] Krinninger-Babel (wie Anm. 391): Bayer. Hauptstaatsarchiv Generalregistratur fasz. 787/7

[431] Krinninger-Babel (wie Anm. 392): Bayer. Hauptstaatsarchiv Generalregistratur fasz. 787

[432] Krinninger-Babel (wie Anm. 392): Bayer. Hauptstaatsarchiv Staatsverwaltung 2298

[433] Krinninger-Babel (wie Anm. 392): Bayer. Hauptstaatsarchiv Innenministerium 15812

[434] Krinninger-Babel (wie Anm. 392): Bayer. Hauptstaatsarchiv Staatsverwaltung 2299

[435] Krinninger-Babel (wie Anm. 392): Bayer. Hauptstaatsarchiv Innenministerium 15770

[436] Stefan Pflicht (wie Anm. 136) 140, 142

[437] Richard Koch, Mozart, Freimaurer und Illuminaten, Bad Reichenhall 1911

[438] Maenner (wie Anm. 44) 64

[439] Maenner (wie Anm. 44) 37

[440] Maenner (wie Anm. 44) 44

[441] Maenner (wie Anm. 44) 64, 223 (zum Jahr 1782)

[442] Krinninger-Babel (wie Anm. 392): Bayer. Hauptstaatsarchiv Generalregistratur fasz. 791/24 und fasz. 40/110, Schulsachen

[443] Krinninger-Babel (wie Anm. 392): Bayer. Hauptstaatsarchiv Generalregistratur fasz. 787/4, die Jahre 1672 bis 1806 umfassend

[444] Krinninger-Babel (wie Anm. 392) Bayer. Hauptstaatsarchiv, Staatsverwaltung 3321, die Jahre 1698 bis 1801 umfassend

[445] Willy Real, Der Friede von Basel, in: Basler Zeitschrift Bd. 50, 1951, 27–228 (und Bd. 51, 1952: der ganze Band)

[446] Adalbert Prinz von Bayern (wie Anm. 173a) 261–263; Lipowsky (wie Anm. 20) 276ff.

[447] Scheel (wie Anm. 397) Buch 30

[448] Richard Steininger, Johann Caspar Lippert und der bayerische Staat, Diss. Erlangen 1933

[449] Katalog zur Ausstellung „Wittelsbach und Bayern, Beiträge zur Bayerischen Geschichte und Kultur“, hg. von Hubert Glaser, 3 Doppelbände, München-

Zürich 1980, hier: III/1, S. 493 (Register); „Von der Aufklärung zur Romantik, geistige Strömungen in München", Ausstellung der Bayerischen Staatsbibliothek, München 1984, Ausstellungskatalog der Bayerischen Staatsbibliothek Bd. 29, bearbeitet von Sigrid von Moisy unter Mitarbeit von Reinhard Horn: über Lippert 72f.

450) Um Westenrieders Kritik an Lippert und dessen Protektor, dem vormaligen Jesuiten Ignaz F. Frank zu würdigen, sei darauf hingewiesen, daß Westenrieder selbst zum Priester geweiht worden war, und sei hingewiesen auf wesentliche Literatur über *Lippert* und *Frank*. „Mit Benützung handschriftlicher Quellen" griff während des Kulturkampfes 1874 August Kluckhohn den Kurfürsten Karl Theodor stark an. Er veröffentlichte in der Allgemeinen Zeitung (Augsburg) vom 22. Juni 1874 Nr. 173 S. 2689 bis 2690 einen Aufsatz „Die Illuminaten und die Aufklärung in Bayern unter Karl Theodor" auf deren *erster Seite* und setzte ihn in der *Beilage* zu Nr. 174 vom 23. Juni 1874 S. 2706 bis 2707 fort. In dieser Fortsetzung charakterisierte er Adam Weishaupt und die Entwicklung des Freimaurerordens auch in England. Auch „Friedrich der Einzige" (S. 2707) habe dem Orden als Großmeister der Großen Mutterloge in Berlin angehört. Karl Theodor (von) Heigel stützte sich auf Kluckhohn und *Anton von Bucher* (1746–*1817*), eines vormaligen Jesuiten, dessen Manuskript nach seinem Tod 1819 bis 1820 in fünf Bänden erschien und Heigel in Band II S. 331f. zitierte. Karl Theodor machte ihn 1784 zum Geistlichen Rat und Schuldirektorialrat in München. Ich spreche davon in Anm. 455. Heigel schrieb nämlich Franks Biographie in der Allgemeinen Deutschen Biographie VII (1878) S. 252f Über Lippert schrieb Heigel den Artikel in der Allgemeinen Deutschen Biographie XVIII (1883) S. 735f. und nennt ihn „Vertrauten und Werkzeug des Beichtvaters des Kurfürsten Karl Theodor"; Lippert hatte 1796 vor den Münchnern große Angst, als der Kurfürst abreiste.

451) Gothaisches Genealogisches Taschenbuch der Freiherrlichen Häuser 1893, S. 905f.; 1915, S. 937: Stephan hat die bayerischen Wecken seit 1788 in *seinem* Wappen, nannte aber Johann Georg seinen „Vater".

452) Walter Bußmann, Europa von der Französischen Revolution bis zu den nationalstaatlichen Bewegungen des 19. Jahrhunderts, in: Handbuch der europäischen Geschichte, hg. von Theodor Schieder, V, Stuttgart 1981, 18

453) Krinninger-Babel (wie Anm. 391) 28f. Das geheime Zusatzabkommen druckte Leopold Neumann, Recueil des traités et conventions conclus par l'Autriche avec les puissances étrangères depuis 1763 jusqu'à 1856, 6 Bände, Leipzig 1855ff., hier Band 1 Leipzig 1855, S. 581ff.; Alexandre de Clircq, Recueil des

traités de la France, publiés sous les auspices de M. Drouyn de Lhuys depuis 1713 jusqu'à nos jours, tom. I Paris 1864, S. 343

454) Über L. v. Westenrieder s. Winfried Müller in: Bosls Bayerische Biographie 1983, S. 840; s. meine Anm. 450

455) Heigel zitierte den Bd. II S. 131 des von J. von Klessing München 1819–1820 herausgebrachten fünfbändigen Sammelwerkes, dessen vollständiger Titel lautet: Anton von Bucher, Die Jesuiten in Bayern vor und nach ihrer Aufhebung. Bucher (1746 München – 1817 München) war seit 1771 Rektor der deutschen Schulen in München gewesen, aus eigener Initiative 1773 Pfarrer im *Regensburger* Fürstbistum geworden, von Karl Theodor aber 1784 als Geistlicher Rat und Schuldirektorialrat nach München zurückgeholt worden.

456) Handbuch der europäischen Geschichte, hg. von Theodor Schieder, V, hg. von Walter Bussmann, 1981, 21, 227, 683, 780, 783, 785, 791

457) Münchner Zeitung 1797 S. 949

458) E. Weis (wie Anm. 311) 390

459) Lipowsky (wie Anm. 20) 291

460) Fritz Zimmermann, Bayerische Verfassungsgeschichte vom Ausgang der Landschaft bis zur Verfassungsurkunde von 1818 Teil 1: Vorgeschichte und Entstehung der Konstitution von 1808, München 1940; Scheel s. o. Anm. 397

461) Hans Schlosser, Der Mensch als Ware: die Galeerenstrafe in Süddeutschland als Reaktion auf Preisrevolution und Großmachtpolitik (16.–18. Jahrhundert), Vortrag 1983 in Venedig, umgearbeitet zu einer Abhandlung für die Festtage zum 65. Geburtstag von Louis Perrion, hg. von Reinhard Blum und Manfred Steiner, Berlin 1984, 87–114, bes. 93

462) Münchner Zeitung 1798, 12. März

463) Adalbert Prinz von Bayern (wie Anm. 173a) 368 kann keinen Beweis für seine Andeutung anführen, daß Peter III. nicht der Vater war

464) Adalbert Prinz von Bayern (wie Anm. 173a) 369

465) E. Weis (wie Anm. 311) 373; Adalbert Prinz von Bayern (wie Anm. 243) 350

465a) Adalbert Prinz von Bayern (wie Anm. 173a) 346

465b) Adalbert Prinz von Bayern (wie Anm. 173a) 351

465c) M. Doeberl (wie Anm. 69) II, 377

465d) Österreichisches Staatsarchiv Wien, Abt. Kriegsarchiv, Hofkriegsrat 1801: „Allerunterthänigster Vortrag" am 21. März 1801 über Graf Zedtwitz; „Feldmarschallieutenants Patent und Dekret" für den „nunmehrigen k.k. geheimen Rath und Kämmerer Franz Julius Grafen von Zedtwitz" 8. Mai 1801

466) E. Weis (wie Anm. 311) 360 ff.

467) E. Weis (wie Anm. 311) 379

468) E. Weis (wie Anm. 311) 379 f., 357 ff.

469) E. Weis (wie Anm. 311) 386

470) Rall, Kurbayern (wie Anm. 5) 415

471) R. Bauer (wie Anm. 306) 273[9]

472) R. Bauer (wie Anm. 306) 273 ff.

473) Lipowsky (wie Anm. 20) 309 ff.

474) Adalbert Prinz von Bayern (wie Anm. 173a) 351

475) Adalbert Prinz von Bayern (wie Anm. 173a) 355

476) Lipowsky (wie Anm. 20) 309 ff.

477) Lipowsky (wie Anm. 20) 131[1]

478) Tagebuch des Kronprinzen und Königs Ludwig I. von Bayern, Bayerische Staatsbibliothek München, Handschriftenabteilung

Personenregister

C

* Die Abbildungen der Personen sind mit fetter Seitenzahl bezeichnet

D

E

F

G

H

I

J

K

L

M

N

O

P

Q

R

S

T

U

V

W

Z

Abkürzungsverzeichnis

Bf. . . Bischof
dter . . . deutscher
Eb . . . Erzbischof
Ehg . . . Erzherzog
Frh . . . Freiherr
Ghg . . . Großherzog
Hg . . . Herzog
Hgin . . . Herzogin
Kf . . . Kurfürst
Kfen . . . Kurfürsten
Kfin . . . Kurfürstin
Kg . . . König
Kgin . . . Königin
kgl . . . königlich
kk . . . kaiserlich-königlich
Ks . . . Kaiser
Ksin . . . Kaiserin
KTh . . . Karl Theodor
kurf . . . kurfürstlich
Landgf . . . Landgraf
Mgf . . . Markgraf
MGH . . . Monumenta Germaniae Historica
Mgräfin . . . Markgräfin
OF . . . Ordo Franciscanorum = Franziskaner
P . . . Pater
Pfgf . . . Pfalzgraf
Pfgfin . . . Pfalzgräfin
reg . . . regierend
RFrh . . . Reichsfreiherr
SJ . . . Societas Jesu = Jesuit

Verzeichnis der Abbildungen und Farbtafeln

Kinder: Carolina Josepha Phillippina, Carl August Friedrich Joseph, Eleonora Carolina Josepha, Friederika Carolina Josepha, RM Mannheim

Tafel 10 Kurfürst Karl Theodor von der Pfalz (1724/43 – 1799); Ölgemälde der Werkstatt Heinrich Carl Brandts nach Johann Heinrich Tischbein um 1755, RM Mannheim

Tafel 11 Kurfürstin Elisabeth Auguste von der Pfalz (1721/1742 – 1794); Ölgemälde von Heinrich Carl Tischbein d.Ä., um 1755, RM Mannheim

Tafel 12 Kurfürst Karl Philipp von der Pfalz (1661/1716 – 1742) als Stifter des Mannheimer Jesuitenkollegs; Ölgemälde von Jan Philips van Schlichten, 1727, RM Mannheim

Tafel 13 Kurfürstin Elisabeth Auguste von der Pfalz (1722/1742 – 1794) als Allegorie der Hochherzigkeit (= ital. magnanimità); Ölgemälde von Heinrich Carl Brandt, um 1770, RM Mannheim

Tafel 14 Pfalzgraf Johann Christian Joseph von Sulzbach (1700/1732 – 1733); Ölgemälde von Pierre Gaudréau, 1730, RM Mannheim

Tafel 15 Freiherr Joseph Anton von Reibeld als Vize-Kanzler des Sankt-Hubertus-Ritterordens: Ölgemälde von Johann Wilhelm Hoffnaas, 1766, RM Mannheim

Tafel 16 Kurfürst Karl Theodor von der Pfalz (1724/43 – 1799), RM Mannheim

RM = Reiß-Museum Stadt Mannheim
BHStA = Bayerisches Hauptstaatsarchiv München

Die Abbildung auf dem Nachsatz wurde dem „Pfalzatlas, Heft 11, S. 404“ mit freundlicher Genehmigung der Pfälzischen Gesellschaft zur Förderung der Wissenschaften entnommen.

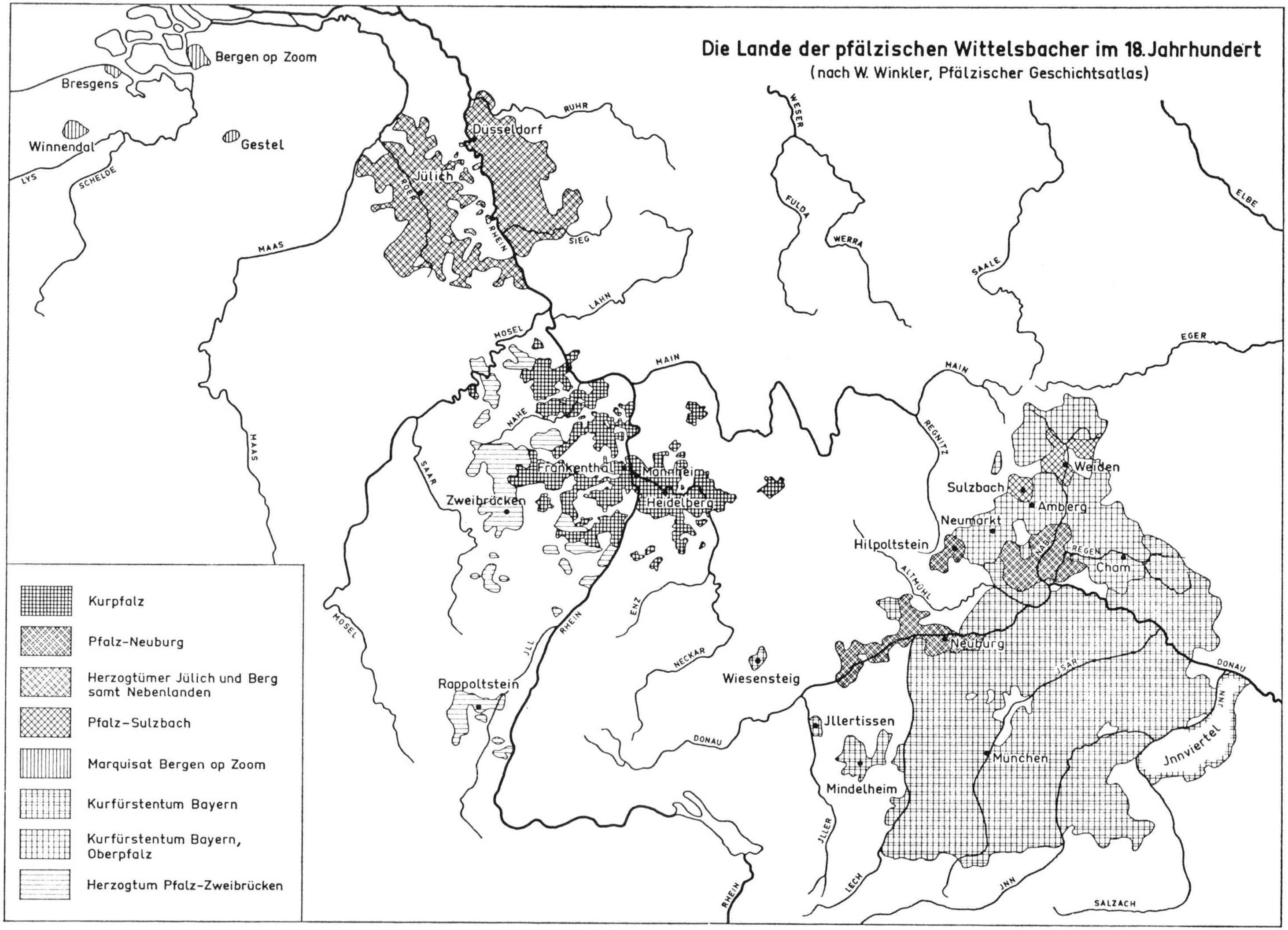
Die Lande der pfälzischen Wittelsbacher im 18. Jahrhundert
(nach W. Winkler, Pfälzischer Geschichtsatlas)
Bergen op Zoom
Bresgens
Winnendal
Gestel
Düsseldorf
Jülich
Frankenthal
Mannheim
Heidelberg
Zweibrücken
Rappoltstein
Wiesensteig
Jllertissen
Mindelheim
München
Neuburg
Hilpoltstein
Neumarkt
Sulzbach
Amberg
Weiden
Cham
Jnnviertel
LYS
SCHELDE
MAAS
RUHR
SIEG
RHEIN
ROER
LAHN
MOSEL
NAHE
SAAR
JLL
MAIN
NECKAR
ENZ
DONAU
JLLER
LECH
ISAR
JNN
SALZACH
REGEN
ALTMÜHL
REGNITZ
WESER
FULDA
WERRA
SAALE
EGER
ELBE
Kurpfalz
Pfalz-Neuburg
Herzogtümer Jülich und Berg samt Nebenlanden
Pfalz-Sulzbach
Marquisat Bergen op Zoom
Kurfürstentum Bayern
Kurfürstentum Bayern, Oberpfalz
Herzogtum Pfalz-Zweibrücken